2025

교정직 7·9급 시험대비

박상민
Justice

교정학

[핵심지문 총정리 교정직용]

(형사정책 포함)

메가 공무원

박영사

CONTENTS
| 차례

3 부록

박상민 *Justice* 교정학

핵심지문 총정리

1

형사정책

01 형사정책 일반론(범죄통계와 암수 포함)

01 심화

좁은 의미의 국가작용으로서의 형사정책은 범죄방지를 간접적 · 종속적 목적으로 하는 활동을 의미한다.

해설 | 넓은 의미의 국가작용으로서의 형사정책에 대한 설명이다.

정답 | ×

02 심화

좁은 의미의 형사정책학은 범죄와 범죄자, 사회적 일탈행위 및 이에 대한 통제방법을 연구하는 경험과학 또는 규범학이 아닌 사실학의 총체를 말한다.

해설 | 좁은 의미의 형사정책학이 아닌 범죄학에 대한 설명이다.

정답 | ×

03

형사정책은 인접학문의 성과를 이용하는 학제적 또는 간(間)학문적 성격을 갖는다.

정답 | ○

04

형사정책학은 범죄의 원인분석을 위해 사실학적 접근을 필요로 하므로 경험과학의 성격을 갖고 있다.

정답 | ○

05

형사정책의 미시수준의 연구는 시간대 또는 지역사회별로 살인율이 서로 다른 이유를 찾고자 할 때 이용할 수 있다.

해설 | 형사정책의 거시수준의 연구는 시간대 또는 지역사회별로 살인율이 서로 다른 이유를 설명하고자 하지만, 미시수준의 연구는 개인행동에 차이가 있는 이유를 설명하고자 한다.

정답 | ✕

06

"범죄학은 영토를 가지지 않은 제왕의 학문이다."라고 한 셀린의 말은 넓은 의미의 형사정책학의 특징을 잘 표현한다.

정답 | ○

07 중요

리스트(Liszt)는 형사정책이 범죄대책을 목적으로 하기 때문에 형법의 한계를 넘어설 수 있다고 한다.

해설 | 책임주의의 한계로 넘어설 수 없다고 한다(형법의 우위성이 아닌 상호제한성을 기초로 한다).

정답 | ✕

08 심화

"형법은 형사정책이 뛰어넘을 수 없는 한계이다."라고 한 리스트의 말은 형법에 대한 형사정책의 우위성을 강조한 말이다.

해설 | 형사정책학과 형법학의 상호제한성을 강조한 말이다.

정답 | ✕

09

초기의 범죄학은 경험과학에 가깝고 형사정책은 규범과학에 가까웠다.

정답 | ○

10 중요

공식범죄통계는 범죄현상을 분석하는 데 기본적인 수단으로 활용되고 있으며, 다양한 숨은 범죄를 포함한 객관적인 범죄상황을 정확히 나타내는 장점이 있다.

해설 | 암수범죄를 파악할 수 없기에 정확히 나타낼 수 없는 단점이 있다.

정답 | ×

11 중요

공식범죄통계는 구체적인 사례에 대한 질적인 접근이 곤란하다.

정답 | ○

12

공식범죄통계를 통해서 범죄현상의 내재적 상관관계나 범죄원인을 밝힐 수 있다.

해설 | 밝힐 수 없다.

정답 | ×

13

사회에 새롭게 등장한 법익침해행위를 형법전에 편입해야 할 필요성을 인정함에 사용되는 범죄개념은 형식적 범죄개념이다.

해설 | 형식적 범죄개념이 아닌 실질적 범죄개념이다. 형사정책의 중요한 목표 중 하나는, 현행법상 가벌화되지 아니한 반사회적 행위를 신범죄화하는 것과, 사회의 변화에 따라 가벌화할 필요가 없는 행위를 비범죄화하는 것인데, 이의 척도가 되는 범죄개념이 실질적 범죄개념이다.

정답 | ×

14 중요

범죄율과 범죄시계는 인구변화율을 반영하여 범죄의 심각성을 인식할 수 있게 한다.

해설 | 범죄율은 인구 10만명당 범죄발생건수를 의미하므로 인구변화율이 반영되지만, 범죄시계는 인구변화율이 반영되지 않으므로 공식통계로서의 가치가 없다.

정답 | ×

15 중요

범죄율은 인구 10만 명당 몇 건의 범죄가 발생했는지를 나타내며, 특정 기간별 범죄발생을 비교할 수 있다는 점에서 유용한 자료이다. 그러나 중요범죄와 상대적으로 가벼운 범죄가 동등한 범죄로 취급되어 통계화된다는 문제점이 있다.

정답 | ○

16 중요

우리나라 경찰의 검거율은 100%를 초과하여 달성되는 경우도 종종 발생한다.

해설 | 한 해에 일어난 사건의 범인이 한참 후에 검거되는 경우도 많으므로, 검거율은 100%가 넘을 수도 있다.

정답 | ○

17

공식범죄통계는 형사사법기관의 유형과 상관없이 동일하게 나타난다.

해설 | 공식범죄통계는 경찰, 검찰, 법원 등 형사사법기관의 유형에 따라 달리 나타난다.

정답 | ×

18

총 인구가 2022년 20만 명에서 2023년 15만 명으로 감소한 인구소멸 지역인 A시에서 동 기간 범죄건수가 2,000건에서 1,000건으로 줄었다면 범죄율이 50% 감소한 것이다.

해설 | 2022년은 인구 10만 명당 1,000건, 2023년은 인구 10만 명당 666.6건($100,000 \times 1,000 \div 150,000$)으로, 33.36% 감소하였음을 알 수 있다. 다만, 이 문제는 계산문제라기보다 인구변화를 고려하는 범죄율은 50%에 미치지 못함이 핵심이다.

정답 | ×

19

공식범죄통계의 문제점은 형사사법기관에 의해 왜곡될 수 있고, 숨은 범죄(암수범죄)를 파악하지 못하며, 범죄현상을 파악하는 데 전혀 의미가 없다는 것이다.

해설 | 공식범죄통계는 범죄발생 유형, 범죄율, 검거상황, 처분결과 등의 정보를 제공함으로써 범죄예측 및 범죄예방 정책수립에 기여할 수 있다.

정답 | ×

20 중요

표본조사방법은 특정한 범죄자 모집단의 일부를 표본으로 선정하여 그들에 대한 조사결과를 그 표본이 추출된 모집단에 유추적용하는 방법이다.

해설 | ◀ 형사정책 연구방법 ▶

통계자료분석	표본집단조사	사례연구
• 대량관찰 가능(양적 분석) • 일반적인 경향파악 ○ • 시간적 비교연구 ○ • 암수범죄 반영 ✕ • 질적 분석 ✕	• 가장 흔하게 이용되는 방법 • 표본집단 vs 통제집단 • 예 쌍생아연구 • 수평적 조사(추행조사＝수직적 조사)	• 질적·심층적 분석 ○ • 예 서덜랜드(직업절도범) • 생애사연구 포함
참여관찰(＝현장조사)	코호트연구	실험연구
• 연구자가 직접 현장참여 • 인류학자들의 조사방식 • 생생한 자료획득 가능 • 범죄자 일상관찰 가능	• 시간적·수직적 분석법(시간의 흐름에 따라) • 정밀한 시계열적 분석	• 실험집단 vs 통제집단 • 연구자: 인위적 조건설정 • 사전·사후조사 실시 • 비교분석

정답 | ○

21 중요

사례조사는 연구의 대상이 되는 실험집단과 그에 대조되는 일정 수의 정상집단, 즉 통제집단을 선정한 후 양 집단을 비교하여 차이점을 규명한다.

해설 | 사례조사는 특정인의 과거 편지나 일기 등을 분석하는 연구방법이다. 지문의 내용은 표본집단조사에 대한 설명이다.

정답 | ✕

22 중요

사례조사방법은 범죄자의 일기, 편지 등 개인의 정보 획득을 바탕으로 대상자의 인격 및 환경의 여러 측면을 분석하고, 그 각각의 상호 연계관계를 밝힐 수 있다.

정답 | ○

23

사례연구는 범죄와 범죄자에 대한 다각적인 분석결과를 집계한 것으로서 범죄현상에 대한 대량적 관찰을 가능하게 한다.

해설 | 범죄현상에 대한 인적 범위가 지나치게 협소하므로 대량적 관찰이 불가능하다.

정답 | ✕

24 중요

추행조사는 일정 시점 및 시간이 경과한 다음 조사대상자의 변화를 관찰하는 것으로, 수직적 비교방법에 속하는 것이다.

정답 | ○

25

참여적 관찰법은 체포되지 않은 범죄자들의 일상을 관찰할 수 있고, 체포된 사람들도 연구대상자로 선정 가능하다.

정답 | ○

26

참여적 관찰법은 조사가 소규모로 진행되기 때문에 일반화할 수 없다.

정답 | ○

27

참여관찰은 체포되지 않은 자만을 연구대상으로 하므로 시설에 수용된 자를 연구대상으로 삼을 수는 없다.

해설 | 체포되지 않은 자와 체포된 자 모두를 연구대상으로 한다.

정답 | ×

28

패널조사설계는 인간생애를 종단적으로 연구하는 것으로, 선별된 표본을 일정한 시간간격을 두고 중복적으로 관찰하여 생애사를 연구하는 설계를 의미하며, 범죄자의 장기적인 범죄경력 연구에 가장 적합한 조사설계에 해당한다.

정답 | ○

29 중요

실험연구는 인과관계 검증과정을 통제하여 가설을 검증하는 데 유용한 방법이다.

정답 | ○

30 중요

실험연구는 실험집단과 통제집단에 대한 사전검사와 사후검사를 통해 종속변수에 미치는 처치의
효과를 검증한다.

정답 | ○

31 중요

실험연구는 집단의 유사성을 확보하기 위해 무작위 할당방법을 주로 활용한다.

정답 | ○

32 중요

실험연구는 외적 타당도에 영향을 미치는 요인들을 통제하는 데 가장 유리한 연구방법이다.

해설 | 실험연구는 내적 타당도에 영향을 미치는 요인들을 통제하는 데 가장 유리한 연구방법이고, 외적 타당도가 높은
조사는 공식통계자료이다.

정답 | ×

33

실험연구는 다수 연구자가 동시에 관찰할 수 있어서 연구자의 주관을 배제할 수 없다.

해설 | 실험연구는 다수 연구자가 동시에 관찰할 수 있어서 연구자의 주관을 배제할 수 있고, 동일 관찰을 반복하여
실행할 수 있어서 오류를 시정할 수 있다.

정답 | ×

34

실험연구에서 피실험자가 본인이 연구대상임을 인식하여 인위적인 행동을 하게 된다면 신뢰성 있는
연구결과를 얻기 어렵다.

정답 | ○

35

실험연구는 범죄자의 일기와 편지 등을 분석대상으로 한다.

해설 | 실험연구는 일정한 조건을 인위적으로 설정한 후 그 조건에서 발생하는 사실을 관찰함으로써 특정 가설의 타당성
을 검증하는 방법이다. 지문의 내용은 사례연구에 대한 설명이다.

정답 | ×

36 중요

실험적 연구방법은 어떤 가설의 타당성을 검증하거나 새로운 사실을 관찰하는 데 유용하며, 인간을 대상으로 하는 연구를 쉽게 할 수 있다.

해설 | 윤리적 문제 때문에 쉽게 할 수 없다.

정답 | ✕

37 중요

범죄통계표를 근거로 암수범죄를 정확하게 파악할 수 있다.

해설 | 범죄통계표에서는 암수범죄가 누락되기에 파악하기 곤란하다.

정답 | ✕

38

암수조사에서 암수의 유형에는 여러 가지가 있는데, 이 중 수사기관에 의해 인지되었으나 아직 피의자 검거 등의 해명이 이루어지지 않은 경우를 '절대적 암수범죄'라고 한다.

해설 | 절대적 암수범죄란 실제로 범죄가 발생하였으나 수사기관에 의해 인지되지 않은 경우를 의미하고, 상대적 암수범죄란 수사기관에 의해 인지되었으나 아직 피의자 검거 등의 해명이 이루어지지 않아 공식범죄통계에 반영되지 않은 범죄를 의미한다.

정답 | ✕

39

암수범죄의 조사는 범죄통계표의 한계를 보완할 수 있다.

정답 | ○

40 심화

우리나라는 암수범죄의 규모를 파악하기 위해 해마다 범죄피해 패널조사를 실시한다.

해설 | 우리나라는 한국형사정책연구원에서 2년 주기로 전국범죄 피해조사를 수행하고 있다.

정답 | ✕

41 심화

암수범죄로 인한 문제는 범죄통계학이 도입된 초기부터 케틀레(A. Quételet) 등에 의해 지적되었다. 범죄통계학의 창시자인 케틀레(A. Quételet)는 명역범죄와 암역범죄 사이에는 변함없는 고정관계가 존재하며, 명역범죄가 크면 그만큼 암역범죄도 크고, 명역범죄가 작으면 그 만큼 암역범죄도 작다고 하여 정비례의 법칙을 주장하였다. 이에 따라 공식적 통계상의 범죄현상은 실제의 범죄현상을 징표하거나 대표하는 의미가 있다고 하였다. (추후 서덜랜드에 의해 정비례가 아님을 알게 되면서 암수범죄의 중요성이 강조되었다)

정답 | ○

42

케틀레(Quetelet)의 정비례 법칙에 의하면, 공식적 범죄통계상의 범죄현상이 실제 범죄현상을 징표한다고 보기는 어렵다.

해설 | 케틀레의 정비례 법칙에 의하면, 공식적 범죄통계상의 범죄현상은 실제 범죄현상을 징표하거나 대표하는 의미가 있다.

정답 | ×

43

케틀레는 범죄에 대한 연령과 성별의 강력한 영향력을 발견했을 뿐만 아니라 계절, 날씨, 인구구성, 빈곤이 범죄성과 관련된다는 증거도 발견했다.

정답 | ○

44

수사기관의 낮은 검거율과 채증력, 법집행기관의 자의적 판단은 상대적 암수범죄의 발생원인이다.

정답 | ○

45

서덜랜드는 암수를 고정된 수치가 아니라 일정치 않은 변수로 보았다.

정답 | ○

46

암수범죄의 비율은 범죄의 유형에 상관없이 비교적 일정하다.

해설 | 암수범죄의 비율에 있어서 강력범죄는 낮고(살인의 암수범죄율이 가장 낮다), 경미범죄는 높다.

정답 | ×

47

암수범죄는 수사기관의 범죄 미인지, 범인의 미체포, 법원 또는 교정기관의 자의적 처리 등으로 인해 발생한다.

해설 | 교정과정은 형집행과정으로서 암수범죄와 거리가 멀다.

정답 | ×

48

암수범죄의 조사방법 중 정보제공자조사는 법집행기관에 알려지지 않은 범죄나 비행을 인지하고 있는 제3자로 하여금 이를 보고하게 하는 방법이다.

정답 | ○

49

암수범죄 조사방법 중 상점절도를 숨긴 카메라로 촬영하거나 유리벽을 통해 관찰하는 등의 참여적 관찰방법은 인위적 관찰방법에 속한다.

해설 | 직접적 관찰방법에는 자연적 관찰방법과 인위적 관찰방법이 있는데, 자연적 관찰방법은 실제로 일어나는 암수범죄를 직접 관찰하는 방법을 의미한다. 자연적 관찰방법은 참여적 관찰방법과 비참여적 관찰방법으로 구분하는데, 참여적 관찰은 관찰하고자 하는 범죄행위에 직접 참여하여 관찰하는 방법이고, 비참여적 관찰은 범죄행위를 숨긴 카메라로 촬영하거나 유리벽을 통해 관찰하는 방법이다.
참고로, 간접적 관찰방법에는 피해자조사, 자기보고조사, 정보제공자조사 등이 있다.

정답 | ×

50

상점절도를 숨긴 카메라로 촬영하거나 유리벽을 통해 관찰하는 등의 참여적 관찰방법은 인위적 관찰방법에 속한다.

해설 | 자연적 관찰방법 중 비참여적 관찰방법에 속한다.

정답 | ×

51

자기보고, 피해자조사 등은 암수범죄의 직접관찰방법이다.

해설 | 간접관찰방법이다.

정답 | ×

52 중요

자기보고조사(행위자조사)는 경미한 범죄보다는 살인, 강도 같은 강력범죄의 암수범죄를 파악하는 데 유용하다.

해설 | 강력범죄보다는 경미범죄 파악에 유용하다.

정답 | ×

53 중요

암수범죄의 조사에는 피해자조사가 가장 널리 사용된다.

정답 | ○

54

피해자조사는 강간죄 등 성범죄의 실태파악에 적절하고 유용한 방법이다.

해설 | 강간죄 등 성범죄는 피해자의 수치심과 명예훼손 등으로 인해 피해자조사로 암수범죄를 파악하기 어렵다.

정답 | ×

55

범죄피해조사는 응답자의 기억에 오류가 있을 수 없기에 비교적 정확히 범죄의 수준을 파악할 수 있다.

해설 | 피해자를 대상으로 하는 암수조사는 기억의 불확실함으로 인해 오류가 발생할 수 있으므로, 조사결과의 정확성이 결여된다.

정답 | ×

56 중요

실질적 의미의 범죄는 법규정과 관계없이 반사회적인 법익침해행위이고, 형식적 의미의 범죄는 형법상 범죄구성요건으로 규정된 행위이다.

정답 | ○

57

실질적 의미의 범죄개념은 시간과 장소에 따라 변하지 않는 고정된 범죄개념을 전제로 하는 것이다.

해설 | 시간과 장소에 따라 변하는 상대적 범죄개념을 전제로 한다.

정답 | ×

58

형식적 의미의 범죄와 실질적 의미의 범죄 모두 형사정책의 연구대상이 된다.

정답 | ○

59

집단현상으로서의 범죄와 개별현상으로서의 범죄 모두 형사정책의 연구대상이 된다.

정답 | ○

60

법규범은 사회규범의 일부에 불과하므로 일탈이 항상 범죄가 되지는 않는다.

정답 | ○

61 중요

낙인이론은 일탈을 정의할 때 규범위반 여부보다 사회적 반응을 중시한다.

정답 | ○

62

비범죄화 정책을 수립할 때 일탈은 중요한 판단척도가 된다.

해설 | 형식적 범죄와 일탈의 경계선에서 비범죄화의 논의가 시작되므로, 일탈 자체는 중요한 판단척도가 되지 않는다.

정답 | ×

63

일탈행위는 일반적으로 기대되는 행위나 모범적 행위에서 벗어나는 행위를 의미하므로, 그 자체가 범죄가 되지 않는 알코올중독, 자살기도, 가출 등이 이에 해당하고, 형식적 의미의 범죄는 일탈행위에 해당하지 않는다.

해설 | 형식적 의미의 범죄도 대부분 일탈행위에 해당한다. 다만, 모든 형식적 의미의 범죄가 일탈행위에 해당하는 것은 아니다(속도위반, 가족들 간의 오락형 도박행위 등).

정답 | ×

64

일탈(deviance)은 비공식적 사회적 규범·규칙을 위반한 행위를 의미한다. 어떤 행위는 일탈행위이지만 합법적일 수도 있고, 어떤 행위는 범죄로 처벌되지만 사회 대다수에 의해서 일탈행위로 여겨지지 않을 수도 있다. 다만, 비범죄화 정책을 수립할 때 중요한 판단척도가 되는 것은 일탈이 아니라 범죄이다.

정답 | ○

65

모든 범죄가 일탈행위인 것은 아니며, 모든 일탈행위가 범죄인 것도 아니다.

정답 | ○

66

어떤 한 사회에서의 일탈행위는 다른 사회에서 일탈행위가 아닐 수도 있다.

정답 | ○

67 중요

우리나라는 우발범죄인, 상습범죄인, 소년범죄인, 심신장애인, 사상범죄인으로 분류하고 있다.

정답 | ○

02 형사정책의 발전과정과 연혁(고전주의와 실증주의)

01

고전학파는 소질과 환경이 모두 범죄원인으로 작용하지만 소질이 훨씬 강하게 작용한다고 보았다.

해설 | 고전주의 학파가 아닌 초기 실증주의 학파에 대한 설명이다.

◀ 범죄원인에 대한 시각 ▶

구분	자유의사론	결정론
원인	개인의 자유로운 선택의 결과	본인의 의지와 관계없는 환경과 요인에 의해 결정된 결과
책임	도덕적 책임	사회적 책임
대책	책임에 따른 처벌	처우나 치료
유형	• 고전주의 • 억제이론, 합리적 선택이론, 일상활동이론 등	• 실증주의 • 생물학 · 심리학 · 사회학적 원인론 등

정답 | ×

02 중요

고전주의 범죄이론은 미국 범죄사회학이론 중 억제이론(deterrence theory)의 이론적 기초가 되었다.

정답 | ○

03

고전주의에 기초한 범죄이론의 주장에 의하면 형벌의 목적을 범죄자의 재사회화에 둔다.

해설 | 형벌의 목적을 범죄자의 재사회화에 두는 것은 실증주의 범죄학과 관련이 있다. 고전주의 범죄학에서 형벌의 목적은 범죄의 억제를 통한 범죄예방이고, 범죄예방이 불가능할 경우에는 덜 심각한 범죄로 유도하는 것이다(벤담).

정답 | ×

04 심화

베카리아의 고전학파 이론에 대해서는 범죄를 유발하는 외부적 영향에 대한 고려가 부족하다는 비판이 있다.

정답 | ○

05

베카리아는 처벌의 공정성과 확실성이 요구되며, 범죄행위와 처벌 간의 시간적 근접성은 중요하지 않다고 주장하였다.

해설 | 중요하다고 주장하였다.

정답 | ×

06 중요

베카리아는 형벌의 목적은 범죄예방을 통한 사회안전의 확보가 아니라 범죄자에 대한 엄중한 처벌에 있다고 주장하였다.

해설 | 범죄자에 대한 엄중한 처벌이 아니라 범죄예방을 통한 사회안전의 확보에 있다고 주장하였다.

정답 | ×

07

베카리아는 범죄에 합당한 형벌을 모색하기 위해서는 법관에게 가능한 한 많은 법해석의 재량권이 주어져야 한다고 보았다.

해설 | 법관의 법해석에 대한 재량권을 부정하였다.

정답 | ×

08 중요

베카리아(C. Beccaria)의 고전주의 범죄학에 의하면, 범죄를 처벌하는 것보다 범죄를 예방하는 것이 더욱 바람직하다.

정답 | ○

09

베카리아는 인도주의적 입장에서 범죄자에 대한 사면을 적극 활용하여야 한다고 주장하였다.

해설 | 베카리아는 사면제도를 반대하였다. 베카리아에 따르면, 사면은 범죄자의 요행심을 불러일으켜서 법에 대한 존중심을 훼손하고, 형사제도의 무질서나 불합리한 법률, 강압적 형벌을 온정적 시혜조치로 은폐하는 수단에 지나지 않으며, 형벌이 관대해질수록 용서와 사면은 필요 없게 된다.

정답 | ×

10

베카리아는 배심원에 의한 평결을 배제하고 법관의 합리적 판단을 존중해야 한다고 주장하였다.

해설 | 베카리아는 배심원평결제도의 도입을 주장하였고, 법관은 입법자가 아니므로 법해석에 대한 권한이 없다고 주장하였다.

정답 | ×

11

베카리아는 사형제도의 범죄예방 효과가 크기 때문에 유지되어야 한다고 주장했다.

해설 | 베카리아는 사회에 실익 없이 고통만을 주는 가혹한 형벌을 반대하고, 사형과 고문의 폐지를 주장하였다.

정답 | ×

12

벤담은 범죄자에 대한 적개심에 따라 강도가 달라질 수 있는 채찍질처럼, 감정에 따라 불공정하게 형벌이 부과되는 것을 경계하였다.

정답 | ○

13

벤담에 의하면, 형벌은 범죄자의 재사회화를 목표로 하는 특별예방에 주된 목적이 있다고 보아서 형벌대용물 사상을 주장하였다.

해설 | 공리주의를 주장한 벤담은 최대다수의 최대행복의 원리를 바탕으로 범죄를 설명하면서, 처벌의 비례성과 형벌의 일반예방을 통해 성취될 수 있는 최대다수의 행복을 강조하였으며, 범죄를 공동체에 대한 해악으로 간주하고, 형벌은 응보의 목적보다는 예방을 목적으로 행사되어야 한다는 입장이었다.

정답 | ×

14

공리주의적 형벌목적을 강조한 벤담(Bentham)에 의하면, 형벌은 특별예방목적에 의해 정당화될 수 있고, 사회방위는 형벌의 부수적 목적에 지나지 않는다.

해설 | 공리주의적 형벌목적을 강조한 벤담에 의하면, 범죄행위는 공동체의 행복을 손상시키므로 예방되어야 하고, 형벌의 목적은 범죄의 억제를 통한 범죄예방이며(일반예방목적), 범죄예방이 불가능할 경우에는 덜 심각한 범죄로 유도하는 것이다.

정답 | ×

15

고전주의 범죄학자인 하워드는 최소의 비용으로 최대의 감시효과를 거둘 수 있는 파놉티콘 교도소 건축양식을 창안하였다.

해설 | 파놉티콘 교도소 건축양식을 창안한 사람은 하워드가 아닌 벤담이다.

정답 | ×

16

감옥개량운동을 전개한 존 하워드는 수형자의 사회성을 유지하기 위하여 혼거하여야 한다고 주장하였다.

해설 | 독거하여야 한다고 주장하였다.

◀ 존 하워드(Jonhn Howard)의 감옥개량운동 ▶

구분	내용
저서	「영국과 웨일스의 감옥상태론」
주요내용	• 수형자의 인권보장 및 건강유지 • 통풍과 채광이 잘 되는 구금시설 확보 • 감옥 내 노동조건 개선 • 응보적 · 약탈적 목적이 아닌 교육적 · 개선적 목적의 강제노동 부과 • 감옥 내 교회당 설치, 성서나 기도서 비치 • 수형실적에 따른 형기단축제도 도입 • 독립된 행정관청에서 수형자를 통제 • 교도관의 공적 임명 및 충분한 보수지급 • 수형자를 연령과 성별에 따라 분리수용 • 독거제 실시 • (응보형 사상에 반대) 유형 및 사형 폐지

정답 | ×

17

고전주의 범죄학의 입장에서 가장 효과적인 범죄예방대책은 처벌이 아니라 개별적 처우와 교화개선이다.

해설 | 실증주의 범죄학은 20세기 이후 미국 범죄학을 지배했으며 범죄예방대책으로서 개별적 처우와 교화개선을 강조하였다. 반면, 고전주의 범죄학은 처벌의 고통은 공평하고 균등해야 하며 범죄로부터 얻을 수 있는 쾌락에 비례해야 한다고 강조하였다.

정답 | ×

18

고전주의 범죄학에서 범죄를 예방하기 위해서는 행위자의 특성을 고려한 형벌을 부과하여야 한다.

해설 | 고전주의 범죄학은 형벌을 부과함에 있어 범죄자 개인의 특성을 전혀 고려하지 않았다. 반면, 신고전주의 범죄학은 개별적 상황에 따른 적절한 판결을 강조함으로써 범죄자의 나이, 정신상태, 정상참작 등을 고려하여 처벌의 가중 또는 감경을 허용하였다.

정답 | ×

19

행동의 원인으로서 고전적 및 신고전적 범죄원인론은 자유의사와 외부적 힘을 고려하지만, 생물학적 범죄원인론은 유전구성 및 신체구성을 포함한 내적 근원에 관심을 갖고 있다.

정답 | ○

20

실증주의가 인간행동에 대해 결정론적으로 해석한다면, 고전주의는 자유의지를 강조하는 편이다.

정답 | ○

21

실증주의 학파에 의하면, 인간은 자신의 행동을 합리적·경제적으로 계산하여 결정하기 때문에 자의적이고 불명확한 법률은 이러한 합리적 계산을 불가능하게 하여 범죄억제에 좋지 않다고 보았다.

해설 | 실증주의 학파는 범죄원인은 개인의 소질과 환경에 있다고 하는 결정론을 주장하였다. 지문의 내용은 고전주의 학파에 대한 설명이다.

정답 | ×

22

주로 1990년 이후 현대 생물사회학적 범죄원인론은 유전자, 염색체, 식사, 호르몬, 환경오염 등을 포함하여 행동에 대한 다양한 영향요인을 조사하였다.

정답 | ○

23

실증주의 범죄학은 범죄의 심각성에 비례한 처벌을 강조하였다.

해설 | 고전주의 범죄학에 대한 설명이다. 고전주의 범죄학에 따르면, 처벌은 범죄의 위해 정도와 비교하여 정당화되지 않거나 지나치게 과다해서는 안 되고, 범죄의 심각성에 비례하여야 한다.

정답 | ×

24

실증주의 범죄학파는 야만적인 형사사법제도를 개편하여 효율적인 범죄예방을 위한 형벌제도 개혁에 힘썼다.

해설 | 고전주의 범죄학파는 범죄행위와 그 원인에 대해 설명하기보다는 형벌제도 및 법제도 개혁에 힘썼다.

정답 | ×

25

실증주의에 입각한 범죄예방이 기대에 미치지 못하자 고전주의가 추구했던 범죄억제를 재조명하려는 신고전주의가 나타났다.

정답 | ○

26

학문적 지식은 이상 또는 신념에 의해 습득되는 것이 아니라 직접적인 관찰을 통해서 얻어진다고 본 것은 실증주의 학파의 입장이다.

정답 | ○

27

인간을 자유의사를 가진 이성적 존재로 보았고 계몽주의, 공리주의에 사상적 기초를 두었던 범죄학파는 실증주의 학자들이다.

해설 | 고전주의 학파에 대한 설명이다.

정답 | ×

28

롬브로조의 후기 연구는 범죄의 환경적 요인에 대해서는 관심을 기울이지 않았다.

해설 | 롬브로조의 후기 연구는 생물학적 요인보다는 환경적 요인에 더욱 관심을 기울였다.

정답 | ×

29

롬브로조는 범죄사회학적 개념에서 생래적 범죄인을 주장하였다.

해설 │ 범죄인류학(생물학)적 개념에서 생래적 범죄인을 주장하였다.

정답 │ ×

30 중요

롬브로조는 범죄인을 생래적 범죄인, 정신병 범죄인, 기회범죄인 등 6종으로 분류하였다.

해설 │

분류		내 용
생래적 범죄인		선천성에 기한 전형적 범죄인으로, 초범일지라도 무기구금하고 잔학한 행위를 반복하는 자는 극형에 처할 것을 주장
정신병 범죄인		정신적 결함에 의하여 범행하는 재(누범)로, 개선의 여지가 없는 전형적 범죄인
격정(우발)범죄인		순간의 흥분에 의한 범죄인으로, 단기자유형보다는 벌금을 과하는 것이 범죄예방에 효과적이라고 주장
기회범죄인	사이비범죄인	위험하지는 않으나 자신의 명예와 생존을 위하여 범죄를 저지를 수 있는 자
	준범죄인	생래적 범죄인과 구별되나 간질과 격세유전적 소질이 있는 자
관습범죄인		좋지 못한 환경으로 인하여 관습(상습)적으로 범죄를 저지르는 자
잠재적 범죄인		평상시에는 범죄의 소질이 나타나지 않으나 알코올, 분노 등 특별한 사정이 생기면 범죄인의 특성이 나타나는 자

정답 │ ○

31

롬브로조는 생래적 범죄인에 대해서 무기형을 과해야 하고 사형을 과해서는 안 된다고 주장하였다.

해설 │ 누범은 사형에 처해야 한다고 주장하였다.

정답 │ ×

32

롬브로조(Lombroso)는 자유의지에 따라 이성적으로 행동하는 인간을 전제로 하여 범죄원인을 자연과학적 방법으로 분석하였다.

해설 │ 롬브로조 등의 범죄인류학파(이탈리아 실증주의 학파)는 범죄행위를 인간의 자유의지에 따른 이성적 선택이 아닌 생물학적·심리학적·사회학적 요인에 의한 결과라고 주장하였으며, 과학적 연구방법을 도입하여 경험적 증거를 제시함으로써 인간행태를 설명하고자 노력하였다.

정답 │ ×

33 중요

생래적 범죄인에 대한 대책으로 롬브로조(Lombroso)는 사형을 찬성하였지만 페리(Ferri)는 사형을 반대하였다.

정답 | ○

34 중요

페리는 생래적 범죄인, 정신병적 범죄인, 격정범죄인, 상습범죄인, 확신범죄인으로 범죄인 분류를 하였다.

해설 | 페리는 생래적 범죄인, 정신병적 범죄인, 격정범죄인, 상습범죄인, 기회범죄인으로 범죄인 분류를 하였다.

분류	내용
생래적 범죄인	유전의 영향을 받으므로 사회로부터 무기격리나 유형 부과
정신병적 범죄인	정신병원에 수용 필요
격정(우발)범죄인	돌발적 격정으로 범행하는 자이므로 손해배상이나 필요에 따라 강제이주
기회범죄인	환경의 산물이므로 정도가 중한 자는 훈련치료, 경한 자는 격정범죄인에 준하여 처리
관습(상습)범죄인	개선 가능자는 훈련, 개선 불가능자는 무기격리

정답 | ×

35 중요

페리(Ferri)는 범죄포화의 법칙을 주장하였으며 사회적 · 경제적 · 정치적 요소도 범죄의 원인이라고 보았다.

정답 | ○

36

페리는 롬브로조와 달리 범죄원인을 인류학적 요인, 물리적 요인, 사회적 요인으로 확장하였다.

정답 | ○

37

페리(E. Ferri)는 형벌대용물 사상과 범죄포화의 법칙을 주장하였다.

정답 | ○

38

페리는 생래적 범죄인에 대해서는 사형에 처할 것을 주장하였다.

해설 | 생래적 범죄인에 대한 사형을 긍정한 롬브로조나 가로팔로와 달리 페리는 무기격리, 특히 유형(流刑)을 주장하였다.

정답 | ×

39

페리는 롬브로소와는 달리 범죄발생의 사회적 요인을 중시하여 생래적 범죄인의 존재를 부정하였다.

해설 | 페리가 범죄인에 대한 사회적 영향을 간과한 롬브로조를 비판한 것은 사실이나, 범죄인을 분류함에 있어 롬브로조가 제시한 생래적 범죄인을 포함시킴으로써 그 존재를 긍정하였음을 알 수 있다.

정답 | ×

40

페리(E. Ferri)는 마르크스의 유물사관, 스펜서의 발전사관, 다윈의 진화론 등의 영향을 받았다.

정답 | ○

41 심화

가로팔로(Garofalo)는 범죄의 원인으로 심리적 측면을 중시하여 이타적 정서가 미발달한 사람일수록 범죄를 저지르는 경향이 있다고 하였다.

정답 | ○

42 심화

가로팔로는 자연범과 법정범을 구분하고, 자연범은 동정심(pity)과 정직성(provity)을 침해하는 속성을 가진다고 하였다.

정답 | ○

43

가로팔로(Garofalo)는 생물학적 요소에 사회심리학적 요소를 덧붙여 범죄인을 자연범과 법정범으로 구분하고, 과실범은 처벌하지 말 것을 주장하였다.

해설 │

분류		내용
자연범	모살범죄인	개선 불가능한 자는 사형에 처해야 한다.
	폭력범죄인	본능적인 살상범은 무기유형, 기타 폭력범죄인은 부정기 자유형에 처해야 한다.
	재산범죄인	본능적·상습적인 자는 무기유형, 소년은 교도소 등에 수용하여 훈련하도록 하며, 성인은 강제노역에 처해야 한다.
	풍속범죄인	주로 성범죄자를 말하며, 부정기 자유형에 처해야 한다.
법정범(자연범 외)		국가 법률이 범죄로 규정한 것을 의미하고, 사회적 환경의 변화 등으로 증감할 수 있으며, 처우로서 정기구금에 처해야 한다.
과실범		처벌해서는 안 된다.

정답 │ ○

44

이탈리아의 초기 실증주의 학파는 사회계약론과 쾌락주의에 근거하여 범죄와 형벌을 설명하였다.

해설 │ 고전주의 학파에 대한 설명이다.

정답 │ ✕

45 중요

케틀레는 "사회환경은 범죄의 배양기이며 범죄자는 미생물에 해당할 뿐이므로 벌해야 할 것은 범죄자가 아니라 사회이다."라고 주장하였다.

해설 │ 케틀레가 아닌 라까사뉴의 주장이다.

정답 │ ✕

46

프랑스 학파는 범죄발생원인으로서 범죄자를 둘러싼 사회환경에 주로 관심을 가졌다.

정답 │ ○

47

타르드(Tarde)의 모방의 법칙은 사회심리학적 방법을 기초로 개인의 특성과 사회의 접촉과정을 중시하여 거리의 법칙, 방향의 법칙, 삽입의 법칙을 제시한 이론이다.

정답 │ ○

48

모방의 제1법칙(거리의 법칙)에 의하면, 모방의 강도는 거리에 비례하고 접촉의 긴밀도에 반비례한다.

해설 | 모방의 강도는 타인과의 거리에 반비례하고 접촉의 긴밀도에 비례한다.

정답 | ×

49

타르드의 모방설은 낙인이론에 큰 영향을 미친 것으로 평가되고 있다.

해설 | 학습이론에 큰 영향을 미친 것으로 평가되고 있다.

정답 | ×

50

타르드의 모방의 3법칙 중 거리의 법칙은 모방이 이루어지는 사람 간의 심리학적·기하학적 거리가 멀수록 모방의 강도가 강화된다는 것이다.

해설 | 타르드의 모방의 법칙 중 제1법칙인 거리의 법칙에 의하면, 모방의 강도는 타인과의 거리에 반비례하고 접촉의 긴밀도에 비례한다. 따라서 타인과의 거리가 멀수록 모방의 강도는 약화된다.

정답 | ×

51

타르드가 주장한 모방의 법칙 중 '방향의 법칙'에 의하면, 원래 하류계층이 저지르던 범죄를 다른 계층들이 모방함으로써 모든 사회계층으로 전파된다.

해설 | 타르드의 모방의 법칙 중 제2법칙인 방향의 법칙은 모방(학습)의 방향에 관한 것으로, 하류계층이 상류계층을 모방하는 것을 의미한다.

정답 | ×

52

타르드는 프랑스 공식범죄통계에서 여러 사회적 요인 간의 상관관계를 나타내기 위해 '음영을 넣은 생태학 지도'를 사용하였다.

해설 | 타르드가 아닌 게리에 대한 설명이다. 타르드는 모방의 법칙을 제시하였다.

정답 | ×

53

게리는 인간의 행동을 지배하는 법칙이 존재한다는 것을 증명하기 위해 범죄율, 자살율, 혼외출산율 등의 도덕통계를 활용하였다.

정답 | ○

54

뒤르켐은 자살이란 인간의 왜곡된 이성이 낳은 결과라고 하였다.

해설 | 사회의 문화구조적 모순이라고 하였다.

정답 | ×

55

뒤르켐은 호경기 때보다 불경기 때 자살률이 가장 높다고 하였다.

해설 | 아노미적 자살의 경우, 호경기와 불경기 때 모두 자살률이 높다고 하였다.

정답 | ×

56

뒤르켐은 무규범 상태를 의미하는 아노미(Anomie)라는 개념을 처음 사용하였다.

정답 | ○

57

뒤르켐(Durkheim)은 처음으로 범죄원인론에 아노미 개념을 도입하여, 급속한 변화를 겪는 사회에서는 도덕적 규제의 감소와 사회연대감의 약화로 인하여 범죄가 증가한다고 주장하였다.

정답 | ○

58 심화

뒤르켐은 모든 사회와 시대에 공통적으로 적용될 수 있는 객관적 범죄가 존재한다고 주장하였다.

해설 | 객관적 범죄란 존재하지 않는다고 주장하였다.

정답 | ×

59

뒤르켐은 구조기능주의 관점에서 범죄의 원인을 설명한 학자이며, 범죄필요설을 바탕으로 범죄정상이론을 주창하였다.

정답 | ○

60

뒤르켐(E. Durkheim)은 사회가 발전할수록 형법체계는 억압적·통제적 형태로 변화한다는 형법발전론을 제시하였다.

해설 | 뒤르켐은 사회가 발전하고 문명화·분업화될수록 형법체계는 억압적 형태에서 보상적 형태로 변화한다는 형법발전론을 제시하였다.

정답 | ×

61

뒤르켐은 '사회환경은 범죄의 배양기이며 범죄자는 미생물에 해당하므로 벌해야 할 것은 범죄자가 아니라 사회'라고 주장하였다.

해설 | 뒤르켐이 아닌 라까사뉴의 주장이다.

정답 | ×

62

뒤르켐은 범죄란 모든 시대와 모든 사회에서 발견되기 때문에 정상적이고 불가피한 사회적 현상이며, 심지어 사회적으로 유용하다고 주장하였다. 즉, 범죄는 범죄에 대한 비난과 제재를 통해 사회 공통의 구성원이 사회의 공동의식을 체험할 수 있도록 함으로써 사회의 유지·존속에 있어서 중요한 역할을 한다는 것이다.

정답 | ○

63

뒤르켐은 아노미적 자살의 경우, 불경기와 호경기 때 모두 자살률이 높게 나타난다고 주장한다.

정답 | ○

64

리스트는 목적형 사상을 바탕으로 사회방위와 개인의 인권보장을 동시에 강조하였다.

정답 | ○

65

리스트는 형벌과 보안처분의 분리를 주장하였다.

해설 | 형벌과 보안처분은 차이가 없다는 일원주의를 주장하였다.

정답 | ×

66

리스트는 '처벌되어야 할 것은 행위자가 아니고 행위'라는 명제를 제시하였다.

해설 | '처벌되어야 할 것은 행위가 아니고 행위자'라는 명제를 제시하였다.

정답 | ×

67 심화

리스트는 개선이 불가능한 범죄자를 사회로부터 격리수용하는 무해화조치도 필요하다고 주장하였다.

정답 | ○

68

리스트(Liszt)는 형벌의 목적을 개선, 위하, 무해화로 나누고 선천적으로 범죄성향이 있으나 개선이 가능한 자에 대해서는 개선을 위한 형벌을 부과해야 한다고 하면서, 이러한 자에 대해서는 단기자유형이 효과적이라고 주장하였다.

해설 | 리스트는 형벌의 목적을 개선 · 위하 · 무해화로 나누는 목적형 사상을 제시하면서 부정기형의 채택, 단기자유형의 폐지, 강제노역의 인정 외에 집행유예 · 벌금형 · 누진제도의 합리화, 소년범죄에 대한 특별한 처우 등을 요구하였다.

정답 | ×

69

리스트는 개선이 가능한 범죄자는 개선을, 개선이 필요 없는 범죄자는 위하를, 개선이 불가능한 범죄자는 격리(무해화)를 하여야 한다고 주장하였다.

해설 |

행위자 유형		형벌목적 달성방법
개선불능자	법익침해 의식이 없거나 희박한 범죄인	[무해화조치] • 사회는 개선이 불가능한 자들로부터 스스로를 방위해야 하므로, 이들에게는 종신형에 의한 무해화조치를 취해야 한다. • 개선이 불가능한 자의 문제는 사회적 병리현상에 속하므로, 이들에 대한 범죄학적 · 형사정책적 연구는 매우 중요하다.
개선가능자	동정범죄인	[개선조치] • 선천적 · 후천적으로 범죄성향이 있으나 개선이 불가능한 상태에 이르지 않는 자에게는 개선을 위한 형벌을 부과해야 한다. • 다만, 단기자유형은 불합리한 결과를 초래하므로 피해야 한다.
	긴급범죄인	
	성욕범죄인	
	격정범죄인	
기회범	명예 · 지배욕 범죄인	[위하조치] • 일시적 기회로 범죄를 저지른 자에 대한 형벌은 위하(위협)를 목적으로 하는 벌금형 정도가 적합하다. • 단기자유형은 역효과가 나타날 수 있으므로 피해야 한다.
	이념범죄인	
	이욕 · 쾌락욕 범죄인	

정답 | ○

70

리스트는 형벌의 목적을 개선, 위하, 무해화로 나누는 목적형 사상을 제시하였고, 단기자유형의 폐지, 부정기형의 채택, 집행유예 · 벌금형 · 누진제도의 합리화, 강제노역, 소년범죄에 대한 특별한 처우 등을 요구하였다.

정답 | ○

71 중요

억제이론의 기초가 되는 것은 인간의 공리주의적 합리성이다.

정답 | ○

72 중요

억제이론은 처벌의 신속성, 확실성, 엄격성의 효과를 강조한다.

정답 | ○

73 중요

형벌의 특수적 억제효과란 범죄를 저지른 사람에 대한 처벌이 일반시민들로 하여금 처벌에 대한 두려움을 불러일으켜서 결과적으로 범죄가 억제되는 효과를 말한다.

해설 | 형벌의 일반적 억제효과에 대한 설명이다.

정답 | ×

74

범죄경제학은 형벌의 범죄억지력에 대한 연구를 시도하였다.

정답 | ○

75

범죄경제학은 이른바 합리적 선택이론의 반격을 받아 쇠퇴하게 되었다.

해설 | 합리적 선택이론은 범죄경제학을 비판한 것이 아니라, 범죄경제학의 바탕 위에서 그 이론을 보다 구체화한 것이다.

정답 | ×

76 중요

합리적 선택이론은 고전주의 학파에 그 뿌리를 두고 있다.

정답 | ○

77 중요

범죄행위도 다른 일반행위들과 마찬가지로, 행위자 자신의 개인적 요인과 주위의 상황적 요인들을 같이 고려하여 범죄행위를 하는 것이 그렇지 않은 경우보다 더 이익이 된다고 판단하는 경우에 범죄가 행하여진다고 보는 것은 합리적 선택이론이다.

정답 | ○

03 범죄원인론

01

발달범죄학은 그 목적을 범죄의 근본원인을 찾는 것에 제한하지 않고 범죄경력의 생애과정을 연구한다.

정답 | ○

02

발달이론은 일반적으로 비행과 범죄에 대해서 장기적인 측정을 활용하는 종단적인 추적조사를 한다.

정답 | ○

03

모핏은 반사회적 행위를 청소년기 한정형 반사회적 행위와 생애지속형 반사회적 행위로 구분하면서 각 유형은 다른 원인을 가지고 있다고 주장하였고, 특히 청소년기 한정형 반사회적 행위의 발현에 대해서 생물학적 성숙과 사회적 성숙 간의 성숙격차가 반사회적 행위의 동기를 제공한다고 하였다.

정답 | ○

04

손베리(Thornberry)는 청소년의 발달과정에서 연령에 따라 비행의 원인이 어떻게 다르게 작용하는 가에 주목하였다.

정답 | ○

05

잠재적 속성이론은 허쉬와 갓프레드슨의 범죄 일반이론과 유사한 측면이 있으나 범죄 일반이론과는 달리 범죄문제를 이해하는 데 범죄자 경력연구의 중요성을 강조한다.

정답 | ○

06

잠재적 속성이론에 따르면, 범죄행위에 영향을 미치는 속성은 생애 초기에 발달하여 생애 동안 안정적으로 유지된다.

정답 | ○

07

생애경로이론은 범죄성을 다양한 개인적 특성 및 속성, 사회적 경험 등으로부터 영향을 받는 하나의 동적 과정으로 본다.

정답 | ○

08 중요

고링(Goring)은 범죄는 신체적인 변이와 관련된 것이 아니라 유전학적 열등성에 기인한 것이라고 주장함으로써 롬브로조를 비판하였고, 후튼은 롬브로조를 동조하였다.

정답 | ○

09 중요

크레취머는 신체구조(체격)와 성격의 연구를 통해 범죄의 상관성을 설명하고자 하였다.

정답 | ○

10

크레취머(E. Kretschmer)의 범죄자 체형분류에 따르면 세장형, 비만형, 외배엽형으로 구분된다.

해설 | 크레취머는 범죄자 체형을 비만형, 운동형(근육형), 세장형으로 분류한 반면, 셸던은 내배엽 우월형, 중배엽 우월형, 외배엽 우월형으로 분류하였다.

정답 | ×

11

크레취머의 연구에 따르면, 근육이 잘 발달한 운동형은 사기범죄와 밀접한 관련이 있다.

해설 | 크레취머의 연구에 따르면, 근육이 잘 발달한 운동형은 폭력범죄와 친숙한 경향을 나타내며 잔혹한 공격성과 격렬한 폭발성을 보인다.

정답 | ×

12

크레취머는 사람의 체형 중 비만형의 범죄확률이 높은데, 특히 절도범이 많다고 하였다.

해설 | 크레취머는 범죄자 체형을 비만형, 운동형(근육형), 세장형으로 분류하고 각 체형과 범죄성 간의 상관관계를 연구하였다. 크레취머에 따르면, 비만형은 키가 작고 뚱뚱하며 사기범죄 및 폭력범죄와 친숙하고, 운동형은 근육이 잘 발달하였고 폭력범죄와 밀접하며, 세장형은 키가 크고 날씬하며 사기범죄 및 소액절도를 자주 범하지만, 살인을 저지르는 자도 많다.

정답 | ✕

13 중요

셀던은 비행소년의 평균체형은 중배엽형, 즉 근육이나 골격의 발달상태의 수치가 높다고 하였다.

해설 |

체격유형	기질유형
내배엽 우월형: 상대적으로 소화기관이 크게 발달, 살이 찐 편, 전신이 부드럽고 둥근 편, 짧은 사지, 작은 골격, 부드러운 피부	내장긴장형: 몸가짐이 대체로 이완, 편안한 사람, 가벼운 사치품을 선호, 온순하지만 본질적으로 외향적
중배엽 우월형: 근육·골격·운동조직이 상대적으로 발달, 큰 몸통, 장중한 가슴, 손목과 손이 큼, 여윈 경우에는 각이 진 체형, 여위지 않은 경우에는 우람한 체형	신체긴장형: 활동적, 역동적, 걸을 때와 말할 때 단호한 제스처를 취하는 사람, 공격적으로 행동
외배엽 우월형: 피부와 신경계통기관이 상대적으로 발달, 여위고 섬세한 체형, 작은 얼굴, 높은 코, 몸집은 작지만 상대적으로 큰 체표면	두뇌긴장형: 알레르기, 피부병, 만성피로, 불면증 등 언제나 신체불편을 호소, 내향적, 소음이나 외부자극에 민감, 비사교적인 성격

정답 | ○

14

셀던(Sheldon)은 인간의 체형을 중배엽형(mesomorph), 내배엽형(endomorph), 외배엽형(ectomorph)으로 구분하고, 이 중 외배엽형은 활동적이고, 공격적이며, 폭력적 면모를 가진다고 주장하였다.

해설 | 외배엽 우월형은 자기반성적이고 민감하며 신경질적이고, 중배엽 우월형은 자기주장적이고 모험심이 강하며 공격적이다. 따라서 활동적이고, 공격적이며, 폭력적 면모를 가지는 것은 중배엽 우월형과 관련이 있다.

정답 | ✕

15

셀던은 크레취머의 연구에 기초하여 내배엽, 중배엽, 외배엽의 체형을 가진 사람은 각 체형에 맞는 독특한 행위를 할 것이라고 하였다. 특히, 중배엽 우월형은 근육, 골격, 활동기관이 발달하여 동체가 굵고, 가슴이 넓으며, 정력적이고, 무감각하며, 자기 주장적이고, 모험심이 강하며, 공격적이라고 하였다.

정답 | ○

16 중요

글룩 부부(S. Glueck & E. Glueck)의 연구에 따르면 범죄를 저지르는 경향이 가장 높은 체형은 중배엽형이다.

해설 |

크레취머	셀던	정신병질(기질성)	범죄형태	범죄시기
투사형	중배엽 우월성	간질병질 (점착성 기질)	• 범죄를 가장 많이 저지름 • 폭력적 재산범, 풍속범 및 조발상습범 • 폭력, 상해 등 신체상 범죄	사춘기
세장형	외배엽 우월성	분열병질 (분열성 기질)	사기, 절도 및 누범	사춘기
비만형	내배엽 우월성	순환병질 (순환성 기질)	• 범죄를 적게 저지름 • 기회적 · 우발적 범죄	갱년기
발육부전형	–	–	비폭력적 풍속범	사춘기 후기

정답 | ○

17

코르테(Cortés)는 신체적으로 중배엽형의 사람일수록 범죄성향이 높다고 주장하였다.

정답 | ○

18

유전부인은 선조의 유전조건 중 범죄발현에 불리한 영향을 주는 것이다.

정답 | ○

19 중요

범죄발생의 원인에 관한 연구 중 범죄유전 연구로 쌍생아 연구, 입양아 연구, 체격형에 관한 연구, 범죄인가계 연구가 있다.

해설 | 체격형에 관한 연구는 신체적 특징과 범죄의 관계에 관한 연구이다.

정답 | ×

20

고다드(H. Goddard)는 범죄자의 정신박약이나 지능과의 관계에 대하여 연구하였다.

정답 | ○

21

범죄자가계의 연구 중 고다드는 칼리카크가 연구 등을 통해서 우생학적 관점을 반대하였다.

해설 | 덕데일과 고다드의 연구는 범죄나 일탈이 특정 가문에서 많이 발생한다는 연구결과 등에서 유사한 점이 많지만, 고다드는 덕데일과 달리 우생학적 관점(인류를 유전학적으로 개량할 것을 목적으로 연구하는 학문)을 지지하였으며, 범죄자의 출산을 제한해야 한다고 주장하였다.

정답 | ×

22

슐징거(F. Schulsinger)의 입양아 연구는 범죄에 대한 환경의 영향과 유전의 영향을 비교하는 데 유용한 방법이다.

해설 | ◀ 생물학적 범죄원인 ▶

유전적 결함	범죄인가계 연구	쌍생아 연구	입양아 연구	성염색체 이상(증가)
부모 → 자녀	범죄자	일란성 쌍생아 비교	친부모 범죄율 비교	세습 ×
슈툼프, 글룩 부부	덕데일, 고다드	갈튼, 랑게, 그리스찬센, 달가드와 크랭클린(부정)	슐싱어, 크로우, 허칭스와 메드닉	X염색체 (크라인펠터) Y염색체

정답 | ○

23 중요

허칭스(Hutchings)와 메드닉(Mednick)의 연구결과에 의하면, 입양아는 생부와 양부 둘 중 한편만 범죄인인 경우가 생부와 양부 모두가 범죄인인 경우보다 범죄인이 될 가능성이 낮다고 하였다.

정답 | ○

24

범죄성향의 유전성을 밝히기 위해 허칭스(Hutchings)와 메드닉(Mednick)이 코펜하겐에서 수행한 연구를 양자연구라 한다.

해설 | 허칭스와 메드닉은 덴마크의 입양아 자료를 분석한 후 생부의 범죄성에 따라 입양아의 범죄성이 달리 나타난다는 사실로부터 범죄발생에 있어서 유전성의 영향을 확인하였다.

정답 | ○

25

메드닉 등은 뇌파의 활동성과 범죄 간의 관계를 규명하고자 노력했는데, 뇌파의 활동성이 낮았던 사람 중에서 범죄를 저지른 비율이 높았다.

정답 | ○

26

덕데일은 쌍생아 연구방법을 범죄생물학에 도입하여 범죄성의 형성은 유전소질에 의하여 결정적으로 좌우된다고 주장하였다.

해설 | 덕데일이 아닌 랑게의 주장이다. 덕데일의 쥬크가(家) 연구와 같은 범죄자가계 연구는 범죄성의 형성에서 유전조건이 차지하는 비중이 크다는 것을 보여 주고 있다. 하지만 랑게가 쌍생아 연구로써 유전소질의 영향을 분석한 결과, 쌍생아 양쪽 모두가 범죄를 저지른 경우를 살펴보면, 일란성 쌍생아는 13쌍 중에서 10쌍이 범죄를 저지른 반면, 이란성 쌍생아는 2쌍만이 범죄를 저지른 것으로 나타났다. 즉, 이란성 쌍생아보다 일란성 쌍생아의 일치도가 더 높았다.

정답 | ✕

27

랑게(Lange)는 13쌍의 일란성 쌍둥이와 17쌍의 이란성 쌍둥이를 대상으로 연구한 결과, 일란성 쌍둥이에서 쌍둥이 모두가 범죄를 저지른 비율이 이란성 쌍둥이에서 쌍둥이 모두가 범죄를 저지른 비율보다 높다는 것을 확인하였다.

정답 | ○

28

뉴먼 등의 1937년 연구결과는 랑게와 마찬가지로 범죄에 대한 유전적 소질의 영향이 강하다는 것을 보여주었다.

정답 | ○

29 심화

크리스찬센(Christiansen)은 일란성 쌍둥이 모두가 범죄를 저지른 비율보다 이란성 쌍둥이 모두가 범죄를 저지른 비율이 오히려 높다는 결과를 얻었다.

해설 | 낮다는 결과를 얻었다.

정답 | ✕

30

크리스찬센(Christiansen)은 랑게의 연구가 가진 한계를 극복하기 위해 광범위한 표본을 대상으로 연구하였고, 그 연구결과에 의하면 일란성 쌍둥이 모두가 범죄를 저지른 비율보다 이란성 쌍둥이 모두가 범죄를 저지른 비율이 오히려 높다는 결과를 얻었다.

해설 | 크리스찬센의 연구결과에 의하면, 일란성 쌍둥이 모두가 범죄를 저지른 비율이 높다는 결과를 얻었다. 즉, 이란성 쌍둥이보다 일란성 쌍둥이의 범죄행위 일치율이 더 높다는 것을 의미한다.

정답 | ✕

31 심화

제이콥스(P. Jakobs)는 남성성을 나타내는 Y염색체가 많은 자는 외배엽형으로서 공격적인 행동을 하는 신체긴장형에 속하는 것으로 보았다.

해설 | 남성성을 나타내는 Y염색체가 많은 자는 중배엽형으로서 공격적인 행동을 하는 신체긴장형에 속하는 것으로 보았다.

정답 | ✕

32

제이콥스(Jakobs)에 의하면, XYY형의 사람은 남성성을 나타내는 염색체 이상으로 인하여 신장이 크고, 지능이 낮으며, 정상인들에 비하여 수용시설에 구금되는 비율이 높다고 하였다.

정답 | ○

33

시들(Siddle)의 연구결과는 반사회적 행위를 저지른 피실험자(정신병자, 성인범죄자, 비행소년 등)들은 정상인에 비해서 피부전도의 회복속도가 현저히 낮다는 것을 보여주었다.

정답 | ○

34

아이젱크에 의하면, 내향적인 사람은 규범에 어긋나는 행동을 하는 정도가 약하고, 외향적인 사람은 처벌에 대한 불안감을 덜 느끼며 새로운 자극을 항상 추구하기 때문에 그만큼 반사회적 행위를 저지를 가능성이 높다.

정답 | ○

35

도심에서의 생활처럼 스트레스를 많이 주는 생활조건은 세로토닌의 수치를 크게 높여서 비행가능성을 높일 수 있다.

해설 | 도심에서의 생활처럼 스트레스를 많이 주는 생활조건은 세로토닌의 수치를 크게 낮춰서 비행가능성을 높일 수 있다.

정답 | ×

36

폴링(Pauling)은 영양결핍으로 인한 지각장애와 영양부족ㆍ저혈당증에 수반되는 과활동반응에서 범죄원인을 찾았다.

정답 | ○

37

세로토닌은 행동통제와 관련이 있는데, 낮은 수준의 세로토닌은 기질, 공격성, 충동, 욕구 등에 영향을 미친다.

해설 | 참고로, 과코디졸화는 우울, 저코디졸화는 폭력성과 관련이 있다.

정답 | ○

38

공격성과 관련된 신경전달물질 중 노르에피네프린(Norepinephrine)은 정신치료감호소에 있는 폭력범죄자들의 경우, 이것의 수치가 높을수록 과도한 공격성을 보였으나, 반대로 폭력범죄자들에게 낮은 수치가 발견되기도 하였다. 결국 높고 낮은 수치 모두 도구적 공격성과 관계가 있다.

정답 | ○

04 심리학적 범죄원인론

01 중요

심리학적 범죄원인론은 개인의 속성을 신체적 뇌기능, 생화학적 특성의 측면에서 찾는다는 점에 특징이 있다.

해설 | 심리상태, 성격, 성향 등 정신적 특성의 측면에서 찾는다는 점에 특징이 있다.

정답 | ×

02

CPI검사는 1956년 캘리포니아 버클리대학의 고프(Gough)가 개발한 18개 척도의 성격검사도구로, MMPI검사가 신경증이나 정신병 같은 정서적 문제를 진단하기 위한 것인 데 비하여, CPI검사는 정상적인 사람의 심리적 특성을 이해하기 위한 것이라고 할 수 있다.

정답 | ○

03

심리학적 범죄원인론의 관점에서 사람은 시간 및 상황의 변화에 따라 자주 변화하는 정신적 · 심리적 특성을 갖고 있다.

해설 | 사람은 시간 및 상황의 변화에도 불구하고 대체로 변화하지 않는 정신적 · 심리적 특성을 갖고 있다.

정답 | ×

04

심리학적 범죄원인론에서 일탈행위 또는 범죄행위의 심리학적 결정요인은 약탈적 성격 특성, 충동통제 부족, 정서적 각성, 미성숙한 성격 등 다양한 용어로 표현된다.

정답 | ○

05

심리학적 범죄원인론은 범죄원인 규명을 위해 개개인의 특성보다 범죄자가 처한 사회적 상황에 관심을 갖는다.

해설 | 범죄자가 처한 사회적 상황보다는 개개인의 특성에 더 많은 관심을 갖는다.

정답 | ×

06

범죄를 범죄자의 과거 학습경험의 자연적 발전으로 파악하는 학습 및 행동이론도 심리학적 범죄원인론에 속한다.

정답 | ○

07 심화

에이크혼(Aichhorn)에 따르면, 비행소년은 슈퍼에고(Superego)의 과잉발달로 이드(Id)가 통제되지 않아 양심의 가책 없이 비행을 하게 된다고 보았다.

해설 | 에이크혼이 아닌 프로이트의 주장이며, 슈퍼에고의 미발달을 원인으로 보았다.

◀ 비행의 잠복 ▶

- 오스트리아의 정신과 의사인 에이크혼(Aichhorn)은 소년비행의 원인이 반사회적 행위를 준비시키는 심리적 소질에 있음을 지적하고, 이를 '비행의 잠복'이라고 칭하였다. 범죄행위와 관련하여 정신분석학 이론을 가장 밀접하게 접목시킨 사람으로, 정신분석학의 대부분은 에이크혼이 분류한 범죄자 유형과 일치한다.
- 부모로부터의 애정결핍 또는 부모의 과잉보호 모두 반사회적 행위를 준비시키는 소년의 심리적 소질을 유발할 수 있으므로, 치료방법을 각기 달리해야 한다고 주장하였다. 또한 슈퍼에고가 적절히 형성되었으나 에고 측면에서 부모의 범죄성을 내면화한 경우도 지적하고 있다.

이드(id) (원초아)	• 생물학적 · 심리학적 충동의 커다란 축적체를 가르키는 것으로, 모든 행동의 밑바탕에 놓여 있는 충동들을 의미한다. • 이는 영원히 무의식의 세계에 자리 잡고 있으면서 이른바 쾌락추구원칙에 따라 행동한다.
에고(ego) (자아)	• 의식할 수 있는 성격 내지 인격으로, 현실원리를 말한다. • 본능적인 충동에 따른 이드의 요구와 사회적 의무감을 반영하는 슈퍼에고의 방해 사이에서 중재를 시도하며 살아가는 현실세계를 지향한다.
슈퍼에고 (superego) (초자아)	• 자아비판과 양심의 힘을 가르키는 것으로, 개개인의 특수한 문화적 환경에서의 사회적 경험으로부터 유래하는 요구를 반영한다. • 도덕의식이나 윤리의식과 같이 스스로 지각할 수 있는 요인과 무의식 상태에서 영향력을 행사하기도 한다(어렸을 때 부모와 맺는 애정관계의 중요성을 강조).

정답 | ×

08 중요

슈나이더(Schneider)는 정신병질 유형 중에서 과장성(자기현시성) 정신병질자는 고등사기범이 되기 쉽다고 보았다.

정답 | ○

09

무정성 정신병질자는 자신의 정신과 행동을 아무 생각 없이 끌고 가는 심신부조화의 유형으로서 비교적 범죄와 관련이 적은 유형으로 알려져 있다.

해설 | 무력성 정신병질자에 대한 설명이다.

◀ 슈나이더(Schnerider)의 정신병질 10분법 ▶

구분	성격의 특징	범죄상관성
발양성 (發揚性)	• 자신의 운명과 능력에 대한 과도하게 낙관함 • 경솔, 불안정성 • 실현가능성이 없는 약속 남발	• 상습누범자 중에 많음 • 상습사기범, 무전취식자 • 죄의식 결여, 충동적 행동
우울성 (憂鬱性)	• 염세적 · 회의적 인생관에 빠져 자책성 불평이 심함 • 과거 후회, 장래 걱정	• 자살 유혹이 강함 • 강박관념에 의한 성범죄를 간혹 범함 • 자살자, 살인범
의지박약성 (意志薄弱性)	• 모든 환경에 저항을 상실하여 우왕좌왕하며, 지능이 낮음 • 인내심과 저항력 빈약	• 상습누범자가 가장 많음(누범의 60% 이상) • 각종 중독자, 매춘부 등에 많음 • 상습누범자, 성매매여성, 마약중독자
무정성 (無情性)	• 동정심 · 수치심 · 회오 등 인간의 고등감정이 결여되어 냉혹 · 잔인함 • 복수심이 강하고 완고하며 교활함 • 자기중심적 • 사이코패스(Psychopath)	• 범죄학상 가장 문제시됨 • 목적달성을 위한 흉악범(살인, 강도, 강간 등), 범죄단체조직, 누범 등에 많음 • 생래적 범죄인, XYY범죄인
폭발성 (爆發性)	• 자극에 민감하고 병적 흥분자 • 음주 시 무정성 · 의지박약성과 결합되면 매우 위험하나, 타 유형에 비해 자기치료 가능	• 살상, 폭행, 모욕, 손괴 등 충동범죄의 대부분과 관련되며, 충동적인 자살도 가능 • 간질성 기질
기분이변성 (氣分易變性)	기분동요가 많아 예측이 곤란하고, 크래페린의 욕동인에 해당함	• 방화, 도벽, 음주광, 과음, 도주증상에 따른 격정범으로 상해, 모욕, 규율위반 등을 범함 • 방화범, 상해범
과장성 (誇張性)	• 자기중심적이고, 자신에의 주목 및 관심을 유발하고자 하며, 자기기망적 허언을 남발함 • 욕구좌절 시 히스테리 반응을 보임	• 타인의 사기에 걸려들 가능성 높음 • 구금수형자 중 꾀병자가 많음 • 고등사기범(화이트칼라범죄)
자신결핍성 (自信缺乏性)	• 능력부족의 인식으로 주변을 의식하고 강박관념에 시달림 • 주변 사정에 민감하여 도덕성은 강함	• 도덕성이 강해 범죄와의 관련성은 적음 • 강박관념으로 인한 범죄의 가능성 존재
광신성 (狂信性)	• 개인적 · 이념적 사항에 열중하여 그에 따라서만 행동하는 강한 성격 • 정의감에 따라 소송을 즐김	종교적 광신자, 정치적 확신범
무력성 (無力性)	심신의 부조화 상태를 호소하여 타인의 동정을 바라며 신경질적임	범죄와의 관련성은 적음

※ 범죄 관련: 발양성, 의지박약성, 무정성, 폭발성, 기분이변성, 과장성, 광신성(열광성)

정답 | ×

10

우울성 사이코패스는 염세적이고 비관적인 사고에 빠져 항상 우울하게 지내며 자책적이다. 반면에 발양성 사이코패스는 다혈질적이고 활동적이어서 어디서나 떠들고 야단법석을 벌이며, 실현가능성이 없는 약속도 깊은 생각 없이 남발하고, 무전취식을 일삼으며, 상습사기범이나 상습누범자에게서 흔히 발견된다.

정답 | ○

11

아이젠크는 성격에 대한 이론적 모델로 PEN 모델을 제시하였는데, 이 모델은 정신병 성향(P), 외향성 성향(E), 신경증 성향(N)으로 구성되었다. 따라서 영악성은 아이젠크가 제시한 성격 차원에 해당하지 않는다.

정답 | ○

12

아이젠크(Eysenck)의 성격이론은 극단적인 범행동기를 파악하는 데 유용하지만, 그렇지 않은 범죄자의 범행원인 파악은 어려운 것으로 평가된다.

정답 | ○

13

아이젠크의 인성(성격)이론에 의하면, 극도로 내향적인 사람은 과잉각성되어 자극의 출처를 회피하지만, 극도로 외향적인 사람은 각성되지 않아 흥분을 추구하게 되면서 범죄를 범할 가능성이 높다.

정답 | ○

14

프로이트(Freud)의 정신분석이론은 범죄자의 현재 상황보다 초기 아동기의 경험을 지나치게 강조한다는 비판을 받는다.

정답 | ○

15

프로이트(Freud)는 인간의 퍼스낼러티를 구성하는 3가지의 상호작용하는 힘이 있다고 하였는데, 그중 원시적 충동 또는 욕구를 초자아(superego)라고 한다.

해설 | 초자아가 아닌 이드에 대한 설명이다. 이드(본능)는 생물학적·심리적 충동이나 본능적 욕망 등을 중시하는 심리영역이고, 자아는 의식할 수 있는 심리영역이며, 초자아는 쾌락보다는 도덕적이며 관습적인 사회규범을 내면화한 심리영역이다.

정답 | ×

16

프로이트 정신분석학에서 초자아(superego)는 도덕과 양심의 기능을 담당하고 완벽추구적으로 작동하지만, 지나칠 경우 죄책감이나 불안을 경험하기도 한다.

해설 | 초자아는 쾌락보다는 도덕적이며 관습적인 사회규범을 내면화한 심리영역으로서 이드(본능)의 충동을 억제한다.

정답 | ○

17

프로이트의 정신분석학에서 승화는 자아가 느끼는 원초아적 충동을 의도적으로 부정하고, 마치 자신에게는 충동 자체가 존재하지 않았던 것처럼 원하지 않는 원초아적 자극을 의식에서 몰아내는 것이다.

해설 | 승화가 아닌 억압에 대한 설명이다. 자아는 승화를 통해 원초아적 충동을 초자아가 허용하는 행동으로 전환할 수 있다.

◀ 방어기제의 유형 ▶

- 억압: 불쾌한 경험이나 받아들여지기 어려운 욕구, 반사회적 충동 등을 무의식 속으로 몰아넣거나 생각하지 않도록 억누르는 것이다.
- 부정: 외적인 상황이 감당하기 어려울 때 일단 그 상황을 거부하여 심리적인 상처를 줄이고, 보다 효율적으로 대처하는 것이다.
- 반동형성: 노출되기 꺼려하는 무의식적인 충동에 반대되는 방향으로 생각, 감정, 욕구 등을 의식 속에 고정시키고, 이에 따라 행동하는 것이다. 예를 들어, 성적 충동을 지나치게 억압하면 모든 성을 외면하게 된다.
- 투사: 자신의 욕구나 문제를 옳게 깨닫는 대신 다른 사람이나 주변으로 탓을 돌리고, 진실을 감추어 현실을 왜곡하는 것이다.
- 승화: 반사회적 충동을 사회가 허용하는 방향으로 표현하는 것이다. 성적 충동에 따라 누드를 그린다거나 관능적인 춤을 추는 등 사회가 인정하는 방식으로 표현한다.
- 합리화: 상황을 그럴 듯하게 꾸미고 사실과 다르게 인식하여 자아가 상처받지 않도록 정당화시키는 것이다. 자신이 간절히 바라는 어떤 것을 이루기 어려울 때 그것의 가치를 낮추기도 하고, 인정하고 싶지 않은 것을 인정해야만 할 때 그것의 가치를 높이기도 한다.
- 전위: 직접적인 대상이 아닌 다른 대상이나 짐승에게 화풀이하는 것이다.

◀ 범죄자의 심리기제 ▶
- 공격기제: 긴장이나 압력 상태인 갈등, 욕구의 좌절
- 퇴행기제: 욕구충족이 좌절되었을 때 나타나는 원시적 행동
- 고착기제: 과도한 충족과 유아기적 퇴행으로 인한 정체
- 방어기제: 자신의 불안감을 감소시키기 위한 억압

정답 | ✕

18

오이디푸스 콤플렉스는 사내 아이가 자신의 어머니에 대하여 무의식적으로 느끼는 이성적 애정을 의미하며, 심리학적 범죄원인론과 관련되어 있다.

정답 | ○

19

피아제의 인지발달이론에 의하면 사람의 도덕성은 일정한 단계에 따라서 발전하는데, 각 단계는 그 사람의 경험, 지적 또는 인지적 수준에 따라 그 전 단계에 의존하여 발전한다. 반면에 행동학습은 인지이론이 아니라 행동이론과 관련이 있다.

정답 | ○

20

인지발달이론과 범죄의 관련성을 연구한 학자는 피아제, 콜버그, 페스팅거 등이다. 피아제는 사람의 도덕성은 일정한 단계에 따라서 발전한다고 하였고, 콜버그는 피아제의 입장을 수용하여 도덕 수준은 연속적인 과정을 거치면서 단계별로 발전한다고 하였으며, 페스팅거는 '인지부조화 이론'을 주장하였다.

정답 | ○

21

콜버그는 개인의 도덕성 발달단계에서 어느 단계 이상 발달하지 못하고 발달을 멈추는 사람은 범죄자가 되는 경우가 많으며, 특히 도덕성 발달의 6단계 중 1단계, 2단계에 있는 사람이 범죄를 범할 가능성이 높다고 하였다.

정답 | ○

22

낮은 지능이 저조한 학업성취를 가져오고, 학업에서의 실패와 무능은 비행 및 범죄와 높은 관련성을 갖는다고 본 사람은 허쉬와 힌델링이다.

정답 | ○

23

스키너(Skinner)의 행동이론은 외적 자극의 영향보다는 인지·심리 등 내적 요인을 지나치게 강조하였다는 비판을 받는다.

해설 | 스키너는 고전적 조건형성과 도구적 조건형성을 철저하게 구분할 것을 주장하였다. 인간행동에 대한 환경의 결정력을 지나치게 강조하여 인간의 내적·정신적 영향력을 배제하였고, 인간을 조작이 가능한 대상으로 취급하였으며, 인간의 모든 행동이 조작화를 통해 수정 가능하다고 보는 시각 때문에 인간의 자유의지와 존엄성을 무시하고, 인간을 지나치게 단순화·객관화하였다는 비판을 받고 있다.

정답 | ✕

05 범죄사회학파와 사회학적 범죄원인론

미시적 이론	거시적 이론
1. 학습이론 　• 차별적 접촉이론: 서덜랜드 　• 차별적 동일화이론: 글레이저 　• 차별적 강화이론: 버제스, 에이커스 2. 통제이론 　• 개인 및 사회통제이론: 라이스, 나이 　• 자기관념이론: 디니츠, 머레이, 레클리스 　• 봉쇄이론: 레클리스 　• 중화기술이론: 맛차, 사이크스 　• 표류이론: 맛차 　• 사회연대이론: 허쉬 　• 동조성전념이론: 브라이어, 필리아빈 3. 낙인이론: 탄넨바움, 레머트, 베커, 슈어	1. 사회해체이론: 쇼, 맥케이 2. 아노미이론: 머튼 3. 범죄적 하위문화이론 　• 하위계층문화이론: 밀러 　• 비행적 하위문화이론: 코헨 　• 차별적 기회구조이론: 클로워드, 오린 4. 갈등론적 이론 　• 보수적 갈등이론 　　−문화갈등이론: 셀린 　　−집단갈등이론: 볼드 　　−범죄화론: 터크 　• 급진적 갈등이론: 봉거, 퀴니, 스피처 등

01

사회해체이론(social disorganization theory)은 프로이트의 영향을 받았다.

해설 | 프로이트는 심리학적 범죄원인론 중 하나인 정신분석이론을 주장하였는데, 정신분석이론은 범죄원인을 개인의 생물학적 비정상성에서 찾기보다는 개인의 마음속에서 찾았다.

정답 | ×

02

쇼(Shaw)와 맥케이(Mckay)는 미국 시카고시의 범죄발생률을 조사하면서 이 지역에 거주하는 주민의 인종, 국적과 그 지역의 특성이 범죄발생과 매우 중요한 관련성이 있다고 보았다.

해설 | 쇼(Shaw)와 맥케이(Mckay)는 미국 시카고시의 범죄발생률을 조사하면서 지역의 특성이 범죄발생과 매우 중요한 관련성이 있다고 보았다.

정답 | ×

03 중요

사회해체이론은 비행이 사회해체에 기인하기 때문에 비행예방을 위해서는 개별비행자의 처우보다 도시생활환경에 영향을 미치는 사회의 조직화가 필요하다고 한다.

정답 | ○

04

사회구조이론은 범죄가 개인의 특성이나 개별적 선택의 결과라는 주장에 반대한다.

정답 | ○

05

사회해체이론은 비판범죄학의 갈등론적 관점을 취한다.

해설 | 사회구조이론 내지 거시환경론의 한 유형에 속한다.

정답 | ×

06

인구이동이 많은 지역에서 흔히 볼 수 있는 주민이동과 주민이질성은 사회해체의 원인이 된다.

정답 | ○

07 중요

사회해체이론의 중요한 업적은 행위자 개인의 특성이 아니라 도시의 생태를 범죄나 비행의 발생원인으로 파악한 것이다.

정답 | ○

08

사회해체이론은 주로 경찰이나 법원의 공식기록에 의존하였기 때문에 그 연구결과의 정확성은 문제되지 않는다.

해설 | 사회해체이론을 구성하고 있는 이론들은 주로 경찰이나 법원의 공식기록에 의존하였기 때문에 그 연구결과의 정확성을 신뢰하기 어렵다는 비판을 받는다. 이는 형사사법기관이 재량권을 남용함으로써 공식기록의 신뢰를 침해할 수 있기 때문이다. 특히 지역의 범죄율은 경찰 의사결정의 부작용일 수 있으므로 그 지역의 실제 법률위반을 객관적으로 보여줄 수 있다고 하기 어렵고, 암수범죄의 문제도 있다.

정답 | ×

09

공동체의 사회통제에 대한 노력이 무뎌질 때 범죄율은 상승하고 지역의 응집력은 약해진다. 이에 지역사회 범죄를 줄이기 위해서는 이웃 간의 유대강화와 같은 비공식적 사회통제가 중요하며, 특히 주민들의 사회적 참여는 비공식적 사회통제와 밀접하게 관련되어 있다는 이론은 머튼(Merton)의 긴장(strain)이론이다.

해설 | 샘슨의 집합효율성이론(collective efficacy theory)에 대한 설명이다.
◀ 샘슨의 집합효율성이론 ▶
• 빈곤은 그 자체로는 범죄와 관련이 없지만, 거주지 안정성이 낮은 곳에서의 빈곤은 폭력범죄율과 높은 상관관계가 있다.
• 지역사회가 자체의 공동가치를 실현할 수 있는 능력을 상실한 상태가 바로 사회해체이다.
• 적은 사회자본으로 인한 익명성이 근린의 범죄와 폭력을 증가시킨다. 준법정신이 투철한 사람들은 범죄와 폭력의 증가에 따라 타 지역으로 이주하게 되고, 범죄와 폭력으로 만연한 근린은 지역사회의 와해가 더욱 촉진된다.
• 집합효율성이란 '거리, 보도, 공원 등과 같은 공공장소에서 질서를 유지할 수 있는 능력'을 의미한다.
• 근린의 거주민들이 당국에 불만을 토로하거나 지역감시프로그램을 조직하는 것과 같이 질서유지를 위한 명확한 행동을 할 때 나타난다.
• 거주민들은 '근린의 결속과 상호신뢰'가 '근린의 사회통제를 위해 개입하려는 그들의 공유된 기대'와 연계될 때에만 범죄를 줄이고자 행동한다.

정답 | ×

10

버식(Bursik)과 웹(Webb)은 쇼와 맥케이를 비판하면서 지역사회가 주민들에게 공통된 가치체계를 실현하지 못하고 지역주민들이 공통적으로 겪는 문제를 해결할 수 없는 상태를 사회해체라고 정의하고, 그 원인을 주민의 이동성과 이질성으로 보았다.

정답 | ○

11

버식(Bursik)과 웹(Webb)은 사회해체의 원인을 주민의 비이동성과 동질성으로 보았다.

해설 | 버식과 웹이 정의한 사회해체란 지역사회의 무능력, 즉 지역사회가 지역주민들에게 공통된 가치체계를 실현하지 못하고, 지역주민들이 공통적으로 겪는 문제를 해결할 수 없는 상태이다. 이들은 사회해체의 원인을 주민의 이동성과 이질성 두 가지 측면에서 찾았다.

정답 | ×

12 심화

허쉬(Hirschi)는 쇼와 맥케이의 이론이 지역사회의 해체가 어떻게 범죄발생과 관련되는지를 명확하게 설명하지 못했다고 비판하면서, 사회해체의 원인을 주민이동과 주민이질성의 양 측면에서 파악하였다.

해설 | 버식과 웹이 비판한 내용이다.

정답 | ×

13

사회해체이론(social disorganization theory)은 화이트칼라범죄 등 기업범죄를 설명하는 데에 유용하다.

해설 | 사회해체이론은 범죄가 많이 발생하는 이유를 지역의 생태학적 특성에서 찾고 있으므로, 화이트칼라범죄 등 기업범죄를 설명하는 것과 관련이 없다.

정답 | ×

14

윌슨(Wilson)과 켈링(Kelling)의 깨진유리창이론, 샘슨(Sampson)의 집합효율성이론, 환경범죄학 등은 사회해체이론을 계승·발전시킨 것이다.

정답 | ○

15

아노미이론은 머튼이 기초를 제공하고, 뒤르켐이 체계화하였다.

해설 | 뒤르켐이 기초를 제공하고, 머튼이 체계화하였다.

◀ 뒤르켐과 머튼의 아노미 구별 ▶

구분	뒤르켐(Durkheim)의 아노미	머튼(Merton)의 아노미
의의	무규범 · 사회통합의 결여상태	문화적 목표와 제도적 수단의 불일치 상태
인간관	• 성악설적 인간 • 인간의 욕구를 생래적인 것으로 파악	• 성선설적 인간 • 인간의 욕구도 사회의 관습이나 문화적 전통에 의해 형성되는 것으로 파악
발생시기	사회적 변혁기	사회일상적 상황
아노미의 개념	현재의 사회구조가 개인의 욕구에 대한 통제력을 유지할 수 없는 상태	문화적 목표(부의 성취 · 성공)와 제도적 수단(합법적 수단)의 괴리에 의한 긴장의 산물
범죄원인	욕망의 분출 또는 좌절에 의한 긴장의 해소(개인적 차원)	강조되는 문화적 목표에 비해 제한된 성취기회(사회구조적 차원)

정답 | ×

16 중요

머튼(Merton)은 아노미의 발생원인을 문화적 목표와 제도화된 수단 간의 괴리에서 찾았다.

해설 | ◀ 아노미이론과 사회해체이론 비교 ▶

아노미이론	사회해체이론
보다 더 큰 사회적 조건 목표와 기회 간 모순 → '계층' 간 차별	사회해체를 유발하는 지역사회의 조건 = 잦은 인구이동 + 빈곤 + 인종 · 국적의 다양성
'하위계층'에 의한 범죄	

정답 | ○

17

머튼의 긴장이론은 "모로 가도 서울만 가면 된다."와 같이 목표를 지나치게 강조하는 반면에 이를 추구하는 수단을 경시하는 인식에 대한 설명과 부합하는 범죄원인론이다.

정답 | ○

18

머튼(Merton)이 주장한 아노미의 발생원인 중 하나는 급격한 사회변동과 위기이다.

해설 | 급격한 사회변동과 위기는 사회해체이론과 밀접하게 관계되어 있다. 머튼은 아노미의 발생원인을 사회적으로 수용 가능한 '문화적 목표'와 '제도화된 수단' 간의 불일치에서 찾았고, 대표적인 문화적 목표로 부의 획득과 금전적 성공을 강조하였다.

정답 | ×

19

머튼의 아노미이론은 낙인이론으로 분류된다.

해설 | 사회구조(거시적)이론이다.

정답 | ×

20 중요

머튼의 아노미이론은 어느 사회에서나 문화적 목표나 가치에 대해서는 사람들 간에 기본적인 합의가 이루어져 있다는 가치공유설을 전제로 한다.

정답 | ○

21 중요

머튼(R.K. Merton)은 문화적으로 규정된 목표는 사회의 모든 구성원이 공유하고 있으나, 이들 목표를 성취하기 위한 수단은 주로 사회경제적인 계층에 따라 차등적으로 분배되며, 이와 같은 목표와 수단의 괴리가 범죄의 원인으로 작용한다고 보았다.

정답 | ○

22 중요

머튼은 아노미 상황에서 개인의 적응방식을 동조형(conformity), 혁신형(innovation), 의례형(ritualism), 도피형(retreatism), 반역형(rebellion)으로 구분하였다.

해설 |

적응유형	문화적 목표	제도적 수단	적응대상
동조(순응)형	+	+	정상인
개혁(혁신)형	+	−	전통적 의미의 범죄자 (강도, 절도 등 재산범죄)
의례형	−	+	샐러리맨, 관료
도피형	−	−	마약 · 알코올중독자, 부랑자
반역(혁명)형	+, −	+, −	혁명가, 투쟁적 정치가

정답 | ○

23 중요

머튼의 긴장이론에 의하면, 다섯 가지 적응유형 중에서 혁신형(Innovation)이 범죄의 가능성이 제일 높은 유형이라고 보았다.

정답 | ○

24

아노미 상태에서 개인의 5가지 적응양식(동조, 혁신, 의례, 도피, 반역)을 제안한 머튼(R.Merton)의 긴장이론에 따르면, 도피형은 합법적인 수단을 거부하고 대체수단을 사용한다.

해설 | 반역(혁신)형에 대한 설명이다. 반역형은 기존의 문화적 목표와 제도적 수단을 모두 거부하고 이를 새로운 가치로 대체함으로써 반응하는 반면, 도피형은 문화적 목표를 추구하지도 않고, 제도적 수단을 따르지도 않는다.

정답 | ×

25

머튼(Merton)의 아노미이론에 의하면, 순응형(conformity)은 안정적인 사회에서 가장 보편적인 행위유형으로서 문화적인 목표와 제도화된 수단을 부분적으로만 수용할 때 나타난다.

해설 | 동조(순응)형은 문화적인 목표와 제도화된 수단 양자를 모두 수용할 때 나타나는데, 사회가 안정적이라면 대부분의 사람은 동조형을 선택할 것이다.

정답 | ×

26

의례형(ritualism)은 문화적 성공의 목표에는 관심이 없으면서도 제도화된 수단은 지키려는 유형으로, 출세를 위한 경쟁을 포기한 하위직원들 사이에서 발견된다.

정답 | ○

27

머튼(Merton)에 따르면, 사람들이 사회적 긴장에 반응하는 방식 중 "혁신형"은 문화적 목표와 사회적 수단을 모두 자신의 의지에 따라 새로운 것으로 대체하려는 특성을 갖는다고 하였다.

해설 | 혁신형이 아닌 반역형이 가진 특성이다.

정답 | ×

28

머튼은 범죄의 원인을 개인의 속성이 아닌 일정한 사회구조에서 인정되는 목적과 그 수단 간의 괴리관계에서 찾았다.

정답 | ○

29 중요

머튼의 긴장이론은 하위계층을 포함한 모든 계층이 경험할 수 있는 긴장을 범죄의 주요 원인으로 제시하였다.

해설 | 머튼은 경제적 하위계층이 경험할 수 있는 긴장을 범죄의 주요 원인으로 제시한 반면, 애그뉴는 모든 계층이 경험할 수 있는 긴장을 그 원인으로 제시하였다.

◀ 머튼과 애그뉴의 이론 비교 ▶

머튼(거시적)	애그뉴(미시적)
• 사회계층의 차이 → 범죄율 • 경제적 하위계층의 범죄율 높음	• 긴장을 느끼는 개인적 차이 → 범죄율 • 긴장 · 스트레스가 많은 개인의 범죄율 높음(모든 사회계층에 적용 가능)

정답 | ×

30

애그뉴의 일반긴장이론은 긴장개념을 확장하여 다양한 상황이나 사건이 긴장 상태를 유발할 수 있다고 하였다. 반면, 메스너와 로젠펠드는 제도적 아노미이론에서 아노미이론을 확대했으며, 모든 다른 사회제도가 경제에 종속되어 있는 것을 '제도적 아노미'라고 규정하고, 이것이 문제의 원인이라고 주장하였다.

정답 | ○

31 중요

밀러(W. Miller)는 하위계층 청소년들의 '관심의 초점'(focal concerns)이 중산층 문화의 그것과는 다르기 때문에 범죄에 빠져들기 쉽다고 보았다.

정답 | ○

32

밀러가 제시한 하류계층의 여섯 가지 관심의 초점 중 사고치기는 스릴, 모험, 권태감을 해소하는 것에 대한 관심이며 도박, 음주, 마약사용 등의 원인이 되기도 한다.

해설 | 사고치기는 유난히 사고를 유발하고 이를 원활히 처리하는 것에 대한 관심이다. 지문의 내용은 흥분추구에 대한 설명이다.

정답 | ✕

33

밀러의 하류계층의 6가지 관심의 초점 중에서 자율성은 순응의 기대 위에 세워진 업무환경, 학교, 다른 사회적 제도에서 표면화될 때 중류계층의 기대에서 벗어나는 행동상의 문제를 야기한다.

정답 | ○

34 [심화]

코헨은 비행하위문화의 특징으로 사고치기(trouble), 강인함(toughness), 기만성(smartness), 흥분추구(excitement), 운명주의(fatalism), 자율성(autonomy) 등을 들었다.

해설 | 코헨이 아닌 밀러에 대한 설명이다.

◀ 밀러의 하류계층문화이론 ▶

| 하류계층
관심의 초점
+
여성가장 가능 | → | 하류계층 청소년의
동일성별 집단에서의
지위와 남성상 추구 | → | 하류계층
관심의 초점에
부응하는 행동 | → | 때로는 범죄적 또는
비행적 행위 |

※ 하류계층의 관심의 초점: 사고치기(말썽), 강인함(사나움), 기만성(교활·영리함), 흥분추구, 운명주의(숙명), 자율성(독자성)

◀ 코헨의 비행하위문화이론 ▶

| 하류계층 사회화
+
중류계층 잣대 | → | 하류
계층의
실패 | → | 거부감과
좌절감 | → | 동료집단
형성 | → | 반응
형성 | → | 집단적으로
부정적·악의적
비행을 통해
자신에게 의미부여 |

※ 코헨이 제시한 소년들의 3가지 대안적 행동유형(= '반응형성' 개념)
- 모퉁이소년(corner boy): 가장 일반적인 유형으로, 친구들과 거리를 서성이며 사소한 비행을 저지름
- 대학생소년(College boy): 비행·일탈반응 없이 중산층의 문화·가치를 수용하고자 노력
- 비행소년(delinquent boy): 중산층의 문화·가치를 거부하고 정반대의 문화(비행하위문화) 형성

정답 | ×

35

코헨(A. Cohen)은 하위계층 청소년들 간에 형성된 하위문화가 중산층의 문화에 대해 대항적 성격을 띠고 있다고 본다.

정답 | ○

36 [중요]

코헨(Albert Cohen)은 사회의 중심문화와 빈곤계층 출신 소년들의 익숙한 생활 사이에서 긴장이나 갈등이 발생하고, 이러한 긴장관계를 해결하려는 시도에서 비행적 하위문화가 형성된다고 하였으며, 그 특징으로 비공리성, 악의성, 부정성(否定性) 등을 들고 있다.

정답 | ○

37

밀러(Miller)나 코헨(Cohen)의 하위문화이론으로는 중산층 출신 청소년의 범죄를 설명하기 곤란하다.

정답 | ○

38

코헨(Cohen)의 비행하위문화이론은 하위계층의 비행소년들이 자신의 행동을 후회하는 이유를 설명하지 못한다.

정답 | ○

39 중요

코헨(A. Cohen)의 비행하위문화이론에 의하면, 하류계층의 비행은 중류계층의 가치와 규범에 대한 저항이다.

정답 | ○

40

코헨의 비행하위문화이론은 청소년비행이 집단적으로 발생한다는 데 주목해서, 지위좌절을 겪은 하위계층 청소년들이 집단적으로 중산층 문화에 반항함으로써 하위문화를 형성한다고 보고, 이를 범죄원인으로 지목한다.

정답 | ○

41

코헨(Cohen)이 1955년에 발표한 비행하위문화이론은 주로 사회학습이론의 틀을 빌어 비행하위문화의 형성과정 및 유래를 제시한다.

해설 | 코헨은 비행하위문화이론에서 쇼와 맥케이의 사회생태학 연구, 머튼의 긴장이론, 서덜랜드의 차별적 접촉이론을 포함한 몇몇 이론적 관점을 통합하려고 시도하였다.

정답 | ✕

42

코헨은 비행하위문화이론을 통해서 하위계층 청소년들 사이에서 반사회적 가치나 태도를 옹호하는 비행문화가 형성되는 과정을 규명하였다.

정답 | ○

43 중요

밀러(Miller)가 하위문화를 중상류층의 보편적인 문화에 대항하고 반항하기 위해서 형성되는 것이라고 생각한 반면, 코헨(Cohen)은 하위문화를 하위계층의 고유문화로 보았다.

해설 │ 코헨(Cohen)이 하위문화를 중상류층의 보편적인 문화에 대항하고 반항하기 위해서 형성되는 것이라고 생각한 반면, 밀러(Miller)는 하위문화를 하위계층의 고유문화로 보았다.

정답 │ ×

44 심화

클로워드(Cloward)와 올린(Ohlin)의 차별적 구조이론은 뒤르켐(E. Dukheim)의 이론과 하위문화이론을 통합하여 만든 이론이다.

해설 │ 머튼의 아노미이론과 서덜랜드의 차별적 접촉이론을 통합하여 만든 이론이다.

정답 │ ×

45

클로워드(Cloward)와 올린(Ohlin)의 차별적 기회구조이론은 아노미 현상을 비행적 하위문화의 촉발요인으로 본다는 점에서 머튼의 영향을 받았다.

정답 │ ○

46

차별적 기회구조이론은 합법적 수단을 사용할 수 없는 사람들은 곧바로 불법적 수단을 사용할 것이라는 머튼(Merton)의 가정을 계승하고 있다.

해설 │ 머튼의 가정에 동의하지 않는다.

정답 │ ×

47

밀러(Mller)는 하류계층의 문화를 범죄적 하위문화, 갈등적 하위문화, 도피적 하위문화로 분류하였다.

해설 │ 밀러가 아닌 클로워드와 올린에 대한 설명이다.

정답 │ ×

48

범죄적 하위문화는 청소년범죄자에게 성공적인 역할모형이 될 수 있는 조직화된 성인범죄자들의 활동이 존재하는 지역에서 나타난다.

정답 │ ○

49 중요

클로워드(Cloward)와 올린(Ohlin)의 차별적 기회구조이론에 의하면, 성인들의 범죄가 조직화되지 않아 청소년들이 비합법적 수단에 접근할 수 없는 지역에서는 갈등적 하위문화가 형성되는데, 범죄기술을 전수할 기회가 없기 때문에 이 지역의 청소년들은 비폭력적이며 절도와 같은 재산범죄를 주로 저지른다.

해설 | 과시적인 폭력과 무분별한 갱 전쟁을 주로 저지른다.

적응유형	문화적 목표	합법적 수단	비합법적 수단	폭력수용	비행적 하위문화의 유형	머튼과 비교
동조(순응)형	+	+			일반인	동조형
개혁(혁신)형	+	−	+		범죄적 하위문화	개혁형
공격(폭력)형	+	−	−	+	갈등적 하위문화	−
도피(은둔)형	+	−	−	−	도피적 하위문화	도피형

정답 | ×

50 중요

서덜랜드(Sutherland)의 차별적 접촉이론은 범죄자의 학습과정과 비범죄자의 학습과정에 차이가 있다는 데에서 출발한다.

해설 | 차이가 없다는 데에서 출발한다.

◀ 서덜랜드의 차별적 접촉이론 9가지 명제 ▶

명 제	특 징
제1명제	범죄행위는 학습의 결과이다.
제2명제	범죄행위는 의사소통과정에 있는 다른 사람과의 상호작용을 수행하는 과정에서 학습된다.
제3명제	범죄행위 학습의 주요 부분은 친밀한 관계를 맺고 있는 집단들과의 직접적인 접촉에 의해서 이루어진다(라디오, TV, 영화, 신문, 잡지 등과 같은 비인격적 매체는 범죄행위 학습과 큰 관련이 없음).
제4명제	범죄행위의 학습에는 범죄기술, 동기, 욕망, 합리화 방법, 태도 및 구체적 방향 등의 학습이 포함된다.
제5명제	법규범을 우호적으로 정의하는가, 비우호적으로 정의하는가에 따라 동기와 욕구의 특정한 방향을 학습한다.
제6명제	법규범에 대한 비우호적 정의가 우호적 정의보다 클 때 범죄행위를 실행한다.
제7명제	차별적 접촉은 접촉의 빈도 · 기간 · 시기 · 강도에 따라 다르게 나타난다. 즉, 접촉의 빈도가 잦고 기간이 길수록, 시기가 빠르고 강도가 클수록 더 강하게 학습된다.
제8명제	범죄행위의 학습과정은 다른 행위의 학습과정과 동일한 메커니즘을 가진다. 범죄자와 준법자 사이에는 접촉유형의 차이만 있을 뿐 학습과정에는 아무런 차이가 없다.
제9명제	범죄행위도 욕구나 가치관의 표현이라는 점에서 다른 행위와 동일하나, 일반적인 욕구와 가치관으로는 범죄행위를 설명할 수 없다.

정답 | ×

51

서덜랜드는 범죄의 원인을 경제제도나 사회구조의 특성에서 찾고자 하였다.

해설 | 학습의 결과에서 찾고자 하였다.

정답 | ×

52

서덜랜드(Sutherland)의 차별접촉이론(differential association theory)에서 제시하는 명제에 의하면, 범죄행위의 학습과정은 일반적 학습과정의 기제와 다르다고 한다.

해설 | 범죄적 행동양식 및 비범죄적 행동양식과의 접촉을 통해 이루어지는 범죄행위의 학습과정은 일상생활 속에서 이루어지는 다른 행위의 학습과정과 동일한 메커니즘을 가진다.

정답 | ×

53

서덜랜드(Sutherland)의 차별접촉이론에 따르면, 모든 사람은 잠재적 범죄자로서 친구와의 유대가 약해지면 범죄를 저지르게 된다.

해설 | 서덜랜드가 아닌 허쉬의 주장이다. 허쉬의 사회유대이론에 따르면, 인간은 자연적으로 누구든지 범죄를 저지를 수 있는데, 개인을 둘러싼 사회적 유대가 약화되거나 깨지면 범죄를 저지르게 된다.

정답 | ×

54

서덜랜드(Surtherland)의 차별접촉이론의 명제로 차별적 교제 양상은 빈도나 강도의 측면에서 동일하다고 전제한다.

해설 | 차별적 접촉은 접촉의 빈도 · 기간 · 시기(우선성) · 강도의 정도에 따라 다양하게 나타난다.

정답 | ×

55

서덜랜드(Sutherland)는 범죄자는 원래부터 정상인과 다르기 때문에 범죄를 저지르는 것이 아니라, 타인들과 접촉하는 과정에서 범죄행위를 학습하기 때문에 범죄를 저지른다고 보았다.

정답 | ○

56 중요

서덜랜드(Sutherland)의 차별적 접촉이론에 따르면, 범죄행위는 타인과의 의사소통을 위한 상호작용으로 학습된다.

정답 | ○

57 중요

서덜랜드는 범죄행위의 학습에 있어서 대중매체의 영향을 중시하지 않았다.

정답 | ○

58

서덜랜드(Sutherland)의 차별적 접촉이론에 의하면, 범죄행위를 학습할 때에 학습되는 내용은 범죄기술, 범죄행위에 유리한 동기, 충동, 합리화 방법, 태도 등이다.

정답 | ○

59

차별적 접촉이론은 범죄행위에 대해 우호적으로 정의하는 사람들과 비우호적으로 정의하는 사람들과의 접촉의 차이로 범죄행위를 설명한다.

정답 | ○

60 중요

서덜랜드(Sutherland)에 따르면, 범죄자와 비범죄자의 차이는 접촉유형의 차이가 아니라 학습과정의 차이에서 발생한다.

해설 | 학습과정의 차이가 아니라 접촉유형의 차이에서 발생한다.

정답 | ×

61

서덜랜드(Sutherland)의 차별적 접촉이론에 의하면, 범죄행위는 일반적인 욕구나 가치관의 표현이지만 동일한 욕구와 가치관이 비범죄적 행동을 통해 표현될 수도 있다.

정답 | ○

62

서덜랜드(Sutherland)의 차별적 접촉이론의 내용에서 어떤 사람이 범죄자가 되는 것은 법률위반을 긍정적으로 생각하는 정도가 부정적으로 생각하는 정도보다 크기 때문이라고 한다.

해설 | 서덜랜드의 차별적 접촉이론 제6명제에 따르면, 인간은 법규범에 대한 비우호적 정의가 우호적 정의보다 클 때 범죄행위를 실행한다.
참고로, 서덜랜드의 차별적 접촉이론에 의하면, 범죄행위 학습의 주요 부분은 친밀한 관계를 맺고 있는 집단(1차적 집단: 가족, 친지, 동료 등)과의 직접적인 접촉에 의해서 이루어질 뿐, 라디오 등 비인격적 매체는 범죄행위 학습과 큰 관련이 없다. 반면, 글레이저의 차별적 동일시이론에 의하면, 범죄행위를 결정하는 것은 접촉의 빈도 등이 아니라 '상징적 동일화 과정'이고, 인간은 자신의 범죄행위를 수용할 수 있을 것 같은 존재(실제 사람이나 가상의 인물)와 동일시하는 정도에 따라 범죄행위를 추구한다.

정답 | ○

63

글레이저(D. Glaser)는 범죄의 학습에 있어서는 직접적인 대면접촉보다 자신의 범죄적 행동을 지지해 줄 것 같은 실존 또는 가상의 인물과 자신을 동일시하는가가 더욱 중요하게 작용한다고 하였다.

정답 | ○

64

글레이저(D. Glaser)의 차별적 동일화이론(differential identification theory)은 공간적으로 멀리 떨어져 있는 준거집단도 학습의 대상으로 고려했다는 점에서 차별적 접촉이론과 차이가 있다.

해설 | ◀ 차별적 접촉이론의 보완이론 ▶
- 글레이저(Glaser)의 차별적 동일화이론: 매스미디어 등 준거되는 접촉집단을 확대하여 적용 · 보완
- 버제스와 에이커스(Burgess & Akers)의 차별적 강화이론: 학습과정에 대한 설명을 보완를 보완
- 클로워드와 오린(Cloward & Ohlin)의 차별적 기회구조이론: 학습환경에의 접근가능성 문제를 보완
- 레크레스(Reckless)의 자기관념이론: 차별적 반응의 무시에 대한 비판을 보완

정답 | ○

65

글레이저(Glaser)의 차별적 동일시이론(differential identification theory)은 자신과 동일시하려는 대상이나 자신의 행동을 평가하는 준거집단의 성격보다는 직접적인 대면접촉이 범죄 학습과정에서 더욱 중요하게 작용한다고 본다.

해설 | 글레이저는 범죄행위 학습에 영향을 미치는 준거집단을 직접 접촉하는 집단뿐만 아니라, 멀리 떨어져 있거나 실제하지 않는 집단 및 사람으로까지 확장함으로써 범죄행위 학습의 전달범위를 보다 탄력적이고 광범위한 것으로 보았다.

정답 | ×

66

차별적 강화이론에 의하면, 범죄행동은 조작적 조건형성의 원리에 따라 학습된다. 즉, 스키너 (Skinner)의 조작적 조건화로 재구성한 것이 차별적 접촉강화이론이다.

정답 | ○

67

사회적 학습이론(social learning theory)에서 반두라는 보보인형실험을 통해 TV 등 미디어를 통한 공격성 학습원리를 증명하였다. 이 실험은 폭력과 같은 행동이 관찰자에게 제공되는 어떠한 강화자극 이 없더라도 관찰과 모방을 통해 학습될 수 있음을 증명하였다는 의의를 가진다. (대리강화)

해설 | 미디어 등을 통한 간접적인 범죄학습이 가능하다는 점을 제시하였다.

정답 | ○

68

버제스와 에이커스는 차별적 강화이론에서 사람의 사회적 행위를 설명하기 위한 메커니즘으로서 차별적 접촉에만 중점을 두기보다는 차별적 접촉, 차별적 강화, 정의, 모방행위에 중점을 두었다.

정답 | ○

69

볼비(Bowlby)의 애착이론은 어린 시절 어머니가 없는 경우에는 아이들이 기초적인 애착관계를 형성 할 수 없기 때문에 불균형적인 인성구조를 갖게 되고, 이후에 범죄와 같은 반사회적 행위에 빠져든다 고 보아서 모성의 영향을 강조하였다.

정답 | ○

70

차별적 강화이론은 범죄행위의 결과로서 보상이 취득되고 처벌이 회피될 때 그 행위는 강화되는 반면, 보상이 상실되고 처벌이 강화되면 그 행위는 약화된다고 설명한다. 긍정적 강화는 보상이 있을 경우에 범죄행위가 지속·강화되는 반면, 어떤 아이가 착한 일을 했음에도 불구하고 보상이 주어지지 않는다면 향후 그 행위를 지속할 가능성이 낮아지는데, 이를 부정적 처벌이라 한다.

정답 | ○

71

버제스(Burgess)와 에이커스(Akers)의 차별적 강화이론도 차별적 접촉이론과 마찬가지로 범죄행위의 학습에 기초하고 있다.

정답 | ○

72 중요

버제스(R. Burgess)와 에이커스(R. Akers)의 사회적 학습이론(social learning theory)은 사회적 상호작용만을 중시하고 개인의 욕구와 같은 비사회적 사정들을 배제시킨 이론이라는 점에 특징이 있다.

해설 | 배제시키지 않은 이론이라는 점에 특징이 있다.

정답 | ×

73 심화

에이커스(R. Akers)의 사회학습이론이 개인의 범죄활동을 설명하기 위하여 제시한 4가지 개념으로는 차별접촉(differential association), 정의(definition), 차별강화(differential reinforcement), 모방(imitatinon)이 있다.

정답 | ○

74 중요

나이(Nye)는 사회통제방법을 직접통제, 간접통제, 내부통제로 나누고, 소년비행 예방에 가장 효율적인 방법은 내부통제라고 보았다.

해설 | (비공식적) 간접통제라고 보았다.

정답 | ×

75 중요

통제이론은 사람들이 왜 범죄행위로 나아가지 않고 합법적인 행동을 하는가라는 물음에 중점을 두고 있다.

정답 | ○

76

통제이론은 인간이란 범죄성을 본질적으로 지니고 있기 때문에 그대로 두면 누구든지 범죄를 저지를 것이라는 가정에서 출발한다.

정답 | ○

77

통제이론은 특히 하층계급의 중범죄를 설명하는 데 적절하다.

해설 | 주로 청소년의 가벼운 절도나 폭행 등의 경범죄, 사소한 비행의 원인을 설명하는 데 적절하다.

정답 | ×

78

레클리스(Reckless)는 올바른 자아관념이 비행에 대한 절연체라고 보았다.

정답 | ○

79 중요

레클리스의 자아관념이론에 따르면, 비행다발지역의 청소년들 중에서 다수가 비행에 가담하지 않는 이유는 자신에 대한 좋은 이미지를 통해 비행에의 유혹이나 압력을 단절시키기 때문이다.

정답 | ○

80 중요

레클리스(Reckless)는 봉쇄이론(containment theory)을 주장하면서 범죄나 비행으로 이끄는 힘을 압력요인, 유인요인, 배출요인으로 나누었다.

정답 | ○

81

레클리스(W. Reckless)의 봉쇄이론(견제이론, Containment Theory)에서 자기통제력은 범죄나 비행을 차단하는 외적 봉쇄요인에 해당한다.

해설 | 레클리스의 봉쇄이론에서 내적 봉쇄는 범죄의 유혹에 저항할 수 있는 내부의 건전한 자아개념과 강한 양심을 의미하고, 외적 봉쇄는 법규를 준수하거나 규범적으로 생활하도록 돕는 외부의 감독 및 통제를 의미한다. 따라서 자기통제력은 외적 봉쇄가 아니라 내적 봉쇄에 해당한다.

정답 | ×

82

맛차(Matza)의 표류이론(drift theory)에 의하면, 비행청소년들은 비행의 좌절감을 모면하기 위해 다양한 중화의 기술을 구사한다.

정답 | ○

83

맛차(Matza)의 표류이론에 의하면, 대부분의 비행청소년들은 합법적인 영역에서 오랜 시간을 보낸다.

정답 | ○

84

맛차의 표류이론에 의하면, 인간행동은 결정주의가 아니라 전적으로 자유의사에 의해 영향을 받는다고 한다.

해설 | 맛차는 인간행동에는 어느 정도의 결정주의가 있을 뿐만 아니라 상당한 자유의사도 있다고 주장하였으며, 이를 '약한 결정주의'라고 하였다.

정답 | ×

85

맛차(Matza)의 표류이론(drift theory)에 따르면, 비행청소년들은 비행가치를 받아들여 비행이 나쁘지 않다고 생각하기 때문에 비행을 한다.

해설 | 맛차는 사회적 통제가 약화되었을 때 청소년이 합법적인 규범이나 가치에 전념하지 못하고 위법적인 행위양식에도 몰입하지 못하는, 합법과 위법의 중간단계에서 방황하는 상태를 표류(drift)라고 불렀는데, 대부분의 비행청소년은 중화기술을 습득함으로써 때로는 관습적 행동에서 표류하여 범죄나 약물남용 등의 행동에 참여한다.

정답 | ×

86 중요

맛차(Matza)와 사이크스(Sykes)에 따르면, 일반소년과 달리 비행소년은 처음부터 전통적인 가치와 문화를 부정하는 성향을 가지고 있으며, 차별적 접촉과정에서 전통규범을 중화시키는 기술이나 방법을 습득한다.

해설 | 맛차와 사이크스에 따르면, 비행소년이라 할지라도 대부분의 경우에는 다른 사람들과 마찬가지로 일상적이고 준법적인 행위를 하며, 특별한 경우에 한하여 위법적인 행위에 빠져들게 된다.

정답 | ×

87

맛차의 표류이론에 의하면 비행이론은 표류를 가능하게 하는, 즉 사회통제를 느슨하게 만드는 조건을 설명해야 한다고 주장하였다.

88 [중요]

사이크스(Sykes)와 맛차(Matza)의 중화기술(techniques of neutralization)이론에 의하면 중화기술의 유형에는 책임의 부정, 가해의 부정, 피해자의 부정, 비난자에 대한 비난, 고도의 충성심에의 호소 등 5가지가 있다.

해설 | ◀ 중화기술 유형 ▶

구분	내용
책임의 부정	의도한 것이 아니었다거나, 주변인 또는 환경 등에 책임을 전가하거나, 자신도 외부세력의 피해자라고 여기는 것을 말한다(외부로 책임전가).
가해(손상)의 부정	훔친 것을 빌린 것이라고 하는 등 자신의 행위가 위법할지라도 실제로 피해를 입은 사람은 없다며 합리화하는 것을 말한다(범죄사실의 부정).
피해자의 부정	자신의 행위가 피해를 유발한 것은 인정하나, 그 피해는 피해자에 대한 정의로운 응징이라고 주장하거나(도덕적 복수자), 피해자가 노출되지 않은 경우에는 그 피해자의 권리를 무시하는 것을 말한다(범죄원인을 피해자가 제공).
비난자에 대한 비난	자신을 비난하는 사람, 즉 경찰이나 선생님, 부모, 기성세대 등을 나쁜 사람으로 규정하고, 그들은 자신의 잘못을 비난할 자격이 없다고 비난하는 것을 말한다.
상위가치에 대한 호소 (고도의 충성심에의 호소)	비록 자신의 행위가 옳지는 않지만, 가족이나 친구 등 중요한 개인적 집단에 대한 충성심이나 의리를 위해서 어쩔 수 없었다고 호소하는 것을 말한다.

정답 | ○

89

허쉬(Hirschi)의 사회유대이론은 누구나 반사회적 행위를 하려는 본성을 가지고 있다고 전제한다.

정답 | ○

90

허쉬의 사회유대이론에 의하면, 범죄행위의 소질은 선천적으로 타고나는 것이 아니라 후천적으로 범죄문화에 오염되어 학습한다.

해설 | 허쉬는 "인간은 모두 동물이며 자연적으로 누구든지 범죄를 저지를 수 있다"는 가정을 받아들이고, 반사회적 행위를 범하게 만드는 근본적 원인은 인간의 본성에 있다고 보았다. 지문의 내용은 사회학습이론에 대한 설명이다.

정답 | ×

91

허쉬는 인간의 본성은 악하기 때문에 그냥 두면 범죄를 저지를 위험성이 높다. 그래서 어릴 때부터 부모나 주변 사람들과의 정서적 유대를 강화하여 행동을 통제해야 한다고 주장했다.

해설 │ 허쉬의 사회유대이론에 따르면, 인간은 자연적으로 누구든지 범죄를 저지를 수 있는데, 개인을 둘러싼 사회적 유대가 약화되거나 깨지면 범죄를 저지르게 된다. 따라서 한 개인이 범죄를 저지르지 않는 이유는 사회적 유대가 약화되거나 깨지는 것을 두려워하기 때문이다.

정답 │ ○

92

허쉬는 사회유대이론에서 범죄는 사회적으로 학습된다고 주장했다.

해설 │ 허쉬가 아닌 서덜랜드의 주장이다. 서덜랜드의 차별적 접촉이론 등 사회학습이론은 범죄가 사회적으로 학습된다고 주장한 반면, 허쉬의 사회유대이론은 한 개인을 둘러싼 사회적 유대가 약화되거나 깨지면 범죄를 저지르게 된다고 주장하였다.

정답 │ ×

93 중요

허쉬(Hirschi)의 사회통제이론(social control theory)은 "왜 범죄를 범하지 않는가"가 아니라 "왜 범죄를 범하는가"를 탐구한다.

해설 │ "왜 범죄를 범하는가"가 아니라 "왜 범죄를 범하지 않는가"를 탐구한다.

정답 │ ×

94 중요

허쉬의 사회통제이론에 의하면, 개인이 일상적 사회와 맺고 있는 유대가 범죄발생을 통제하는 기능을 하며, 개인과 사회 간의 애착(attachment), 전념(commitment), 참여(involvement), 신념(belief)의 네 가지 관계를 중요시한다.

정답 │ ○

95 중요

관여(전념)는 사회에서의 주요 활동에 관여 또는 투자하는 정도를 말하며, 규범준수에 따른 사회적 보상에 얼마나 관심을 갖는가에 관한 것이다.

정답 │ ○

96 중요

허쉬(Hirschi)는 개인의 사회적 활동에 대한 참여가 높을수록 일탈행동의 기회가 증가하여 비행이나 범죄를 저지를 가능성이 높다고 보았다.

해설 | 일탈행동의 기회가 감소하여 비행이나 범죄를 저지를 가능성이 낮다고 보았다.

정답 | ×

97

허쉬(Hirschi)의 사회유대이론은 모든 사람을 잠재적 법 위반자라고 가정하고 인간의 자유의지와 도덕적 책임감을 강조한다.

해설 | 허쉬는 "인간은 모두 동물이며 자연적으로 누구든지 범죄를 저지를 수 있다"는 가정을 뒤르켐으로부터 받아들였다. 따라서 앞의 내용은 옳지만, 뒤의 내용은 고전주의 범죄학에 대한 설명이다.

정답 | ×

98

허쉬(Hirschi)의 사회통제이론의 네 가지 유대 중 참여(involvement)는 사회생활에 대하여 참여가 높으면 그만큼 일탈행위의 기회가 감소됨으로써 비행이나 범죄를 저지를 가능성이 낮아지는 것을 말한다.

정답 | ○

99

허쉬(Hirschi)의 사회유대이론에서 신념(belief)은 지역사회가 청소년의 초기 비행행동에 대해 과잉반응하지 않고 꼬리표를 붙이지 않는 것을 말한다.

해설 | 허쉬의 사회유대이론의 네 가지 요소 중 신념은 일반적인 가치규범에 대한 인정, 특히 법과 사회규칙이 도덕적으로 옳으며 지켜야 한다는 믿음을 의미한다. 예를 들어 "음주운전은 안 된다"라는 신념을 가진 사람은 그렇지 않은 사람보다 음주운전을 더욱 자제한다는 것이다.

정답 | ×

100

허쉬의 사회통제이론에서 4가지 유대 중 전념(commitment)은 규범적인 생활에 집착하고 많은 관심을 지닌 사람은 그렇지 않은 사람들에 비해 잃을 것이 많기 때문에 비행이나 범죄를 저지를 가능성이 낮다.

해설 | ◀ 갓프레드슨과 허쉬의 일반이론(자기통제력 + 기회) ▶
- 범죄성향(자기통제력)과 범죄기회를 통합함으로써 유사한 환경 속에서 자란 아이들이 왜 범죄를 저지르고, 또는 저지르지 않는가를 설명한 이론(충동적 성격 → 낮은 자아통제력 → 사회유대의 약화 + 범죄적 기회 = 범죄적 행동)
- 자기통제력은 어릴 때 부모의 양육방식에 의해 결정된다고 하여 가정에서 부모의 역할을 강조(실증주의적 시각)
- 욕구충족을 위한 기회가 주어진다면, 자기통제력이 강한 사람도 범죄를 저지를 수 있다는 것으로, 결론적으로 범행을 위한 기회가 주어진다면 자기통제력은 제 기능을 발휘하지 못한다고 주장(고전주의)

◀ 통제이론 정리 ▶

라이스 & 나이	개인의 자기통제력, 사회통제방법 유형 분류
레클리스 & 디니츠	자아관념이론, 범죄원인 = 자아관념 차이
브라이어 & 필리아빈	동조성 전념이론 = 내적 통제 의미
허쉬	사회유대이론(사회유대를 맺는 방법), 갓프레드슨 & 허쉬, 범죄일반이론(자기통제력 + 범행 기회)
콜빈	차별적 강제이론, 강제적 환경 > 낮은 자기통제력
사이크스 & 맛차	중화기술이론, 일탈의 계기 = 중화(합리화)기술

정답 | ○

101 중요

낙인이론은 범죄행위 자체보다 범죄행위에 대한 형사사법기관의 반작용에 관심을 둔다.

해설 | ◀ 낙인이론의 인과관계 ▶

정답 | ○

102

낙인이론에 의하면, 범죄는 일정한 행위속성의 결과가 아니라 사회통제기관에 의해 범죄로 규정된다고 한다.

해설 | ◀ 베커와 슈어의 이론 비교 ▶

베커	슈어
• 규범위반 → 자동적으로 낙인 찍힘 • 최초의 일탈 → 2차적 일탈은 단계적 과정	• × • 단계적 · 즉각적 ×, (스스로와의) 우회적인 협상과정

※ 낙인에 대한 '개인의 적응'을 고려: '개인적 노력' 여하에 따라 '낙인'의 영향이 다름 → 낙인을 '수용'하기도 하고, '회피'하기도 함

정답 | ○

103 심화

낙인이론에 의하면, 범죄는 귀속과 낙인의 산물이 아니라 일정한 행위의 속성이라고 본다.

해설 | 행위의 속성이 아니라 귀속과 낙인의 산물이라고 본다.

정답 | ×

104

낙인이론가들은 범죄의 원인보다 범죄자에 대한 사회적 반응을 중시하고, 사회적 금지가 일탈행위를 유발하거나 강화시킨다고 주장하였다.

정답 | ○

105

낙인이론은 형사입법자나 법집행종사자들의 가치관과 행동양식 등을 그 연구대상으로 한다.

정답 | ○

106

낙인이론에 의하면, 범죄현실은 범죄행위의 구조와 범죄자의 선별로써 결정되며, 그 결정은 사회적 강자가 내린다고 한다.

정답 | ○

107

낙인이론에 의하면, 공식적 낙인은 차별적 기회구조와 차별적 접촉을 낳는다.

정답 | ○

108

낙인이론은 규범이나 가치에 대하여 단일한 사회적 합의가 존재한다는 관점에 입각하고 있다.

해설 | 단일한 사회적 합의가 존재하지 않는다는 관점에 입각하고 있다.

정답 | ×

109 중요

낙인이론은 범죄의 사회구조적 원인을 규명하려는 거시적 이론이다.

해설 | 사회적 상호작용을 규명하려는 미시적 이론(사회과정이론)이다.

정답 | ×

110

낙인이론에 의하면, 부정적 자기관념의 형성은 2차적 일탈의 원인이 된다.

정답 | ○

111

낙인이론과 관련 있는 개념으로는 악의 극화, 이차적 일탈, 리비도(libido), 아웃사이더(outsider)가 있다.

해설 | 리비도는 프로이트의 정신분석학에서 본능에 포함되어 있는 성적 에너지로, 낙인이론과는 무관하다.

정답 | ×

112 중요

낙인이론은 주로 2차적 일탈보다는 개인적 · 사회적 원인들로부터 야기되는 1차적 일탈을 설명하는 것이 핵심이다.

해설 | 레머트는 제1차적 일탈과 제2차적 일탈을 구분한 후 제2차적 일탈에 주된 관심을 두었으며, 제1차적 일탈의 원인에 대한 설명이 부족하다는 비판을 받았다.

정답 | ×

113

낙인이론은 일차적 일탈의 원인이나 범죄피해자에 대한 관심이 적다는 비판이 있다.

정답 | ○

114

낙인이론은 형사사법기관의 역할에 대해 회의적이며, 공식적 낙인은 사회적 약자에게 차별적으로 부여될 가능성이 높다고 본다.

정답 | ○

115

낙인이론(Labeling Theory)은 사회 내 처우의 문제점을 지적하면서 시설 내 처우의 필요성을 강조하였다.

해설 | 낙인이론가들은 4D(비범죄화 · 전환제도 · 공정절차 · 탈시설화)대책을 통해 재사회화 후의 성과가 양호한 피낙인자의 사회적 지위를 회복시킬 수 있는 탈낙인화가 뒤따라야 한다고 주장하였다. 따라서 낙인이론은 시설 내 처우의 문제점을 지적하면서 사회 내 처우의 필요성을 강조하였다(탈시설화).

정답 | ×

116 중요

탄넨바움(F. Tannenbaum)은 일탈행위를 1차적 일탈과 2차적 일탈로 구분한다.

해설 | 탄넨바움이 아닌 레머트에 대한 설명이다.

정답 | ×

117

탄넨바움(Tannenbaum)에 따르면, 청소년의 사소한 비행에 대한 사회의 부정적 반응이 그 청소년으로 하여금 자신을 부정적인 사람으로 인식하게 한다.

정답 | ○

118 중요

레머트는 행위자의 정체성과 그의 사회적 역할수행에 영향을 미치는 이차적 일탈에 관심을 보였다.

정답 | ○

119

레머트(Lemert)는 낙인이론에서 1차적, 2차적, 3차적 일탈을 구분한다.

해설 | 레머트는 제1차적 일탈과 제2차적 일탈을 구분한 후 제2차적 일탈에 주된 관심을 두었으며, 제3차적 일탈이라는 용어는 사용한 적이 없다.

정답 | ×

120

레머트(Lemert)는 일탈행위에 대한 사회적 반응은 크게 사회구성원에 의한 것과 사법기관에 의한 것으로 구분할 수 있고, 현대사회에서는 사회구성원에 의한 것이 가장 권위 있고 광범위한 영향력을 행사하는 것으로 보았다.

해설 | 현대사회에서는 사법기관에 의한 것(공식적 반응)이 가장 권위 있고 광범위한 영향력을 행사하는 것으로 보았다.

정답 | ×

121

레머트(Lemert)는 조직적이고 일관성 있게 일어나는 일차적 일탈을 막기 위해서는 지역사회의 관심과 역할이 중요하다고 주장하였다.

해설 | 제2차적 일탈은 제1차적 일탈에 대한 사회적 반응 뒤에 오는 일탈을 의미하므로, 제2차적 일탈을 막기 위해서는 지역사회의 관심과 역할이 중요하다. 제1차적 일탈에 대한 부정적 사회반응, 그 결과로 인한 경제적 기회상실 등은 자신의 태도와 사회적 역할에 대한 상징적 재조직화를 야기하고, 부정적 자아 이미지에 기반한 행위를 촉진시켜 직업범죄자가 되도록 만든다.
참고로, 일차적 일탈은 비조직적 · 비일관적인 반면, 이차적 일탈은 조직적 · 일관적이다.

정답 | ×

122

레머트는 사회구성원에 의한 반응과 사법기관에 의한 공식적 반응 중에서 사법기관에 의한 공식적 반응이 가장 권위 있고 광범위한 영향력을 행사한다고 하였다.

정답 | ○

123

베커(Becker)의 낙인이론은 범죄에서의 성별 차이가 부모의 가부장적 양육행태에 의해서 결정된다고 주장한다.

해설 │ 베커의 낙인이론이 아닌 헤이건의 권력통제이론에 대한 설명이다. 헤이건의 권력통제이론에 의하면, 전통적인 가부장적 가정에서의 아들은 딸보다 더 적은 통제를 받는 대신 딸보다 더 많은 위험을 무릅쓰고 더 많은 비행을 저지른다. 반면, 평등한 가정에서의 아들과 딸은 유사한 통제를 받고 유사한 수준의 비행을 저지른다.

정답 │ ×

124

베커(Becker)에 따르면, 일탈자라는 낙인은 그 사람의 사회적 지위와 타인과의 상호작용에 부정적인 영향을 미친다.

정답 │ ○

125 중요

베커(Becker)는 직업, 수입, 교육 정도와 무관하게 낙인은 주지위가 될 수 없다고 한다.

해설 │ 주지위가 될 수 있다고 한다.

정답 │ ×

126 중요

슈어(Schur)에 의하면, 이차적 일탈로의 발전은 레머트(Lemert)의 주장처럼 정형화된 발전단계를 거치는 것이 아니라, 그 사람이 사회적 반응에 어떻게 적응하느냐에 따라 외부적 낙인이 자아정체성에 영향을 미칠 수도 있고, 미치지 않을 수도 있다고 한다.

정답 │ ○

127 중요

슈어(E. Schur)는 스스로 일탈자라고 규정함으로써 2차적 일탈에 이르는 경우도 있다는 점을 강조한다.

정답 │ ○

128

슈어(Schur)는 이차적 일탈로의 발전은 정형적인 것이 아니며, 사회적 반응에 대한 개인의 적응 노력에 따라 달라질 수 있다고 주장하였다.

정답 | ○

129

패터노스터와 이오반니는 낙인이론의 이론적 기원으로서 갈등이론과 상징적 상호작용주의의 양자에 대해 논의하였고, 두 개의 주요 낙인이론 가설을 제시하기 위해 그러한 이론적 기원을 활용하였다. 즉, 두 개의 주요 낙인이론 가설 중 첫 번째 가설은 지위속성은 누가 낙인찍히는지를 결정하는 데 영향을 준다는 것(지위특성 가설)이고, 두 번째 가설은 낙인경험은 적응문제를 야기하고 그 이후의 일탈참여를 야기하는 데 도구적이라는 것(제2차적 일탈 가설)이다.

정답 | ○

130

낙인이론에 입각한 범죄대응정책으로는 전환제도(diversion), 비시설화, 비범죄화, 비형벌화 그리고 적정절차(due process) 등을 들 수 있다.

정답 | ○

131 중요

낙인이론에 의하면, 범죄자에 대한 엄격한 처벌이 범죄억제에 효과적이라고 본다.

해설 | 비형벌화가 범죄억제에 효과적이라고 본다.

정답 | ×

132 중요

낙인이론가들은 공식적 처벌은 특정인에게 낙인을 가함으로써 범죄를 양산하는 것보다 오히려 범죄를 억제하는 효과가 더 크다고 주장하였다.

해설 | 낙인을 가함으로써 범죄를 억제하는 것보다 오히려 범죄를 양산하는 효과가 더 크다고 주장하였다.

정답 | ×

133

낙인이론은 특히 법집행과정에서 발생하는 암수의 문제를 강조한다.

정답 | ○

134

차별적 기회구조이론은 수사기관이나 사법기관에 의한 범죄자의 차별적 취급이 암수범죄의 가장 큰 원인이라고 주장한다.

해설 | 낙인이론에 대한 설명이다.

정답 | ×

135 중요

낙인이론은 주로 초범의 범죄원인을 규명하는 데 탁월한 장점을 지닌다.

해설 | 낙인이론은 초범의 범죄원인을 규명하기 어렵다는 단점을 지닌다.

정답 | ×

136

낙인이론은 범죄현상을 파악함에 있어서 범죄자의 입장보다 범죄피해자의 입장에서 접근한다.

해설 | 사회통제기관의 입장에서 접근한다.

정답 | ×

137

낙인이론은 범죄의 원인을 범죄자의 개인적 특성에서 찾는다.

해설 | 범죄자의 행위에 대한 형사사법기관의 반작용(반응)에서 찾는다.

정답 | ×

138

낙인이론에 따른 범죄대책으로 지역사회 내 처우제도를 강화하고 형사처벌의 엄격성을 강조한다.

해설 | 낙인이론가들은 범죄대책으로서 4D(비범죄화 · 전환제도 · 공정절차 · 탈시설화)를 제시하였는데, 특히 슈어는 청소년이 낙인찍히는 것을 방지하기 위해 형사사법절차에 다이버전(전환제도) 도입이 필요하고, 공식적 제재로부터 자유로워져야 한다고 주장하였다. 따라서 형사처벌의 엄격성을 강조한다는 것은 틀린 내용이다.

정답 | ×

139

낙인이론은 일탈·범죄행위에 대한 공식적·비공식적 통제기관의 반응(reaction)과 이에 대해 일탈행위자 또는 범죄행위자 스스로가 정의하는 자기관념에 주목한다.

정답 | ○

140

낙인이론은 일탈의 생성에 있어서 행위자의 속성을 너무 강조한다고 비판받는다.

해설 | 행위자의 속성보다는 일탈행위에 대한 사회적 반응을 지나치게 강조한다.

정답 | ×

141

갈등론적 관점에서는 모든 사람은 법 아래에서 평등하다는 입장이다.

해설 | 합의론적 관점에 대한 설명이다. 갈등론적 관점에 따르면, 공식적인 사회통제기관은 권력이 없는 사람으로 하여금 권력이 있는 사람에 의해 제정된 규칙을 따르도록 강요하므로, 법은 권력이 있는 사람의 도구일 뿐이다.

정답 | ×

142

갈등범죄학자들은 사회계급구조가 부와 권력의 분배를 왜곡하며, 이것이 범죄의 원인이 된다고 주장한다.

정답 | ○

143

보수적 갈등이론에 해당하는 마르크스는 생산양식이 모든 문명의 특성을 결정하고, 경제제도가 인간 삶의 모든 양상을 통제한다고 주장했다.

해설 | 마르크스는 보수적 갈등이론이 아닌 급진적 갈등이론에 해당한다.

정답 | ×

144

갈등범죄학은 기존 사회에 대하여 의심하지 않은 채 수용을 하며, 일탈 개인 및 집단이 사회의 현 상태에 적응하려 하지 않는 이유에 대하여 집중하였다.

해설 | 주류범죄학에 대한 설명이다.

정답 | ×

145

범죄는 불가피한 사회적 조건에 대한 합리적인 반응으로 보여질 수 있다는 주장은 갈등범죄학의 입장이다.

정답 │ ○

146

급진적 갈등이론의 주장은 범죄를 법규위반이라기보다는 집단투쟁의 산물이라고 피력한다.

해설 │ 보수적 갈등이론은 범죄를 집단투쟁의 산물이라고 주장한 반면, 급진적 갈등이론은 자본주의가 노동자 계급의 범죄를 유발할 뿐만 아니라 자본가 계급의 범죄도 유발한다고 보았다.

정답 │ ×

147

마르크스주의에 관심을 가졌던 사회학자들은 계급갈등과 범죄를 조장하는 미국의 사회적 조건을 분석하여 비판범죄학을 발전시켰다.

정답 │ ○

148

갈등이론에 의하면, 법의 제정과 적용은 권력을 차지한 집단의 이익을 도모하는 방향으로 이루어진다.

정답 │ ○

149

갈등이론에 의하면, 형사사법절차에 있어서 법은 빈부나 사회적 지위에 따라 불평등하게 집행된다.

해설 │

구분	낙인이론	비판범죄학
이론적 관점	• 미시적 이론 • 사회과정이론(사회적 상호작용)	• 거시적 이론 • 사회구조이론(자본주의 사회의 구조적 모순)
보호관찰	긍정	부정
대책	불간섭주의	자본주의체제 타파와 사회주의체제로의 전환

정답 │ ○

150 중요

갈등이론에 의하면, 범죄통제는 지배계층의 피지배계층에 대한 억압수단이다.

해설 | ◀ 보수적 갈등이론의 개념 정리 ▶

셀린	볼드	터크
• 문화갈등 • 문화적 차이	• 집단갈등 • 집단 간 이익갈등	• 권력갈등 • 집단 간 권력확보 • 지배집단 vs 피지배집단 • 범죄화 3요소

정답 | ○

151

갈등이론에 의하면 "어떤 사람들은 범죄를 범하고 그 외의 다른 사람들은 범죄를 범하지 않는가"를 물을 것이 아니라 "어떤 행위들은 범죄로 정의되는 데 비해 그 외의 다른 행위들은 왜 범죄로 정의되지 않는가"를 물어야 한다.

정답 | ○

152

갈등이론에 의하면, 법률은 사회구성원들이 함께 나누고 있는 가치관이나 규범을 종합한 것으로서 법률의 성립과 존속은 일정한 가치관이나 규범의 공유를 상징한다.

해설 | 합의론적 관점에 대한 설명이다. 갈등론적 관점에 따르면, 우리 사회는 가치나 이익에 있어서 갈등관계에 있는 집단들로 구성되어 있고, 국가는 사회 일반의 가치나 이익을 보호하기 위해 존재하는 것이 아니라, 국가를 통제할 수 있는 힘을 가진 집단의 가치와 이익을 대변할 뿐이다.

정답 | ✕

153

급진적 갈등이론가들은 몇몇 발달한 자본주의 국가가 왜 매우 낮은 범죄율을 갖고 있는지를 명확하게 설명하였다.

해설 | 설명하지 못하였다.

정답 | ✕

154

블랙(Black)은 「법행동」(The Behavior of Law)이란 저서를 통해 사회 간 법률에서 그리고 사회 내 개인 사이에서의 차이를 설명해 주는 법이론을 제시하였다. 블랙은, 법률은 사람이 따라야 하는 금지, 의무, 다른 표준의 수 및 범위에 의해 측정되는 양적 변수로 여겨질 수 있다고 주장하였다.

정답 | ○

155 중요

셀린(Selin)은 동일한 문화 안에서 사회변화에 의하여 갈등이 생기는 경우를 일차적 문화갈등이라 보고, 상이한 문화 안에서 갈등이 생기는 경우를 이차적 문화갈등으로 보았다.

해설 | 상이한 문화 안에서 갈등이 생기는 경우를 일차적 갈등이라 보고, 동일한 문화 안에서 사회변화에 의하여 갈등이 생기는 경우를 이차적 갈등으로 보았다.

정답 | ×

156

볼드의 집단갈등이론에 의하면, 범죄는 집단 사이에 갈등이 일어나고 있는 상황에서 자신들의 이익과 목적을 제대로 방어하지 못한 집단의 구성원들이 자기의 이익을 추구하기 위해 표출하는 행위이다.

정답 | ○

157

볼드의 집단갈등이론에서 범죄행위는 집단갈등과정에서 자신을 성공적으로 방어한 집단의 행위이다.

해설 | 집단갈등이론에 의하면, 범죄는 집단이익의 갈등이나 집단 간 투쟁의 산물이고, 범죄행위는 집단갈등과정에서 자신을 성공적으로 방어하지 못한 집단의 행위이다.

정답 | ×

158

볼드는 1958년 「이론범죄학」에서 셀린의 주장을 계승하여 '집단갈등이론'을 주장하였으며, 범죄는 법규위반이라기보다는 집단투쟁의 산물로 이해하였다.

정답 | ○

159 중요

셀린(Sellin)은 이해관계의 갈등에 기초한 집단갈등론을 1958년 이론범죄학에서 주장하였다.

해설 | 셀린이 아닌 볼드(Vold)의 주장이다.

정답 | ×

160 심화

터크(A. Turk)는 1969년 「범죄와 법적 명령」에서 지배집단의 힘이 강하고 집단 간의 갈등이 그들의 행동규범이나 문화규범에 중요한 경우, 피지배집단의 구성원들이 범죄자로 규정되고 처벌될 가능성이 커진다는 '범죄화론'을 주장하였다.

해설 | ◀ 범죄화 현상의 3가지 조건 ▶
- 지배집단의 행동규범과 문화규범에 일치하는 법일수록 우선적으로 집행될 가능성이 크다.
- 피지배집단의 권력이 약할수록 법이 집행될 가능성이 높다.
- 집단 간의 갈등은 비현실적인 목표를 주장하거나 이를 관철하려고 할수록 법집행을 강화하여 투쟁을 억제한다.

정답 | ○

161

비판범죄학은 개인적 권력, 집단권력과 「형법」 제정의 관계 그리고 자본주의, 자유기업경제와 범죄율과의 관계를 중점적으로 살펴보았으며, 대표적인 학자로는 퀴니(Quinney)와 챔블리스(Chambliss)가 있다.

정답 | ○

162

비판범죄학은 권력형 범죄의 분석에 무력하다는 비판이 있다.

해설 | 비판범죄학은 권력형 범죄의 분석에 중점을 두었다. 특히 자본주의 사회에서 경제적 권력은 법적 혹은 정치적 권력으로 전환될 수 있고, 범죄란 권력을 가진 자들이 권력을 가지지 못한 자들을 지배하는 과정에서 생겨나는 자연스러운 현상으로 이해한다.

정답 | ✕

163

비판범죄학은 자본주의 사회의 모순이 범죄원인이라는 관점에서 범죄에 대한 다양하고 구체적인 대책들을 제시하지만 급진적이라는 비판이 제기된다.

해설 | 비판범죄학은 범죄의 궁극적인 해결을 위해서는 자본주의가 몰락하고 사회주의가 도래해야 한다고 주장하지만, 범죄에 대한 다양하고 구체적인 대책들을 제시하지 못한다는 비판을 받는다.

정답 | ✕

164

비판범죄학은 갈등론적 관점에서 기존의 범죄학을 비판하는 데에서 출발하였다.

정답 | ○

165 심화

비판범죄학은 자본주의 사회의 모순을 가장 중요한 범죄의 원인으로 보고, 범죄는 왕국에 대한 사회적 약자의 레지스탕스라고 주장한다.

정답 | ○

166 심화

비판범죄학은 「형법」을 국가와 지배계급이 기존의 사회 · 경제질서를 유지하고 영속화하기 위한 도구라고 보고, 「형법」의 정당성에 대하여 의문을 제기한다.

정답 | ○

167 심화

비판범죄학은 범죄원인을 개인의 반사회성에서 찾는 종래의 범죄원인론을 비판한다.

정답 | ○

168 심화

비판범죄학은 어떤 행위가 범죄로 규정되는 과정보다 범죄행위의 개별적 원인을 규명하는 데 주된 관심이 있다.

해설 | 비판범죄학은 범죄발생에 영향을 미치는 구조적 요인을 분석한 거시적 이론으로, 범죄행위의 개별적 원인을 규명하기보다는 어떤 행위가 범죄로 규정되는 과정에 주된 관심을 가졌는데, 범죄원인을 자본주의체제 그 자체라고 주장함으로써 사회구성원 간의 상호작용과정에서 범죄가 주로 발생한다는 사실을 무시하였다.

정답 | ×

169

비판범죄학은 형사사법기관은 행위자의 빈부나 사회적 지위에 관계없이 중립적이고 공정하게 법을 집행한다고 본다.

해설 | 부와 사회적 지위를 차지하고 있는 소수집단의 이익을 위해 차별적으로 법을 집행한다고 본다.

정답 | ×

170

비판범죄학은 낙인이론에 영향받은 바가 크다.

정답 | ○

171

비판범죄학은 낙인이론에 영향을 크게 받았음에도 불구하고 낙인이론의 가치중립성과 추상성을 비판한다.

정답 | ○

172

비판범죄학은 비범죄화와 다이버전을 범죄문제의 궁극적 해결책으로 제시한다.

해설 | 비범죄화와 다이버전은 낙인이론이 제시하는 범죄문제의 궁극적 해결책이다. 비판범죄학은 범죄원인을 자본주의 체제의 모순에서 찾고 있으므로, 사회주의체제로의 전환을 범죄문제의 궁극적 해결책으로 제시한다.

정답 | ×

173

낙인이론은 비판범죄학의 결함을 보완하기 위하여 주장된 것이다.

해설 | 비판범죄학은 낙인이론의 결함을 보완하기 위하여 주장된 것이다.

정답 | ×

174

낙인이론과 비판범죄학 모두 범죄와 범죄통제의 문제를 개인적 · 사회적 차원에서 미시적으로 분석한다는 점에서 유사하다.

해설 | 낙인이론은 미시적, 비판범죄학은 거시적으로 분석한다.

정답 | ×

175

비판범죄학은 기존 형사사법체계의 개선을 위한 구체적 대안을 제시하지 못한다는 비판을 받는다.

정답 | ○

176

비판범죄학은 낙인이론이 제기한 문제의식에서 출발하였으나, 낙인이론과는 달리 범죄통계에 관한 공식통제의 신빙성을 문제 삼지 않고 암수에 대한 인식의 중요성을 경시하였다.

해설 | 비판범죄학은 낙인이론이 제기한 문제의식을 수용하면서 범죄통계에 관한 공식통제의 신빙성을 문제 삼고 암수에 대한 인식의 중요성을 중시하였다.

정답 | ×

177

비판범죄학에는 노동력 착취, 인종차별, 성차별 등과 같이 인권을 침해하는 사회제도가 범죄적이라고 평가하는 인도주의적 입장도 있다.

해설 │ 슈벤딩거 부부는 범죄란 법률보다는 기본적 인권을 위반한 것으로 보았다.

정답 │ ○

178

비판범죄학은 "사람들이 왜 범죄를 저지르는가"가 아니라 "왜 범죄를 저지르지 않는가"를 연구의 출발점으로 삼는다.

해설 │ 비판범죄학이 아닌 사회통제이론에 대한 설명이다.

정답 │ ×

179

챔블리스(Chambliss)와 사이드만(Seidman)은 법을 지배집단이 자신들의 우월성을 보장하기 위한 행위규범이라고 규정하였다. 즉, 법은 공공이익을 대변하지도 않고, 모든 시민을 동등하게 취급하지도 않으며, 사회 최고의 이익에 봉사하지도 않는다고 한다.

정답 │ ○

180

셀린은 자본주의의 물질적 상황하에서는 범죄란 필연적으로 발생할 수밖에 없으므로 자본주의의 포기를 통해서만 범죄를 방지할 수 있다고 주장하면서, 노동자 계급의 범죄를 적응범죄(crime of accommodation)와 대항범죄(crime of resistance)로 구분하였다.

해설 │ 셀린은 문화갈등을 주장하였다. 지문의 내용은 퀴니에 대한 설명이다. 퀴니는 노동자 계급의 범죄를 자본주의체제에 대한 적응범죄와 대항범죄로 구분하였는데, 적응범죄란 자본주의체제하에 적응하지 못한 사람이 다른 사람의 수입과 재산을 탈취함으로써 보상받기 위한 범죄를 말하고, 대항범죄란 자본가의 지배에 대항하는 범죄로서 비폭력적이거나 잠재적인 불법행위뿐만 아니라, 자본주의체제에 직접 대항하는 혁명행위를 포함한다.

정답 │ ×

181

봉거는 자본주의적 생산양식 때문에 범죄가 발생한다고 보았다.

정답 │ ○

182 중요

봉거(Bonger)는 범죄발생의 원인을 계급갈등과 경제적 불평등으로 보고, 근본적 범죄대책은 사회주의 사회의 달성이라고 하였다.

정답 | ○

183

퀴니의 대항범죄란 자본가들의 지배에 대항하는 범죄행태이다.

정답 | ○

184

퀴니(R. Quinny)는 자본가들에 의한 범죄를 지배와 억압의 범죄로 보았다.

정답 | ○

185

퀴니는 형사사법체계란 자본주의 국가가 지배계급의 자본축적을 보호하고 잉여인구와 계급투쟁을 억압하기 위해 출현한 제도이며, 형사사법체계에 필요한 사회적 비용은 독점자본 부문에 의해 충당된다고 주장하였다.

정답 | ○

186

퀴니의 급진범죄학에서 사회주의는 노동자 계급의 범죄를 유발할 뿐만 아니라 자본가 계급의 범죄도 유발한다.

해설 | 사회주의가 아닌 자본주의이다.

정답 | ×

187

퀴니(Quinney)는 대항범죄(crime of resistance)의 예로 살인을 들고 있다.

해설 | 살인은 적응범죄에 해당한다.

정답 | ×

188

비판적-급진적 범죄학자인 퀴니는 법이 사회 내에서 권력을 가진 사람의 이익을 대변한다고 보았고, 챔블리스와 사이드먼은 법률 제정과 집행에 관련된 조직을 조사하여 법적 질서는 사실상 권력과 특권을 유지하기 위한 자기편의적 체계라고 주장하였다.

정답 | ○

189

터크(Turk)는 자본가들의 지배에 대항하는 범죄형태를 저항범죄(crime of resistance)라고 정의하였다.

해설 | 퀴니는 노동자 계급의 범죄를 자본주의체제에 대한 적응범죄와 대항범죄로 구분하였는데, 적응범죄란 자본주의체제하에 적응하지 못한 사람이 다른 사람의 수입과 재산을 탈취함으로써 보상받기 위한 범죄를 말하고, 대항범죄란 자본가의 지배에 대항하는 범죄로서 비폭력적이거나 잠재적인 불법행위뿐만 아니라, 자본주의체제에 직접 대항하는 혁명행위를 포함한다.

정답 | ×

190

퀴니(Quinney) 등의 급진적 갈등이론에 따르면, 자본주의 사회의 붕괴와 사회주의 건설을 통해서만 범죄문제를 해결할 수 있다고 하였다.

해설 | ◀ 퀴니가 구분한 노동자 계급과 자본가 계급에 의한 범죄유형 ▶
1. 노동자(피지배계급)
   • 적응범죄 = 자본주의 체제에 대한 일종의 적응행위: 자본주의로 인해 열악한 생활을 하게 된 노동자들의 약탈범죄를 통한 보상심리 또는 대인범죄를 통한 폭력성 표출
   • 대항범죄 = 자본가 계급의 지배에 대항하는 범죄유형: 노동자 계급이 자본주의의 모순에 저항·극복하는 과정에서 발생하는 행위를 국가가 범죄로 규정(비폭력적 혁명행위 포함)
2. 자본가(지배계급)
   • 지배와 억압의 범죄
     − 자본가 계급이 자신의 이익을 보호하기 위해 저지르는 범죄유형
     − 지배체제를 유지해 나가는 과정에서 자신이 만든 법을 스스로 위반하는 경우에 발생
   • 기업범죄: 경제적 지배를 도모하기 위해 저지르는 범죄유형 예 부당내부거래, 가격담합 등
   • 통제범죄: 불공정한 사법기관의 활동
   • 정부범죄 예 공무원 정부관리들이 저지르는 부정부패범죄 등

◀ 급진적 갈등이론 정리 ▶

마르크스	봉거	퀴니
• 계급투쟁 • 경제적 계급 간 갈등	• 자본주의 > 도덕적 타락 • 불공평한 경제적 분배	• 범죄의 사회적 현실 • 지배계급의 (범죄를 이용한) 계급통제

정답 | ○

191

스피처의 급진범죄학에 따르면, 전문성 있는 숙련 노동자가 점차 생산활동에서 소외됨으로써 자본주의를 유지하는 이념에 도전하는 정치적 혁명을 도모하여 범죄행위를 포함한 많은 일탈적 행위가 생산된다.

해설 | 전문성 없는 비숙련 노동자가 점차 생산활동에서 소외됨으로써 자본주의를 유지하는 이념에 도전하는 정치적 혁명을 도모하여 범죄행위를 포함한 많은 일탈적 행위가 생산된다.

정답 | ×

192

테일러(Taylor) 등의 신범죄학은 합의론과 갈등론을 조화·통합시켜 비판범죄학을 극복하고자 하였다.

해설 | 테일러 등은 1973년 「신범죄학」에서 마르크스의 사회구조이론과 상호작용이론을 융합해야 한다고 주장하였으나, 신범죄학·비판범죄학·급진범죄학이 서로 상이한 내용을 다루었다고는 할 수 없다. 따라서 테일러 등의 신범죄학이 합의론과 갈등론을 조화·통합시켜 비판범죄학을 극복하고자 한 것은 아니다.

정답 | ×

193

콜빈(Colvin)과 폴리(Pauly)의 마르크스주의 통합이론(integrated structural−Marxist theory)(1983)은 마르크스주의 범죄이론과 사회통제이론을 통합한 것으로서 통제구조는 직장, 가정, 학교, 동료집단과 다양한 패턴을 갖고 있고, 그러한 패턴은 계급구조의 생산 메커니즘을 형성한다고 주장하였다. 미숙련 저임금 노동자집단은 직장 내에서 강압적인 통제방식에 익숙해져 있어서 가정에서도 자녀들을 동일한 방식으로 양육한다. 이러한 양육방식은 부모와 자녀 사이에 정상적인 유대관계가 형성되는 것을 방해한다.

정답 | ○

194

엘리엇 등의 통합모델은 관습적 목표를 달성하기 위한 제도적 기회가 차단되었을 때 사회유대의 개인차가 개인행동에 다르게 영향을 미친다고 한다. 즉, 사회유대가 강하고 관습적 목표에 대한 전념 정도가 높은 사람은 기회가 차단되었을 때 긴장이 발생하고 이를 해소하기 위한 방편으로 불법적 수단을 동원한다. 반면에 처음부터 사회유대가 약하고 관습적 목표에 전념하지 않은 사람은 비록 성공기회가 제약되더라도 이로 인한 부정적 영향을 거의 받지 않게 된다.

정답 | ○

195

엘리엇 등의 통합모델에 따르면, 사회유대가 강하고 관습적 목표에 대한 전념 정도가 높은 사람은 기회가 차단되었을 때 긴장이론에 따라서 긴장이 발생하고, 이를 해소하기 위한 방편으로 불법적 수단을 동원한다.

정답 | ○

196

티틀의 통제균형이론에서 통제균형은 개인이 받아야 하는 통제와 그가 행사할 수 있는 통제의 비율로 정의되며, 통제균형이 맞지 않을 때 일탈의 확률이 높고 통제균형이 맞을 때 일탈의 확률이 낮다.

정답 | ○

197

티틀의 통제균형이론에 의하면, 통제는 비행 억제요인이 되기도 하지만 비행 동기요인으로 작용할 수도 있다.

정답 | ○

198

헤이건(Hagan)의 권력통제이론은 마르크스주의 범죄이론과 페미니스트 범죄이론 같은 비판적 범죄학을 사회통제이론과 결합한 통합이론을 제시하며, 범죄의 성별 차이는 부모의 가부장적 양육행태에 의해 결정된 것이라 강조하고, 가부장(전통적인 남성지배)적 가정에서 여자는 위험을 회피하도록 가르치는 등 남녀에 대한 사회적 통제의 차이가 영향을 준 것이라 주장한다. 또한 헤이건은 부모의 직장에서의 권력적 지위가 부부 간의 권력관계에 반영되고, 이는 자녀에 대한 감독·통제 수준과 연계된다고 하였다.

정답 | ○

199

샘슨과 라웁(Sampson & Laub)의 생애과정이론은 사회학습이론이 아닌 사회유대의 약화를 범죄행위의 직접적인 원인으로 간주한다는 점에서 사회통제(유대)이론의 주장을 그대로 차용한다. 그러나 허쉬(Hirschi)의 사회유대가 아동기와 청소년기에 국한되었다면, 샘슨과 라웁은 사회유대의 강화와 약화를 사람의 생애 전 과정에서 반복되는 현상으로 보았다.

정답 | ○

200

모핏은 신경심리학, 낙인이론, 긴장이론의 입장에서 범죄경력의 발전과정을 설명하였고, 생물사회이론 범죄학자답게 생물학적 특성을 보다 강조하였다.

해설 | 모피트(Moffitt)는 신경심리학, 낙인이론 그리고 긴장이론의 입장에서 범죄경력의 발전과정을 주장한다.
- 어린 나이에 비행을 시작한 사람들은 10대에 시작하는 사람들과 차이가 있다.
- 어린 나이에 비행을 시작한 사람들은 사회 및 법규범을 위반할 높은 가능성을 가지고, 청소년기나 그 이후의 시기를 지속한다. 반면, 10대에 시작하는 사람들은 성인이 되면 거의 비행을 지속하지 않는다.
- 생애지속적 비행자에 대한 친구의 영향은 미미하다. 하지만 성인에 이르기까지 비행을 지속하지 않는 청소년기에 한정된 비행자는 친구의 영향을 보다 강하게 받는다.

◀ 손베리(Thornberry)의 상호작용이론 ▶
- 최초의 비행은 청소년기 전통사회와의 결속의 약화에서 발생한다. 부모에 대한 애착, 학교에 대한 전념 및 전통적 가치에 대한 믿음의 연결이 약화될 때마다 비행의 가능성이 증가한다고 보는 것이다.
- 상호작용적 과정은 개인의 생애주기를 통해 발전되며, 각 연령단계에 따라 이론적 설명요인들의 중요도는 상이하게 작용한다. 유년기에는 가족이 중요한 역할을 하지만, 청소년기에는 가족보다는 친구, 학교 그리고 청소년문화가 중요한 역할을 하게 되고, 성인기에는 전통적 활동과 가족에 대한 헌신이 보다 중요한 역할을 한다.

정답 | ○

201

거리효율성은 샘슨(Sampson)의 집합효율성이론을 확장하는 이론으로, 집합효율성을 거리의 개념에서 측정하는 것이다. 거리효율성이 높은 청소년은 폭력적 행동을 회피하는 것으로 나타났다.

정답 | ○

202

청소년기 한정형은 아동기에는 일탈행동을 저지르지 않다가 사춘기에 접어들면서 집중적으로 일탈행동을 저지르고, 성인이 되어 일탈행동을 멈추는 유형이다. 사춘기에 일탈행동에 가담하는 주된 이유는 성장격차 때문인데, 사춘기 동안 성인들의 역할이나 지위를 갈망하면서 생애 지속형의 일탈을 흉내 내고, 흡연이나 음주 등의 경미한 지위비행을 일삼는다. 생애 지속형은 아동기부터 일탈행동이 시작되어 평생 동안 범죄행동을 지속하는 유형으로, 생래적인 신경심리학적 결함으로 인해 아동기 동안 언어 및 인지능력에서 장애증상을 보이고, 각종 문제를 일으킨다.

정답 | ○

203 중요

비범죄화는 공공질서 관련 범죄들은 비공식적 통제조직에 의해 오히려 효과적으로 통제될 수 있다는 생각을 바탕에 두고 있다.

정답 | ○

204

비범죄화는 사회적 가치관의 변화와 무관하다.

해설 | 비범죄화는 사회적 가치관의 변화와 관계가 있다.

정답 | ×

205

강도죄는 비범죄화의 논의대상에 해당한다.

해설 | 비범죄화의 논의대상으로 거론되는 범죄에는 낙태죄, 단순도박죄 등이 있다. 강도죄는 비범죄화의 논의대상에 해당하지 않는다.

정답 | ×

206

비범죄화는 제2차 세계대전 이후 영국, 미국, 독일 등에서 가치관의 다양화에 기초한 개방사회의 이념을 배경으로 대두되었다.

정답 | ○

207 중요

비범죄화는 형법의 보충성 요청을 강화시켜 주는 수단이 되기도 한다.

정답 | ○

208 중요

형벌에 대신하여 과태료 등의 행정법을 과하는 것은 비범죄화에 포함되지 않는다.

해설 | 비범죄화에 포함된다.

정답 | ×

209

비범죄화는 매춘, 낙태, 도박 등의 처벌에 회의적인 입장이라 할 수 있다.

정답 | ○

210 중요

형법의 탈도덕화 관점에서 비범죄화 대상으로 뇌물죄가 있다.

해설 | 뇌물죄는 비범죄화 대상이 아니다.

정답 | ×

211

비범죄화는 피해자 없는 범죄와 개인적 법익에 관한 범죄에서 특히 문제된다.

해설 | 개인적 법익에 관한 범죄보다는 간통 등 도덕이나 윤리에 맡겨도 되는 행위 또는 공공법익을 경미하게 침해한 행위 등에 특히 문제된다.

정답 | ×

212

비범죄화 대상으로 거론되는 피해자 없는 범죄로서 도박, 마약흡입, 환경오염행위 등을 들 수 있다.

해설 | 환경오염행위는 비범죄화 대상이 아니다.

정답 | ×

213

비범죄화이론은 입법자에 의한 법률규정 자체의 폐지만을 말한다.

해설 | 입법상 · 재판상 · 사실상의 비범죄화가 있다.

정답 | ×

214

검찰의 기소편의주의에 의한 불기소처분은 비범죄화 논의의 대상이 아니다.

해설 | 비범죄화 논의의 대상이다.

정답 | ×

215 중요

비범죄화는 일정한 범죄자를 대상으로 형벌을 완화시키거나 형법 이외의 처분을 하는 것을 말한다.

해설 | 비범죄화가 아닌 비형벌화에 대한 설명이다.

정답 | ×

216 심화

형사정책적 측면에서 비범죄화해야 한다고 보는 범죄로는 교통범죄, 청소년범죄, 가정폭력범죄 등이 거론된다.

해설 | 교통범죄는 신범죄화된 유형이고, 청소년범죄·가정폭력범죄는 과범죄화된 유형이다.

정답 | ×

217

경기와 범죄는 상관관계가 없다는 주장도 있지만, 일반적으로 불황기에는 호황기에 비해 재산범죄가 많이 발생한다고 한다.

정답 | ○

218 심화

엑스너(F. Exner)는 불경기와 범죄는 상관관계가 없다고 주장한다.

해설 | 있다고 주장한다.

정답 | ×

219 심화

계절과 범죄의 관계(케틀레)에 대한 연구에 의하면, 성범죄와 폭력범죄는 추울 때보다 더울 때에 더 많이 발생한다고 알려져 있다.

정답 | ○

220

고다드는 인신범죄는 더운 지방에서, 재산범죄는 추운 지방에서 보다 많이 발생한다고 하였다.

해설 | 고다드가 아닌 케틀레의 가설이다.

정답 | ×

221

폴락(Pollak)은 여성이 남성 못지 않게 범죄행위를 저지르지만, 은폐 또는 편견적 선처에 의해 통계상 적게 나타나는 것일 뿐이라고 지적하였다.

정답 | ○

222 심화

신여성범죄자(new female criminals) 개념은 여성의 사회적 역할변화와 그에 따른 여성범죄율 변화의 관계에 초점을 맞추어 등장하였다.

정답 | ○

223 심화

여성범죄는 우발적이거나 상황적인 경우가 많고 경미한 범행을 반복해서 자주 저지르는 성향이 있다.

정답 | ○

224 심화

체스니−린드는 형사사법체계에서 여자청소년의 비행과 범죄는 남자청소년에 비해 더 엄한 법적 처벌을 받는다고 주장하면서 소년범들의 성별에 따른 차별적 대우가 존재한다고 보았고, 특히 성(性) 과 관련된 범죄에서는 더욱 그렇다고 주장하였다.

정답 | ○

---

06 회복적 사법

01

피해자와 가해자 또는 지역사회 등 범죄사건 관련자들이 사건의 해결과정에 능동적으로 참여하여 피해자 또는 지역사회의 손실을 복구하고, 관련 당사자들의 재통합을 추구하는 일체의 범죄대응방식 은 범죄자 중심의 사법이다.

해설 | 회복적 사법에 대한 설명이다.

정답 | ×

02

삼진아웃제도는 회복적 사법의 예에 해당된다.

해설 | 회복적 사법은 중재자의 도움으로 범죄의 피해자와 가해자, 지역사회 등 관련자가 함께 범죄로 인한 문제를 치유하고 해결하는 데 적극적으로 참여하는 범죄대응방식으로, 삼진아웃제도와는 관련이 없다.

정답 | ×

03

회복적 사법(restorative justice)은 가해자에 대한 강한 공식적 처벌과 피해의 회복을 강조한다.

해설 | 회복적 사법의 옹호자들은 오늘날의 구금 위주의 처벌 대신 범죄행위로 인한 해악을 완화하는 정책을 강조한다.

정답 | ×

04

양형서클, 피해자와 가해자의 화해, 전자장치 부착 등은 모두 회복적 사법에 기초한 프로그램이다.

해설 | 회복적 사법의 모델에는 피해자와 가해자의 화해 모델(캐나다), 집단회의 모델(뉴질랜드 마오리족), 양형모임(서클) 모델(아메리카 인디안) 등이 있는데, 전자장치 부착은 회복적 사법과는 관련이 없다.

정답 | ×

05

최초의 공식적인 회복적 사법 프로그램은 미국 오하이오 주에서 도입된 피해자-가해자 화해 프로그램(victim-offender mediation)이다.

해설 | 회복적 사법의 현대적 개념은 1970년대 북미에서 발전했는데, 1974년 캐나다 온타리오(Ontario)주 키치너(Kitchener)의 피해자-가해자 화해(중재) 프로그램(victims-offender reconciliation/mediation)에서 시작하였다. 당시 키치너에서 활동한 두 명의 보호관찰관은 잘못된 행동을 직접 다루고 회복방법에 대해 논의하기 위해 피해자와 가해자가 함께 모이도록 했고, 이와 같은 성공적인 실험은 피해자-가해자 화해(중재) 프로그램으로 명명되어 북미와 그 외의 지역에서 다른 혁신을 불러일으키는 영감을 제공했다.

정답 | ×

06

회복적 사법에서 써클 모델(circle)은 아메리칸 인디언과 캐나다 원주민들에 의해 사용되던 것으로, 범죄상황을 정리하여 피해자와 가해자를 공동체 내로 재통합하려는 시도이다.

해설 | 양형서클(sentencing circle)은 캐나다 원주민과 미국 인디언의 전통적인 제재 및 치유활동을 보완한 것으로, 범죄나 비행행위를 다룰 뿐만 아니라 피해자와 그 가족, 지역사회의 욕구를 반영하기 위해 설계된 종합적 · 재통합적 전략이다.

정답 | ○

07

형사사법정책의 새로운 방향으로서 회복적 사법(Restorative Justice)은 범죄를 개인 대 국가의 갈등으로 인식한다.

해설 | 응징적 사법이 범죄를 개인 대 국가의 갈등으로 인식하는 반면, 회복적 사법은 범죄를 타인이나 타 지역사회에 끼치는 해악으로 인식한다.

정답 | ×

08

재통합적 수치심 부여는 위반자가 창피를 당하면서 자신의 행동이 잘못이라는 점을 인정하고 잘못을 저지르지 않는 집단에 다시 합류하는 것이 허용되는 경우에 일어난다. 특히, 용서의 표시·몸짓 또는 범죄자라는 낙인을 벗겨주는 의식을 통하여 범죄자가 법률을 준수하고 존중하는 시민 공동체로 돌아가도록 하는 노력을 의미한다.

정답 | ○

09

브레이스웨이트(J. Braithwaite)의 재통합적 수치심 부여이론에서 사회구조적 결핍은 대안적 가치로써 높은 수준의 폭력을 수반하는 거리의 규범(code of street)을 채택하게 하고, 결국 이것이 높은 수준의 폭력을 양산한다.

해설 | 재통합적 수치심 부여과정에서 중요한 시기는 가해자가 자신의 잘못된 행동을 인정하고, 그에 대해 부끄러움을 느끼기 시작할 때이다. 이때 재통합을 위해 수치심은 짧고 잘 통제되어야 하고, 그 다음 용서, 사과, 뉘우침 등이 뒤따라야 하며, 범죄예방을 위해서는 재통합적 수치심을 촉진해야 한다.
참고로, '거리의 규범'은 앤더슨이 설명한 문화와 행동의 상호관계에 널리 인용되는 개념이다.

정답 | ×

10

브레이스웨이트의 통합이론에서 '해체적 수치심 부여'는 보다 낮은 범죄율을 가져오는 데 반하여, 낙인을 찍는 '재통합적 수치심 부여'는 보다 높은 범죄율을 가져온다.

해설 | '재통합적 수치심 부여'는 보다 낮은 범죄율을 가져오는 데 반하여, 낙인을 찍는 '해체적 수치심 부여'는 보다 높은 범죄율을 가져온다.

정답 | ×

11

브레이스웨이트의 재통합적 수치심이론은 낙인이론, 하위문화이론, 기회이론, 통제이론, 차별적 교제이론, 사회적 학습이론에 기초하고 있다.

정답 | ○

12

브레이스웨이트(Braithwaite)의 재통합적 수치심 부여이론(reintegrative shaming theory)에 의하면, 해체적 수치심(disintegrative shaming)을 이용한다면 범죄자의 재범확률을 낮출 수 있으며, 궁극적으로는 사회의 범죄율을 감소시키는 효과를 기대할 수 있다.

해설 | 해체적 수치심이 아닌 재통합적 수치심을 이용한다면 범죄자의 재범확률을 낮출 수 있으며, 궁극적으로는 사회의 범죄율을 감소시키는 효과를 기대할 수 있다.

정답 | ✕

13

브레이스웨이트는 낙인으로부터 벗어나도록 하기 위한 의식, 용서의 말과 몸짓만으로는 재통합적 수치심이 이루어지기 어렵다고 주장하였다.

해설 | 재통합적 수치심 부여는 특히, 용서의 표시 · 몸짓 또는 범죄자라는 낙인을 벗겨주는 의식을 통하여 범죄자가 법률을 준수하고 존중하는 시민 공동체로 돌아가도록 하는 노력을 의미한다.

정답 | ✕

14 중요

회복적 사법은 가해자에 대한 강한 공식적 처벌과 피해의 회복을 강조한다.

해설 | 가해자에 대한 공식적 처벌보다는 피해의 회복을 강조한다.

정답 | ✕

15 중요

회복적 사법은 과거 응징적 · 강제적 · 사후대응적 사법제도에 대한 반성으로 나온 것으로서 정부와 범죄자가 주체이다.

해설 | 가해자와 피해자, 그들의 가족, 지역사회뿐만 아니라 정부 등 관련자 모두가 주체이다.

정답 | ✕

16

유엔은 회복적 사법의 개념을 내용에 따라 대면개념(eccounter conception), 배상개념(reparative conception), 변환개념(transformative conception)으로 분류하고 있다.

해설 | 유엔은 회복적 사법의 개념을 다음 세 가지로 분류하고 있다.

대면(encounter)	피해자와 가해자가 함께 만나 범죄에 대해 이야기하고, 이를 시정하기 위해 무엇을 해야 하는가에 대해 토론하는 것
배상(reparative)	피해자의 공판절차 참여, 피해자에 대한 지원, 법원에 의한 회복적 조치를 통한 범죄피해 회복 등 범죄로부터 받은 피해를 회복하는 데에 초점을 맞춘 것 ※「소년법」에서 화해 · 권고규정을 두어 피해배상 등 피해자와의 화해를 권고할 수 있도록 한 것은 이에 해당
변환(transformative)	가장 넓은 의미의 개념으로, 범죄원인의 구조적 · 개인적 불의(빈곤이나 차별적 교육제도 등)를 시정하여 변화시킴으로써 회복적 사법의 목표를 달성하려는 것

정답 | ○

17

회복적 사법은 범죄 피해자와 가해자가 함께 만나 범죄에 대하여 이야기하고 회복을 위해 어떤 과정이 필요한지 의견을 모으는 것을 포함한다.

해설 | ◀ 전통적 형사사법과 회복적 사법 비교 ▶

기존의 형사처벌	회복적 사법
• '범죄자 처벌' 중심 • 국가(정부)가 주도하는 방식 • 가해자와 피해자 간 조정 ×	• '피해자 (피해)회복' 중심 • 피해자의 적극적인 참여 유도 • 가해자와의 갈등해소 · 원상회복

◀ 회복적 사법의 3가지 유형 ▶
• 조정모델: 피해자 · 가해자 · 조정자(중립적 제3자)가 참여하는 프로그램
　　예 피해자 – 가해자 화해(조정) 모델
• 협의모델: 피해자 · 가해자, 그들의 후원자들이 참여하는 프로그램
　　예 가족집단회의 모델: 피해자 · 가해자, 그들의 가족 · 친구들이 참여하여 가해자를 중심으로 집단적 책임 강조
• 서클모델: 피해자 · 가해자, 그들의 가족, 지역사회 구성원 및 지원자가 참여하는 프로그램
　　예 양형서클

정답 | ○

18

회복적 사법은 강력범죄를 제외한 다양한 범죄와 범죄자에게 적용될 수 있다.

해설 | 강력범죄를 포함하여 대상에 제한이 없다.

정답 | ×

19

회복적 사법의 이념에 따르면, 화해 또는 피해회복을 통한 형사책임의 면제·완화는 인정되지 않는다.

해설 | 가해자와 피해자의 원만한 합의가 이루어졌다면 기소 및 형의 선고 시 고려될 수 있다.

◀ 응징적 패러다임과 회복적(원상회복주의) 패러다임 간의 비교 ▶

구분 관점	응징적 패러다임 (retributive paradigm)	회복적 패러다임 (restorative paradigm)
초점	법의 위반	인간관계의 위반
내용	응징적(retributive/vindictive)	복구적(reparative)
방식	강제적	협조적
주체	정부와 범죄자	피해자·가해자, 그들의 가족, 지역사회, 정부
장소	격리된 시설 내	지역사회 내
시기	사후 대응적	사전 예방적
관심	적법절차 준수	참여자의 만족 극대화
역점	공식절차를 통한 개인의 권리보호	비공식절차를 통한 범죄자의 책임감 강조와 집단적 갈등의 해결
정서	공평감(a sense of fairness)	동의감(consensus of agreement)

정답 | ×

20 중요

회복적 사법은 공식적 형사사법체계가 가해자에게 부여하는 낙인효과를 줄일 수 있다.

정답 | ○

21

회복적 사법제도는 재범예방을 위해 고통을 부과하는 것을 목적으로 한다.

해설 | 회복적 사법은 중재자의 도움으로 범죄의 피해자와 가해자, 지역사회 등 관련자가 함께 범죄로 인한 문제를 치유하고 해결하는 데 적극적으로 참여하는 범죄대응방식으로, 재범예방을 위해 고통을 부과하는 것은 회복적 사법의 목적과 거리가 멀다.

정답 | ×

22

가해자에 대한 필요적 처벌은 회복적 사법의 핵심원리 중 하나이다.

해설 | 응징적 사법에 대한 설명이다.

정답 | ×

07 범죄예방 및 방지대책

01

범죄억제모델은 고전주의의 형벌의 위하적 효과를 중요시하며 이를 위하여 처벌의 신속성, 확실성, 엄격성을 요구한다.

해설 | ◀ 제프리(Jeffery)의 범죄대책모델 ▶

- 범죄억제모델
  - 비결정론적 인간관을 전제로 한다.
  - 형법 내지 형벌을 통하여 범죄를 억제하는 가장 전통적인 방법으로서 과거 형사정책의 주 관심대상인 고전주의이론이다.
  - 처벌을 통하여 범죄자들의 잠재적 범죄를 예방하고, 이를 통하여 사회를 안전하게 보호하는 데 중점을 둔다.
  - 처벌을 통한 범죄예방의 효과를 높이기 위하여 처벌의 확실성, 엄격성, 신속성을 요구한다.
- 사회복귀모델
  - 주관주의 형법이론과 맥을 같이한다.
  - 범죄인의 재사회화와 재범방지에 중점을 둔 임상적 개선방법 등 오늘날 실증주의의 특별예방 관점에서의 행형론의 주요한 모델이다.
  - 범죄인의 생물학적·심리학적 특성과 사회적 환경에 따른 효과에 차이가 난다는 문제가 있다.
- 사회환경 개선을 통한 범죄예방모델
  - 제프리가 특히 강조한 모델이다.
  - 도시정책, 환경정화, 인간관계의 개선과 정치·경제·사회 각 분야에서의 갈등해소 등 환경개선을 통하여 범죄를 예방하고자 하는 범죄억제모델이다.
  - 범죄의 원인을 개인과 환경과의 상호작용에서 찾음으로써 사회적 범죄환경요인을 개선 내지 제거할 것을 주장한다.
  - 범죄대책은 사회통제의 일환으로 보고, 사회환경의 개선을 통하여만 범죄방지가 가능하다고 본다.
  - 이는 인간과 환경의 조화를 위한 환경설계를 통하여 범죄를 미연에 예방할 수 있고, 이를 위하여 주민들이 주거공간의 설계 시부터 범죄를 예방할 수 있도록 건축할 것을 요구한다.

정답 | ○

02

1세대 CPTED는 범죄예방에 효과적인 물리환경을 설계·개선하는 하드웨어 중심의 접근으로, 가로등 세우기나 CCTV 설치, 쓰레기 치우기 등이 그 예이다. 시민방범순찰은 주민이 참여하는 2세대 CPTED에 해당하고, 참고로 3세대 CPTED는 주민에게 결정권이 있다.

정답 | ○

03

브랜팅햄(Brantingham)과 파우스트(Faust)가 제시한 범죄예방 구조모델에 따르면, 사회환경 가운데 범죄의 원인이 될 수 있는 것을 정화하는 것은 3차 예방에 해당한다.

해설 | 브랜팅햄(Brantingham)과 파우스트(Faust)가 제시한 범죄예방 구조모델에 따르면, 사회환경 가운데 범죄의 원인이 될 수 있는 것을 정화하는 것은 1차적 범죄예방에 해당한다. 1차적 범죄예방에는 조명, 시건장치(자물쇠), 접근통제 등과 같은 환경설비, 시민의 순찰 등과 같은 이웃감시, 경찰방범활동, 민간경비, 범죄예방교육 등이 있다.

정답 | ×

04

상황적 범죄예방모델은 브랜팅햄과 파우스트의 범죄예방모델 중에서 2차적 범죄예방에 속한다.

정답 | ○

05

제프리(Jeffery)는 범죄대책모델로 범죄억제모델, 사회복귀모델, 사회환경 개선을 통한 범죄예방모델을 제시하였으며, 이 세 가지 모델은 상호보완관계에 있다.

정답 | ○

06

랩(Lab)은 범죄예방의 개념을 실제의 범죄발생 및 시민의 범죄두려움을 제거하는 활동이라고 정의하였다.

정답 | ○

07

이웃통합모델은 이웃지역의 결속과 상호신뢰가 존재한다면 지역의 범죄두려움이 감소될 수 있다는 이론이고, 무질서모델은 개인에게 지각되는 물리적 · 사회적 무질서가 범죄두려움을 증가시킨다는 이론이다.

정답 | ○

08

○○경찰서에는 관할구역 내 방치된 공·폐가와 인적이 드문 골목길에 대한 민원이 자주 접수되고 있다. 이에 경찰서는 관할구청과 협조하여 방치된 공·폐가는 카페로 조성하고 골목길에는 벤치와 운동기구를 설치하였다. 새로 조성된 카페와 시설물을 주민들이 적극적으로 이용하면서 자연스럽게 감시기능이 향상되는 결과가 나타났다면, 이는 셉테드(CPTED) 중 활동성 지원(activity support)에 관한 내용이다.

해설 | ◀ 셉테드(CPTED; Crime Prevention Through Environmental Design) ▶

건축환경 설계를 이용하여 범죄를 예방하는 연구 분야로, 아파트나 학교, 공원 등 도시생활공간의 설계단계부터 범죄예방을 위한 다양한 안전시설 및 수단을 적용한 도시계획 및 건축설계를 말한다.

• 자연적 감시: 건축물이나 시설물의 설계 시 조명이나 조경을 활용하는 방법으로, 가로등의 확대설치를 통해 가시권을 최대로 확보하고, 외부침입에 대한 감시기능을 확대함으로써 범죄위험 및 범죄기회를 감소시킨다.

• 접근통제: 일정한 지역에 접근하는 사람들을 정해진 공간으로 유도하거나, 방범창이나 차단기 등을 설치하여 외부인의 출입을 통제하도록 설계함으로써 접근에 대한 심리적 부담을 증대시켜 범죄를 예방한다.

• 영역성 강화: 사적 공간에 대한 경계를 표시하기 위해 울타리 등을 설치하여 주민들의 책임의식과 소유의식을 증대시킴으로써 사적 공간에 대한 관리권을 강화시키고, 외부인들에게 침입에 대한 불법사실을 인식시켜 범죄기회를 차단한다.

• 활동성 지원: 지역사회 설계 시 주민들이 모여 상호 의견을 교환하고 유대감을 증대시킬 수 있는 놀이터, 공원 등을 설치하고, 체육시설에의 접근과 이용을 권장하여 '거리의 눈'을 활용한 자연적 감시와 접근통제의 기능을 확대한다.

• 유지·관리: 처음 설계된 대로 또는 개선한 의도대로 지속적으로 파손된 부분을 즉시 보수하고, 청결을 유지·관리함으로써 범죄예방을 위한 환경설계의 장기적이고 지속적인 효과를 유지한다.

◀ CPTED의 원리별 사례 ▶

자연적 감시	조명, 조경, 가시권 확대를 위한 건물의 배치 등
자연적 접근통제	차단기, 방범창, 잠금장치, 통행로의 설계, 출입구의 최소화
영역성의 강화	울타리(펜스)의 설치, 사적·공적 공간의 구분
활동성의 활성화	놀이터·공원의 설치, 체육시설에의 접근과 이용의 증대, 벤치·정자의 위치 및 활용성에 대한 설계
유지관리	파손의 즉시 보수, 청결유지, 조명·조경의 관리

정답 | ○

09

'상황적 범죄예방 모델'은 범죄기회를 감소시키는 것만으로는 범죄를 예방하는 데 한계가 있다는 생각에서 출발한다.

해설 | 범죄기회를 감소시키는 것만으로도 범죄를 예방할 수 있다는 생각에서 출발한다.

정답 | ×

10

코니쉬(Cornish)와 클라크(Clarke)의 상황적 범죄예방이란 사회나 사회제도 개선에 의존하는 것이 아니라, 단순히 범죄기회 감소에 의존하는 예방적 접근으로, 5가지 목표(노력의 증가, 위험의 증가, 보상의 감소, 자극의 감소, 변명의 제거)와 25가지 구체적 기법을 제시하였다.

해설 | ◀ 코니쉬와 클라크의 상황적 범죄예방 ▶

목표	구체적 기법
노력의 증가	대상물 강화, 시설접근 통제, 출구검색, 잠재적 범죄자 분산, 도구·무기 통제
위험의 증가	보호기능 확장, 자연적 감시, 익명성 감소, 장소감독자 활용, 공식적 감시 강화
보상의 감소	대상물 감추기, 대상물 제거, 소유자 표시, 장물시장 교란, 이익불허
자극의 감소	좌절감과 스트레스 감소, 논쟁 피하기, 감정적 자극 감소, 친구압력 중화, 모방 좌절시키기
변명의 제거	규칙의 명확화, 지침의 게시, 양심에의 호소, 준법행동 보조, 약물과 알코올 통제

정답 | ○

11 심화

환경설계를 통한 범죄예방(CPTED)은 감시(suveillance), 접근통제(access control), 영역성(territoriality) 등을 기본요소로 한다.

정답 | ○

12 심화

깨어진 유리창 이론(broken windows theory)은 종래의 형사정책이 범죄자 개인에 집중하는 개인주의적 관점을 취한다는 점을 비판하고, 공동체적 관점으로서의 전환을 주장한다.

정답 | ○

13 중요

깨어진 유리창 이론은 법률에 의한 범죄화와 범죄에 대한 대응을 중시한다.

해설 | 사소한 무질서 행위에 대한 경찰의 강경한 대응을 중시한다.

정답 | ×

14 심화

상황적 범죄예방활동에 대해서는 '이익의 확산효과'로 인해 사회 전체적인 측면에서는 범죄를 줄일 수 없게 된다는 비판이 있다.

해설 | 이익의 확산효과가 아닌 전이효과에 대한 비판이다. 이익의 확산효과는 상황적 범죄예방활동이 다른 지역으로 확장되어 사회 전체의 범죄가 줄어들게 된다는 개념이다.

정답 | ✕

15 중요

범죄방지대책의 일환으로서 지역사회의 조직화는 초범예방에는 효과적이나 재범방지에 도움이 되지 못한다는 한계를 가진다.

해설 | 재범방지에도 도움이 된다.

정답 | ✕

16

레페토가 제안한 전이의 유형 중 목표의 전이는 범죄자가 같은 지역에서 다른 피해자를 선택하는 것을 말한다.

해설 |

영역적 전이	한 지역에서 다른 지역, 일반적으로 인접지역으로의 범행 이동
시간적 전이	낮에서 밤으로와 같이 한 시간에서 다른 시간으로의 범행 이동
전술적 전이	범행에 사용하는 방법 변경
목표의 전이	같은 지역에서 다른 피해자 선택
기능적 전이	범죄자가 한 범죄를 그만두고, 다른 범죄유형으로 변경
범죄자 전이	한 범죄자의 활동중지가 다른 범죄자에 의해 대체

정답 | ○

08 범죄예측

01 심화

범죄예측에 있어서 성별이나 신분을 나타내는 예측항목에 의한 평가는 공평한 사법처리를 위한 전제조건이다.

해설 | 공평한 사법처리를 위해서는 성별이나 (사회적) 신분이 예측항목에 포함되어서는 안 된다.

정답 | ✕

02 중요

워너(S. Warner)의 가석방예측은 수용자의 가석방 후 재범 여부를 연구한 것이다.

해설 |

워너(Warner)	1923년 점수법을 기초로, 메사추세츠주 수용자 가운데서 가석방 대상을 가려내기 위해 수용 중의 교정 여부 등 약 60개 항목을 가지고 재범가능성을 점수화하여 범죄예측을 시행하였다 (수용자의 가석방 후 재범 여부 연구).
버제스(Burgess)	1928년 일리노이주에서 3,000명의 가석방자를 대상으로 21개의 인자를 분석하여 공통점을 추출함으로써 경험표에 해당하는 예측표(실점부여방식)를 작성하였다.
글룩(Glueck) 부부	1940년대 메사추세츠주의 비행소년 500명과 보스턴의 일반소년 500명을 약 300개의 인자를 가지고 비교연구하였다. 아버지의 훈육, 어머니의 감독, 아버지의 애정, 어머니의 애정, 가족의 결집력 등 다섯 가지 요인을 이용한 가중실점방식이라는 조기예측법을 소개하였다.

정답 | ○

03 중요

범죄예측은 보호관찰을 위한 적정한 방법을 찾아내기 위해서 고안되었다.

해설 | 가석방심사기준이 얼마나 타당한가를 평가하기 위해서 고안되었다.

정답 | ✕

04

글룩(Glueck) 부부는 범죄예측과 관련하여 특정 항목의 점수를 가중하거나 감점하는 '가중실점방식'이라는 조기예측법을 소개하였다.

정답 | ○

05 심화

우리나라에서는 소년비행과 관련하여 비행성예측법을 이용하고 있다.

정답 | ○

06

범죄예방단계에서의 범죄예측은 주로 소년들의 잠재적인 비행을 예측하는 데 사용되고 있으나, 오히려 소년들을 미래의 비행자로 낙인찍을 수 있다는 비판이 제기된다.

정답 | ○

07

재판 시 피고인에 대한 재범가능성 예측은 법관의 예단을 배제한다.

해설 | 법관의 예단에 영향을 미칠 수 있다.

정답 | ✕

08 중요

가석방 시의 예측은 교도소에서 가석방을 결정할 때 수용생활 중의 성적만을 고려하여 결정한다.

해설 | 수용생활 중의 성적뿐만 아니라 사회복귀 후의 환경 등을 고려하여 결정한다.

정답 | ✕

09 중요

직관적 예측법은 실무에서 자주 사용되는 방법이지만, 이는 판단자의 주관적 입장에 의존한다는 점에서 비판을 받는다.

해설 |

예측법	의의	검토
직관적 (전체적 관찰법)	예측자의 직관적 예측능력을 토대로 예측하는 방법으로, 인간의 보편적 예측능력이나 판사 · 검사 · 교도관 등 범죄자를 대상으로 한 직업경험이 중요한 역할을 한다.	판단자의 주관적 입장 · 지식 · 경험에 의존하여 신뢰하기 어렵고, 주관적 자의와 한계, 합리적 판단기준의 결여를 극복하기 어렵다.
임상적 (경험적 개별예측)	정신과 의사나 범죄심리학자가 범죄자의 성격분석을 위한 조사 · 관찰 · 임상실험 등의 도움으로 예측하는 방법	판단자의 주관적 평가의 개입가능성이나 자료해석의 오류가능성뿐만 아니라, 비용이 많이 소요된다는 단점이 있다.

통계적 (점수법)	범죄자의 특징을 계량화하여 그 점수의 많고 적음에 따라 장래의 범죄행위를 예측하는 방법으로, 예측표를 작성하여 활용한다.	누구나 쉽게 사용할 수 있고, 객관적 기준에 의해 실효성·공정성이 높으며, 비용도 절감되지만, 예측표의 목록이 연구자에 따라 상이하여 보편타당성이 부족하다.
통합적 (구조예측)	직관적 예측법과 통계적 예측법을 조합하여 각각의 단점을 보완함으로써 예측하는 방법	각각의 결함을 어느 정도 줄일 수 있으나 완전히 제거하는 것은 불가능하다.

정답 | ○

10 중요

임상적 예측법은 정신과 의사나 범죄심리학자가 조사와 관찰 등에 의해 행위자의 성격분석을 토대로 내리는 예측이므로, 판단자의 자료해석의 오류나 주관적 평가가 개입할 위험이 있다.

정답 | ○

11

통계적 예측방법은 범죄자의 특징을 계량화하여 객관적 기준에 의존하기 때문에 실효성과 공정성을 확보할 수 있지만, 범죄요인의 상이한 선별기준에 대한 대책이 없다.

정답 | ○

09 피해자학과 범죄피해자보상제도

01 중요

멘델존(Mendelsohn)은 피해자학의 아버지로 불리며 범죄피해자의 유책성 정도에 따라 피해자를 유형화하였다.

해설 | ◀ 피해자 분류에 관한 견해 ▶

주장자	내용
멘델존 (Mendelsohn)	피해자의 유책성 정도에 따라 (i) 책임이 없는 피해자, (ii) 책임이 조금 있는 피해자, (iii) 가해자와 동등한 책임이 있는 피해자, (iv) 가해자보다 책임이 많은 피해자, (v) 가장 유책성이 높은 피해자 등으로 분류하였다.

헨티히 (Hentig)	헨티히는 피해자 유형을 일반적 피해자와 심리적 피해자로 분류하고, 일반적 피해자를 생래적 피해자와 사회적 피해자로 세분하였다. 생래적 피해자에는 육체적 · 정신적으로 약한 청소년, 노인, 여성, 정신박약자, 정신장애자 등이 속하고, 사회적 피해자에는 사회적으로 약한 이민자, 소수민족 등이 속한다. 심리적 피해자에는 의기소침한 자, 무관심한 자, 탐욕스러운 자, 방종 · 호 색가, 고독과 비탄에 젖은 자, 학대한 자, 파멸된 자 등이 속한다.
칼멘 (Karmen)	규범과 피해자의 책임을 종합적으로 고려하여 비행적 피해자, 유인피해자, 조심성이 없는 피해자, 보호받을 가치가 없는 피해자 등으로 분류하였다.
엘렌베르거 (Ellenberger)	심리학적 기준으로 일반적(현실적) 피해자와 잠재적 피해자로 분류하였는데, 일반적 피해자는 현실적으로 피해를 당한 사람을 말하고, 잠재적 피해자는 우울증, 자기혐오 경향, 스스로 남들보다 행복하고 남들의 질투를 받고 있다고 믿는 등 범죄자들이 목표로 삼을 만한 특성을 가지고 있어 피해자가 될 가능성이 높은 사람을 말한다.
레클리스 (Reckless)	피해자의 도발을 기준으로, 순수한 피해자와 도발한 피해자로 분류하였는데, 순수한 피해자는 범죄의 원인제공 없이 가해자에 의해 피해자가 되는 '가해자−피해자' 모델을 말하고, 도발한 피해자는 피해자의 도발에 의해 스스로 피해자가 되는 '피해자−가해자−피해자' 모델을 말한다.

정답 | ○

02

멘델존(B. Mendelsohn)은 피해자 유형을 피해자 측의 귀책성 여부에 따라 나누며, 영아살해죄의 영아를 완전히 유책성이 없는 피해자로 분류한다.

정답 | ○

03

헨티히는 피해자 유형을 일반적 피해자와 심리학적 피해자로 나누며, 심신장애자를 심리학적 피해자로 분류한다.

해설 | 심신장애자를 일반적 피해자로 분류한다.

정답 | ×

04

멘델존(Mendelsohn)은 범죄발생에 있어 귀책성의 정도에 따라 피해자를 구분하였고, 엘렌베르거(Ellenberger)는 심리학적 기준에 따라 피해자를 분류하였다.

정답 | ○

05

엘렌베르거(H. Ellenberger)는 피해자 유형을 일반적 피해자성과 잠재적 피해자성으로 나누며, 피학대자를 잠재적 피해자성으로 분류한다.

정답 | ○

06

레클리스(W. Reckless)는 피해자 유형을 피해자의 도발 유무를 기준으로 하여 순수한 피해자와 도발한 피해자로 나눈다.

정답 | ○

07 심화

쉐이퍼(스차퍼)는 멘델존과 헨티히의 피해자 유형에 대한 연구를 보완하면서 피해자의 기능에 관심을 보였다. 그는 범죄피해자를 기능적 책임성(Functional Responsibility)을 기준으로 책임 없는 피해자(unrelated victim), 적극적 범죄유발 피해자(provocative victim), 행위촉진적 피해자(precipitative victim), 신체적으로 나약한 피해자(biologically weak victim), 사회적으로 나약한 피해자(socially weak victim), 자기희생적 피해자(self-victimizing), 정치적 피해자(political victim)로 분류하였다.

정답 | ○

08

구조적 선택이론은 일상활동이론과 생활양식·노출이론을 종합한 이론이다. 사회적 상호작용의 특성과 개인의 특성이 가져오는 범행기회, 즉 근접성과 노출이 있고, 주어진 사회적·공간적 상황에서 범죄자의 주관적 선택, 대상선택에 영향을 미치는 요인들, 즉 표적의 매력성, 보호능력이 있다. 동기화된 범죄자는 관련이 없다.

정답 | ○

09

제1심 또는 제2심의 형사공판절차에서 일정한 범죄에 관하여 유죄판결을 선고할 경우, 법원은 직권에 의하여 또는 피해자나 그 상속인(이하 "피해자"라 한다)의 신청에 의하여 피고사건의 범죄행위로 인하여 발생한 직접적인 물적 피해, 치료비 손해 및 위자료의 배상을 명할 수 있으며, 피해자는 제1심 또는 제2심 공판의 변론이 종결될 때까지 사건이 계속(係屬)된 법원에 제25조(배상명령)에 따른 피해배상을 신청할 수 있다.

해설 | 「소송촉진 등에 관한 특례법」 제25조 제1항

정답 | ○

10

성폭력범죄의 처벌 등에 관한 특례법상 등록정보의 공개는 여성가족부장관이 집행한다.

정답 | ○

11

매스컴과 범죄에 대하여 '카타르시스 가설'과 '억제가설'은 매스컴의 역기능성을 강조하는 이론이다.

해설 | 카타르시스 가설은 폭력물 시청이 감정정화 혹은 대리만족을 유도하여 공격성향을 감소시킨다는 가설이고, 억제 가설은 폭력물 시청이 공포심을 불러일으켜 공격성향을 감소시킨다는 가설이다. 따라서 두 가설 모두 매스컴의 순기능성을 강조하는 이론이다.

◀ 매스미디어의 순기능과 역기능 ▶

매스컴의 순기능	민감화작용	범죄인의 비행을 폭로함으로써 사회적 비난이 가해져 유사행동 방지에 기여
	정화작용	범죄현상을 보도함으로써 사람들의 본능적 범죄충동을 정화하고 억제
	카타르시스작용	폭력행위 시청을 통한 대리만족으로 공격적 성향을 자제
	억제작용	범죄인의 불행한 결말을 보게 함으로써 공포심이 유발되어 범죄접근을 자제
매스컴의 역기능	모방효과	범죄행위의 시청으로 유사 범죄행위를 저지름
	강화작용	범죄행위의 시청으로 이전의 범죄성향이 더욱 강화됨
	둔감화작용	범죄행위의 잦은 시청으로 범죄에 둔감하게 되어 죄책감 없이 범죄를 저지름
	습관성가설	범죄행위의 잦은 시청으로 범죄미화의 가치관이 형성되어 범죄를 저지름

정답 | ×

10 다이버전

01 중요

다이버전이란 형사사법기관이 통상의 형사절차를 중단하고 이를 대체하는 절차에 의해 범죄인을 처리하는 제도를 말한다.

정답 | ○

02

시설 내 처우를 사회 내 처우로 대체하는 것도 다이버전에 포함된다.

정답 │ ○

03

전환제도(diversion)의 장점은 형사사법 대상자 확대 및 형벌 이외의 비공식적 사회통제망을 확대한다는 점이다.

해설 │ 전환제도로 인해 경미한 범죄자도 형사사법 대상자가 될 수 있다는 점에서 사회통제망이 오히려 강화될 우려가 있다.

정답 │ ×

04

비범죄화와 전환제도(diversion)는 사회통제이론을 근거로 하고 있다.

해설 │ 비범죄화와 전환제도는 낙인이론을 근거로 하고 있다.

정답 │ ×

05 중요

다이버전은 형사제재의 최소화를 도모하는 것으로, 보석·구속적부심사제도도 그 한 형태이다.

해설 │ 보석·구속적부심사제도는 다이버전에 해당하지 않는다.

정답 │ ×

06

다이버전은 기존의 사회통제체계가 낙인효과로 인해 범죄문제를 해결하기보다는 오히려 악화시킨다는 가정에서 출발하고 있다.

정답 │ ○

07

다이버전은 형사사법의 평등화가 아닌 융통성 부여를 지향한다.

정답 │ ○

08

경찰단계에서의 전환으로는 훈방, 통고처분 등이 있다.

정답 | ○

09

경찰의 '선도조건부 기소유예제도'가 대표적인 '기소 전 다이버전' 프로그램이라고 할 수 있다.

해설 | 선도조건부 기소유예제도는 경찰이 아닌 검사의 기소 전 다이버전 프로그램이다(「소년법」 제49조의3 참조).

정답 | ×

10

다이버전은 재판절차 전 형사개입이라는 점에서 또 다른 형사사법절차의 창출이라는 비판도 있다.

정답 | ○

11

검찰단계에서의 전환으로는 기소유예, 불기소처분, 선도조건부 기소유예 등이 있다.

정답 | ○

12

재판단계에서의 전환으로는 선고유예, 집행유예 등이 있다.

정답 | ○

13 중요

소년분류심사원에의 위탁처분도 다이버전에 해당한다.

해설 | 소년분류심사원에의 위탁처분은 소년부 판사가 사건을 조사·심리하기 위하여 행하는 「소년법」상 임시조치이므로, 다이버전에 해당하지 않는다.

정답 | ×

14 심화

다이버전은 형사사법기관이 통상의 형사절차를 중단하고 이를 대체하는 새로운 절차로 이행하는 것으로, 성인형사사법보다 소년형사사법에서 그 필요성이 더욱 강조된다.

정답 | ○

15

전환처우는 형사사법절차에서 적법절차의 원리를 강화하기 위한 것이다.

해설 | 다이버전(전환처우)은 낙인이론의 산물로서 형사사법기관이 통상의 형사절차를 중단하고 이를 대체하는 새로운 절차로 이행하는 것으로, 형사사법의 탈제도화를 의미한다. 따라서 지문은 틀린 내용이다.

정답 | ✕

16 중요

응보형주의에 따르면, 범죄는 정의에 반하는 악행이므로 범죄자에 대해서는 그 범죄에 상응하는 해악을 가함으로써 정의가 실현된다.

정답 | ○

17

응보형주의에 의하면, 범죄는 사람의 의지에 의하여 발생하는 것이 아니라 사회환경 및 사람의 성격에 의하여 발생하는 것이다.

해설 | 자유의사론을 기초로 하는 고전주의 범죄학은 형벌론으로서 응보형주의와 일반예방주의를 주장하였는데, 응보형주의에 의하면 범죄는 사회환경 및 사람의 성격이 아닌 사람의 의지에 의하여 발생하는 것이다.

정답 | ✕

18 중요

목적형주의에 따르면, 형벌은 과거의 범행에 대한 응보가 아니라 장래의 범죄예방을 목적으로 한다.

정답 | ○

19

교육형주의는 범죄인의 자유박탈과 사회로부터의 격리를 교육을 위한 수단으로 본다.

해설 | 「소년법」의 이념인 교육형주의는 소년비행 및 소년범죄에 대하여 (성인의 상습법과는 달리) 교육목적을 지닌 개별적 사회화 처우를 함으로써 사회복귀를 도모한다.

정답 | ○

20 중요

일반예방주의는 범죄자에게 형벌을 과함으로써 수형자에 대한 범죄예방의 효과를 기대하는 사고방식이다.

해설 | 특별예방주의에 대한 설명이다.

정답 | ×

21

특별예방주의는 형벌의 목적을 범죄자의 사회복귀에 두고, 형벌을 통하여 범죄자를 교육 · 개선함으로써 그 범죄자의 재범을 예방하려는 사고방식이다.

정답 | ○

22

현행 교정실무는 특별예방을 추구할 뿐이고 형벌의 일반예방효과(general deterrence effect)와는 무관하다.

해설 | 현행 교정실무는 특별예방효과뿐만 아니라 형벌의 일반예방효과와도 밀접한 관련이 있다.

정답 | ×

23

형벌의 목적 중 소극적 일반예방주의는 형벌을 통해 범인을 교육 · 개선함으로써 범죄자의 재범을 예방하고, 형벌의 고통을 체험하게 함으로써 범죄자가 스스로 재범을 억제하도록 한다.

해설 | 특별예방주의에 대한 설명이다.

정답 | ×

24 중요

형벌의 일반예방효과(General Deterrence Effect)는 위하를 통한 예방이라는 소극적 효과와 규범의식의 강화라는 적극적 효과로 나누기도 한다.

정답 | ○

11 형벌론

01 심화

「형법」상 절대적 법정형으로서 사형을 과할 수 있는 죄는 적국을 위하여 모병한 모병이적죄뿐이다.

해설 | 「형법」상 절대적 법정형으로서 사형을 과할 수 있는 죄는 적국과 합세하여 대한민국에 항적한 여적죄뿐이다.

정답 | ✕

02 심화

현행법은 사형을 제한한다는 취지에 따라 피해자가 사망하지 않는 범죄에 대해서는 사형을 규정하고 있지 않다.

해설 | 형법상 피해자가 사망하지 않는 범죄에 대해 사형을 규정하고 있는 죄로는 내란·외환의 죄 등이 있으며, 기타 특별법에도 규정되어 있다.

정답 | ✕

03

우리나라는 국제사면위원회(Amnesty International)가 규정한 실질적 사형 폐지국에 속한다.

정답 | ○

04

사형은 응보나 예방 등 어떤 형벌이념에도 부합하지 않는다.

해설 | 사형은 응보나 일반예방 등 형벌이념에 부합한다.

정답 | ✕

05

현행법상 사형은 교수형의 방식으로만 가능하며, 가스살이나 독살은 허용되지 않는다.

해설 | 「형법」 제66조는 "사형은 교정시설 안에서 교수(絞首)하여 집행한다"고 규정하고 있지만, 「군형법」 제3조는 "사형은 소속 군 참모총장이 지정한 장소에서 총살로써 집행한다"고 규정하고 있다.

정답 | ✕

06

20세 미만의 소년에 대해서는 사형을 선고할 수 없고, 사형 또는 무기형으로 처할 경우에는 15년의 유기징역으로 한다.

해설 | 죄를 범할 당시 18세 미만인 소년에 대하여 사형 또는 무기형(無期刑)으로 처할 경우에는 15년의 유기징역으로 한다(「소년법」 제59조).

정답 | ×

07

현행법상 사형집행의 명령은 검찰총장이 아닌 법무부장관의 권한이며, 그 명령은 판결이 확정된 날로부터 6개월 이내에 하여야 한다.

해설 | 사형집행의 명령은 판결이 확정된 날로부터 6월 이내에 하여야 한다(「형사소송법」 제465조 제1항). 법무부장관이 사형의 집행을 명한 때에는 5일 이내에 집행하여야 한다(동법 제466조).

정답 | ○

08

자유형의 집행은 수형자의 신체를 구속함으로써 사회를 방위하는 기능도 가지고 있다.

정답 | ○

09

우리나라의 자유형에는 징역, 금고 및 구류가 있다.

정답 | ○

10

현행법상 유기징역에 자격정지를 병과한 때에는 형이 확정된 날로부터 정지기간을 기산한다.

해설 | 유기징역 또는 유기금고에 자격정지를 병과한 때에는 징역 또는 금고의 집행을 종료하거나 면제된 날로부터 정지기간을 기산한다(「형법」 제44조 제2항).

정답 | ×

11

현행법상 구류는 1일 이상 30일 미만의 자유형으로 정역에 복무하여야 한다.

해설 | 구류는 1일 이상 30일 미만으로 한다(「형법」 제46조). 구류형은 금고형과 마찬가지로 정역을 부과하지 않는다.

정답 | ×

12

현행법상 행위자에게 유죄의 재판을 아니할 때에도 몰수의 요건이 있는 때에는 몰수만을 선고할 수 있다.

해설 | 몰수는 타형에 부가하여 과한다. 단, 행위자에게 유죄의 재판을 아니할 때에도 몰수의 요건이 있는 때에는 몰수만을 선고할 수 있다(「형법」 제49조).

정답 | ○

13

유기징역에 자격정지를 병과하는 경우, 그 자격정지의 기간은 유기징역의 기간과 같다.

해설 | 자격의 전부 또는 일부에 대한 정지는 1년 이상 15년 이하로 한다(「형법」 제44조 제1항).

정답 | ✕

14

현행법상 형벌제도에서 형벌의 종류에는 생명형, 자유형, 재산형, 명예형, 신체형이 있다.

해설 | 형벌의 종류에 신체형은 없다.

정답 | ✕

15

1,000만원 이하의 벌금의 형을 선고하는 경우에도 그 집행을 유예할 수 있다.

해설 | 3년 이하의 징역이나 금고 또는 500만원 이하의 벌금의 형을 선고할 경우에 제51조의 사항을 참작하여 그 정상에 참작할 만한 사유가 있는 때에는 1년 이상 5년 이하의 기간 형의 집행을 유예할 수 있다(「형법」 제62조 제1항 본문).

정답 | ✕

16

현행법상 형벌제도에서 자격정지에는 당연정지와 선고정지가 있다.

해설 | 유기징역 또는 유기금고의 판결을 받은 자는 그 형의 집행이 종료하거나 면제될 때까지 전항 제1호 내지 제3호에 기재된 자격이 정지된다(「형법」 제43조 제2항 본문: 당연정지). 형법 제43조에 기재한 자격의 전부 또는 일부에 대한 정지는 1년 이상 15년 이하로 한다(동법 제44조 제1항: 선고정지).

정답 | ○

17 중요

징역 또는 금고는 무기 또는 유기로 하고, 유기는 1개월 이상 30년 이하로 한다. 단, 유기징역 또는 유기금고에 대하여 형을 가중하는 때에는 50년까지로 한다.

정답 | ○

18

자유형과 그 집행 중에 있어서 교도작업은 신청에 의해서만 과해진다.

해설 | 징역은 교정시설에 수용하여 집행하며, 정해진 노역(勞役)에 복무하게 한다(「형법」 제67조). 따라서 징역형을 받은 수형자는 의무적으로 교도작업을 하여야 한다. 반면에 소장은 금고형 또는 구류형의 집행 중에 있는 사람에 대하여는 신청에 따라 작업을 부과할 수 있다(「형의 집행 및 수용자의 처우에 관한 법률」 제67조).

정답 | ×

19

단기자유형은 일반적으로 6월 이하의 형을 말하지만, 절대적인 기준은 아니다.

정답 | ○

20

단기자유형의 경우, 수형시설 내 범죄자들의 범죄성향에 오염될 위험성이 높아 형벌의 예방적 효과를 위태롭게 한다는 문제점이 지적된다.

정답 | ○

21

단기자유형은 신속한 사회복귀효과가 있다.

해설 | 단기자유형은 출소 후 전과자로 낙인찍혀 사회적응이 어려워지므로, 신속한 사회복귀효과가 있다고 보기 어렵다.

정답 | ×

22 심화

단기자유형을 선고받고 복역한 후에는 누범문제가 제기되어 3년 동안 집행유예 결격사유가 발생할 수 있다.

정답 | ○

23 중요

단기자유형의 대체방법으로는 벌금형, 집행유예, 선고유예 등의 활용과 거주제한, 가택구금 등이 있다.

정답 | ○

24

현행법은 단기자유형의 폐단을 방지하기 위해 주말구금, 휴일구금, 충격구금(shock probation)을 도입하고 있다.

해설 | 단기자유형의 폐단을 방지하기 위한 수단으로 제시되고 있으나, 현행법에 도입된 바는 없다.

정답 | ×

25 중요

단기자유형의 폐해를 줄이기 위해 노역장 유치가 그 대안으로 기능할 수 있다.

해설 | 노역장 유치는 그 자체가 단기자유형의 폐해를 담고 있으므로 대안이 될 수 없다.

정답 | ×

26 중요

단기자유형의 대체방안으로 선고유예제도, 집행유예제도, 사회봉사명령, 상대적 부정기형 등이 제시되고 있다.

해설 | 시설에 구금되는 상대적 부정기형은 그 대안이 되지 못한다.

정답 | ×

27

단기자유형의 경우 효율적인 교정이 어렵고, 오히려 다른 범죄자로부터 범죄오염의 가능성이 있으며, 남용되는 경우 자유형의 일반적 위신이 떨어질 수 있다.

정답 | ○

28

부정기형과 기소법정주의의 채택은 단기자유형의 개선방안으로 제시되고 있다.

해설 | 부정기형은 장기형을 전제로 한 것이므로 단기자유형의 개선방안이 될 수 없고, 기소법정주의보다는 기소편의주의를 채택하여 기소유예제도를 도입하여야 한다.

정답 | ×

29 중요

소년법에서는 소년이 법정형 단기 2년 이상의 유기형에 해당하는 경우에는 상대적 부정기형을 인정하고 있다.

해설 | 단기가 아닌 장기 2년 이상의 유기형에 해당하는 경우에 상대적 부정기형을 인정하고 있다.

정답 | ×

30

소년법에 의하면, 소년범에 대하여 부정기형을 선고할 경우 그 장기는 10년을 초과하지 못한다.

정답 | ○

31

부정기형제도는 사회방위의 목적으로도 이용할 수 있다.

정답 | ○

32

부정기형제도는 범죄자의 개선보다는 응보에 중점을 둔 제도이다.

해설 | 응보보다는 범죄자의 개선에 중점을 둔 제도이다.

정답 | ×

33

부정기형은 형벌 개별화 원칙에 반하고, 수형자의 특성에 따라서 수형기간이 달라지게 되는 문제점이 있으며, 교도관의 자의가 개입할 여지가 있고, 석방결정과정에서 적정절차의 보장이 결여될 위험이 있다.

해설 | 부정기형은 수형자의 특성에 따라 형집행단계에서 형기가 결정되므로 형벌 개별화 원칙에 부합한다. 나머지는 옳은 내용이다.

정답 | ×

34

「소년법」제60조 제1항은 "소년이 법정형으로 장기 2년 이상의 유기형에 해당되는 죄를 범한 경우에는 그 형의 범위 내에서 장기와 단기를 정하여 형을 선고하되, 장기는 10년, 단기는 5년을 초과하지 못한다."고 규정하여 상대적 부정기형제도를 채택하였다.

정답 | ○

35 중요

벌금과 과료는 판결확정일로부터 30일 내에 납입하여야 한다. 단, 벌금 또는 과료를 선고할 때에는 동시에 그 금액을 완납할 때까지 노역장에 유치할 것을 명할 수 있다.

해설 | 벌금과 과료는 판결확정일로부터 30일 내에 납입하여야 한다. 단, 벌금을 선고할 때에는 동시에 그 금액을 완납할 때까지 노역장에 유치할 것을 명할 수 있다(「형법」제69조 제1항).

◀ 벌금과 과료 요약 ▶

구분	금액	노역장 유치기간	형의 시효기간	형의 실효기간	집행·선고유예의 여부
벌금	5만원 이상 (감경 시 미만 가능)	1일 이상 3년 이하	5년	2년	가능
과료	2천원 이상 5만원 미만	1일 이상 30일 미만	1년	완납과 동시	불가능

◀ 총액벌금제도와 일수벌금제도 비교 ▶

구분	총액벌금제도	일수벌금제도(타이렌 교수)
행위자의 책임	전체 벌금액 산정기준	일수의 기준
행위자의 경제능력과 지불능력	고려 ×	1일 벌금액 산정 시 고려
형벌의 위하력	낮음	높음
노역장 유치기간의 산정	복잡함	일수만큼 유치(명료함)
배분적 정의실현	부적합	적합

◀ 벌금미납자의 사회봉사 집행에 관한 특례법 ▶

정답 | ×

36

과료를 납입하지 아니한 자도 노역장 유치가 가능하다.

정답 | ○

37

현행법상 노역장 유치기간은 벌금액을 자유형으로 환산한 기간으로 하며 3년을 초과할 수 없다.

정답 | ○

38

벌금을 납입하지 아니한 자는 1일 이상 30일 미만의 기간 동안 노역장에 유치하여 작업에 복무하게 한다.

해설 | 1일 이상 3년 이하의 기간 동안 노역장에 유치하여 작업에 복무하게 한다(「형법」 제69조 제2항).

정답 | ×

39

현행 노역장 유치제도에서는 과료를 납입하지 않은 자에 대해서는 노역장 유치가 불가능하다.

해설 | 과료를 납입하지 아니한 자는 1일 이상 30일 미만의 기간 노역장에 유치하여 작업에 복무하게 한다(형법 제69조 제2항).

정답 | ×

40

현행법상 노역장 유치제도는 납입강제처분의 성격을 지니므로 벌금액의 일부만을 납입한 경우에는 유치기간이 줄어들지 않는다.

해설 | 벌금이나 과료의 선고를 받은 사람이 그 금액의 일부를 납입한 경우에는 벌금 또는 과료액과 노역장 유치기간의 일수(日數)에 비례하여 납입금액에 해당하는 일수를 뺀다(「형법」 제71조).

정답 | ×

41

법원은 벌금을 납입하지 아니한 자에 대하여 사회봉사명령을 부과할 수 있다.

해설 | (법원은) 벌금을 납입하지 아니한 자는 노역장에 유치하여 작업에 복무하게 한다(「형법」 제69조 제2항).

정답 | ×

42 중요

현행법상 벌금을 선고해야 할 경우, 이를 대신하여 노역장 유치를 명할 수 있다.

해설 │ 벌금을 선고할 때에는 동시에 그 금액을 완납할 때까지 노역장에 유치할 것을 명할 수 있다(「형법」 제69조 제1항 단서). 즉, 노역장 유치명령은 법관의 선택사항이 아니다.

정답 │ ×

43 중요

선고하는 벌금이 50억원 이상인 경우에는 500일 이상의 유치기간을 정하여야 한다.

해설 │ 선고하는 벌금이 50억원 이상인 경우에는 1,000일 이상의 유치기간을 정하여야 한다.

「**형법**」 **제45조 【벌금】** 벌금은 5만원 이상으로 한다. 다만, 감경하는 경우에는 5만원 미만으로 할 수 있다.
제47조 【벌금】 과료는 2천원 이상 5만원 미만으로 한다.
제69조 【벌금과 과료】 ① 벌금과 과료는 판결확정일로부터 30일내에 납입하여야 한다. 단, 벌금을 선고할 때에는 동시에 그 금액을 완납할 때까지 노역장에 유치할 것을 명할 수 있다.
② 벌금을 납입하지 아니한 자는 1일 이상 3년 이하, 과료를 납입하지 아니한 자는 1일 이상 30일 미만의 기간 노역장에 유치하여 작업에 복무하게 한다.
제70조 【노역장 유치】 ① 벌금이나 과료를 선고할 때에는 이를 납입하지 아니하는 경우의 노역장 유치기간을 정하여 동시에 선고하여야 한다.
② 선고하는 벌금이 1억원 이상 5억원 미만인 경우에는 300일 이상, 5억원 이상 50억원 미만인 경우에는 500일 이상, 50억원 이상인 경우에는 1천일 이상의 노역장 유치기간을 정하여야 한다.
제71조 【유치일수의 공제】 벌금이나 과료의 선고를 받은 사람이 그 금액의 일부를 납입한 경우에는 벌금 또는 과료액과 노역장 유치기간의 일수(日數)에 비례하여 납입금액에 해당하는 일수를 뺀다.

정답 │ ×

44 중요

벌금형의 형의 시효는 5년이며, 강제처분을 개시함으로 인하여 시효의 중단이 이루어진다.

정답 │ ○

45 중요

벌금형도 면제 혹은 종료일로부터 2년이 지나면 실효된다.

정답 │ ○

46 중요

소년법상 18세 미만의 소년이 벌금을 미납한 경우에 대해서는 환형처분을 금지하고 있다.

정답 | ○

47

벌금은 범죄인의 사망으로 소멸된다.

정답 | ○

48 중요

벌금형은 국가에 대한 채권과 상계가 허용되지 않는다.

정답 | ○

49 중요

벌금은 상속이 되지 않으나 몰수 또는 조세, 전매 기타 공과에 관한 법령에 의하여 재판한 벌금은 그 벌금의 재판을 받은 자가 재판확정 후 사망한 경우에는 그 상속재산에 관하여 집행할 수 있다.

정답 | ○

50

현행법상 벌금형은 총액벌금형제도를 채택하고 있으며, 미성년자에 대하여는 벌금형을 선고할 수 없다.

해설 | 14세 이상인 미성년자에 대하여는 벌금형을 선고할 수 있다. 다만, 소년법상 18세 미만인 소년에게는 노역장 유치선고를 하지 못한다(「소년법」 제62조).

정답 | ×

51

현행법상의 총액벌금제는 배분적 정의의 실현에 미흡한 단점이 있다.

정답 | ○

52

총액벌금제도는 범죄인의 경제적 지위를 불문하고 동일한 위하력을 가진다.

해설 | 총액벌금제도는 범죄인의 경제적 지위와 상관없이 법에 정해진 벌금만을 부과하므로, 범죄인의 경제력에 따라 형벌의 위하력에 차이가 발생한다. 그 결과 피고인의 경제적 지위에 따라 벌금을 달리 부과하는 일수벌금제도 도입이 고려되고 있다.

정답 | ✕

53

벌금형의 단점은 단기자유형의 폐해를 제거하고, 오판의 경우 그 회복이 가능하다는 점이다.

해설 | 벌금형의 장점에 해당한다.

정답 | ✕

54

벌금형의 확정판결을 선고받은 자는 법원의 허가를 받아 벌금을 분할납부하거나 납부를 연기받을 수 있다.

해설 | 납부의무자가 벌과금 등의 분할납부 또는 납부연기를 받으려면 검사의 허가를 받아야 한다(「재산형 등에 관한 검찰 집행사무규칙」 제12조 제1항).

정답 | ✕

55

현행법상 벌금형제도는 재산상태에 따른 희생 동등의 원칙에 부합하도록 하기 위해 일수벌금형제도 와 강제분납제도를 채택하고 있다.

해설 | 현행 「형법」은 일수벌금형제도가 아닌 총액벌금형제도를 채택하고 있으며, 납부의무자가 벌금을 분납하기 위해서 는 허가를 받아야 하므로 강제분납제도를 채택하고 있지 않다.

정답 | ✕

56

행위자에게 유죄의 재판을 하지 않을 경우에도 몰수만을 선고할 수는 없다.

해설 | 몰수는 타형에 부가하여 과한다. 단, 행위자에게 유죄의 재판을 아니할 때에도 몰수의 요건이 있는 때에는 몰수만 을 선고할 수 있다(「형법」 제49조).

정답 | ✕

57 중요

몰수는 부가형으로 유죄선고의 경우에만 할 수 있다.

해설 | 행위자에게 유죄의 재판을 아니 할 때에도 몰수의 요건이 있는 때에는 몰수만을 선고할 수 있다(「형법」 제49조 단서).

정답 | ×

58 중요

몰수는 부가형의 성격을 가지며, 몰수만을 위한 공소제기는 허용되지 않는다.

정답 | ○

59

몰수는 실정법상 대물적 보안처분에 가깝다.

해설 | 몰수는 형식(실정법)상 형벌의 일종이지만, 실질상 대물적 보안처분에 가깝다.

정답 | ×

60 중요

몰수는 필요적 몰수가 원칙이며, 예외적으로 임의적 몰수를 인정한다.

해설 | 몰수는 임의적 몰수가 원칙이며, 예외적으로 필요적 몰수를 인정한다.

정답 | ×

61

뇌물로 받은 자기앞수표는 임의적 몰수의 대상이다.

해설 | 필요적 몰수의 대상이다.

정답 | ×

62

예외적으로 마약이나 마약흡입도구는 필요적 몰수를 인정하고 있다.

정답 | ○

63 심화

판례에 의하면, 피해자로 하여금 사기도박에 참여하도록 유인하기 위하여 제시해 보인 수표는 몰수할 수 없다.

해설 | 피해자로 하여금 사기도박에 참여도록 유인하기 위하여 고액의 수표를 제시해 보인 경우, 형법 제48조 소정의 몰수가 임의적 몰수에 불과하여 법관의 자유재량에 맡겨져 있고, 위 수표가 직접적으로 도박자금으로 사용되지 아니하였다 할지라도, 위 수표가 피해자로 하여금 사기도박에 참여하도록 만들기 위한 수단으로 사용된 이상, 이를 몰수할 수 있다(대법원 2002.9.24. 2002도3589).

정답 | ×

64

범죄수익금몰수제도는 특별예방적인 고려가 책임한도를 넘어서게 될 수 있다는 형벌이론적인 문제가 있다.

정답 | ○

65

추징가액은 범죄행위 시의 가격을 기준으로 한다.

해설 | 재판선고 시의 가격을 기준으로 한다.

정답 | ×

66

현행법상 자격정지에는 당연정지와 선고정지가 있다.

정답 | ○

67

자격정지는 1년 이상 15년 이하의 기간으로 한다.

정답 | ○

68

무기금고의 판결을 받은 자는 공법상의 선거권과 피선거권을 상실한다.

정답 | ○

69

자격상실은 무기징역을 선고받은 자가 가석방되더라도 그대로 유효하다.

해설 | 자격상실은 복권이라는 별도의 사면조치가 없는 한 형법 제43조 제1항 각 호의 자격을 영구히 상실한다.

정답 | ○

70 중요

유기징역에 자격정지를 병과한 때에는 징역의 집행을 개시한 날로부터 정지기간을 기산한다.

해설 | 유기징역 또는 유기금고에 자격정지를 병과한 때에는 징역 또는 금고의 집행을 종료하거나 면제된 날로부터 정지기간을 기산한다(「형법」 제44조 제2항).

정답 | ×

71

시효가 완성되면 형의 집행이 종료된 것으로 본다.

해설 | 형(사형은 제외한다)을 선고받은 자에 대해서는 시효가 완성되면 그 집행이 면제된다(「형법」 제77조).

정답 | ×

72

형의 선고를 받지 않은 자에 대한 일반사면도 가능하다.

정답 | ○

73

일반사면을 받은 경우 특별한 규정이 있을 때를 제외하고는 형 선고의 효력이 상실되며, 형을 선고받지 아니한 자에 대해서는 공소권이 상실된다.

정답 | ○

74

특별사면은 형의 선고를 받아 그 형이 확정된 자를 대상으로 하며, 원칙적으로 형의 집행이 면제된다.

정답 | ○

75 중요

특별사면으로는 형 선고의 효력을 상실하게 할 수 없다.

해설 | 특별한 사정이 있으면 형 선고의 효력을 상실하게 할 수 있다.

정답 | ×

76 중요

법무부장관은 직권 또는 사면심사위원회의 심사를 거쳐 대통령에게 특별사면을 상신한다.

해설 | 법무부장관은 직권으로 대통령에게 특별사면을 상신할 수 없다.

정답 | ×

77 중요

구류와 과료는 형의 집행을 종료하거나 그 집행이 면제된 날부터 1년이 경과한 때에 그 형은 실효된다.

해설 | 구류와 과료는 형의 집행을 종료하거나 그 집행이 면제된 때에 그 형은 실효된다.

정답 | ×

78 중요

벌금형은 면제 혹은 종료일로부터 2년이 지나면 실효된다.

정답 | ○

79

기소유예의 참작사유는 양형의 참작사유와 동일하다.

정답 | ○

80

기소유예를 하면서 보호관찰을 실시할 수 없다.

정답 | ○

81

기소유예제도는 검찰소추권의 자의적 행사를 방지하는 역할을 한다고 평가된다.

해설 | 기소유예제도에 대해서는 검사의 소추권 남용이 우려된다는 부정적 견해가 있다.

정답 | ✕

82

기소유예제도는 단기자유형의 폐해를 막으면서 기소 전(前) 단계에서 사회복귀를 유도하는 기능을 가지며, 법원 및 교정시설의 부담을 줄일 수 있는 장점이 있다.

정답 | ○

83

기소유예제도는 초범자와 같이 개선의 여지가 큰 범죄자를 모두 기소하여 전과자를 양산하고, 무의미한 공소제기와 무용한 재판 등으로 인하여 소송경제에 반하는 문제점이 있다.

해설 | 기소편의주의와 기소법정주의 중에서 검사의 기소유예를 인정하지 않는 기소법정주의의 단점에 대한 설명이다.

정답 | ✕

84

기소유예제도의 장점은 공소권 행사에 있어 법 앞의 평등을 실현하고 정치적 영향을 배제할 수 있다.

해설 | 기소법정주의의 장점에 대한 설명이다.

정답 | ✕

85

기소유예제도의 견제 및 보완책으로는 재정신청제도, 검찰항고제도, 공소권 남용에 따른 공소기각제도 등을 들 수 있다.

해설 | 기소유예제도의 견제 및 보완책으로는 제정신청제도, 검찰항고제도, 헌법소원제도 등이 있는데, 공소기각제도는 형사재판에서 검사의 공소제기에 형식적 흠이 있는 경우에 실체판단 없이 사안을 종결시키는 재판이므로, 기소유예제도의 견제 및 보완책에 해당하지 않는다.

정답 | ✕

86

기소유예 결정에 불복하는 고소인의 재정신청에 대해서는 헌법재판소가 당부에 관한 결정을 한다.

해설 | 고소권자로서 고소를 한자(「형법」제123조부터 제126조까지의 죄에 대하여는 고발을 한 자를 포함한다)는 검사로부터 공소를 제기하지 아니한다는 통지를 받은 때에는 그 검사 소속의 지방검찰청 소재지를 관할하는 고등법원에 그 당부에 관한 재정을 신청할 수 있다. 다만, 「형법」제126조의 죄에 대하여는 피공표자의 명시한 의사에 반하여 재정을 신청할 수 없다(「형사소송법」제260조 제1항).

정답 | ×

87

기소유예는 「형법」제51조의 양형의 조건을 참작하여 검사가 결정한다.

해설 | 검사는 「형법」제51조의 사항을 참작하여 공소를 제기하지 아니할 수 있다(「형사소송법」제247조: 기소편의주의).

정답 | ○

88

미결구금일수는 벌금이나 과료에 관한 유치 또는 구류에 산입하지 않는다.

해설 | 판결선고 전의 구금일수는 그 전부를 유기징역, 유기금고, 벌금이나 과료에 관한 유치 또는 구류에 산입한다(「형법」제57조 제1항).

정답 | ×

89

미결구금의 폐해를 줄이기 위한 정책으로는 구속영장실질심사제, 신속한 재판의 원칙, 범죄피해자보상제도, 미결구금 전용수용시설의 확대 등이 있다.

해설 | 미결구금이란 수사나 재판의 진행 중 피의자나 피고인의 신병을 확보하고 증거인멸을 방지하기 위한 구금조치로, 미결구금의 폐해를 줄이기 위한 정책으로는 구속수사 지양, 구속영장실질심사제도의 실질화, 석방제도의 적극활용, 수사 및 법원심리의 신속화, 구금시설의 증설 및 개선, 필요적 보석요건 완화 등이 있다. 범죄피해자보상제도는 범죄행위로 인해 피해를 받은 사람이 국가로부터 구조를 받을 수 있는 청구권적 기본권의 일종으로, 미결구금과는 관련이 없다.

정답 | ×

90

미결구금된 사람을 위하여 변호인이 되려는 자의 접견교통권은 변호인의 조력을 받을 권리의 실질적 확보를 위해서 「헌법」상 기본권으로서 보장되어야 한다.

해설 | 누구든지 체포 또는 구속을 당한 때에는 즉시 변호인의 조력을 받을 권리를 가진다. 다만, 형사피고인이 스스로 변호인을 구할 수 없을 때에는 법률이 정하는 바에 의하여 국가가 변호인을 붙인다(「헌법」 제12조 제4항).

정답 | ○

91

가석방 요건의 완화는 미결수용의 문제점을 개선하기 위한 방안에 해당한다.

해설 | 유죄판결이 확정된 후 교도소 등 시설에 수용되어 있는 수형자의 갱생을 촉진하기 위해 형기만료 전에 석방하는 가석방은, 미결구금(수용)의 문제점을 개선하기 위한 방안과 관련이 없다.

정답 | ×

92

「소년법」상 검사는 피의자에 대하여 범죄예방자원봉사위원의 선도를 받게 하고 공소를 제기하지 아니할 수 있으며, 이 경우 소년과 소년의 친권자 · 후견인 등 법정대리인의 동의를 받아야 한다.

정답 | ○

93

선도조건부 기소유예제도는 범죄소년과 촉법소년만을 대상으로 하며, 우범소년에 대해서는 선도조건부 기소유예처분을 할 수 없다.

해설 | 범죄소년만을 대상으로 한다.

정답 | ×

94

기소유예는 합리적인 기소를 증진시키므로 법적 안정성에 도움을 준다.

해설 | 법적 안정성을 침해한다.

정답 | ×

95

기소유예처분에 대한 헌법소원은 허용되지 않는다.

해설 | 허용된다.

정답 | ×

96

선고유예는 형의 선고만을 유예하는 것이지 유죄판결 자체를 유예하는 것은 아니다.

정답 | ○

97

형을 병과할 경우에 그 형의 일부에 대해서 집행을 유예할 수는 없다.

해설 | 그 형의 일부에 대해서도 집행을 유예할 수 있다.

정답 | ×

98

보호관찰은 부가적 처분으로 부과할 수 있을 뿐이고, 독립적 처분으로 부과할 수 없다.

해설 | 독립적 처분으로 부과할 수 있다.

정답 | ×

99

법원은 형의 선고를 유예하는 경우에 재범방지를 위하여 지도 및 원호가 필요한 때에는 1년 기간의 보호관찰을 받을 것을 명할 수 있다.

해설 | ◀ 선고유예 · 집행유예 · 가석방 요약 ▶

구분	선고유예	집행유예	가석방
대상	1년 이하의 징역, 금고, 자격정지, 벌금	3년 이하의 징역, 금고, 500만원 이하의 벌금	무기(20년 경과), 유기(형기의 1/3 경과)
요건	• 개전의 정상이 현저한 때 • 자격정지 이상의 전과가 없는 때	• 정상에 참작할 만한 사유 • 금고 이상의 형집행종료, 면제 후 3년 경과	• 행상이 양호하여 뉘우침이 뚜렷한 때 • 벌금 · 과료 병과 시 완납
기간	2년	1년 이상 5년 이하	무기(10년), 유기(남은 형기)
결정	법원의 재량	법원의 재량	행정처분
효과	면소간주	형의 선고 효력상실	형의 집행 종료간주
보안 처분	보호관찰(1년, 임의적)	• 보호관찰(집행유예기간 내, 법원의 별도지정 가능, 임의적) • 사회봉사(집행유예기간 내, 임의적) • 수강명령(집행유예기간 내, 임의적)	보호관찰(가석방기간 내, 필요적, 단, 불필요 인정 시 제외 가능)
실효	• 유예기간 중 자격정지 이상의 형 확정 • 자격정지 이상의 전과 발견 • 준수사항을 위반하고 정도가 무거운 때	유예기간 중 금고 이상의 형 확정(과실범 제외)	가석방기간 중 금고 이상의 형 확정(과실범 제외)
취소	없음	• 금고 이상의 형집행종료, 면제 후 3년 이내에 범한 죄에 대하여 형을 선고한 것이 발각된 때(필요적) • 준수사항이나 명령을 위반하고 정도가 무거운 때(임의적)	• 감시에 관한 규칙 위배(임의적) • 준수사항을 위반하고 정도가 무거운 때(임의적)

정답 | ○

100

형의 선고를 유예하거나 형의 집행을 유예하는 경우에 사회봉사를 명할 수 있다.

해설 | 형의 선고를 유예하는 경우에는 사회봉사를 명할 수 없다.

정답 | ×

101

형의 선고를 유예하는 경우에 재범방지를 위하여 지도 및 원호가 필요한 때에는 보호관찰을 받을 것을 명할 수 있으며, 이 경우 보호관찰의 기간은 1년 이내의 범위에서 법원이 정한다.

해설 | 1년의 범위에서 법원이 정한다.

정답 | ×

102

형의 선고유예를 받은 날부터 2년을 경과한 때에는 면소된 것으로 간주한다.

정답 | ○

103

선고유예의 경우는 유예기간이 경과하면 전과가 남지 않는 것이 가석방의 경우와 다르다.

정답 | ○

104

선고유예를 받은 자가 보호관찰기간 중에 준수사항을 위반하고 그 정도가 무거운 때에는 유예한 형을 선고할 수 있다.

정답 | ○

105 중요

현행 형법에는 선고유예의 취소, 선고유예의 실효가 규정되어 있다.

해설 | 선고유예의 취소는 규정되어 있지 않다.

정답 | ×

106 중요

집행유예기간은 1년 이상 5년 이하이다.

정답 | ○

107 중요

700만원 벌금의 형을 선고하는 경우에도 그 집행을 유예할 수 있다.

해설 | 500만원 이하의 벌금이어야 한다.

정답 | ×

108

집행유예는 3년 이하의 징역 또는 자격정지의 형을 선고할 경우라야 한다.

해설 | 자격정지가 아닌 금고의 형을 선고할 경우라야 한다.

정답 | ×

109 중요

집행유예 선고 시 보호관찰을 명할 경우 반드시 사회봉사명령과 수강명령을 동시에 명해야 한다.

해설 | 집행유예 선고 시 보호관찰을 명할 경우 사회봉사 또는 수강을 명할 수 있다(「형법」 제62조의2 제1항).

정답 | ×

110

보호관찰과 사회봉사명령 또는 수강명령은 동시에 명할 수 없다.

해설 | 동시에 명할 수 있다.

정답 | ×

111

형법은 사회봉사명령을 형의 집행유예에 대한 부수처분으로 규정하고 있다.

정답 | ○

112 중요

형의 집행유예를 받은 후 실효 또는 취소됨이 없이 유예기간을 경과한 때에는 형의 집행이 면제된다.

해설 | 집행유예의 선고를 받은 후 그 선고의 실효 또는 취소됨이 없이 유예기간을 경과한 때에는 형의 선고는 효력을 잃는다(「형법」 제65조).

정답 | ×

113 심화

양형에서는 법적 구성요건의 표지에 해당하는 사정이 다시 고려되어도 무방하다는 이중평가의 원칙
이 적용된다.

해설 | 이중평가 금지의 원칙이 적용된다.

정답 | ×

114 심화

위가이론은 정당한 형벌이 언제나 하나일 수밖에 없다고 한다.

해설 | 위가이론이 아닌 유일점 형벌이론에 대한 설명이다.

정답 | ×

115 심화

유일점 형벌이론은 형이상학적 목적형사상을 기초로 한 절대적 형벌이론이다.

해설 | 형이상학적 응보형사상을 기초로 한 절대적 형벌이론이다.

정답 | ×

116 심화

단계이론은 책임에 상응하는 형벌이 법정형의 범위 내에서 특정된 하나의 형으로 존재하는 것이
아니라 폭으로 존재한다고 본다.

해설 | 단계이론이 아닌 폭의 이론에 대한 설명이다.

정답 | ×

117 심화

양형이론 중 범주이론 또는 재량여지이론(Spielraumtheorie)은 예방의 관점을 고려한 것으로, 법관에게
일정한 형벌목적으로 고려할 수 있는 일정한 재량범위를 인정하는 장점을 가지고 있다.

정답 | ○

118

양형불균형의 문제를 해소하기 위하여 우리나라에 양형위원회제도를 도입하였다.

정답 | ○

119 중요

양형위원회의 양형기준은 법적 구속력을 갖는다.

해설 | 법적 구속력을 갖지 않는다.

정답 | ✕

120

법원이 양형기준을 벗어난 판결을 하는 경우에는 판결서에 양형이유를 기재하여야 한다.

해설 | 「법원조직법」 제81조의7 제2항

정답 | ○

121

유일점 형벌이론은 책임뿐만 아니라 예방목적까지 고려하여 하나의 고정된 크기의 형벌을 제시한다.

해설 | 유일점 형벌이론은 책임만을 고려하고 예방목적은 고려하지 않는 반면, 단계이론은 양형의 단계를 구분하고 형벌의 의미와 가치를 고려하여 각 단계에 맞는 형을 양정하여야 한다는 이론으로, 형량은 책임에 따라 결정하고 형종은 예방목적에 따라 결정한다.

정답 | ✕

122

대법원 양형위원회가 작성한 양형기준표에서 양형인자는 책임을 증가시키는 가중인자인 특별양형인자와 책임을 감소시키는 감경인자는 일반양형인자로 구분된다.

해설 | 양형기준표는 양형인자를 먼저 가중인자와 감경인자로 구분하고, 양형에 미치는 영향력을 고려하여 다시 특별양형인자와 일반양형인자로 구분하며, 마지막으로 이를 행위인자와 행위자 · 기타인자로 구분한다. 즉, 가중인자와 감경인자가 특별양형인자와 일반양형인자인 것은 아니다.

정답 | ✕

123

양형기준표는 양형에 있어서 권고형량범위와 함께 실형을 선고할 것인가, 집행유예를 선고할 것인가를 판단하기 위한 기준을 두고 있지 않다.

해설 | 양형기준이란 법관이 형을 정함에 있어 참고하는 기준으로, 법관은 양형기준에서 대상 범죄유형을 찾아 권고형량범위와 함께 집행유예 여부를 결정하게 되는데, 3년 이하의 징역 또는 금고에 해당하는 때에는 실형이 권고되는 경우, 집행유예가 권고되는 경우, 어느 쪽도 권고되지 않는 경우(실형과 집행유예 중에서 선택 가능)로 구분되어 있는 집행유예 기준에 따라 그 여부를 결정한다.

정답 | ✕

124

양형기준표는 양형인자를 먼저 가중인자와 감경인자로 구분하고, 양형에 미치는 영향력을 고려하여 다시 특별양형인자와 일반양형인자로 구분하며, 마지막으로 이를 행위인자와 행위자·기타인자로 구분한다. 가중인자는 책임을 증가시키는 인자, 감경인자는 책임을 감소시키는 인자를 말하고, 특별양형인자는 해당 범죄유형의 형량에 큰 영향력을 미치는 인자로서 권고형량을 결정하는 데 사용되며, 일반양형인자는 결정된 권고형량 범위 내에서 선고형을 정하는 데 사용된다.

정답 | ○

125

일반양형인자는 그 영향력이 특별양형인자에 미치지 못하는 인자로서 권고영역을 결정하는 데에는 사용되지 못하고, 결정된 권고형량 범위 내에서 선고형을 정하는 데 고려되는 인자이고, 특별양형인자는 일반양형인자에 비해 양형에 대한 영향력이 큰 인자로서 일반양형인자보다 중하게 고려되며, 내용과 질보다는 개수를 더 중요하게 고려한다.

정답 | ○

126

양형 합리화 방안으로 판결 전 조사제도 확대, 공판절차 이분제도 활용, 양형기준표 활용, 수형자의 서신검열 완화 등이 있다.

해설 | 수형자의 서신검열은 형 확정 이후 자유형 집행과 관련되어 있으므로 양형 합리화 방안과는 거리가 멀다.

정답 | ×

127

양형의 합리화 방안 중 양형지침서는 법관의 자유로운 판단을 구속하기 때문에 어떠한 경우에도 활용되어서는 안 된다.

해설 | 양형지침서는 양형의 합리화 방안으로서 논의되고 있는 것으로, 법관의 재량으로 인한 양형의 불합리화를 막기 위해 양형지침서를 작성하여 양형의 참고기준으로 활용할 필요가 있다.

정답 | ×

128

현행법에서는 양형기준의 법적 구속력이 있음을 명시하여 양형의 합리화에 기여하고 있다.

해설 | 법관은 형의 종류를 선택하고 형량을 정할 때 양형기준을 존중하여야 한다. 다만, 양형기준은 법적 구속력을 갖지 아니한다(「법원조직법」 제81조의7 제1항).

정답 | ×

129

판결 전 조사제도는 형사정책적으로 양형의 합리화뿐만 아니라 개별적인 교정의 합리화에도 유용하게 이용될 수 있다.

정답 | ○

130

약식절차에서는 조사를 위하여 피고인이 증거를 제출하거나 검사가 보충증거를 제출할 수 있다.

해설 | 지방법원은 그 관할에 속한 사건에 대하여 검사의 청구(약식명령 · 약식기소)가 있는 때에는 공판절차 없이 약식명령으로 피고인을 벌금, 과료 또는 몰수에 처할 수 있다(「형사소송법」 제448조 제1항). 이와 같은 약식절차의 본질을 고려하면, 조사를 위하여 피고인이 증거를 제출하거나 검사가 보충증거를 제출할 수 없다 할 것이고, 필요하다면 정식재판을 청구하여야 한다.

정답 | ×

131

약식절차는 검사의 약식기소가 있을 때 공판절차에 의하지 않고 검사가 제출한 자료만을 조사하여 약식명령으로 피고인에게 벌금, 과료, 또는 몰수의 형을 부과하는 재판절차이다.

정답 | ○

132 중요

판결 전 조사제도는 형사절차가 유무죄인부절차와 양형절차로 분리되어 있는 미국의 보호관찰제도와 밀접한 관련을 가지고 발전되어 왔다.

정답 | ○

133 심화

판결 전 조사제도는 현재 유럽 대륙법계 국가에서 일반적으로 채택되고 있다.

해설 | 채택되고 있지 않다.

정답 | ×

134 중요

판결 전 조사제도는 양형의 합리화에는 기여하지만, 처우의 개별화에는 역행한다.

해설 | 판결 전 조사제도는 양형의 합리화뿐만 아니라 처우의 개별화에도 기여한다.

정답 | ×

135

판결 전 조사제도는 형사정책적으로 양형의 합리화뿐만 아니라 사법적 처우의 개별화에도 그 제도적 의의가 있다.

정답 | ○

136 심화

판결 전 조사제도는 보호관찰 부과 여부는 물론 가석방 여부를 심사할 때에도 이용된다.

해설 | 가석방 여부 심사는 법무부 산하의 가석방심사위원회에서 실시하므로, 판결 전 조사제도와는 관련이 없다.

정답 | ×

137

판결 전 조사제도는 개방처우에 속한다.

해설 | 개방처우(사회적 처우)란 시설 내 처우의 엄격한 자유구속 정도를 완화하여 수형자를 사회와 교통하게 함으로써 석방 후의 사회적응력을 높이기 위한 각종 제도로, 판결 전 조사제도와는 관련이 없다.

정답 | ×

138

소년에 대한 판결 전 조사제도는 「보호관찰 등에 관한 법률」과 「보호소년 등의 처우에 관한 법률」에 규정되어 있다.

해설 | 「보호관찰 등에 관한 법률」(이하 「보호관찰법」)과 「소년법」에 규정되어 있다.

정답 | ×

139 중요

「보호관찰 등에 관한 법률」에 의하면, 판결 전 조사의 대상자를 소년으로 한정하고 있다.

해설 | 성인과 소년을 불문한다.

정답 | ×

140 중요

현행법상 판결 전 조사의 주체는 조사를 요구하는 법원의 소재지 또는 피고인의 주거지를 관할하는 경찰서장이다.

해설 | 경찰서장이 아닌 보호관찰소의 장이다(「보호관찰법」 제19조).

정답 | ×

141

보호관찰을 명하기 전에 먼저 판결 전 조사를 실시하여야 한다.

해설 | 법원은 필요하다고 인정하면 판결 전 조사를 요구할 수 있다(「보호관찰법」 제19조).

정답 | ×

142

판결 전 조사는 검찰의 요구에 따라 보호관찰소에서 실시한다.

해설 | 검사가 아닌 법원의 요구에 따라 보호관찰소에서 실시한다(「보호관찰법」 제19조).

정답 | ×

---

12 보안처분론

01 중요

보안처분의 우선적 목적은 과거의 범죄에 대한 처벌이 아니라 장래의 재범위험을 예방하기 위한 범죄인의 교화·개선에 있고, 형벌은 책임의 원칙, 보안처분은 비례의 원칙이 적용된다.

정답 | ○

02

형벌과 보안처분의 관계에서 일원주의는 행위자의 반사회적 위험성을 척도로 하여 일정한 제재를 부과하는 것이 행위책임원칙에 적합하다고 한다.

해설 | 일원주의는 형벌과 보안처분을 동일시하고 대체성을 인정하여 형벌이 부적합한 경우에만 보안처분을 선고하자는 주의로, 행위자의 반사회적 위험성을 척도로 하여 일정한 제재를 부과하는 것은 행위책임원칙에 반한다는 비판을 받는다.

정답 | ×

03

보안처분은 행위자의 재범위험성에 근거한 것으로, 책임능력이 있어야 부과되는 제재이다.

해설 | 보안처분은 장래의 범죄위험성에 대한 예방으로서 형벌이 아니기 때문에 행위책임원칙에 근거하지 않는다. 따라서 책임능력이 없어도 부과될 수 있다.

정답 | ×

04

「헌법」에는 보안처분에 관한 명시적 규정이 없지만, 법치국가의 기본원리상 법률에 규정된 경우 적법절차에 따라 보안처분을 부과하여야 한다는 것이 통설·판례의 입장이다.

해설 | 모든 국민은 신체의 자유를 가진다. 누구든지 법률에 의하지 아니하고는 체포·구속·압수·수색 또는 심문을 받지 아니하며, 법률과 적법한 절차에 의하지 아니하고는 처벌·보안처분 또는 강제노역을 받지 아니한다(「헌법」 제12조 제1항). 따라서 「헌법」에는 보안처분에 관한 명시적 규정이 있다.

정답 | ×

05 중요

보안처분도 형사처분이므로 그 근본목적은 범죄의 일반예방에 있다.

해설 | 형벌의 목적은 일반예방과 특별예방에 있지만, 보안처분의 근본목적은 특별예방에 있다.

정답 | ×

06

현행 헌법에서는 보안처분 법정주의를 선언하고 있다.

정답 | ○

07

보안처분은 자의적인 제재실행을 방지하기 위해 책임주의와 비례성의 원칙이 적용된다.

해설 | 책임주의는 적용되지 않는다.

정답 | ×

08 중요

형벌과 보안처분 일원주의는 모두 사회방위와 범죄인의 교육, 개선을 목적으로 하므로 본질적인 차이가 없다고 본다.

해설 | ◀ 보안처분이론 요약 ▶

구분	이원주의(이원론)	일원주의(일원론)	대체주의
의의	형벌과 보안처분 구별	형벌과 보안처분 동일시	선고단계에서는 이원론, 집행단계에서는 일원론
학자	클라인, 메이어, 비르크메이어, 베링(응보형)	리스트, 페리, 락신(목적형 · 교육형 · 사회방위론)	칼 슈토스
논거	형벌(응보), 보안처분(사회방위 · 교정교육)	형벌 · 보안처분 (모두 사회방위)	현실적응성 有, 형사정책적 측면 고려
대체성	대체성 부정, 병과 인정	대체성 인정, 병과 부정 (하나만을 선고하여 집행)	요건과 선고는 별개, 집행 시 대체성 인정
선고기관	행정처분(행정청)	형사처분(법원)	특별법이나 형사소송법에 특별규정
문제점	이중처벌 위험 (명칭사기 · 상표사기)	책임주의에 반하며, 중복 시 문제	책임주의와 불일치, 양자 적용 범위 불분명, 정의관념에 반할 우려

정답 | ○

09

일원주의는 행위자의 반사회적 위험성을 척도로 하여 일정한 제재를 부과하는 것이 행위책임원칙에 적합하다고 한다.

해설 | 행위책임원칙에 반한다는 비판을 받는다.

정답 | ×

10

이원주의에서는 형벌은 책임을 근거로, 보안처분은 행위자의 장래 위험성을 근거로 과해지는 처분이라고 본다.

정답 | ○

11 중요

형벌과 보안처분의 병존을 인정하는 이원주의(응보형주의자)에 대해서는 이중처벌의 위험성이 있다는 비판이 제기된다(명칭사기 · 상표사기).

정답 | ○

12

대체주의는 형벌을 폐지하고 이를 보안처분으로 대체하여야 한다는 입장이다.

해설 | 대체주의는 이원주의와 일원주의의 절충론으로, 형벌은 이원주의의 입장에서 책임의 정도에 따라 선고하되, 그 집행단계에서는 일원주의의 입장에서 형벌을 보안처분으로 대체하거나, 보안처분의 집행종료 후 형벌을 집행하자는 주의이다.

정답 | ×

13

대체주의(우리나라의 치료감호제도)에서는 보안처분을 형벌보다 먼저 집행하고 그 기간을 형기에 산입한다.

정답 | ○

14 심화

사회안정을 위한 정책, 실증주의, 개인예방주의, 인도주의적 형사정책, 범죄자의 사회격리 등은 사회방위론과 관계가 있다.

해설 | 범죄자의 사회격리는 사회방위론과 거리가 멀다.

정답 | ×

15 심화

극단적 사회방위론자인 그라마티카(Gramatica)는 생물학적 · 심리학적 범죄원인론의 영향을 받아 예방적 · 교육적 치료처분의 도입을 주장하였다.

정답 | ○

16

현행 「보안관찰법」상 보안관찰처분은 사법처분의 형태로 이루어진다.

해설 | 보안관찰처분에 관한 결정은 보안관찰처분심의위원회의 의결을 거쳐 법무부장관이 행한다(「보안관찰법」 제14조 제1항). 따라서 보안관찰처분은 사법처분이 아닌 행정처분의 형태로 이루어진다.

정답 | ×

17

보안관찰제도는 심신장애 상태, 마약류·알코올이나 그 밖의 약물중독 상태, 정신성적(精神性的) 장애가 있는 상태 등에서 범죄행위를 한 자로서 재범의 위험성이 있고 특수한 교육·개선 및 치료가 필요하다고 인정되는 자에 대해서 적절한 보호와 치료를 함으로써 재범을 방지하고 사회복귀를 촉진하는 제도이다.

해설 | 치료감호제도에 대한 설명이다[「치료감호 등에 관한 법률」(이하 「치료감호법」) 제1조].

정답 | ×

18

재범의 위험성이 있는 특정강력범죄자에 대한 보호감호는 현행법에 근거하여 부과할 수 있는 보안처분이다.

해설 | 보호감호를 규정한 「사회보호법」이 2005년에 폐지되었으므로, 보호감호는 현행법에 근거하여 부과할 수 있는 보안처분이 아니다.

정답 | ×

19 심화

앙셀(Ancel)은 효과적인 사회방위를 위하여 형법과 형벌의 폐지를 주장하였다.

해설 | 그라마티카에 대한 설명이다. 앙셀은 형벌도 필요하다는 입장이었으며, 특히 소년범에 대한 특별처우를 강조하였다.

◀ 현행법상 보안처분 정리 ▶

법률	종류	내용
「치료감호 등에 관한 법률」	치료감호	• 심신장애인·정신성적장애인·성폭력범죄자: 15년 • 약물중독자: 2년 • 특정 살인범죄자: 매회 2년 범위 3회 연장 ○
	보호관찰	가종료·치료위탁: 3년, 연장 ×
	치료명령	선고유예·집행유예: 보호관찰기간 내
「보안관찰법」	보안관찰	2년, 제한 없이 갱신 ○

「보호관찰 등에 관한 법률」	보호관찰	선고유예, 집행유예, 가석방, 임시퇴원, 기타 다른 법령
	사회봉사 · 수강명령	집행유예, 소년법, 기타 다른 법령
「형법」	보호관찰	선고유예, 집행유예, 가석방
	사회봉사 · 수강명령	집행유예
「소년법」	보호처분	• 보호자 또는 보호자를 대신하는 자에게 감호위탁: 6월, 6월 이내 1회 연장 ○ • 수강명령: 12세 이상, 100시간 이내 • 사회봉사명령: 14세 이상, 200시간 이내 • 단기 보호관찰: 1년, 연장 × • 장기 보호관찰: 2년, 1년 범위 1회 연장 ○ • 아동복지시설이나 소년보호시설에의 감호위탁: 6월, 6월 이내 1회 연장 ○ • 병원, 요양소, 의료재활소년원에의 위탁: 6월, 6월 이내 1회 연장 ○ • 1개월 이내의 소년원 송치 • 단기 소년원 송치: 6월 이내, 연장 × • 장기 소년원 송치: 12세 이상, 2년 이내, 연장 × ※ 위탁 및 감호위탁: 6월, 6월 이내 1회 연장 ○
「국가보안법」	감시 · 보도	공소보류자에 대한 감시 · 보도
「성매매 알선 등 행위의 처벌에 관한 법률」	보호처분	• 보호처분: 6월 • 사회봉사 · 수강명령: 100시간 이내
「가정폭력범죄의 처벌 등에 관한 특례법」	보호처분	• 보호처분: 6월 초과 × • 사회봉사 · 수강명령: 200시간 이내
「마약류관리에 관한 법률」	마약중독자의 치료보호	• 검사기간: 1월 이내 • 치료보호기간: 12월 이내
「아동 · 청소년의 성보호에 관한 법률」	수강명령 또는 이수명령, 보호처분	수강명령 또는 성폭력 치료프로그램 이수명령: 500시간 이내
「전자장치 부착 등에 관한 법률」	전자장치 부착, 치료프로그램 이수	• 보호관찰: 1년 이상 30년 이하 • 치료프로그램 이수명령: 500시간 이내
「성폭력범죄자의 성충동 약물치료에 관한 법률」	보호관찰, 성충동 약물치료	보호관찰 · 성충동 약물치료: 15년 이내(19세 이상)
「성폭력범죄의 처벌 등에 관한 특례법」	보호관찰, 수강 · 이수	보호관찰, 수강 또는 이수명령: 500시간 이내
「스토킹범죄의 처벌 등에 관한 특례법」	보호관찰, 수강 · 이수	보호관찰, 수강 또는 이수명령: 200시간 이내

정답 | ×

20

치료감호의 요건으로 재범의 위험성과 치료의 필요성이 규정되어 있다.

해설 | 치료감호대상자와 치료명령대상자란 치료를 받을 필요가 있고 재범의 위험성이 있는 자를 말한다(「치료감호법」제2조 제1항, 제2조의3).

◀ 치료감호제도 정리 ▶

대상	심신장애인	금고 이상의 형에 해당하는 죄를 지은 자
	약물중독자	
	정신성적 장애인	금고 이상의 형에 해당하는 성폭력범죄를 지은 자
청구		• 사유: 치료의 필요성과 재범의 위험성 • 전문가의 감정 여부: 심신장애인 · 약물중독자는 참고, 정신성적 장애인은 필수청구 • 청구시기: 항소심 변론종결 시(합의부) • 독립청구: 심신상실자, 반의사불벌죄, 친고죄 및 기소유예자 • 법원은 검사에게 치료감호청구를 요구할 수 있을 뿐, 그 청구 없이 치료감호를 선고할 수 없음
치료감호 영장		• 보호구속사유 → 검사의 청구 → 관할 지방법원 판사의 발부 　−일정한 주거가 없을 때 　−증거를 인멸할 염려가 있을 때 　−도망가거나 도망할 염려가 있을 때 • 치료감호청구만을 하는 때에는 구속영장을 치료감호영장으로 보며, 그 효력을 잃지 않음
치료감호 집행	집행기간	• 심신장애인 및 정신성적 장애인: 최대 15년 • 약물중독자: 최대 2년
	집행순서	치료감호를 먼저 집행한 후 그 기간을 형기에 산입
	살인범죄자의 치료감호기간 연장	• 법원은 검사의 청구로 3회까지 매회 2년의 범위에서 연장 가능 • 검사의 청구: 치료감호 종료 6개월 전 • 법원의 결정: 치료감호 종료 3개월 전
종료 · 가종료 치료위탁심사	가종료 종료심사	• 집행개시 후 매 6개월마다 심사 • 가종료되었거나 치료위탁한 경우, 보호관찰 개시: 3년 • 치료위탁 · 가종료자의 종료심사: 매 6개월마다 심사
	치료위탁 가종료	
	치료위탁신청	• 독립청구된 자: 1년 경과 후 위탁 • 형벌병과 시: 치료기간이 형기를 경과한 때
	재집행	• 금고 이상의 형에 해당되는 죄를 지은 때(과실범 제외) • 보호관찰에 관한 지시 · 감독을 위반한 때 • 증상이 악화되어 치료감호가 필요한 때
	피치료감호자 등의 종료심사신청	• 치료감호의 집행이 시작된 날부터 6개월이 지난 후 신청 가능 • 신청이 기각된 경우, 6개월이 지난 후 다시 신청 가능
청구시효		판결확정 없이 치료청구 시부터 15년
보호관찰		• 기간: 3년 • 대상자 신고의무: 출소 후 10일 이내 • 종료: 기간종료, 치료감소 재수용 및 금고 이상의 형을 집행받게 된 때에는 종료되지 않고 계속 진행

유치	• 요건: 가종료 및 치료위탁의 취소신청 • 절차: 보호관찰소장 → 검사(구인된 때부터 48시간 이내에 유치허가청구) → 지방법원 판사의 허가 → 보호관찰소장이 24시간 이내에 검사에게 유치사유신청 → 검사는 48시간 이내에 치료감호심의위원회에 가종료 등 취소신청 • 구인한 날부터 30일＋1회 20일 연장 가능＋유치기간은 치료감호기간에 산입	
시효 (집행면제)	• 심신장애인 및 정신성적 장애인에 해당하는 자의 치료감호: 10년 • 약물중독자에 해당하는 자의 치료감호: 7년	
실효	재판상 실효	집행종료 · 면제된 자가 피해자의 피해를 보상하고, 자격정지 이상의 형이나 치료감호를 선고받지 아니하고 7년이 지났을 때에 본인이나 검사의 신청에 의함
	당연실효	집행종료 · 면제된 자가 자격정지 이상의 형이나 치료감호를 선고받지 아니하고 10년이 지났을 때
피치료감호자 등 격리사유	• 자신이나 다른 사람을 위험에 이르게 할 가능성이 뚜렷하게 높은 경우 • 중대한 범법행위 또는 규율위반행위를 한 경우 • 수용질서를 문란하게 하는 중대한 행위를 한 경우	

◀ 치료명령제도 정리 ▶

대상	• 통원치료의 필요성과 재범의 위험성 • 심신미약자, 알코올중독자 및 약물중독자로서 금고 이상의 형에 해당하는 죄를 지은 자
유예 시 치료명령	• 보호관찰 병과: 선고유예는 1년, 집행유예는 유예기간 • 치료기간은 보호관찰기간을 초과할 수 없음
집행	• 검사의 지휘를 받아 보호관찰관이 집행 • 정신보건전문요원 등 전문가에 의한 인지행동치료 등 심리치료프로그램 실시 등의 방법으로 집행
치료기관 지정	법무부장관
준수사항 위반	선고유예 실효 또는 집행유예 취소
비용부담	원칙 본인부담, 예외 국가부담

정답 | ○

21 중요

「치료감호 등에 관한 법률」은 죄의 종류와 상관없이 금고 이상의 형에 해당하는 죄를 지은 심신장애인, 마약 등 중독자, 정신성적(精神性的) 장애자 등 가운데 치료의 필요성과 재범의 위험성이 인정되는 경우를 치료감호의 대상으로 하고 있다.

해설 | 「치료감호법」에서 규정하고 있는 치료감호대상자는 심신장애인 및 약물중독자로서 금고 이상의 형에 해당하는 죄를 지은 자, 정신성적 장애자로서 금고 이상의 형에 해당하는 성폭력범죄를 지은 자이다.

정답 | ×

22

형법상의 강간죄, 강제추행죄, 준강간죄, 준강제추행죄 등은 치료감호대상 성폭력범죄의 범위에 해당한다.

정답 | ○

23 중요

제1심 재판관할은 지방법원 및 지방법원지원의 합의부로 한다.

정답 | ○

24

국민참여재판에서 재판장은 배심원이 결정한 유·무죄의 의견을 반드시 따라야 한다.

해설 | 배심원의 평결과 의견은 법원을 기속하지 아니한다(「국민의 형사재판 참여에 관한 법률」 제46조 제5항). 즉, 배심원의 평결과 의견은 권고적 효력을 가질 뿐이므로, 재판장은 배심원이 결정한 유·무죄의 의견을 반드시 따라야 할 필요가 없다. 다만, 배심원의 평결결과와 다른 판결을 선고하는 때에는 피고인에게 그 이유를 설명하여야 하고(동법 제48조 제4항), 판결서에 그 이유를 기재하여야 한다(동법 제49조 제2항).

정답 | ×

25 중요

치료감호대상자에 대한 치료감호를 청구할 때에는 정신건강의학과 등의 전문의의 진단이나 감정을 받은 후 치료감호를 청구하여야 한다.

해설 | 정신건강의학과 등의 전문의의 진단이나 감정을 받은 후 치료감호를 청구하여야 하는 경우는, 정신성적 장애인(「치료감호법」 제2조 제1항 제3호)에 대한 치료감호를 청구할 때로 한정한다(동법 제4조 제2항 단서).

정답 | ×

26

「치료감호 등에 관한 법률」상 치료감호가 가종료된 피치료감호자에 대해서는 필요하다고 인정되는 경우에 한하여 보호관찰을 명할 수 있다.

해설 | 피치료감호자에 대한 치료감호가 가종료되었을 때 보호관찰이 시작된다(「치료감호법」 제32조 제1항 제1호).

정답 | ×

27

반의사불벌죄에서 피해자가 처벌을 원하지 않는 의사표시를 한 경우, 치료감호도 청구할 수 없다.

해설 | 검사는 고소 · 고발이 있어야 논할 수 있는 죄에서 그 고소 · 고발이 없거나 취소된 경우 또는 피해자의 명시적인
의사에 반(反)하여 논할 수 없는 죄에서 피해자가 처벌을 원하지 아니한다는 의사표시를 하거나 처벌을 원한다는
의사표시를 철회한 경우에는, 공소를 제기하지 아니하고 치료감호만을 청구할 수 있다(「치료감호법」 제7조 제2호).

정답 | ✕

28

현행 「치료감호 등에 관한 법률」상 치료감호제도에서 치료감호와 형이 병과된 경우 치료감호의 집행
기간은 형집행기간에 포함되지 않는다.

해설 | 치료감호와 형(刑)이 병과(倂科)된 경우에는 치료감호를 먼저 집행한다. 이 경우 치료감호의 집행기간은 형집행기
간에 포함한다(「치료감호법」 제18조).

정답 | ✕

29

검사는 친고죄에 있어서 고소가 없어 공소를 제기하지 못하는 경우 치료감호대상자에 대하여 치료감
호만을 독립하여 청구할 수 없다.

해설 | 검사는 공소를 제기하지 아니하고 치료감호만을 청구할 수 있다(「치료감호법」 제7조 제2호).

정답 | ✕

30

현행 치료감호제도에서는 검사가 치료감호대상자에 대한 치료감호를 청구할 경우, 정신과 등 전문의
의 진단 또는 감정을 참고하여야 한다.

해설 | 치료감호대상자에 대한 치료감호를 청구할 때에는 정신건강의학과 등의 전문의의 진단이나 감정(鑑定)을 참고하
여야 한다(「치료감호법」 제4조 제2항 본문).

정답 | ○

31

현행 치료감호제도하에서 약물중독범을 치료감호시설에 수용한 경우, 그 수용기간은 15년을 초과할 수 없다.

해설 | 피치료감호자를 치료감호시설에 수용하는 기간은 심신장애인 및 정신성적 장애인은 최대 15년, 약물중독자는 최대 2년을 초과할 수 없다(「치료감호법」 제16조 제2항).

정답 | ×

32

치료감호사건의 제1심 재판관할은 지방법원합의부 및 지방법원지원 합의부이다.

정답 | ○

33 중요

검사는 공소제기된 사건의 제1심 판결선고 전까지 치료감호를 청구하여야 한다.

해설 | 검사는 공소제기된 사건의 항소심 변론종결 시까지 치료감호를 청구할 수 있다(「치료감호법」 제4조 제5항).

정답 | ×

34

법원은 공소제기된 사건의 심리결과 치료감호에 처함이 상당하다고 판단할 때에는 검사의 청구 없이 치료감호를 선고할 수 있다.

해설 | 법원은 공소제기된 사건의 심리결과 치료감호를 할 필요가 있다고 인정할 때에는 검사에게 치료감호청구를 요구할 수 있다(「치료감호법」 제4조 제7항). 즉, 법원은 검사에게 치료감호청구를 요구할 수 있을 뿐, 그 청구 없이 치료감호를 선고할 수 없다.

정답 | ×

35

도망하거나 도망할 염려가 있는 경우에 검사는 관할 지방법원 판사에게 청구하여 치료감호영장을 발부받아 치료감호대상자를 보호구속할 수 있다.

정답 | ○

36 중요

피의자가 심신장애로 의사결정능력이 없기 때문에 벌할 수 없는 경우, 검사는 공소제기 없이 치료감호만을 청구할 수 있다.

정답 | ○

37

피고사건에 대하여 무죄를 선고하는 경우라도 치료감호청구를 반드시 기각하여야 하는 것은 아니다.

정답 | ○

38

검사는 불기소처분을 하는 경우에도 공소를 제기하지 아니하고 치료감호만을 청구할 수 있다.

정답 | ○

39 중요

구속된 피의자에 대하여 검사가 공소를 제기하지 않는 결정을 하고 치료감호청구만을 하는 때에는 치료감호영장을 따로 청구하여야 한다.

해설 | 구속영장에 의하여 구속된 피의자에 대하여 검사가 공소를 제기하지 아니하는 결정을 하고 치료감호청구만을 하는 때에는 구속영장은 치료감호영장으로 보며 그 효력을 잃지 아니한다(「치료감호법」 제8조).

정답 | ×

40

치료감호사건의 판결은 반드시 피고사건의 판결과 동시에 선고해야 하는 것은 아니다.

정답 | ○

41

소아성기호증 등 성적 성벽이 있는 장애인으로서 금고 이상의 형에 해당하는 성폭력범죄를 지은 자에 대한 치료감호의 기간은 2년을 초과할 수 없다.

해설 | 15년을 초과할 수 없다(「치료감호법」 제16조 제2항 제1호).

정답 | ×

42 중요

약물중독범을 치료감호시설에 수용한 경우, 그 수용기간은 15년을 초과할 수 없다.

해설 | 2년을 초과할 수 없다(「치료감호법」 제16조 제2항 제2호).

정답 | ×

43 중요

「형법」상 살인죄(제250조 제1항)의 죄를 범한 자의 치료감호기간을 연장하는 신청에 대한 검사의 청구는 치료감호기간 또는 치료감호가 연장된 기간이 종료하기 6개월 전까지 하여야 한다.

정답 | ○

44

치료감호처분은 법원이 선고하는 사법처분으로서 그 집행은 검사가 지휘한다.

정답 | ○

45 중요

치료감호와 형이 병과된 경우에는 치료감호를 먼저 집행하고, 치료감호심의위원회가 치료감호 집행기간의 형집행기간 산입 여부를 결정한다.

해설 | 치료감호와 형(刑)이 병과(併科)된 경우에는 치료감호를 먼저 집행한다. 이 경우 치료감호의 집행기간은 형집행기간에 포함한다(「치료감호법」 제18조). 즉, 법률에 의하여 당연히 형집행기간에 포함될 뿐이지 치료감호심의위원회의 결정을 요하는 사항이 아니다.

정답 | ×

46

특별한 사정이 없으면 심신장애자와 중독자를 분리수용한다.

정답 | ○

47

「치료감호 등에 관한 법률」에 따른 치료감호의 내용과 실태는 대통령령으로 정하는 바에 따라 공개하여야 한다. 이 경우 피치료감호자나 그의 보호자가 동의한 경우라도 피치료감호자의 개인신상에 관한 것은 공개할 수 없다.

해설 | 피치료감호자나 그의 보호자가 동의한 경우 외에는 피치료감호자의 개인신상에 관한 것은 공개하지 아니한다(「치료감호법」 제20조 후단).

정답 | ×

48 중요

치료감호심의위원회는 치료감호만을 선고받은 피치료감호자에 대한 집행이 시작된 후 1년이 지났을 때에는 상당한 기간을 정하여 그의 법정대리인, 배우자, 직계친족, 형제자매에게 치료감호시설 외에서의 치료를 위탁할 수 있다.

정답 | ○

49

현행법상 치료감호시설에 수용된 자도 면회, 편지의 수신 · 발신, 전화통화 등을 할 수 없다.

해설 | 치료감호시설의 장은 수용질서 유지나 치료를 위하여 필요한 경우 외에는 피치료감호자등의 면회, 편지의 수신 · 발신, 전화통화 등을 보장하여야 한다(「치료감호법」 제26조).

정답 | ×

50

현행법상 법원은 치료명령대상자에 대하여 형의 선고를 유예하는 경우에는 치료기간을 정하여 치료를 받을 것을 명할 수 있으며, 이때 보호관찰을 병과할 수 있다.

해설 | 법원은 치료명령대상자에 대하여 형의 선고 또는 집행을 유예하는 경우에는 치료기간을 정하여 치료를 받을 것을 명할 수 있으며(「치료감호법」 제44조의2 제1항), 치료를 명하는 경우 보호관찰을 병과하여야 한다(동조 제2항).

정답 | ×

51

「치료감호 등에 관한 법률」상 검사는 심신장애인으로 금고 이상의 형에 해당하는 죄를 지은 자에 대하여 정신건강의학과 등의 전문의의 진단이나 감정을 받은 후 치료감호를 청구하여야 한다.

해설 | 정신건강의학과 등의 전문의의 진단이나 감정을 받은 후 치료감호를 청구하여야 하는 경우는, 정신성적 장애인 (「치료감호법」 제2조 제1항 제3호)에 대한 치료감호를 청구할 때로 한정한다(동법 제4조 제2항 단서).

정답 | ×

52

「치료감호 등에 관한 법률」상 피보호관찰자가 새로운 범죄로 금고 이상의 형의 집행을 받게 되었을지라도 보호관찰은 종료되지 아니하고, 해당 형의 집행기간 동안 보호관찰기간은 정지된다.

해설 | 피보호관찰자가 보호관찰기간 중 새로운 범죄로 금고 이상의 형의 집행을 받게 된 때에는 보호관찰은 종료되지 아니하며, 해당 형의 집행기간 동안 피보호관찰자에 대한 보호관찰기간은 계속 진행된다(「치료감호법」 제32조 제4항).

정답 | ×

53

피치료감호자가 70세 이상인 때에는 검사는 치료감호의 집행을 정지할 수 있다.

정답 | ○

54 중요

근로에 종사하는 피치료감호자에게는 근로의욕을 북돋우고 석방 후 사회정착에 도움이 될 수 있도록 법무부장관이 정하는 바에 따라 작업장려금을 지급할 수 있다.

해설 | 근로에 종사하는 피치료감호자에게는 근로의욕을 북돋우고 석방 후 사회정착에 도움이 될 수 있도록 법무부장관이 정하는 바에 따라 근로보상금을 지급하여야 한다(「치료감호법」 제29조).

정답 | ×

55 중요

피치료감호자가 치료감호시설 외에서 치료받도록 법정대리인 등에게 위탁되었을 때에는 「보호관찰 등에 관한 법률」에 따른 보호관찰이 시작되고, 이때 보호관찰의 기간은 3년으로 한다.

정답 | ○

56

치료감호심의위원회의 치료감호 종료결정이 있으면 보호관찰기간이 남아 있어도 보호관찰이 종료된다.

정답 | ○

57 심화

치료감호심의위원회는 9명(공무원 또는 변호사의 자격이 있는 6명과 의사 3명 이내) 이하의 위원으로 구성되며, 위원에 위원장(법무부차관)은 포함되지 않는다. 또한 임기는 3년이다.

정답 | ○

58

갱생보호대상자는 형사처분 또는 보호처분을 받은 사람이다.

정답 | ○

59

소년원에서 퇴원한 소년도 갱생보호의 대상이 된다.

정답 | ○

60

형사처분 또는 보호처분을 받은 자, 형집행정지 중인 자 등이 갱생보호의 대상자이다.

해설 | 형집행정지 중인 자는 갱생보호의 대상자에 해당하지 않는다.

정답 | ✕

61 중요

검사는 선도조건부 기소유예처분으로 소년형사사건을 종결하면서 보호관찰을 받을 것을 명할 수 있다.

해설 | 보호관찰에 관한 사항을 심사·결정하기 위하여 법무부장관 소속으로 보호관찰심사위원회를 둔다(「보호관찰법」
　　　제5조 제1항). 따라서 검사는 보호관찰을 받을 것을 명할 수 없다.

정답 | ✕

62

소년수형자에 대한 가석방은 보호관찰심사위원회가 심사 · 결정한다.

해설 | ◀ 스미크라의 보호관찰 모형 ▶

전통적 모형	내부자원을 활용하여 보호관찰 대상자에 대한 지도 · 감독에서 보도원호에 이르기까지 다양한 기능을 수행하나, 통제를 강조
프로그램모형	내부의 보호관찰관이 전문가로서 기능하므로, 보호관찰 대상자를 분류하여 보호관찰관의 전문성에 따라 배정
옹호모형	외부자원을 활용하여 보호관찰 대상자에게 다양하고 전문적인 사회적 서비스를 제공하며, 무작위로 배정된 대상자들을 사회기관에 위탁하는 업무가 주요 일과
중개모형	사회자원 개발과 중개 등의 방법으로 외부자원을 적극적으로 활용하여 보호관찰 대상자에게 전문적인 보호관찰을 제공

◀ 올린의 보호관찰관 유형 ▶

처벌적 보호관찰관	• 위협과 처벌을 수단으로 범죄자를 사회에 동조하도록 강요 • 사회의 보호, 범죄자의 통제 및 범죄자에 대한 체계적 의심 등을 강조
보호적 보호관찰관	• 사회의 보호와 범죄자의 보호 양자 사이에서 망설임 • 주로 직접적인 지원이나 강연, 칭찬과 꾸중 등의 방법을 활용 • 사회와 범죄자를 번갈아 편들기 때문에 애매한 입장에 처하기 쉬움
복지적 보호관찰관	• 자신의 목표를 범죄자의 복지향상으로 설정하고, 범죄자의 능력과 한계를 고려하여 적응할 수 있도록 원조 • 범죄자의 개인적 적응 없이는 사회의 보호도 있을 수 없다고 믿음
수동적 보호관찰관	자신의 임무를 단지 최소한의 노력만을 요하는 것으로 인식

정답 | ○

63

보호관찰심사위원회는 심사에 필요하다고 인정하면 국 · 공립기관이나 그 밖의 단체에 사실을 알아보거나 관계인의 출석 및 증언과 관계자료의 제출을 요청할 수 있다.

해설 | 심사위원회는 심사함에 있어 필요한 경우에는 교도소 · 구치소 · 소년교도소 및 소년원(이하 "수용기관"이라 한다)의 장, 보호관찰관 기타 관계인을 출석시켜 의견을 듣거나 관계자료의 제출을 요청할 수 있으며(「보호관찰법 시행령」 제5조 제1항), 국 · 공립기관 기타 단체는 심사위원회의 요청이 있는 경우에는 특별한 사정이 없는 한 이에 협조하여야 한다(동조 제2항). 즉, 국 · 공립기관이나 기타 단체에 관계인의 출석 및 증언과 관계자료의 제출을 요청할 수 있는 근거규정은 없다.

정답 | ×

64

보호관찰심사위원회의 회의는 재적위원 과반수의 출석으로 개의하고, 출석위원 3분의 2 이상의 찬성으로 의결한다.

해설 | 출석위원 과반수의 찬성으로 의결한다(「보호관찰법」 제12조 제1항).

정답 | ×

65

보호관찰심사위원회의 회의는 비공개를 원칙으로 한다.

정답 | ○

66 중요

갱생보호의 실시에 관한 사무는 보호관찰소가 관장하고, 사업은 한국법무보호복지공단이 관장한다.

정답 | ○

67

집행유예제도는 유죄가 인정된 범죄자를 구금시설 안에서 수용, 처벌하는 대신에 일정 기간 범행하지 않을 것을 조건으로 사회 내에서 국가기관의 지도와 감독을 받도록 하는 제도이다.

해설 | 보호관찰제도에 대한 설명이다.

정답 | ×

68

보호관찰의 업무영역으로는 수강명령의 집행, 벌금형의 집행, 사회봉사명령의 집행 등이 있다.

해설 | 벌금형의 집행은 보호관찰의 업무영역이 아니다. 벌금, 과료, 몰수, 추징, 과태료, 소송비용, 비용배상 또는 가납의 재판은 검사의 명령에 의하여 집행한다(「형사소송법」 제477조).

정답 | ×

69

현행법상 「가정폭력방지 및 피해자보호 등에 관한 법률」은 보호관찰을 부과할 수 있는 근거를 두고 있다.

해설 | 「가정폭력범죄의 처벌 등에 관한 특례법」은 제40조 제1항 제5호에 보호관찰을 부과할 수 있는 근거를 두고 있는 반면, 「가적폭력방지 및 피해자보호 등에 관한 법률」은 보호관찰을 부과할 수 있는 근거를 두고 있지 않다.

정답 | ×

70

보호관찰 대상자에게 일반준수사항 외에 특별히 지켜야 할 사항을 따로 과할 수 없다.

해설 │ 법원 및 심사위원회는 판결의 선고 또는 결정의 고지를 할 때에는 (일반)준수사항 외에 범죄의 내용과 종류 및 본인의 특성 등을 고려하여 필요하면 보호관찰기간의 범위에서 기간을 정하여 특별히 지켜야 할 사항을 따로 과(科)할 수 있다(「보호관찰법」 제32조 제3항).

정답 │ ✕

71

보호관찰소의 장은 법원의 판결 전 조사요구를 받더라도 피고인이나 그 밖의 관계인을 소환하여 심문할 수 없다.

해설 │ 심문할 수 있다.

정답 │ ✕

72

보호관찰을 조건으로 형의 선고유예를 받은 자의 보호관찰기간은 그 유예기간이다.

해설 │ 보호관찰기간은 1년이다.

정답 │ ✕

73 중요

임시퇴원자의 보호관찰기간은 퇴원일부터 2년 이상 5년 이하의 범위에서 보호관찰심사위원회가 정한 기간이다.

해설 │ 퇴원일부터 6개월 이상 2년 이하의 범위에서 보호관찰심사위원회가 정한 기간이다.

정답 │ ✕

74

보호관찰은 보호관찰 대상자의 행위지, 거주지 또는 현재지를 관할하는 보호관찰소 소속 보호관찰관이 담당한다.

해설 │ 보호관찰 대상자의 주거지를 관할하는 보호관찰소 소속 보호관찰관이 담당한다(「보호관찰법」 제31조).

정답 │ ✕

75

보호관찰 대상자가 보호관찰의 준수사항을 위반한 경우 보호관찰을 취소해야 한다.

해설 | 보호관찰 대상자가 보호관찰의 준수사항을 위반한 경우, 경고(「보호관찰법」 제38조), 구인(동법 제39조), 긴급구인 (동법 제40조), 유치(동법 제42조)할 수 있다.

정답 | ×

76

보호관찰 대상자가 일정한 준수사항을 위반하거나 일정한 주거가 없는 때에는 사법경찰관이 관할 지방법원 판사의 구인장을 발부받아 구인할 수 있다.

해설 | 보호관찰소의 장이 관할 지방법원 판사의 구인장을 발부받아 구인할 수 있다(「보호관찰법」 제39조 제1항).

정답 | ×

77

보호관찰소의 장은 보호관찰 대상자를 긴급구인한 경우에는 긴급구인서를 작성하여 48시간 내에 관할 지방검찰청 검사의 승인을 받아야 한다.

해설 | 보호관찰소의 장은 보호관찰 대상자를 긴급구인한 경우에는 긴급구인서를 작성하여 즉시 관할 지방검찰청 검사의 승인을 받아야 한다(「보호관찰법」 제40조 제2항).

정답 | ×

78

보호관찰소의 장은 가석방 및 임시퇴원의 취소신청이 필요하다고 인정되면 보호관찰 대상자를 수용 기관 또는 소년분류심사원에 유치할 수 있다.

정답 | ○

79

유치의 기간은 구인한 날부터 20일로 한다. 다만, 보호처분의 변경신청을 위한 유치에 있어서는 심사위원회의 심사에 필요하면 10일의 범위에서 한 차례만 유치기간을 연장할 수 있다.

해설 | 20일의 범위에서 한 차례만 유치기간을 연장할 수 있다(「보호관찰법 제43조 제2항).

정답 | ×

80

보호관찰을 조건으로 한 형의 집행유예가 취소된 경우 집행유예 취소를 위한 유치기간은 형기에 산입하지 않는다.

해설 | 유치된 사람에 대하여 보호관찰을 조건으로 한 형의 선고유예가 실효되거나 집행유예가 취소된 경우 또는 가석방이 취소된 경우에는 그 유치기간을 형기에 산입한다(「보호관찰법」 제45조).

정답 | ✕

81

보호관찰소 소속 공무원은 구인 또는 긴급구인한 보호관찰 대상자가 도주하거나 도주할 우려가 있고, 정당한 직무집행 과정에서 필요하다고 인정되는 상당한 이유가 있으면 보호장구인 수갑, 포승, 보호대, 가스총, 전자충격기를 사용할 수 있다.

정답 | ○

82

보호관찰을 부과할 시 사회봉사명령이나 수강명령을 선택하여 부과한다.

해설 | 형법 제62조의2 제1항은 "형의 집행을 유예하는 경우에는 보호관찰을 받을 것을 명하거나 사회봉사 또는 수강을 명할 수 있다"고 규정하고 있는바, 그 문리에 따르면, 보호관찰과 사회봉사는 각각 독립하여 명할 수 있다는 것이지, 반드시 그 양자를 동시에 명할 수 없다는 취지로 해석되지는 아니한다. 따라서 형법 제62조에 의하여 집행유예를 선고할 경우에는 같은 법 제62조의2 제1항에 규정된 보호관찰과 사회봉사 또는 수강을 동시에 명할 수 있다고 해석함이 상당하다(대법원 1984.4.24. 98도98).

정답 | ✕

83

보호관찰을 조건으로 형의 선고유예나 집행유예를 받은 사람 등은 보호관찰 대상자가 된다.

정답 | ○

84

가석방의 결정과 그 취소에 관한 사항은 보호관찰심사위원회의 의결을 거쳐 법무부장관이 결정한다.

해설 | 보호관찰심사위원회는 가석방과 그 취소에 관한 사항을 심사 · 결정한다(「보호관찰법」 제6조 제1호).

정답 | ✕

85

보호관찰을 조건으로 한 형의 집행유예가 실효 또는 취소된 때에는 보호관찰은 종료한다.

해설 | 보호관찰은 보호관찰 대상자가 「형법」에 따라 보호관찰을 조건으로 한 형의 선고유예가 실효되거나 같은 법에 따라 보호관찰을 조건으로 한 집행유예가 실효되거나 취소된 때에 종료한다(「보호관찰법」 제51조 제1항 제2호).

정답 | ○

86

보호관찰 대상자에 대한 특별준수사항은 사회봉사 및 수강명령 대상자에게도 그대로 적용된다.

해설 | 사회봉사·수강명령 대상자에 대한 특별준수사항은 보호관찰 대상자에 대한 것과 같을 수 없고, 따라서 보호관찰 대상자에 대한 특별준수사항을 사회봉사·수강명령 대상자에게 그대로 적용하는 것은 적합하지 않다(대법원 2009.3.30. 2008모1116).

정답 | ×

87

형의 집행을 유예하는 경우, 보호관찰을 받을 것을 명하거나 사회봉사 또는 수강을 명할 수 있다. 이 경우 보호관찰, 사회봉사, 수강명령은 모두 동시에 명할 수 없다.

해설 | 「형법」 제62조에 의하여 집행유예를 선고할 경우에는 같은 법 제62조의2 제1항에 규정된 보호관찰과 사회봉사 또는 수강을 동시에 명할 수 있다고 해석함이 상당하다(대법원 1998.4.24. 98도98).

정답 | ×

88

우리나라에서는 보호관찰, 사회봉사 및 수강명령제도가 성인범에 대해서 전면적으로 실시되었음에도 현행법은 성인범을 판결 전 조사의 대상자로 하고 있지 않다.

해설 | 우리나라는 소년범에 대하여 보호관찰 및 사회봉사·수강명령을 선고하는 경우에 판결 전 조사제도를 도입하였는데, 2009년에 「보호관찰법」을 개정하면서 성인범의 사회 내 처우사건에 대하여까지 판결 전 조사제도를 확대하였다. 이는 동법 제19조에 규정되어 있다.

정답 | ×

89 중요

보호관찰기간 중 금고 이상의 형의 집행을 받게 되면 이는 보호관찰의 정지결정사유에 해당한다.

해설 | 해당 형의 집행기간 동안 보호관찰 대상자에 대한 보호관찰기간은 계속 진행된다(「보호관찰법」 제51조 제2항 전단).

정답 | ×

90 중요

보호관찰의 임시해제기간에는 보호관찰이 중단되지만 보호관찰 대상자의 준수사항에 대한 준수의무는 계속된다.

정답 | ○

91

심사위원회는 임시해제결정을 받은 사람에 대하여 다시 보호관찰을 하는 것이 적절하다고 인정되면 보호관찰소의 장의 신청에 의해서만 임시해제결정을 취소할 수 있다.

해설 | 심사위원회는 임시해제결정을 받은 사람에 대하여 다시 보호관찰을 하는 것이 적절하다고 인정되면 보호관찰소의 장의 신청을 받거나 직권으로 임시해제결정을 취소할 수 있다(「보호관찰법」 제52조 제3항).

정답 | ×

92 중요

현역 군인 등 군법적용 대상자에 대해서도 보호관찰, 사회봉사명령, 수강명령을 명할 수 있다.

해설 | 「군사법원법」 제2조 제1항 각 호의 어느 하나에 해당하는 사람에게는 이 법을 적용하지 아니한다(「보호관찰법」 제56조). 따라서 명할 수 없다.

정답 | ×

93

법원은 형법상 사회봉사를 명할 경우에 대상자가 사회봉사를 할 분야와 장소 등을 지정하여야 한다.

해설 | 지정할 수 있다(「보호관찰법」 제59조 제2항).

정답 | ×

94

사회봉사명령과 수강명령의 집행은 법원이 행한다.

해설 | 사회봉사명령과 수강명령의 집행은 보호관찰관이 행한다(「보호관찰법」 제61조 제1항 본문).

정답 | ×

95 중요

보호관찰소는 사회봉사 또는 수강명령의 집행을 다른 기관에 위탁할 수 있다.

정답 | ○

96 중요

사회봉사명령이나 수강명령 대상자는 법무부령으로 정하는 바에 따라 주거, 직업, 그 밖에 필요한 사항을 보호관찰소의 장에게 신고하여야 한다.

해설 | 법무부령이 아닌 대통령령이다.

정답 | ✕

97 중요

사회봉사명령 대상자가 1개월 이상 국외여행을 한 때에는 귀국한 후 30일 이내에 보호관찰관에게 그 사실을 신고하여야 한다.

해설 | 사회봉사명령 대상자가 1개월 이상 국내외여행을 할 때에는 미리 보호관찰관에게 그 사실을 신고하여야 한다.

정답 | ✕

98

사회봉사 · 수강명령 대상자에 대한 형의 집행유예기간이 지난 때에 사회봉사 · 수강은 종료한다.

정답 | ○

99

사회봉사명령은 500시간 범위 내에서 일정 시간 동안 무보수로 근로에 종사하도록 하는 제도이다. 다만, 소년의 경우 사회봉사명령은 200시간 이내이다. 사회봉사명령은 집행유예기간에 상관없이 이를 집행할 수 있다.

해설 | 사회봉사명령 또는 수강명령은 집행유예기간 내에 이를 집행한다(「형법」 제62조의2 제3항)

정답 | ✕

100

사회봉사명령이나 수강명령은 원상회복과 함께 자유형에 대한 대체수단으로서 우리나라에서는 「형법」에 먼저 도입되었고 「소년법」에 확대적용되었다.

해설 | 1988년 「소년법」에 먼저 도입되었고 1995년 「형법」에 확대적용되었다.

정답 | ✕

101

수강명령 대상자가 수강명령 집행기간 중 벌금 이상의 형의 집행을 받게 된 때에 수강은 종료한다.

해설 | 벌금 이상의 형의 집행을 받게 된 때는 수강명령 종료사유에 해당하지 않는다(「보호관찰법」 제63조 제1항).

> **「보호관찰 등에 관한 법률」 제63조【사회봉사ㆍ수강의 종료】** ① 사회봉사ㆍ수강은 사회봉사ㆍ수강명령 대상자가
> 다음 각 호의 어느 하나에 해당하는 때에 종료한다.
> 1. 사회봉사명령 또는 수강명령의 집행을 완료한 때
> 2. 형의 집행유예 기간이 지난 때
> 3. 「형법」에 따라 사회봉사ㆍ수강명령을 조건으로 한 집행유예의 선고가 실효되거나 취소된 때
> 4. 다른 법률에 따라 사회봉사ㆍ수강명령이 변경되거나 취소ㆍ종료된 때

정답 | ✕

102

현행법상 형의 선고를 유예하는 경우에는 사회봉사 또는 수강을 명할 수 있다.

해설 | 형의 선고를 유예하는 경우에는 보호관찰을 받을 것을 명할 수 있고(「형법」 제59조의2 제1항), 형의 집행을
유예하는 경우에는 보호관찰을 받을 것을 명하거나 사회봉사 또는 수강을 명할 수 있다(동법 제62조의2 제1항).
따라서 「형법」상 형의 선고를 유예하는 경우에는 사회봉사 또는 수강을 명할 수 없다.

정답 | ✕

103

형의 집행유예 선고 시 부가된 사회봉사명령 또는 수강명령은 집행유예기간 내에 이를 집행한다.

정답 | ○

104

갱생보호의 방법에는 주거지원, 출소예정자 사전상담, 갱생보호 대상자의 가족에 대한 지원 등이
포함된다.

정답 | ○

105

숙식제공기간을 연장하고자 할 때에는 해당 갱생보호시설의 장의 신청이 있어야 한다.

해설 | 사업자 또는 공단은 갱생보호 대상자에 대한 숙식제공의 기간을 연장하고자 할 때에는 본인의 신청에 의하되, 자립의
정도, 계속보호의 필요성 기타 사항을 고려하여 이를 결정하여야 한다(「보호관찰법 시행규칙」 제60조).

정답 | ✕

106 중요

우리나라는 석방자에 대한 필요적 갱생보호를 인정하고 있다.

해설 | 임의적 갱생보호를 인정하고 있다.

정답 | ×

107

갱생보호 대상자와 관계기관은 보호관찰소의 장, 갱생보호사업의 허가를 받은 자 또는 한국법무보호복지공단에 갱생보호신청을 할 수 있다.

정답 | ○

108

갱생보호사업을 하려는 자는 대통령령으로 정하는 바에 따라 법무부장관의 허가를 받아야 한다.

해설 | 대통령령이 아닌 법무부령이다.

정답 | ×

109

갱생보호는 갱생보호를 받을 사람(이하 "갱생보호 대상자"라 한다)이 친족 또는 연고자 등으로부터 도움을 받을 수 없거나 이들의 도움만으로는 충분하지 아니한 경우에 한하여 행한다.

해설 | 「보호관찰법 시행령」 제40조 제1항

정답 | ○

110

전자감시는 대상자의 프라이버시를 보호하고 범죄로부터 지역사회를 더 안전하게 하는 데 기여한다.

해설 | 전자감시는 위치추적 전자장치를 부착함으로써 대상자의 프라이버시를 침해한다. 또한 최근 위치추적 전자장치를 착용한 상태에서 저지른 범죄가 여러 차례 발생하면서 지역사회를 더 안전하게 하는 데 기여하지 못한다는 비판을 받고 있다.

◀ 전자감시제도 정리 ▶

구분	판결선고에 의한 부착명령 집행	가석방 및 가종료자 등의 부착집행(부착명령을 선고받지 아니한 특정범죄자)	집행유예 시 부착명령 집행
대상	• 성폭력범죄자(임의적) • 미성년자 대상 유괴범죄자, 살인범죄자(초범은 임의적, 재범 이상은 필요적)	• 보호관찰조건부 가석방(필요적) • 보호관찰조건부 가종료 · 치료위탁 · 가출소(임의적)	특정범죄자로 집행유예 시 보호관찰대상자(임의적)

처분 기관	• 강도범죄자(임의적) • 스토킹범죄자(임의적) 법원의 부착명령판결	관련 위원회 등의 결정	법원의 부착명령판결
기간	1. 법정형의 상한이 사형 또는 무기징역인 특정범죄 : 10년 이상 30년 이하 2. 법정형 중 징역형의 하한이 3년 이상의 유기징역인 특정범죄(1.에 해당하는 특정범죄는 제외) : 3년 이상 20년 이하 3. 법정형 중 징역형의 하한이 3년 미만의 유기징역인 특정범죄(1. 또는 2.에 해당하는 특정범죄는 제외) : 1년 이상 10년 이하	보호관찰기간의 범위에서 기간을 정하여	집행유예 시의 보호관찰기간의 범위 내에서 기간을 정하여
집행 권자	검사의 지휘를 받아 보호관찰관이 집행	보호관찰관	검사의 지휘를 받아 보호관찰관이 집행
집행 개시 시점	특정범죄사건에 대한 형의 집행이 종료되거나 면제·가석방되는 날 또는 치료감호의 집행이 종료·가종료되는 날 석방 직전에 피부착명령자의 신체에 전자장치를 부착함으로써 집행한다. 다만, 부착명령의 원인이 된 특정범죄사건이 아닌 다른 범죄사건으로 형이나 치료감호의 집행이 계속될 경우에는 부착명령의 원인이 된 특정범죄사건이 아닌 다른 범죄사건에 대한 형의 집행이 종료되거나 면제·가석방되는 날 또는 치료감호의 집행이 종료·가종료되는 날	1. 가석방되는 날 2. 종료 또는 치료위탁되거나 가출소되는 날. 다만, 치료감호와 형이 병과된 가종료자의 경우, 집행할 잔여형기가 있는 때에는 그 형의 집행이 종료되거나 면제되는 날 부착한다.	전자장치를 부착하라는 법원의 판결이 확정된 때부터 집행
종료 사유	1. 부착명령기간이 경과 시 2. 부착명령과 함께 선고한 형이 사면되어 그 선고의 효력을 상실 시 3. 부착명령이 임시해제된 자가 그 가해제가 취소됨이 없이 잔여 부착명령기간을 경과 시	1. 가석방기간이 경과하거나 가석방이 실효 또는 취소된 때 2. 가종료자등의 부착기간이 경과하거나 보호관찰이 종료된 때 3. 가석방된 형이 사면되어 형의 선고의 효력을 상실하게 된 때	1. 부착명령기간이 경과한 때 2. 집행유예가 실효 또는 취소된 때 3. 집행유예된 형이 사면되어 형의 선고의 효력을 상실하게 된 때

◀ 기타 주요 내용 ▶

• 검사의 청구: 항소심 변론종결 시까지 하여야 한다.
• 특정범죄사건에 대하여 판결의 확정 없이 공소가 제기된 때부터 15년이 경과한 경우에는 부착명령을 청구할 수 없다.
• 주거이전 등 허가: 피부착자는 주거를 이전하거나 7일 이상의 국내여행을 하거나 출국할 때에는 미리 보호관찰관의 허가를 받아야 한다.

- 임시해제신청: 집행이 개시된 날부터 3개월이 경과한 후에 신청이 기각된 경우에는 기각된 날부터 3개월이 경과한 후에 다시 신청 할 수 있다.
- 준수사항 위반 등 위반 시 1년 범위 내 연장 가능
- 19세 미만에 대한 선고는 가능하나, 부착은 19세부터 가능하다.
- 19세 미만의 사람에 대하여 특정범죄를 저지른 경우 부착기간 하한의 2배 가중가능
- 보석과 전자장치 부착
  - 법원은 보석조건으로 피고인에게 전자장치 부착을 명할 수 있음
  - 보호관찰소의 장은 피고인의 보석조건 이행 상황을 법원에 정기적으로 통지
  - 보호관찰소의 장은 피고인이 전자장치 부착명령을 위반한 경우 및 보석조건을 위반하였음을 확인한 경우에는, 지체 없이 법원과 검사에게 통지
  - 구속영장의 효력이 소멸한 경우, 보석이 취소된 경우, 보석조건이 변경되어 전자장치를 부착할 필요가 없게 되는 경우엔 전자장치의 부착이 종료됨

정답 | ×

111

전자감시제도의 형사정책적 역기능은 시설처우의 단점을 배가시킨다는 점이다.

해설 | 전자감시제도의 형사정책적 순기능은 시설처우의 단점을 보완할 수 있다는 점이다.

정답 | ×

112

최근 실시된 위치추적 전자장치로부터 기대되는 효과 중 하나는 상습 재산범죄자의 재범을 방지할 수 있다는 것이다.

해설 | 검사는 성폭력범죄, 미성년자 대상 유괴범죄, 살인범죄, 강도범죄 및 스토킹범죄를 다시 범할 위험성이 있다고 인정되는 사람에 대하여 전자장치 부착명령을 법원에 청구할 수 있다[「전자장치 부착 등에 관한 법률」(이하 「전자장치부착법」) 제5조]. 즉, 상습 재산범죄자는 전자장치 부착명령의 대상이 아니다.

정답 | ×

113

모욕범죄는 「전자장치 부착 등에 관한 법률」상 위치추적 전자장치의 부착을 청구할 수 있다.

해설 | 모욕범죄는 전자장치 부착명령의 대상이 아니다.

> **「전자장치 부착 등에 관한 법률」 제5조 【전자장치 부착명령의 청구】** ① 검사는 다음 각 호의 어느 하나에 해당하고, 성폭력범죄를 다시 범할 위험성이 있다고 인정되는 사람에 대하여 전자장치를 부착하도록 하는 명령(이하 "부착명령"이라 한다)을 법원에 청구할 수 있다.
> 1. 성폭력범죄로 징역형의 실형을 선고받은 사람이 그 집행을 종료한 후 또는 집행이 면제된 후 10년 이내에 성폭력범죄를 저지른 때
> 2. 성폭력범죄로 이 법에 따른 전자장치를 부착받은 전력이 있는 사람이 다시 성폭력범죄를 저지른 때
> 3. 성폭력범죄를 2회 이상 범하여(유죄의 확정판결을 받은 경우를 포함한다) 그 습벽이 인정된 때
> 4. 19세 미만의 사람에 대하여 성폭력범죄를 저지른 때
> 5. 신체적 또는 정신적 장애가 있는 사람에 대하여 성폭력범죄를 저지른 때
> ② 검사는 미성년자 대상 유괴범죄를 저지른 사람으로서 미성년자 대상 유괴범죄를 다시 범할 위험성이 있다고 인정되는 사람에 대하여 부착명령을 법원에 청구할 수 있다. 다만, 유괴범죄로 징역형의 실형 이상의 형을 선고받아 그 집행이 종료 또는 면제된 후 다시 유괴범죄를 저지른 경우에는 부착명령을 청구하여야 한다.
> ③ 검사는 살인범죄를 저지른 사람으로서 살인범죄를 다시 범할 위험성이 있다고 인정되는 사람에 대하여 부착명령을 법원에 청구할 수 있다. 다만, 살인범죄로 징역형의 실형 이상의 형을 선고받아 그 집행이 종료 또는 면제된 후 다시 살인범죄를 저지른 경우에는 부착명령을 청구하여야 한다.
> ④ 검사는 다음 각 호의 어느 하나에 해당하고 강도범죄를 다시 범할 위험성이 있다고 인정되는 사람에 대하여 부착명령을 법원에 청구할 수 있다.
> 1. 강도범죄로 징역형의 실형을 선고받은 사람이 그 집행을 종료한 후 또는 집행이 면제된 후 10년 이내에 다시 강도범죄를 저지른 때
> 2. 강도범죄로 이 법에 따른 전자장치를 부착하였던 전력이 있는 사람이 다시 강도범죄를 저지른 때
> 3. 강도범죄를 2회 이상 범하여(유죄의 확정판결을 받은 경우를 포함한다) 그 습벽이 인정된 때
> ⑤ 검사는 다음 각 호의 어느 하나에 해당하고 스토킹범죄를 다시 범할 위험성이 있다고 인정되는 사람에 대하여 부착명령을 법원에 청구할 수 있다. 〈신설 2023.7.11.〉
> 1. 스토킹범죄로 징역형의 실형을 선고받은 사람이 그 집행을 종료한 후 또는 집행이 면제된 후 10년 이내에 다시 스토킹범죄를 저지른 때
> 2. 스토킹범죄로 이 법에 따른 전자장치를 부착하였던 전력이 있는 사람이 다시 스토킹범죄를 저지른 때
> 3. 스토킹범죄를 2회 이상 범하여(유죄의 확정판결을 받은 경우를 포함한다) 그 습벽이 인정된 때
> ⑥ 제1항부터 제5항까지의 규정에 따른 부착명령의 청구는 공소가 제기된 특정범죄사건의 항소심 변론종결 시까지 하여야 한다.
> ⑦ 법원은 공소가 제기된 특정범죄사건을 심리한 결과 부착명령을 선고할 필요가 있다고 인정하는 때에는 검사에게 부착명령의 청구를 요구할 수 있다.
> ⑧ 제1항부터 제5항까지의 규정에 따른 특정범죄사건에 대하여 판결의 확정 없이 공소가 제기된 때부터 15년이 경과한 경우에는 부착명령을 청구할 수 없다.

정답 | ✕

114

「전자장치 부착 등에 관한 법률」상 위치추적 전자장치 부착명령은 검사가 청구할 수 있다.

정답 | ○

115

「전자장치 부착 등에 관한 법률」상 위치추적 전자장치 부착명령이 선고되면 보호관찰은 받지 않는다.

해설 | 검사는 성폭력범죄를 저지른 사람으로서 성폭력범죄를 다시 범할 위험성이 있다고 인정되는 사람 등에 대하여 형의 집행이 종료된 때부터 「보호관찰법」에 따른 보호관찰을 받도록 하는 명령을 법원에 청구할 수 있다(「전자장치부탁법」 제21조의2 제1호). 즉, 위치추적 전자장치 부착명령과 보호관찰은 별개의 처분이다.

정답 | ×

116

「전자장치 부착 등에 관한 법률」상 위치추적 전자감시제도의 대상범죄는 성폭력범죄에 국한된다.

해설 | 전자장치 부착명령의 청구 대상범죄는 성폭력범죄, 미성년자 대상 유괴범죄, 살인범죄, 강도범죄 및 스토킹범죄로 한정한다(「전자장치부착법」 제5조).

정답 | ×

117

위치추적 전자장치 부착명령은 특정범죄사건에 대한 형의 집행이 종료되거나 면제·가석방되는 날 또는 치료감호의 집행이 종료·가종료되는 날 석방 직전에 피부착명령자의 신체에 전자장치를 부착함으로써 집행한다.

정답 | ○

118

「전자장치 부착 등에 관한 법률」상 검사는 공소가 제기되지 아니한 사건에 대하여 전자장치 부착명령의 청구만을 할 수 있다.

해설 | 부착명령의 청구는 공소가 제기된 특정범죄사건의 항소심 변론종결 시까지 하여야 한다(「전자장치부착법」 제5조 제6항).

정답 | ×

119

현행법상 부착명령의 청구는 특정범죄사건의 공소제기와 동시에 하여야 하고, 법원은 공소가 제기된 특정범죄사건을 심리한 결과 부착명령을 선고할 필요가 있다고 인정하는 때에는 직권으로 부착명령을 할 수 있다.

해설 | 부착명령의 청구는 공소가 제기된 특정범죄사건의 항소심 변론종결 시까지 하여야 하며(「전자장치부착법」 제5조 제6항), 법원은 공소가 제기된 특정범죄사건을 심리한 결과 부착명령을 선고할 필요가 있다고 인정하는 때에는 검사에게 부착명령의 청구를 요구할 수 있다(동조 제7항). 따라서 부착명령의 청구는 특정범죄사건의 공소제기와 동시에 할 필요가 없고, 법원은 직권으로 부착명령을 할 수 없다.

정답 | ×

120

보호관찰심사위원회가 필요하지 아니하다고 결정한 경우를 제외하고, 부착명령 판결을 선고받지 아니한 특정범죄자로서 형의 집행 중 가석방되어 보호관찰을 받게 되는 자는 준수사항 이행 여부 확인 등을 위하여 가석방기간 동안 전자장치를 부착하여야 한다.

정답 | ○

121

「전자장치 부착 등에 관한 법률」상 특정범죄에는 「형법」상 살인죄의 기수범은 포함되나, 살인죄의 미수범과 예비, 음모는 포함되지 않는다.

해설 | 「형법」상 살인죄의 기수범뿐만 아니라 미수범과 예비, 음모도 포함된다(「전자장치부착법」 제2조 제3호의2).

정답 | ×

122

「전자장치 부착 등에 관한 법률」상 검사는 모든 미성년자 대상 유괴범죄자에 대하여 전자장치 부착명령을 법원에 청구하여야 한다.

해설 | 검사는 미성년자 대상 유괴범죄를 저지른 사람으로서 미성년자 대상 유괴범죄를 다시 범할 위험성이 있다고 인정되는 사람에 대하여 부착명령을 법원에 청구할 수 있다. 다만, 유괴범죄로 징역형의 실형 이상의 형을 선고받아 그 집행이 종료 또는 면제된 후 다시 유괴범죄를 저지른 경우에는 부착명령을 청구하여야 한다(「전자장치부착법」 제5조 제2항).

정답 | ×

123

「전자장치 부착 등에 관한 법률」상 19세 미만의 자에 대하여 전자장치 부착명령을 선고한 때에는 19세에 이르기 전이라도 전자장치를 부착할 수 있다.

해설 | 만 19세 미만의 자에 대하여 부착명령을 선고한 때에는 19세에 이르기까지 이 법에 따른 전자장치를 부착할 수 없다(「전자장치부착법」 제4조).

정답 | ×

124

전자장치가 부착된 자는 주거를 이전하거나 7일 이상의 국내여행을 하거나 출국할 때에는 미리 보호관찰관의 허가를 받아야 한다.

정답 | ○

125

성폭력범죄, 미성년자 대상 유괴범죄, 살인범죄, 강도 · 절도범죄 및 방화범죄가 전자장치 부착 대상범죄이다.

해설 | 전자장치 부착 대상범죄는 성폭력범죄, 미성년자 대상 유괴범죄, 살인범죄, 강도범죄 및 스토킹범죄이다(「전자장치부착법」 제5조). 따라서 절도범죄와 방화범죄는 전자장치 부착 대상범죄가 아니다.

정답 | ×

126

전자장치 부착명령의 집행 중 다른 죄를 범하여 벌금 이상의 형이 확정된 때에는 전자장치 부착명령의 집행이 정지된다.

해설 | 부착명령의 집행 중 다른 죄를 범하여 구속영장의 집행을 받아 구금되거나 금고 이상의 형의 집행을 받게 되거나, 가석방 또는 가종료된 자에 대하여 전자장치 부착기간 동안 가석방 또는 가종료가 취소되거나 실효된 때에는 부착명령의 집행이 정지된다(「전자장치부착법」 제13조 제6항).

정답 | ×

127

「전자장치 부착 등에 관한 법률」상 전자장치 부착명령의 임시해제신청은 부착명령의 집행이 개시된 날부터 3개월이 경과한 후에 하여야 한다.

정답 | ○

128

「전자장치 부착 등에 관한 법률」상 검사가 성폭력범죄를 다시 범할 위험성이 있다고 인정되는 사람에 대하여 전자장치 부착명령을 청구할 수 있는 사유 중 하나는 신체적 또는 정신적 장애가 있는 사람이 성폭력범죄를 저지른 때이다.

해설 | 신체적 또는 정신적 장애가 있는 사람에 대하여 성폭력범죄를 저지른 때이다(「전자장치부착법」 제5조 제1항 제5호)

정답 | ×

129

스토킹범죄를 저지른 사람으로서 스토킹범죄를 다시 범할 위험성이 있다고 인정되는 사람은 「전자장치 부착 등에 관한 법률」상 형기종료 후 보호관찰명령의 대상자에 해당한다.

해설 | 2023.7.11. 법령개정으로 성폭력범죄, 미성년자 대상 유괴범죄, 살인범죄, 강도범죄와 함께 스토킹범죄 또한 보호관찰명령의 청구 대상범죄에 포함된다.

> 「전자장치 부착 등에 관한 법률」 제21조의2 【보호관찰명령의 청구】 검사는 다음 각 호의 어느 하나에 해당하는 사람에 대하여 형의 집행이 종료된 때부터 「보호관찰 등에 관한 법률」에 따른 보호관찰을 받도록 하는 명령(이하 "보호관찰명령"이라 한다)을 법원에 청구할 수 있다.
> 1. 성폭력범죄를 저지른 사람으로서 성폭력범죄를 다시 범할 위험성이 있다고 인정되는 사람
> 2. 미성년자 대상 유괴범죄를 저지른 사람으로서 미성년자 대상 유괴범죄를 다시 범할 위험성이 있다고 인정되는 사람
> 3. 살인범죄를 저지른 사람으로서 살인범죄를 다시 범할 위험성이 있다고 인정되는 사람
> 4. 강도범죄를 저지른 사람으로서 강도범죄를 다시 범할 위험성이 있다고 인정되는 사람
> 5. 스토킹범죄를 저지른 사람으로서 스토킹범죄를 다시 범할 위험성이 있다고 인정되는 사람

정답 | ○

130

구 「특정 성폭력범죄자에 대한 위치추적 전자장치 부착에 관한 법률」상 전자감시제도는 일종의 보안처분으로서 범죄행위를 한 자에 대한 응보를 주된 목적으로 그 책임을 추궁하는 사후적 처분인 형벌과 구별되어 그 본질을 달리하는 것이다.

해설 | 이 사건 부착명령은 형벌과 구별되는 비형벌적 보안처분으로서 소급효금지원칙이 적용되지 아니한다[헌법재판소 2012.12.27. 2010헌가82,2011헌바393(병합)].

정답 | ○

131

만 19세 미만의 자에 대하여는 전자장치의 부착명령을 선고할 수 없다.

해설 | 만 19세 미만의 자에 대하여 부착명령을 선고한 때에는 19세에 이르기까지 이 법에 따른 전자장치를 부착할 수 없다(「전자장치부착법」 제4조). 즉, 부착할 수 없을 뿐 선고는 가능하다.

정답 | ×

132 중요

검사는 법원에 성폭력범죄, 미성년자 대상 유괴범죄, 살인범죄 또는 강도범죄, 스토킹범죄(이하 '특정 범죄'라고 한다)를 범하고 다시 범할 위험성이 있다고 인정되는 사람에 대하여 위치추적 전자장치를 부착하도록 하는 명령(이하 '부착명령'이라고 한다)을 청구할 수 있다.

정답 | ○

133 중요

성폭력범죄를 2회 이상 범하여 그 습벽이 인정되고 재범의 위험성이 있다고 판단되는 경우, 검사는 부착명령을 법원에 청구할 수 있다.

정답 | ○

134

검사는 성폭력범죄로 징역형의 실형을 선고받은 사람이 그 집행을 종료한 후 또는 집행이 면제된 후 10년 이내에 성폭력범죄를 저지르고, 성폭력범죄를 다시 범할 위험성이 있다고 인정되는 사람에 대하여 전자장치를 부착하도록 하는 명령을 법원에 청구할 수 있다.

정답 | ○

135 중요

부착명령의 청구는 특정범죄사건의 공소제기와 동시에 하여야 한다.

해설 | 부착명령의 청구는 공소가 제기된 특정범죄사건의 항소심 변론종결 시까지 하여야 한다(「전자장치부착법」 제5조 제6항).

정답 | ×

136

법원은 공소가 제기된 특정범죄사건을 심리한 결과 부착명령을 선고할 필요가 있다고 인정하는 때에는 직권으로 부착명령을 할 수 있다.

해설 | 법원은 공소가 제기된 특정범죄사건을 심리한 결과 부착명령을 선고할 필요가 있다고 인정하는 때에는 검사에게 부착명령의 청구를 요구할 수 있다(「전자장치부착법」 제5조 제7항).

정답 | ×

137

검사는 부착명령을 청구하기 위하여 필요하다고 인정하는 때에는 소속 검찰청 소재지를 관할하는 보호관찰소의 장에게 피의자와의 관계, 심리상태 등 피해자에 관하여 필요한 사항의 조사를 요청할 수 있다.

해설 | 검사는 부착명령을 청구하기 위하여 필요하다고 인정하는 때에는 피의자의 주거지 또는 소속 검찰청(지청을 포함한다) 소재지를 관할하는 보호관찰소(지소를 포함한다)의 장에게 범죄의 동기, 피해자와의 관계, 심리상태, 재범의 위험성 등 피의자에 관하여 필요한 사항의 조사를 요청할 수 있다(「전자장치부착법」 제6조 제1항).

정답 | ×

138 중요

법원은 부착명령 청구가 있는 때에는 부착명령 청구서의 부본을 피부착명령 청구자 또는 그의 변호인에게 송부하여야 하며, 공판기일 5일 전까지 송부하여야 한다.

정답 | ○

139

전자장치 부착기간으로 최장 30년까지 명할 수 있다.

정답 | ○

140 중요

19세 미만의 사람에 대하여 성폭력범죄를 저지른 경우에는 전자장치 부착기간의 하한은 법률에서 정한 부착기간의 2배로 한다.

정답 | ○

141

부착명령은 심사위원회의 지휘를 받아 보호관찰관이 집행한다.

해설 | 부착명령은 검사의 지휘를 받아 보호관찰관이 집행한다(「전자장치부착법」 제12조 제1항).

정답 | ✕

142

부착명령의 집행 중 다른 죄를 범하여 구속영장의 집행을 받아 구금된 후에 검사가 혐의 없음을 이유로 불기소처분을 함으로써 구금이 종료된 경우 그 구금기간 동안에는 부착명령이 정지된 것으로 본다.

해설 | 그 구금기간 동안에는 부착명령이 집행된 것으로 본다(「전자장치부착법」 제13조 제7항 본문).

정답 | ✕

143 중요

전자장치 피부착자는 주거를 이전하거나 7일 이상의 국내여행 또는 출국할 때에는 미리 보호관찰관의 허가를 받아야 한다.

정답 | ○

144

전자장치 부착 업무를 담당하는 자가 정당한 사유 없이 전자장치를 해제하거나 손상한 때에는 2년 이상의 유기징역에 처한다.

해설 | 전자장치 부착 업무를 담당하는 자가 정당한 사유 없이 피부착자의 전자장치를 해제하거나 손상한 때에는 1년 이상의 유기징역에 처한다(「전자장치부착법」 제36조 제1항).

정답 | ✕

145

법원은 스토킹범죄의 원활한 조사 · 심리 또는 피해자 보호를 위하여 필요하다고 인정하는 경우에는 결정으로 스토킹행위자에게 "잠정조치"를 할 수 있다. 여기서 잠정조치에는 유치장 또는 구치소에의 유치가 포함된다.

해설 | **「스토킹범죄의 처벌 등에 관한 법률」 제9조 【스토킹행위자에 대한 잠정조치】** ① 법원은 스토킹범죄의 원활한 조사 · 심리 또는 피해자 보호를 위하여 필요하다고 인정하는 경우에는 결정으로 스토킹행위자에게 다음 각 호의 어느 하나에 해당하는 조치("잠정조치")를 할 수 있다.

1. 피해자에 대한 스토킹범죄 중단에 관한 서면경고
2. 피해자 또는 그의 동거인, 가족이나 그 주거 등으로부터 100미터 이내의 접근금지
3. 피해자 또는 그의 동거인, 가족에 대한 「전기통신기본법」 제2조 제1호의 전기통신을 이용한 접근금지
3의2. 「전자장치 부착 등에 관한 법률」 제2조 제4호의 위치추적 전자장치의 부착
4. 국가경찰관서의 유치장 또는 구치소에의 유치

◀「스토킹범죄의 처벌 등에 관한 법률」 정리 ▶

사법 경찰관리 현장응급 조치	① 스토킹행위의 제지, 향후 스토킹행위의 중단통보 및 스토킹행위를 지속적 또는 반복적으로 할 경우, 처벌 서면경고 ② 스토킹행위자와 피해자 등의 분리 및 범죄수사 ③ 피해자등에 대한 긴급응급조치 및 잠정조치 요청의 절차 등 안내 ④ 스토킹 피해 관련 상담소 또는 보호시설로의 피해자 등 인도(동의한 경우)	단, 긴급응급조치의 기간은 1개월 초과 ×	응급 조치 변경	① 긴급응급조치 대상자나 대리인은 취소 또는 종류변경을 사경에 신청 가능 ② 상대방이나 대리인은 상대방 등의 주거 등을 옮긴 경우 사경에 긴급응급조치 변경신청 가능 ③ 상대방이나 대리인은 긴급응급조치 필요하지 않은 경우 취소신청 가능 ④ 사경은 직권 또는 신청에 의해 긴급조치를 취소할 수 있고, 지방법원 판사의 승인을 받아 종류 변경 가능 ※ 통지와 고지 ① 상대방 등이나 대리인은 취소 또는 변경취지 통지 ② 긴급조치대상자는 취소 또는 변경조치내용 및 불복방법 등 고지
사법 경찰관 긴급 응급조치 (직권 또는 피해자 등 요청)	① 스토킹행위의 상대방등이나 그 주거등으로부터 100m 이내의 접근금지 ② 스토킹행위의 상대방등에 대한 전기통신을 이용한 접근금지			
검사의 잠정조치 (청구)	검사는 스토킹범죄가 재발될 우려가 있다고 인정하면 직권 또는 사경의 신청에 따라 잠정조치 청구할 수 있음		잠정 조치 변경 신청	① 피해자, 동거인, 가족, 법정대리인은 2호(100m 이내 접근금지) 결정 있은 후 주거 등 옮긴 경우, 법원에 잠정조치결정 변경신청 가능 ② 스토킹행위자나 그 법정대리인은 잠정조치 취소 또는 종류변경을 법원에 신청 가능 ③ 검사는 직권이나 사경의 신청에 따라 기간의 연장 또는 종류변경을 청구할 수 있고, 필요하지 않은 경우 취소청구도 가능 ④ 법원은 결정할 수 있고, 고지하여야 한다.
법원의 잠정조치	① 피해자에 대한 스토킹범죄 중단에 관한 서면 경고 ② 피해자 또는 그의 동거인, 가족이나 그 주거 등으로부터 100m 이내의 접근 금지 ③ 피해자 또는 그의 동거인, 가족 에 대한 전기통신을 이용한 접근 금지 ④ 전자장치의 부착 ⑤ 국가경찰관서의 유치장 또는 구치소 유치	①·②·③·④는 3개월을 초과 ×(두 차례에 한정하여 각 3개월의 범위에서 연장 가능 ⑤는 1개월을 초과 ×		

• 긴급응급조치의 효력상실
  − 긴급조치 정한 기간이 지난 때
  − 법원의 긴급대상자에 대한 조치결정: 긴급조치에 따른 피해자 등 100m 이내 접근금지결정, 주거 등 장소 100m 이내 접근금지결정, 전기통신이용 접근금지결정(사경에서 법원으로 주체변경)
• 잠정조치의 효력상실: 스토킹행위자에 대한 검사의 불기소처분, 사경의 불송치결정한 때

정답 | ○

146

법원은 스토킹범죄를 저지른 사람에 대하여 유죄판결(선고유예는 제외한다)을 선고하거나 약식명령을 고지하는 경우에는 200시간의 범위에서 재범예방에 필요한 수강명령 또는 스토킹 치료프로그램의 이수명령을 병과할 수 있다.

정답 | ○

147

미국의 전국범죄피해자센터(The National Center for Victims of Crime)에서 제시한 스토킹의 4가지 유형 중 단순집착형(Simple Obsessional Stalking)은 전남편, 전처, 전애인 등 주로 피해자와 스토커가 서로 잘 알고 있는 관계에서 많이 발생하는 유형으로, 위험성이 가장 높다.

해설 | ◀ 미국의 전국범죄피해자센터에서 제시한 스토킹의 4가지 유형 ▶

- 단순집착형: 가해자와 피해자가 '사실적 관계'(= 서로 아는 사이)이며, 가장 많고 위험성이 높은 유형이다.
- 애정집착형: 가해자와 피해자는 서로 전혀 알지 못하는 낯선 관계로, 주로 유명인사, 공인을 대상으로 하는 경우가 많고, 피해자와 특별한 관계가 되는 상상에 빠져 있다.
- 연애망상형: 피해자는 가해자의 존재를 전혀 모르지만, 가해자는 피해자와 특별한 관계라는 망상에 빠져 있는 경우이다. 가해자 대부분은 강박관념, 망상 등 성격장애가 있어 정상적인 관계, 일상을 유지하는 능력이 낮다.
- 허위피해 망상형: 실제로는 스토커가 없는데 피해자 자신이 스토킹 피해를 당하고 있다는 망상에 빠진 유형이다.

정답 | ○

148 심화

내란목적살인죄로 5년의 징역형을 선고받고 1년간의 형집행을 받은 자로서 다시 내란죄를 범할 가능성이 있다고 판단되는 자에게 내릴 수 있는 처분은 보안관찰처분이다.

해설 | ◀ 「보안관찰법」상 보안처분 ▶

보안관찰 해당범죄	내란목적살인죄와 동 미수범 및 예비·음모·선동·선전죄, 외환죄, 여적죄, 간첩죄, 모병·시설제공·시설관리·물건제공이적죄와 동 미수범 및 예비·음모·선동·선전죄 등
기간	2년: 보안관찰처분심의위원회의 의결로 갱신 가능(갱신횟수 제한 없음) – 종신적 성격
절차	검사의 청구 → 보안관찰처분심의위원회의 의결 → 법무부장관의 결정(행정처분)
집행	검사의 지휘하에 사법경찰관리가 집행
보안관찰처분 심의위원회	• 위원회는 위원장 1명과 위원 6명으로 구성 • 위원장은 법무부차관, 위원의 과반수는 변호사의 자격이 있는 자 • 위원은 법무부장관의 제청으로 대통령이 임명 또는 위촉 • 위촉된 위원의 임기는 2년
벌칙	• 보안관찰처분 또는 보안관찰을 면탈할 목적으로 은신 또는 도주한 때: 3년 이하의 징역 • 보안관찰처분대상자 또는 피보안관찰자를 은닉하거나 도주하게 한 자: 2년 이하의 징역

정답 | ○

149

보안관찰법상의 보안관찰처분은 법무부장관이 결정하는 행정처분이다.

정답 | ○

150 심화

보안관찰을 면탈할 목적으로 은신한 때에는 5년 이하의 징역에 처한다.

해설 | 3년 이하의 징역에 처한다.

◀ 성충동약물치료법의 주요규정 ▶

구분	판결에 의한 치료명령	수형자에 대한 법원의 결정	가종료자 등에 대한 치료감호심의위원회의 결정
대상	사람을 성폭행한 성도착증 환자로서 19세 이상인 자	사람을 성폭행한 징역형 이상의 성도착증 환자로서 치료에 동의한 자	성도착증 환자(결정일 전 6개월 이내에 실시한 정신건강의학과전문의의 진단 또는 감정결과 반드시 참작)
기간	15년의 범위 내에서 법원 선고	15년의 범위 내에서 법원결정 고지	보호관찰기간의 범위 내에서 치료감호심사위원회 결정
관할	지방법원 합의부 (지원 합의부 포함)	지방법원 합의부 (지원 합의부 포함)	치료감호심사위원회
집행	검사 지휘 보호관찰관 집행	검사 지휘 보호관찰관 집행	보호관찰관 집행
비용	국가부담	원칙 본인부담, 예외 가능 (본인의 동의에 의함)	국가부담
통보	• 석방되기 3개월 전까지 보호관찰소장 통보 • 석방되기 5일 전까지 보호관찰소장 통보	석방되기 5일 전까지 보호관찰소장 통보	석방되기 5일 전까지 보호관찰소장 통보
집행시기	석방되기 전 2개월 이내		
임시해제	• 치료명령이 개시된 후 6개월 경과, 기각되면 6개월 경과 후 신청 • 준수사항도 동시에 임시해제 • 임시해제기간은 치료명령기간에 산입 ×		
치료명령 시효	• 판결확정 후 집행 없이 형의 시효기간 경과 • 판결확정 후 집행 없이 치료감호의 시효완성	치료명령결정이 확정된 후 집행을 받지 아니하고 10년 경과하면 시효완성	–
종료	• 기간경과 • 사면(형의 선고 효력상실) • 임시해제기간 경과	• 기간경과 • 사면(형의 선고 효력상실) • 임시해제기간 경과	• 기간경과 • 보호관찰기간 경과 및 종료 • 임시해제기간 경과

| 기타 | • 청구시기: 항소심 별론종결 시까지
• 주거이전 또는 7일 이상의 국내여행을 하거나 출국할 때에는 보호관찰관의 허가 필요
• 치료명령의 집행면제신청
　－징역형과 함께 치료명령을 받은 사람 등: 주거지 또는 현재지 관할 지방법원(지원 포함)에 면제신청
　　(치료감호 집행 중인 경우, 치료명령 집행면제 신청 불가)
　－면제신청기간: 징역형이 집행종료되기 전 12개월부터 9개월까지
　－법원의 결정: 징역형이 집행종료되기 3개월 전까지(집행면제 여부 결정에 대한 항고 가능)
　－치료감호심사위원회의 치료명령 집행면제: 징역형과 함께 치료명령을 받은 사람의 경우, 형기가
　　남아 있지 아니하거나 9개월 미만의 기간이 남아 있는 사람에 한정하여 집행면제 결정 |

정답 | ×

151 중요

'성충동 약물치료'란 비정상적인 성적 충동이나 욕구를 억제하기 위한 조치로서 성도착증 환자에게 약물투여 및 심리치료 등의 방법으로 도착적인 성기능을 일정 기간 동안 약화 또는 무력화하는 치료를 말한다.

해설 | 성도착증 환자에게 약물투여 및 심리치료 등의 방법으로 도착적인 성기능을 일정 기간 동안 약화 또는 정상화하는 치료를 말한다(「성폭력범죄자의 성충동 약물치료에 관한 법률」(이하 「성충동약물치료법」) 제2조 제3호).

정답 | ×

152

「성폭력범죄자의 성충동 약물치료에 관한 법률」상 성충동 약물치료는 위치추적 전자장치 부착자만을 대상으로 한다.

해설 | 검사는 사람에 대하여 성폭력범죄를 저지른 성도착증 환자로서 성폭력범죄를 다시 범할 위험성이 있다고 인정되는 19세 이상의 사람에 대하여 약물치료명령을 법원에 청구할 수 있다(「성충동약물치료법」 제4조 제1항). 따라서 성충동 약물치료는 위치추적 전자장치 부착 여부와 관련이 없다.

정답 | ×

153

법원은 성충동 약물치료명령 청구가 이유 있다고 인정하는 때에는 15년의 범위에서 치료기간을 정하여 판결로 치료명령을 선고하여야 한다.

정답 | ○

154

「성폭력범죄자의 성충동 약물치료에 관한 법률」상 징역형과 함께 성충동 약물치료명령을 받은 사람이 치료감호의 집행 중인 경우, 치료명령 대상자 및 그 법정대리인은 치료명령이 집행될 필요가 없을 정도로 개선되어 성폭력범죄를 다시 범할 위험성이 없음을 이유로, 주거지 또는 현재를 관할하는 지방법원에 치료명령의 집행면제를 신청할 수 있다.

해설 | 징역형과 함께 치료명령을 받은 사람 및 그 법정대리인은 주거지 또는 현재지를 관할하는 지방법원(지원을 포함한다)에 치료명령이 집행될 필요가 없을 정도로 개선되어 성폭력범죄를 다시 범할 위험성이 없음을 이유로 치료명령의 집행면제를 신청할 수 있다. 다만, 징역형과 함께 치료명령을 받은 사람이 치료감호의 집행 중인 경우에는 치료명령의 집행면제를 신청할 수 없다(「성충동약물치료법」 제8조의2 제1항).

정답 | ×

155

검사는 성폭력 수형자의 주거지 또는 소속 검찰청 소재지를 관할하는 교도소ㆍ구치소의 장에게 범죄의 동기 등 성폭력 수형자에 관하여 필요한 사항의 조사를 요청할 수 있다.

해설 | 검사는 소속 검찰청 소재지 또는 성폭력 수형자의 주소를 관할하는 보호관찰소의 장에게 성폭력 수형자에 대하여 필요한 사항의 조사를 요청할 수 있다(「성충동약물치료법」 제22조 제2항 제3호).

정답 | ×

156

「성폭력범죄자의 성충동 약물치료에 관한 법률」상 약물치료명령은 「헌법」이 보장하고 있는 신체의 자유와 자기결정권에 대한 침익적인 처분에 해당하지 않는다.

해설 | 성충동약물치료법(이하 '성충동약물치료법'이라고 한다)에 의한 약물치료명령(이하 '치료명령'이라고 한다)은 성폭력범죄를 저지른 성도착증 환자로서 성폭력범죄를 다시 범할 위험성이 있다고 인정되는 19세 이상의 사람에 대하여 약물투여와 심리치료 등의 방법으로 도착적인 성기능을 일정 기간 동안 약화 또는 정상화하는 치료를 실시하는 보안처분으로, 원칙적으로 형집행종료 후 신체에 영구적인 변화를 초래할 수도 있는 약물의 투여를 피청구자의 동의 없이 강제적으로 상당 기간 실시한다는 점에서 헌법이 보장하고 있는 신체의 자유와 자기결정권에 대한 직접적이고 침익적인 처분에 해당한다. 그러므로 장기간의 형집행이 예정된 사람에 대해서는 그 형집행에도 불구하고 재범의 방지, 사회복귀의 촉진과 국민의 보호를 위한 추가적인 조치를 취할 필요성이 인정되는 불가피한 경우에만 이를 부과하여야 한다(대법원 2015.3.12. 2014도17853,2014감도45,2014전도286,2014치도6).

정답 | ×

157 중요

명령을 받은 사람은 주거이전 또는 5일 이상의 국내여행을 하거나 출국할 때에는 미리 보호관찰관의 허가를 받아야 한다.

해설 | 주거이전 또는 7일 이상의 국내여행을 하거나 출국할 때에는 미리 보호관찰관의 허가를 받아야 한다(「성충동약물치료법」 제15조 제3항).

정답 | ×

158 중요

치료명령의 임시해제신청은 치료명령의 집행이 개시된 날부터 1년이 지난 후에 하여야 한다.

해설 | 6개월이 지난 후에 하여야 한다(「성충동약물치료법」 제17조 제2항).

정답 | ✕

159

국가는 치료명령의 결정을 받은 모든 사람의 치료기간 동안 치료비용을 부담하여야 한다.

해설 | 치료명령의 결정을 받은 사람은 치료기간 동안 치료비용을 부담하여야 한다. 다만, 치료비용을 부담할 경제력이 없는 사람의 경우에는 국가가 비용을 부담할 수 있다(「성충동약물치료법」 제24조 제1항).

정답 | ✕

160 심화

「성폭력범죄의 처벌 등에 관한 특례법」상의 성폭력범 가석방자인 성인에 대하여도 보호관찰이 부과된다.

정답 | ○

161 심화

「가정폭력범죄의 처벌 등에 관한 특례법」에 의하여 보호관찰을 받은 자는 보호관찰기간이 1년을 초과할 수 없다.

해설 | 6개월을 초과할 수 없다.

정답 | ✕

---

13 소년범죄와 그 대책(소년보호 및 소년법 등)

01

형벌법령에 저촉되는 행위를 할 우려가 있는 우범소년도 소년법의 규율대상으로 하는 것과 직접적으로 관계되는 원칙은 예방주의이다.

해설 | ◀「소년법」상 소년의 구분 ▶

구분	내용
범죄소년	죄를 범한 14세 이상 19세 미만의 소년(형사미성년자: 14세 미만)
촉법소년	형벌법령에 저촉되는 행위를 한 10세 이상 14세 미만의 소년(형사책임능력이 없어 형사처벌은 불가능하고, 보호처분만 가능)
우범소년	다음에 해당하는 사유가 있고 그의 성격이나 환경에 비추어 앞으로 형벌법령에 저촉되는 행위를 할 우려가 있는 10세 이상인 소년 • 집단적으로 몰려다니며 주위 사람들에게 불안감을 조성하는 성벽(性癖)이 있는 것 • 정당한 이유 없이 가출하는 것 • 술을 마시고 소란을 피우거나 유해환경에 접하는 성벽이 있는 것

◀ 소년사건 절차도 ▶

◀ 보호처분 요약 ▶

종류	내용	기간	전부 또는 일부 병합
1호처분	보호자 등에게 감호위탁	6월(6월의 범위, 1차 연장 ○)	수강명령, 사회봉사명령, 단기 보호관찰, 장기 보호관찰
2호처분	수강명령 (12세 이상)	100시간 이내	보호자 등에게 감호위탁, 사회봉사명령, 단기 보호관찰, 장기 보호관찰
3호처분	사회봉사명령 (14세 이상)	200시간 이내	보호자 등에게 감호위탁, 수강명령, 단기 보호관찰, 장기 보호관찰
4호처분	단기 보호관찰	1년(연장 ×)	보호자 등에게 감호위탁, 수강명령, 사회봉사명령, 소년보호시설 등에 감호위탁
5호처분	장기 보호관찰	2년(1년의 범위, 1차 연장 ○)	보호자 등에게 감호위탁, 수강명령, 사회봉사명령, 소년보호시설 등에 감호위탁, 1개월 이내 소년원 송치
6호처분	소년보호시설 등에 감호위탁	6월(6월의 범위, 1차 연장 ○)	단기 보호관찰, 장기 보호관찰
7호처분	병원, 요양소, 의료재활소년원에 위탁	6월(6월의 범위, 1차 연장 ○)	-
8호처분	1개월 이내 소년원 송치	1월 이내	장기 보호관찰
9호처분	단기 소년원 송치	6월 이내 (연장 ×)	-
10호처분	장기 소년원 송치 (12세 이상)	2년 이내 (연장 ×)	-
기타	• 병합불가: 7호(의료재활소년원에 위탁), 9호(단기 소년원 송치) 및 10호(장기 소년원 송치) • 14세 이상: 3호(사회봉사명령) • 12세 이상: 2호(수강명령) 및 10호(장기 소년원 송치)		

정답 | ○

02

개별주의는 소년사건에서 소년보호조치를 취할 때 형사사건과 병합하여 1건의 사건으로 취급하는 것을 말한다.

해설 | 소년사건에서 소년보호조치를 취할 때 형사사건과 독립하여 1건의 사건으로 취급하는 것을 말한다.

정답 | ×

03

인격주의는 보호소년을 개선하여 사회생활에 적응시키고 건전하게 육성하기 위해 소년사법절차를 가급적 비공개로 해야 한다는 원칙이다.

해설 | 인격주의가 아닌 밀행주의에 대한 설명이다. 인격주의는 소년사법절차에서는 객관적 비행사실만 중요하게 취급해서는 안 되고, 소년의 인격과 관련된 개인적 범죄특성도 함께 고려해야 한다는 원칙이다.

정답 | ×

04

집단적으로 몰려다니며 주위 사람들에게 불안감을 조성하는 성벽이 있는 소년을 「소년법」의 규율대상으로 하는 것은 소년보호의 예방주의원칙에서 나온 것이다.

정답 | ○

05

적응모형(adjustment model)에 의하면, 범죄자는 스스로 책임 있는 선택과 합법적 결정을 할 수 없다. 그 결과 현실요법, 환경요법 등의 방법이 처우에 널리 이용된다.

해설 | 적응모형에 의하면, 범죄자는 스스로 책임 있는 선택과 합법적 결정을 할 수 있다.

정답 | ×

06 중요

소년교정모델 중 낙인이론가들이 선호하는 모형은 최소제약모델이다.

정답 | ○

07

국가는 모든 국민의 보호자로서 부모가 없거나 있어도 자녀를 보호해 줄 수 없는 경우에는 국가가 부모를 대신해서 보호해 주어야 한다는 이념은 친근사상이다.

해설 | 국친사상(father of country)에 대한 설명이다. 국친사상은 국가가 비행소년의 부모를 대신하여 보호의무를 수행해야 한다는 이념이다.

◀ 「소년법」의 이념과 소년보호원칙 ▶

소년법의 이념	소년보호원칙
국친사상, 교육형주의	인격주의, 예방주의, 개별주의, 과학주의, 교육주의, 협력주의, 밀행주의

정답 | ×

08

개별주의는 형벌법령에 저촉되는 행위를 할 우려가 있는 우범소년도 「소년법」의 규율대상으로 하는 것과 직접적으로 관계되는 원칙이다.

해설 | 개별주의가 아닌 예방주의에 대한 설명이다. 예방주의는 범죄소년이 더 이상 범죄를 저지르지 않도록 하고, 범죄우려가 있는 우범소년 또한 범죄를 저지르지 않도록 범죄예방에 중점을 두는 원칙으로, 「소년법」 제4조 제1항 제3호는 이와 같은 예방주의를 표현한 규정이다.

정답 | ×

09

소년보호절차에서는 객관적 판단이 중요하므로 개인적 환경특성에 대한 판단을 최소화하고 비행사실 자체에 중점을 두어야 한다.

해설 | 지문의 내용은 소년보호원칙 중 인격주의와 개별주의에 반한다.

정답 | ×

10

형벌법령에 저촉되는 행위를 하는 것은 「소년법」상 우범소년의 행위유형에 해당한다.

해설 | 형벌법령에 저촉되는 행위를 하는 것은 「소년법」상 범죄소년(「소년법」 제4조 제1항 제1호)이나 촉법소년(동조 동항 제2호)의 행위유형에 해당한다.

◀ 워렌이 제시한 비행소년 유형분류 ▶

유형	처우기법
비사회적 유형	• 심리요법보다는 교육을 통해 사회에 대한 거부감과 방치를 해소하는 처우가 적합 • 환자 부모 대체, 사회를 향한 지지적 선회 등
동조자 유형	• 일관성 없는 훈육이나 적절한 성인모형의 부재에 기인 • 사회적 인식 증대를 위한 집단처우, 비행을 지향한 동료집단 압력, 생활기술교육 등
반사회적 약취자 유형	• 관습적인 규범이 내재화되어 있지 않고, 죄의식이 없음 • 사회적 인식과 응집력 증대를 위한 집단처우로써 사회적으로 수용 가능한 응용기술 개발, 합법적 기회 증대기술 개발, 장기적 개별처우를 통한 아동기문제와 약취욕구 해소 등
신경증적 범죄자 유형	가족집단요법, 개별심리요법
부문화-동일시자 유형	• 일탈적 하위문화 가치체계의 내재화가 원인으로, 강한 동료집단 지향, 권위 비신뢰, 비행자낙인에 대한 만족, 자기만족적, 내적보다 외적 문제 등이 특징 • 억제를 통한 비행 중지, 친사회적 동일시 모형과의 관계 개발, 집단 내 자기개념 확대 등
상황적 유형	정신신경증이나 정신착란을 가진 증상 등이 특징

정답 | ×

11

선도조건부 기소유예제도는 대상 소년의 일정한 자유를 제한하는 것이기 때문에 법원의 허가를 필요로 한다.

해설 | 법원의 허가를 필요로 하지 않는다(「소년법」 제49조의3).

정답 | ✕

12 중요

선도조건부 기소유예제도는 검사의 기소재량과 소년사건에 대한 법원선의주의의 결합에 기초하고 있다.

해설 | 검사선의주의의 결합에 기초하고 있다.

정답 | ✕

13

선도조건부 기소유예제도는 보호처분의 일종으로서 「보호소년 등의 처우에 관한 법률」이 규정하고 있다.

해설 | 「소년법」이 규정하고 있다.

정답 | ✕

14

선도조건부 기소유예제도는 선도의 필요가 인정되는 범죄소년과 촉법소년에 대해 부과한다.

해설 | 범죄소년에 대해 부과한다. 촉법소년은 부과대상이 아니다.

정답 | ✕

15 중요

'소년법상 소년'인지의 여부는 사실심 판결선고 시를 기준으로 판단한다.

정답 | ○

16

소년법상 부정기형의 선고기준이 되는 연령은 19세 미만이다.

정답 | ○

17 중요

소년보호사건은 가정법원 또는 지방법원의 소년부 단독판사가 담당한다.

정답 | ○

18

소년법상 소년보호사건은 소년의 행위지, 거주지 또는 현재지의 가정법원 소년부 또는 지방법원 소년부의 관할에 속한다.

정답 | ○

19

소년법상 10세 미만의 소년은 소년법상 보호사건의 보호대상에서 제외된다.

정답 | ○

20

소년법상 범죄소년의 경우, 경찰서장은 직접 소년부 송치를 할 수 있다.

해설 | 촉법소년(「소년법」 제4조 제1항 제2호) 및 우범소년(동조 동항 제3호)에 해당하는 소년이 있을 때에는 경찰서장은 직접 관할 소년부에 송치(送致)하여야 한다(동조 제2항). 따라서 소년법상 범죄소년의 경우, 경찰서장은 직접 소년부 송치를 할 수 없다.

정답 | ×

21

소년법상 경찰서장이 촉법소년과 우범소년을 발견한 때에는 검사를 거쳐 소년부에 송치하여야 한다.

해설 | 직접 관할 소년부에 송치하여야 한다(「소년법」 제4조 제2항).

정답 | ×

22

소년법상 보호자는 형벌법령에 저촉되는 행위를 한 10세 이상 14세 미만인 소년을 발견한 경우, 이를 관할 소년부에 통고할 수 있다.

정답 | ○

23

우범소년에게는 형벌을 선고할 수 없고, 「소년법」상의 보호처분도 할 수 없다.

해설 | 우범소년에게는 형벌을 선고할 수 없으나, 「소년법」상의 보호처분은 할 수 있다.

정답 | ×

24

보호처분은 촉법소년과 우범소년만을 대상으로 한다.

해설 | 보호처분은 촉법소년과 우범소년뿐만 아니라 범죄소년도 대상으로 한다.

정답 | ×

25

촉법소년에 대해서는 일체의 형사책임을 물을 수 없고, 우범소년을 보호대상에 포함시키는 것은 예방주의에 입각한 것이다.

정답 | ○

26

소년법상 소년부는 사건이 그 관할에 속하지 아니한다고 인정하면 판결로써 그 사건을 관할 소년부에 이송하여야 한다.

해설 | 결정으로써 그 사건을 관할 소년부에 이송하여야 한다(「소년법」 제6조 제2항).

정답 | ×

27

소년법상 소년부는 조사 또는 심리한 결과 금고 이상의 형에 해당하는 범죄사실이 발견된 경우 그 동기와 죄질이 형사처분을 할 필요가 있다고 인정하면 결정으로써 사건을 관할 지방법원에 송치하여야 한다.

해설 | 관할 지방법원에 대응한 검찰청 검사에게 송치하여야 한다(「소년법」 제7조 제1항).

정답 | ×

28

소년법상 소년부 또는 조사관이 범죄사실에 관하여 소년을 조사할 때에는 일반형사사건과는 달리 불리한 진술을 거부할 수 있음을 미리 소년에 대하여 알릴 필요가 없다.

해설 | 소년부 또는 조사관이 범죄사실에 관하여 소년을 조사할 때에는 미리 소년에게 불리한 진술을 거부할 수 있음을 알려야 한다(「소년법」 제10조).

정답 | ×

29

소년법상 소년부는 조사 또는 심리를 함에 있어서 정신건강의학과의사, 심리학자, 사회사업가, 교육자나 그 밖의 전문가의 진단 및 소년분류심사원의 분류심사결과와 의견을 고려하여야 한다.

정답 | ○

30

소년법상 소년분류심사관은 사건의 조사에 필요하다고 인정한 때에는 기일을 정하여 보호자 또는 참고인을 소환할 수 있고, 정당한 이유 없이 이에 응하지 않을 경우 동행영장을 발부할 수 있다.

해설 | 소년부 판사는 사건의 조사 또는 심리에 필요하다고 인정하면 기일을 지정하여 사건 본인이나 보호자 또는 참고인을 소환할 수 있으며(「소년법」 제13조 제1항), 사건 본인이나 보호자가 정당한 이유 없이 소환에 응하지 아니하면 소년부 판사는 동행영장을 발부할 수 있다(동조 제2항).

정답 | ×

31

소년법상 소년부 판사는 증거인멸을 방지하기 위하여 긴급조치가 필요하다고 인정하면 사건 본인이나 보호자를 법 제13조 제1항에 따른 소환 없이 동행영장을 발부할 수 있다.

해설 | 소년부 판사는 사건 본인을 보호하기 위하여 긴급조치가 필요하다고 인정하면 법 제13조 제1항에 따른 소환 없이 동행영장을 발부할 수 있다(「소년법」 제14조).

정답 | ×

32

소년법상 소년보호사건에 있어서 보호자는 소년부 판사의 허가 없이 변호사를 보조인으로 선임할 수 있다.

정답 | ○

33 중요

소년법상 소년이 소년분류심사원에 위탁된 경우, 보조인이 없을 때에는 법원은 소년 본인이나 보호자의 신청에 따라 변호사 등 적정한 자를 보조인으로 선임할 수 있다.

해설 | 소년이 소년분류심사원에 위탁된 경우 보조인이 없을 때에는 법원은 (소년 본인이나 보호자의 신청 여부와 상관없이) 변호사 등 적정한 자를 보조인으로 선정하여야 한다(「소년법」 제17조의2 제1항).

정답 | ×

34

소년법상 소년부 판사는 사건을 심리하는 데에 필요하다고 인정하면 대상 소년을 병원에 위탁하는 조치를 취할 수 있다.

정답 | ○

35 중요

소년법상 사건의 조사·심리를 위한 임시조치로서 소년분류심사원에 위탁하는 경우에 그 기간은 최장 2개월을 넘지 못한다.

정답 | ○

36

소년법상 소년분류심사원에의 위탁은 종국처분에 해당한다.

해설 | 소년분류심사원에의 위탁은 임시조치에 해당한다.

정답 | ×

37

소년법상 소년부 판사는 사건을 조사 또는 심리하는 데에 필요하다고 인정하면 소년의 감호에 관하여 결정으로써 소년분류심사원에 위탁할 수 있으며, 이 결정은 취소하거나 변경할 수 없다.

해설 | 변경할 수 있다.

정답 | ×

38

소년법상 소년보호사건의 심리는 원칙적으로 공개하여야 한다.

해설 │ 심리는 공개하지 아니한다. 다만, 소년부 판사는 적당하다고 인정하는 자에게 참석을 허가할 수 있다(「소년법」 제24조 제2항).

정답 │ ×

39

정당한 이유 없이 상습으로 가출하는 등 형벌법령에 저촉되는 행위를 할 우려가 있는 만 9세의 소년은 「소년법」상 소년보호사건의 대상이다.

해설 │ 「소년법」상 소년보호사건의 대상이 되는 우범소년은 형벌법령에 저촉되는 행위를 할 우려가 있는 10세 이상(19세 미만)인 소년이다(「소년법」 제4조 제1항 제3호).
참고로, 형벌법령에 저촉되는 행위를 한 10세 이상 14세 미만인 소년은 촉법소년으로서 마찬가지로 「소년법」상 소년보호사건의 대상이 된다(동조 동항 제2호).

정답 │ ×

40

죄를 범한 19세의 자는 「소년법」이 규정하고 있는 소년보호사건의 대상에 속한다.

해설 │ 「소년법」상 소년보호사건의 대상이 되는 범죄소년은 죄를 범한 (14세 이상 19세 미만인) 소년이다(「소년법」 제4조 제1항 제1호).

정답 │ ×

41

슈퍼마켓에서 물건을 훔친 13세의 초등학생에 대하여 「소년법」상 경찰서장이 취해야 할 조치는 직접 관할 소년부에 송치하여야 하는 것이다.

해설 │ 촉법소년(「소년법」 제4조 제1항 제2호) 및 우범소년(동조 동항 제3호)에 해당하는 소년이 있을 때에는 경찰서장은 직접 관할 소년부에 송치(送致)하여야 한다(동조 제2항). 즉, 슈퍼마켓에서 물건을 훔친 13세의 초등학생은 촉법소년에 해당하므로, 경찰서장은 직접 관할 소년부에 송치하여야 한다.

정답 │ ○

42

「소년법」상 보조인제도에서 소년이 소년분류심사원에 위탁되지 아니하였을 때에도 소년에게 신체적 · 정신적 장애가 의심되는 경우에는 법원은 직권으로 보조인을 선정하여야 한다.

해설 | 법원은 직권에 의하거나 소년 또는 보호자의 신청에 따라 보조인을 선정할 수 있다(「소년법」 제17조의2 제2항).

> **「소년법」 제17조의2 【국선보조인】** ① 소년이 소년분류심사원에 위탁된 경우 보조인이 없을 때에는 법원은 변호사 등 적정한 자를 보조인으로 선정하여야 한다.
> ② 소년이 소년분류심사원에 위탁되지 아니하였을 때에도 다음의 경우 법원은 직권에 의하거나 소년 또는 보호자의 신청에 따라 보조인을 선정할 수 있다.
> 1. 소년에게 신체적 · 정신적 장애가 의심되는 경우
> 2. 빈곤이나 그 밖의 사유로 보조인을 선임할 수 없는 경우
> 3. 그 밖에 소년부 판사가 보조인이 필요하다고 인정하는 경우
> ③ 제1항과 제2항에 따라 선정된 보조인에게 지급하는 비용에 대하여는 「형사소송비용 등에 관한 법률」을 준용한다.

정답 | ✕

43

소년이 소년분류심사원에 위탁된 경우 보조인이 없을 때에는 법원은 변호사 등 적정한 자를 보조인으로 선정하여야 한다.

정답 | ○

44

소년보호사건에서 경찰서장은 범죄소년이 있을 때에는 직접 관할 소년부에 송치하여야 한다.

해설 | 촉법소년 및 우범소년은 직접 송치대상이지만, 범죄소년은 아니다(「소년법」 제4조 제2항).

정답 | ✕

45

소년 본인이 보호자를 보조인으로 선임하는 경우에는 소년부 판사의 허가를 필요로 한다.

해설 | 사건 본인이나 보호자는 소년부 판사의 허가를 받아 보조인을 선임할 수 있으며(「소년법」 제17조 제1항), 보호자나 변호사를 보조인으로 선임하는 경우에는 제1항의 허가를 받지 아니하여도 된다(동조 제2항).

정답 | ✕

46

소년부는 조사 또는 심리할 때에 정신건강의학과의사 · 심리학자 · 사회사업가 · 교육자나 그 밖의 전문가의 진단, 소년분류심사원의 분류심사 결과와 의견, 보호관찰소의 조사결과와 의견 등을 고려하여야 한다.

정답 | ○

47

소년법상 소년부 판사는 피해자 또는 그 법정대리인이 의견진술을 신청할 때에는 피해자나 그 법정대리인의 진술로 심리절차가 현저하게 지연될 우려가 있는 경우에도 심리기일에 의견을 진술할 기회를 주어야 한다.

해설 | 소년부 판사는 신청인이 이미 심리절차에서 충분히 진술하여 다시 진술할 필요가 없다고 인정되거나, 신청인의 진술로 심리절차가 현저하게 지연될 우려가 있는 경우에는 심리기일에 의견을 진술할 기회를 주지 아니하여도 된다(「소년법」 제25조의2 단서).

정답 | ×

48 중요

소년법상 검사는 소년의 품행을 교정하고 피해자를 보호하기 위하여 필요하다고 인정하면 소년에게 피해변상 등 피해자와의 화해를 권고할 수 있다.

해설 | 검사가 아닌 소년부 판사의 권한이다.

정답 | ×

49

소년법상 소년부 판사는 심리과정에서 소년에게 피해자와의 화해를 권고할 수 있으며, 소년이 피해자와 화해하였을 경우에는 불처분결정으로 심리를 종결하여야 한다.

해설 | 소년부 판사는 심리과정에서 소년에게 피해자와의 화해를 권고할 수 있으며, 소년이 피해자와 화해하였을 경우에는 보호처분을 결정할 때 이를 고려할 수 있다(「소년법」 제25조의3).

정답 | ×

50

소년법상 보호관찰과 사회봉사명령, 수강명령은 모두 병합하여 부과할 수 있다.

정답 | ○

51

소년법상 소년부 판사는 보호관찰관의 단기 보호관찰 처분 시 14세 이상의 소년에 대하여 사회봉사를 동시에 명할 수 있다.

정답 | ○

52

소년법상 보호관찰관의 장기 보호관찰과 단기 소년원 송치 처분 상호 간에는 병합할 수 있다.

해설 | 7호(의료재활소년원에 위탁), 9호(단기 소년원 송치) 및 10호(장기 소년원 송치)는 타 처분과 병합할 수 없다(「소년법」 제32조 제2항).

정답 | ×

53

소년법상 수강명령은 12세 이상의 소년에게만, 장기 소년원 송치도 12세 이상의 소년에게만 할 수 있다.

정답 | ○

54

소년법상 보호처분은 해당 소년의 장래 신상에 대해 어떤 불이익도 주어서는 안 된다.

정답 | ○

55

경찰서장의 보호관찰을 받게 하는 것은 「소년법」상 소년부 판사가 심리한 결과 보호처분의 필요가 있다고 인정한 때에 결정으로 할 수 있는 처분이다.

해설 | '경찰서장의 보호관찰'이 아니라 '보호관찰관의 보호관찰'이라고 해야 옳다.

정답 | ×

56

「소년법」 제32조에 따른 소년보호처분 중 제5호처분을 할 때 6개월의 기간을 정하여 「보호소년 등의 처우에 관한 법률」에 따른 대안교육 또는 소년의 상담·선도·교화와 관련된 단체나 시설에서의 상담·교육을 받을 것을 동시에 명할 수 있다.

해설 | 단기 보호관찰(제4호) 또는 장기 보호관찰(제5호)의 처분을 할 때에 3개월 이내의 기간을 정하여 「보호소년 등의 처우에 관한 법률」에 따른 대안교육 또는 소년의 상담·선도·교화와 관련된 단체나 시설에서의 상담·교육을 받을 것을 동시에 명할 수 있다(「소년법」 제32조의2 제1항).

정답 | ×

57

소년법상 보호처분에서 단기 보호관찰기간은 6개월로 하고, 장기 보호관찰기간은 2년으로 한다.

해설 | 단기 보호관찰기간은 1년으로 하며(「소년법」 제33조 제2항), 장기 보호관찰기간은 2년으로 한다(동조 제3항 본문).

정답 | ×

58

소년부 판사가 직권으로 보호자 또는 보호자를 대신하여 소년을 보호할 수 있는 자에게 감호위탁할 수 있다.

정답 | ○

59

「소년법」상 1개월 이내의 소년원 송치와 보호관찰관의 단기 보호관찰 보호처분 간의 결합이 가능하다.

해설 | 1개월 이내의 소년원 송치(8호)와 결합이 가능한 처분은 보호관찰관의 장기 보호관찰(5호)이다.

「소년법」 제32조 【보호처분의 결정】 ① 소년부 판사는 심리 결과 보호처분을 할 필요가 있다고 인정하면 결정으로써 다음 각 호의 어느 하나에 해당하는 처분을 하여야 한다.
1. 보호자 또는 보호자를 대신하여 소년을 보호할 수 있는 자에게 감호 위탁
2. 수강명령
3. 사회봉사명령
4. 보호관찰관의 단기(短期) 보호관찰
5. 보호관찰관의 장기(長期) 보호관찰
6. 「아동복지법」에 따른 아동복지시설이나 그 밖의 소년보호시설에 감호 위탁
7. 병원, 요양소 또는 「보호소년 등의 처우에 관한 법률」에 따른 의료재활소년원에 위탁
8. 1개월 이내의 소년원 송치
9. 단기 소년원 송치
10. 장기 소년원 송치
② 다음 각 호 안의 처분 상호 간에는 그 전부 또는 일부를 병합할 수 있다.
1. 제1항 제1호 · 제2호 · 제3호 · 제4호처분
2. 제1항 제1호 · 제2호 · 제3호 · 제5호처분
3. 제1항 제4호 · 제6호처분
4. 제1항 제5호 · 제6호처분
5. 제1항 제5호 · 제8호처분

정답 | ×

60

보호처분이 계속 중일 때에 사건 본인이 처분 당시 19세 이상인 것으로 밝혀진 경우에는 소년부 판사는 결정으로써 그 보호처분을 취소하여야 한다.

정답 | ○

61

「소년법」상 소년사건의 처리절차에서 변호사를 보조인으로 선임하는 경우에는 소년부 판사의 허가를 받아야 한다.

해설 | 사건 본인이나 보호자는 소년부 판사의 허가를 받아 보조인을 선임할 수 있으며(「소년법」 제17조 제1항), 보호자나 변호사를 보조인으로 선임하는 경우에는 제1항의 허가를 받지 아니하여도 된다(동조 제2항).

정답 | ✕

62

수강명령은 12세 이상의 소년에게만, 장기 소년원 송치는 14세 이상의 소년에게만 할 수 있다.

해설 | 사회봉사명령(3호)의 처분은 14세 이상의 소년에게만 할 수 있으며(「소년법」 제32조 제3항), 수강명령(2호) 및 장기 소년원 송치(10호)의 처분은 12세 이상의 소년에게만 할 수 있다(동조 제4항).

정답 | ✕

63

법원은 소년에 대한 피고사건을 심리한 결과 보호처분에 해당할 사유가 있다고 인정하면 결정으로써 사건을 관할 소년부에 송치하여야 한다. 그러나 소년부는 송치받은 사건을 조사 또는 심리한 결과 사건의 본인이 19세 이상인 것으로 밝혀지면 결정으로써 송치한 법원에 사건을 다시 이송하여야 한다.

정답 | ○

64

「소년법」상 보호처분의 결정에 대한 항고는 보호처분의 결정의 집행을 정지시키는 효력이 있다.

해설 | 항고는 결정의 집행을 정지시키는 효력이 없다(「소년법」 제46조).

정답 | ✕

65

경찰서장이 촉법소년과 우범소년을 발견한 때에는 검사를 거쳐 소년부에 송치하여야 한다.

해설 | 경찰서장이 직접 관할 소년부에 송치하여야 한다(「소년법」 제4조 제2항).

정답 | ×

66

보호처분의 결정에 대해서 본인, 보호자, 보조인 또는 그 법정대리인은 관할 가정법원 또는 지방법원 본원 합의부에 항고할 수 있고, 항고가 있는 경우 보호처분의 집행은 정지된다.

해설 | 보호처분의 결정 및 부가처분 등의 결정 또는 보호처분·부가처분 변경결정에 대하여 사건 본인·보호자·보조인 또는 그 법정대리인은 관할 가정법원 또는 지방법원 본원 합의부에 항고할 수 있다(「소년법」 제43조 제1항). 다만, 항고는 결정의 집행을 정지시키는 효력이 없다(동법 제46조).

정답 | ×

67

소년보호사건에 있어서 보호자는 소년부 판사의 허락이 없어도 보조인을 선임할 수 있다.

해설 | 사건 본인이나 보호자는 소년부 판사의 허가를 받아 보조인을 선임할 수 있다(「소년법」 제17조 제1항).

정답 | ×

68

소년원장은 보호소년이 22세에 달한 때에도 교정의 목적상 필요하다고 인정되는 경우에는 퇴원시키지 않을 수 있다.

해설 | 소년원장은 보호소년이 22세가 되면 퇴원시켜야 한다[「보호소년 등의 처우에 관한 법률」(이하 「보호소년법」) 제43조 제1항].

정답 | ×

69

소년원장은 미성년자인 보호소년등이 친권자나 후견인이 없을 때에는 그 보호소년등을 위하여 직권으로 친권자나 후견인의 직무를 행사할 수 있다.

해설 | 소년원장은 미성년자인 보호소년등이 친권자나 후견인이 없거나 있어도 그 권리를 행사할 수 없을 때에는 법원의 허가를 받아 그 보호소년등을 위하여 친권자나 후견인의 직무를 행사할 수 있다(「보호소년법」 제23조).

정답 | ×

70

보호복은 「보호소년 등의 처우에 관한 법률」에 규정된 보호장비이다.

해설 | 보호복은 보호장비의 종류에 해당하지 않는다. 보호장비의 종류로는 수갑, 포승(捕繩), 가스총, 전자충격기, 머리보호장비, 보호대(保護帶)가 있다(「보호소년법」 제14조의2 제1항).

정답 | ×

71

이탈·난동·폭행을 선동·선전하거나 하려고 하는 때 「보호소년 등의 처우에 관한 법률」에 의하면 보호소년에 대하여 수갑, 포승 또는 보호대 외에 가스총이나 전자충격기를 사용할 수 있는 경우로 명시되어 있다.

해설 | 보호소년등에 대하여 수갑, 포승 또는 보호대 외에 가스총이나 전자충격기를 사용하게 할 수 있는 경우는 다음과 같다.

> **「보호소년 등의 처우에 관한 법률」 제14조의2 【보호장비의 사용】** ③ 원장은 다음 각 호의 어느 하나에 해당하는 경우에는 소속 공무원으로 하여금 보호소년등에 대하여 수갑, 포승 또는 보호대 외에 가스총이나 전자충격기를 사용하게 할 수 있다.
> 1. 이탈, 자살, 자해하거나 이탈, 자살, 자해하려고 하는 때
> 2. 다른 사람에게 위해를 가하거나 가하려고 하는 때
> 3. 위력으로 소속 공무원의 정당한 직무집행을 방해하는 때
> 4. 소년원·소년분류심사원의 설비·기구 등을 손괴하거나 손괴하려고 하는 때
> 5. 그 밖에 시설의 안전 또는 질서를 크게 해치는 행위를 하거나 하려고 하는 때

정답 | ×

72

면회제한은 「보호소년 등의 처우에 관한 법률」에서 보호소년에 대한 징계의 종류로 규정하고 있다.

해설 | 면회제한은 징계의 종류에 해당하지 않는다. 징계의 종류로는 훈계, 원내 봉사활동, 서면사과, 20일 이내의 텔레비전 시청 제한, 20일 이내의 단체 체육활동 정지, 20일 이내의 공동행사 참가정지, 20일 이내의 기간 동안 지정된 실(室) 안에서의 근신이 있다(「보호소년법」 제15조 제1항).

정답 | ×

73

「소년법」 제32조 제1항 제8호의 보호처분을 받은 보호소년의 경우에 소년원장은 해당 보호소년이 교정성적이 양호하고 교정목적을 이루었다고 인정되면 보호관찰심사위원회에 퇴원을 신청하여야 한다.

해설 | 소년원장은 교정성적이 양호하며 교정의 목적을 이루었다고 인정되는 보호소년[「소년법」 제32조 제1항 제8호(1개월 이내의 소년원 송치)에 따라 송치된 보호소년은 제외한다]에 대하여는 「보호관찰법」에 따른 보호관찰심사위원회에 퇴원을 신청하여야 한다(「보호소년법」 제43조 제3항).

정답 | ×

74

출원하는 보호소년에 대한 사회정착기간의 기간은 6개월 이내로 하되, 6개월 이내의 범위에서 한 번에 한하여 그 기간을 연장할 수 있다.

정답 | ○

75

「보호소년 등의 처우에 관한 법률」상 소년원장은 보호소년이 19세가 되면 퇴원시켜야 한다.

해설 | 소년원장은 보호소년이 22세가 되면 퇴원시켜야 한다(「보호소년법」 제43조 제1항).

정답 | ×

76

소년원장이 필요하다고 판단하는 경우 수갑, 포승 등 보호장비를 징벌의 수단으로 사용할 수 있다.

해설 | 보호장비는 징벌의 수단으로 사용되어서는 아니 된다(「보호소년법」 제14조의2 제7항).

정답 | ×

77

보호소년 등을 소년원이나 소년분류심사원에 수용할 때에는 검사의 수용지휘서에 의하여야 한다.

해설 | 보호소년등을 소년원이나 소년분류심사원에 수용할 때에는 법원소년부의 결정서, 법무부장관의 이송허가서 또는 지방법원 판사의 유치허가장에 의하여야 한다(「보호소년법」 제7조 제1항).

정답 | ×

78

20일 이내의 기간 동안 지정된 실내에서 근신하게 하는 징계처분은 14세 미만의 보호소년 등에게는 부과하지 못한다.

정답 | ○

79

법원은 「소년법」 제12조에 따라 소년보호사건에 대한 조사 또는 심리를 위하여 필요하다고 인정하면 검사에게 소년의 품행, 경력, 가정상황, 그 밖의 환경 등 필요한 사항에 관한 조사를 의뢰할 수 있다.

해설 | 법원은 「소년법」 제12조에 따라 소년보호사건에 대한 조사 또는 심리를 위하여 필요하다고 인정하면 그 법원의 소재지 또는 소년의 주거지를 관할하는 보호관찰소의 장에게 소년의 품행, 경력, 가정상황, 그 밖의 환경 등 필요한 사항에 관한 조사를 의뢰할 수 있다(「보호관찰법」 제19조의2 제1항).

정답 | ×

80

소년원에 수용될 범죄를 행한 소년은 소년보호절차에서 구속영장에 의해 구속될 수 있다.

해설 | 사건 본인이나 보호자가 정당한 이유 없이 소환에 응하지 아니하면 소년부 판사는 동행영장을 발부할 수 있으며(「소년법」 제13조 제2항), 소년에 대한 구속영장은 부득이한 경우가 아니면 발부하지 못한다(동법 제55조 제1항). 보호소년등을 소년원이나 소년분류심사원에 수용할 때에는 법원소년부의 결정서, 법무부장관의 이송허가서 또는 지방법원 판사의 유치허가장에 의하여야 한다(「보호소년법」 제7조 제1항).

정답 | ×

81

현행 소년사법절차에서는 촉법소년도 범죄를 행한 소년이므로 일반형사사건에 의해 처리할 수 있다.

해설 | 촉법소년은 형사미성년자이므로 소년보호사건에 의해 처리한다.

정답 | ×

82 중요

소년법상 장기 보호관찰 처분을 할 때에는 해당 보호관찰기간 동안 야간 등 특정 시간대의 외출을 제한하는 명령을 보호관찰 대상자의 준수사항으로 부과할 수 있다.

해설 | 장기 보호관찰 처분을 할 때에는 1년 이내의 기간을 정하여 야간 등 특정 시간대의 외출을 제한하는 명령을 보호관찰 대상자의 준수사항으로 부과할 수 있다(「소년법」 제32조의2 제2항).

정답 | ×

83

소년법상 소년부 판사는 가정상황 등을 고려하여 필요한 경우 보호자의 동의를 받아야만 보호자에게 소년원·소년분류심사원 또는 보호관찰소 등에서 실시하는 소년의 보호를 위한 특별교육을 받을 것을 명할 수 있다.

해설 | 보호자의 동의를 요하지 않는다.

정답 | ×

84 중요

소년법상 보호자 또는 보호자를 대신하여 소년을 보호할 수 있는 자에게 감호위탁하는 기간은 6개월로 하되, 소년부 판사는 결정으로써 6개월의 범위에서 한 번에 한하여 그 기간을 연장할 수 있다. 다만, 소년부 판사는 필요한 경우에는 언제든지 결정으로써 그 위탁을 종료시킬 수 있다.

정답 | ○

85

소년법상 최대 100시간을 초과하지 않는 범위 내에서 수강명령 처분을 결정할 수 있다.

정답 | ○

86 중요

단기 보호관찰기간은 6개월로 하고, 장기 보호관찰기간은 2년으로 한다.

해설 | 단기 보호관찰기간은 1년으로 한다(「소년법」 제33조 제2항).

정답 | ×

87

보호자 및 보호·복지시설 등에의 위탁은 최장 12개월까지 가능하다.

정답 | ○

88

소년부 판사는 보호관찰관의 신청에 따라 단기와 장기로 구분되는 보호관찰처분을 1년의 범위에서 한 번에 한하여 결정으로써 그 기간을 연장할 수 있다.

해설 | 장기 보호관찰기간은 2년으로 하되, 소년부 판사는 보호관찰관의 신청에 따라 결정으로써 1년의 범위에서 한 번에 한하여 그 기간을 연장할 수 있는 반면(「소년법」 제33조 제3항), 단기 보호관찰은 기간연장이 불가능하다(동조 제2항).

정답 | ×

89

소년부 판사는 죄를 범한 소년에 대하여 보호처분을 하는 경우에는 결정으로써 범죄에 제공된 물건을 몰수할 수 있다.

정답 | ○

90 중요

보호처분이 계속 중일 때에 사건 본인에 대하여 유죄판결이 확정된 경우에 보호처분을 한 소년부 판사는 결정으로써 보호처분을 취소하여야 한다.

해설 | 그 처분을 존속할 필요가 없다고 인정하면 결정으로써 보호처분을 취소할 수 있다(「소년법」 제39조).

정답 | ×

91 중요

보호처분이 계속 중일 때에 사건 본인에 대하여 새로운 보호처분이 있었을 때에는 그 처분을 한 소년부 판사는 이전의 보호처분을 한 소년부에 조회하여 이전의 보호처분을 취소하여야 한다.

해설 | 어느 하나의 보호처분을 취소하여야 한다(「소년법」 제40조).

정답 | ×

92

보호처분의 변경결정에 대해서는 항고할 수 없다.

해설 | 항고할 수 있다(「소년법」 제43조 제1항).

정답 | ×

93

보호처분이 현저히 부당한 경우에는 사건 본인이나 보호자는 고등법원에 항고할 수 있다.

해설 | 관할 가정법원 또는 지방법원 본원 합의부에 항고할 수 있다(「소년법」 제43조 제1항).

정답 | ✕

94

보호처분의 결정에 대하여 항고를 할 때에는 7일 이내에 항고장을 원심 소년부에 제출하여야 하며, 원칙적으로 항고는 본인뿐만 아니라 보호자, 보조인 또는 법정대리인도 할 수 있다.

정답 | ○

95

법령위반이나 사실오인이 없더라도 처분이 현저히 부당한 때에는 항고할 수 있다.

정답 | ○

96

항고법원은 항고가 이유 없다고 인정할 때에는 결정으로써 항고를 기각할 수 있다.

해설 | 기각하여야 한다(「소년법」 제45조 제1항).

정답 | ✕

97

항고법원은 항고가 이유가 있다고 인정한 경우에는 원결정을 파기하고 직접 불처분 또는 보호처분의 결정을 하는 것이 원칙이다.

해설 | 원결정을 취소하고 사건을 원소년부에 환송하거나 다른 소년부에 이송하는 것이 원칙이다(「소년법」 제45조 제2항).

정답 | ✕

98 중요

소년부 판사의 보호처분 결정에 대한 항고는 결정의 집행을 정지시키는 효력이 없다.

정답 | ○

99

항고법원이 항고를 기각하는 결정에 대하여는 그 결정이 법령에 위반되는 경우에만 대법원에 재항고를 할 수 있다.

정답 | ○

100

현행법상 범죄소년에 대해서는 형사처분도 할 수 있도록 하고 있으며, 소년형사사건의 관할은 일반형사법원이다.

정답 | ○

101

소년형사사건에서 소년에 대한 변호인이 없는 때에는 법원은 직권으로 국선변호인을 선정해야 한다.

정답 | ○

102

보호사건으로 심리하면 소년부가 금고 이상의 형사처분을 할 필요가 있다고 인정할 경우 사건을 관할 형사법원으로 송치하여야 한다.

해설 | 소년부는 송치된 사건을 조사 또는 심리한 결과 그 동기와 죄질이 금고 이상의 형사처분을 할 필요가 있다고 인정할 때에는 결정으로써 해당 검찰청 검사에게 송치할 수 있다(「소년법」 제49조 제2항).

정답 | ✕

103

검사는 소년 피의사건에 대하여 소년부 송치, 공소제기 등의 처분을 결정하기 위하여 필요하다고 인정하면 보호관찰소의 장 등에게 조사를 요구할 수 있다.

정답 | ○

104 중요

검사는 피의자에 대하여 범죄예방자원봉사위원의 선도를 받게 하고 피의사건에 대한 공소를 제기하지 아니할 수 있다. 이 경우 소년과 소년의 친권자·후견인 등 법정대리인의 동의를 받아야 한다.

정답 | ○

105

소년부는 법원으로부터 송치받은 사건을 조사 또는 심리한 결과 그 동기와 죄질이 금고 이상의 형사처분을 할 필요가 있다고 인정할 때에는 결정으로써 송치한 법원에 사건을 다시 이송하여야 한다.

해설 | 소년부는 법원으로부터 송치받은 사건을 조사 또는 심리한 결과 사건 본인이 19세 이상인 것으로 밝혀지면 결정으로써 송치한 법원에 사건을 다시 이송하여야 한다(「소년법」 제51조).

정답 | ×

106

검사가 소년피의사건에 대하여 소년부 송치결정을 한 경우에는 소년을 구금하고 있는 시설의 장은 검사의 이송 지휘를 받은 때로부터 법원 소년부가 있는 시·군에서는 12시간 이내에 소년을 소년부에 인도하여야 한다.

해설 | 24시간 이내에 소년을 소년부에 인도하여야 한다(「소년법」 제52조 제1항).

정답 | ×

107

보호처분 심리개시의 결정이 있었던 때로부터 그 사건에 대한 보호처분의 결정이 확정될 때까지 공소시효는 계속된다.

해설 | 공소시효는 그 진행이 정지된다(「소년법」 제54조).

정답 | ×

108

소년형사사건에서 19세 미만의 소년에 대해서는 벌금 또는 과료를 납입하지 않을 경우에 대비한 환형 처분을 선고할 수 없다.

해설 | 18세 미만인 소년에게는 「형법」 제70조(노역장 유치)에 따른 유치선고를 하지 못한다. 다만, 판결선고 전 구속되었거나 제18조 제1항 제3호(소년분류심사원에 위탁)의 조치가 있었을 때에는 그 구속 또는 위탁의 기간에 해당하는 기간은 노역장에 유치된 것으로 보아 「형법」 제57조를 적용할 수 있다(「소년법」 제62조).

정답 | ×

109

소년형사사건에서 법원은 판결만을 선고하는 경우라도 피고인인 소년에 대하여 변호인이 없거나 출석하지 아니한 때에는 국선변호인을 선정하여야 한다.

해설 | 제33조 제1항 각 호의 어느 하나에 해당하는 사건 및 같은 조 제2항 · 제3항의 규정에 따라 변호인이 선정된 사건에 관하여는 변호인 없이 개정하지 못한다. 단, 판결만을 선고할 경우에는 예외로 한다(「형사소송법」 제282조).

정답 | ✕

110

소년에 대해 형의 선고유예 시에는 부정기형을 선고하지 못하나, 집행유예 시에는 부정기형을 선고할 수 있다.

해설 | 형의 집행유예나 선고유예를 선고할 때에는 제1항(부정기형의 선고)을 적용하지 아니한다(「소년법」 제60조 제3항).

정답 | ✕

111

소년형사사건에서 협의의 불기소처분 사건은 조건부 기소유예의 대상에서 제외된다.

해설 | 조건부 기소유예는 피의자의 유죄를 전제로 하므로, 협의의 불기소처분 사건(혐의없음, 죄가안됨 및 공소권없음)은 조건부 기소유예의 대상에서 제외된다.

정답 | ○

112

현행법상 소년사건 처리절차 중 촉법소년에 대해서도 필요하다고 인정할 때에는 검사가 소년형사사건으로 공소를 제기하도록 하고 있다.

해설 | 촉법소년은 형사미성년자이므로 검사는 소년형사사건으로 공소를 제기할 수 없다.

정답 | ✕

113

소년에 대한 형사사건의 심리는 다른 피의사건과 관련된 경우, 심리에 지장이 없으면 그 절차를 병합하여야 한다.

해설 | 소년에 대한 형사사건의 심리는 다른 피의사건과 관련된 경우에도 심리에 지장이 없으면 그 절차를 분리하여야 한다(「소년법」 제57조).

정답 | ✕

114

징역 또는 금고를 선고받은 소년에 대하여는 특별히 설치된 교도소 또는 일반 교도소 안에 특별히 분리된 장소에서 그 형을 집행한다. 다만, 소년이 형의 집행 중에 23세가 되면 일반 교도소에서 집행할 수 있다.

정답 | ○

115

「소년법」상 형의 선고 중 법원은 집행유예 선고 시 부정기형을 선고할 수 있다.

해설 | 형의 집행유예나 선고유예를 선고할 때에는 제1항(부정기형의 선고)을 적용하지 아니한다(「소년법」 제60조).

정답 | ×

116

형사사건 심리 전에 소년이 분류심사원에 위탁된 기간은 소년부 판사의 재량에 의하여 판결선고 전 구금일수에 산입하지 아니할 수 있다.

해설 | 소년분류심사원에의 위탁 조치가 있었을 때에는 그 위탁기간은 「형법」의 판결선고 전 구금일수(拘禁日數)로 본다(「소년법」 제61조).

정답 | ×

117

보호처분의 계속 중에 구류형의 선고를 받은 소년에 대해서는 먼저 그 보호처분을 집행한다.

해설 | 보호처분이 계속 중일 때에 징역, 금고 또는 구류를 선고받은 소년에 대하여는 먼저 그 형을 집행한다(「소년법」 제64조).

정답 | ×

118

법원은 소년에 대한 형사피고사건을 심리한 결과 보호처분에 해당할 사유가 있다고 인정하면 결정으로 사건을 검사에게 이송해야 한다.

해설 | 법원은 소년에 대한 피고사건을 심리한 결과 보호처분에 해당할 사유가 있다고 인정하면 결정으로써 사건을 관할 소년부에 송치하여야 한다(「소년법」 제50조).

정답 | ×

119

갑(18세)은 상점에 침입하여 시가 50만원 상당의 물품을 절취하였는데, 갑에 대하여 부정기형이 선고된 경우, 부정기형을 집행하는 기관의 장은 형의 단기가 지난 갑의 행형성적이 양호하고 교정의 목적을 달성하였다고 인정되면 법원의 결정에 따라 그 형의 집행을 종료시킬 수 있다.

해설 | 소년에 대한 부정기형을 집행하는 기관의 장은 형의 단기가 지난 소년범의 행형(行刑)성적이 양호하고 교정의 목적을 달성하였다고 인정되는 경우에는 관할 검찰청 검사의 지휘에 따라 그 형의 집행을 종료시킬 수 있다(「소년법」 제60조 제4항).

정답 | ×

120

「소년법」상 소년형사사건에서 검사는 피의자에 대하여 범죄예방자원봉사위원의 선고를 받게 하고 피의사건에 대한 공소를 제기하지 아니할 수 있다. 이 경우 소년과 소년의 친권자 · 후견인 등 법정대리인의 동의를 받아야 한다.

정답 | ○

121

「소년법」 제60조 제1항에 정한 '소년'은 「소년법」 제2조에 정한 19세 미만인 자를 의미하는 것으로, 이에 해당하는지는 행위시를 기준으로 판단하여야 한다.

해설 | 「소년법」 제60조 제1항에 정한 '소년'은 「소년법」 제2조에 정한 19세 미만인 자를 의미하는 것으로, 이에 해당하는지는 사실심 판결선고 시를 기준으로 판단하여야 하므로, 제1심에서 부정기형을 선고받은 피고인이 항소심 선고 이전에 19세에 도달하는 경우 정기형이 선고되어야 한다(대법원 2020.10.22. 2020도4140).

정답 | ×

122

보호처분 당시 19세 이상인 것으로 밝혀진 경우를 제외하고는 「소년법」 제32조의 보호처분을 받은 소년에 대하여는 그 심리가 결정된 사건은 다시 공소를 제기하거나 소년부에 송치할 수 없다.

해설 | 제32조의 보호처분을 받은 소년에 대하여는 그 심리가 결정된 사건은 다시 공소를 제기하거나 소년부에 송치할 수 없다. 다만, 제38조 제1항(보호처분이 계속 중일 때에 사건 본인이 처분 당시 19세 이상인 것으로 밝혀진 경우) 제1호(검찰청 검사에게 송치)의 경우에는 공소를 제기할 수 있다(「소년법」 제53조).

정답 | ○

123

15년 유기징역을 선고받은 소년이 6년이 지나 가석방된 경우, 가석방된 후 그 처분이 취소되지 아니하고 9년이 경과한 때에 형의 집행을 종료한 것으로 한다.

해설 | 징역 또는 금고를 선고받은 소년이 가석방된 후 그 처분이 취소되지 아니하고 가석방 전에 집행을 받은 기간과 같은 기간이 지난 경우에는 형의 집행을 종료한 것으로 한다. 다만, 제59조의 형기(刑期) 또는 제60조 제1항에 따른 장기의 기간이 먼저 지난 경우에는 그때에 형의 집행을 종료한 것으로 한다(「소년법」제66조). 따라서 9년이 아닌 가석방 전에 집행을 받은 기간인 6년이 경과한 때에 형의 집행을 종료한 것으로 한다.

정답 | ×

124

현행법상 소년보호사건과 소년형사사건은 심리비공개가 원칙이다.

해설 | (소년보호사건의) 심리는 공개하지 아니한다(「소년법」제24조 제2항 본문). 다만, 소년에 대한 형사사건에 관하여는 이 법에 특별한 규정이 없으면 일반형사사건의 예에 따르므로(동법 제48조), 재판의 심리와 판결을 공개한다(「법원조직법」제57조 제1항 본문).

정답 | ×

125

현행법상 소년형사사건은 필요적 변호사건에 해당하지 않는다.

해설 | 필요적 변호사건에 해당한다. 피고인이 미성년자인 사건에 관하여는 변호인 없이 개정하지 못한다. 단, 판결만을 선고할 경우에는 예외로 한다(「형사소송법」제282조).

정답 | ×

126

보호처분을 받은 소년에 대하여는 그 심리가 결정된 사건은 다시 공소를 제기하거나 소년부에 송치할 수 없다.

정답 | ○

127

벌금 또는 과료를 선고받은 소년형사범이 이를 납부하지 않으면 노역장에 유치된다.

해설 | 18세 미만인 소년에게는 「형법」제70조(노역장 유치)에 따른 유치선고를 하지 못한다(「소년법」제62조 본문).

정답 | ×

128

소년분류심사원 위탁처분도 소년에 대한 전환제도(diversion)의 일종으로 볼 수 있다.

해설 | 소년분류심사원 위탁처분은 소년부 판사가 사건을 조사 또는 심리하는 데에 필요하다고 인정하면 소년의 감호에 관하여 결정으로써 하는 조치이므로(「소년법」 제18조 제1항 제3호), 소년에 대한 전환제도의 일종으로 볼 수 없다.

정답 | ✕

129

검사는 소년에 대한 피의사건을 수사한 결과 보호처분에 해당하는 사유가 있다고 인정 한 경우에는 사건을 관할 소년부에 송치하여야 한다.

정답 | ○

130

검사는 형의 단기가 지난 소년범의 행형성적이 양호하고 교정의 목적을 달성하였다고 인정되는 경우 법원의 허가를 얻어 형집행을 종료시킬 수 있다.

해설 | 소년에 대한 부정기형을 집행하는 기관의 장은 형의 단기가 지난 소년범의 행형(行刑)성적이 양호하고 교정의 목적을 달성하였다고 인정되는 경우에는 관할 검찰청 검사의 지휘에 따라 그 형의 집행을 종료시킬 수 있다(「소년법」 제60조 제4항).

정답 | ✕

131

소년보호처분에 대하여 항고가 있으면 결정의 집행은 정지된다.

해설 | 항고는 결정의 집행을 정지시키는 효력이 없다(「소년법」 제46조).

정답 | ✕

132

현행 「소년법」상 죄를 범할 당시 18세 미만인 소년에 대하여 사형 또는 무기형으로 처할 경우에는 10년의 유기징역으로 한다.

해설 | 죄를 범할 당시 18세 미만인 소년에 대하여 사형 또는 무기형(無期刑)으로 처할 경우에는 15년의 유기징역으로 한다(「소년법」 제59조).

정답 | ✕

133

소년에게 선고된 징역 또는 금고의 형은 원칙적으로 특별히 설치된 교도소 또는 일반 교도소 안에 특별히 분리된 장소에서 집행한다.

정답 | ○

134

소년에 대한 선도조건부 기소유예제도는 검사의 기소재량과 소년사건에 대한 법원선의주의의 결합에 기초하고 있다.

해설 | 검사의 기소독점주의 · 기소편의주의 · 검사선의주의의 결합에 기초하고 있다.

정답 | ×

135

소년에 대한 선도조건부 기소유예제도의 목적은 지역사회의 자발적인 참여를 유발하여 소년에 대한 효율적인 사회복귀를 도모하고자 하는 것이다.

정답 | ○

136

해당 소년의 행위가 범죄를 구성하지 않는 것으로 밝혀져 공소제기를 할 수 없는 경우에도 선도조건부 기소유예를 할 수 있다.

해설 | 선도조건부 기소유예는 피의자의 유죄를 전제로 하는데, 해당 소년의 행위가 범죄를 구성하지 않으면 '죄가안됨'에 해당하여 불기소처분 사건이 되므로, 선도조건부 기소유예의 대상에서 제외된다.

정답 | ×

137

법원은 소년형사범에 대해 집행유예에 따른 보호관찰, 사회봉사 또는 수강을 명하기 위해 필요하다고 인정하면 그 법원의 소재지 등의 보호관찰소의 장에게 범행동기, 생활환경 등의 조사를 요구할 수 있다.

정답 | ○

138

소년에 대한 형사사건은 다른 피의사건과 관련된 경우에도 분리하여 심리하는 것이 원칙이다.

정답 | ○

139

18세 미만의 소년에 대하여는 사형 또는 무기형을 원칙적으로 금하고 있으나, 선고 당시에 성인이 된 경우에는 일반형법의 적용을 받는다.

해설 | 「소년법」 제59조가 '죄를 범할 당시'라고 규정하고 있는 이상 선고 당시 성인이 된 경우라도 죄를 범할 당시 18세 미만이었다면, 소년법의 적용을 받는다.

정답 | ×

140 심화

존속살해죄(특강법 대상)를 범할 당시 16세 소년이었던 甲에 대하여 무기형에 처하여야 할 때에는 15년의 유기징역으로 한다.

해설 | 20년의 유기징역으로 한다.

정답 | ×

141

소년의 죄가 법정형 2년 이상의 징역에 해당하는 경우, 징역 3년의 정기형을 선고할 수 있다.

해설 | 소년이 법정형으로 장기 2년 이상의 유기형(有期刑)에 해당하는 죄를 범한 경우에는 그 형의 범위에서 장기와 단기를 정하여 선고한다(「소년법」 제60조 제1항 본문). 따라서 부정기형을 선고할 수 있다.

정답 | ×

142

소년이 단기 2년 이상에 해당하는 범죄를 범한 때에는 장기 10년, 단기 5년을 넘지 않는 범위 내에서 부정기형을 선고할 수 있다.

해설 | 소년이 장기 2년 이상에 해당하는 범죄를 범한 때에는 장기 10년, 단기 5년을 넘지 않는 범위 내에서 부정기형을 선고한다(「소년법」 제60조 제1항).

정답 | ×

143 중요

법원은 집행유예 선고 시 부정기형을 선고할 수 있다.

해설 | 선고할 수 없다(「소년법」 제60조 제3항).

정답 | ×

144

소년에 대한 부정기형을 집행하는 기관의 장은 형의 단기가 지난 소년범의 행형성적이 양호하고 교정의 목적을 달성하였다고 인정되는 경우에는 교도관회의의 심의를 거쳐 그 형의 집행을 종료시킬 수 있다.

해설 | 관할 검찰청 검사의 지휘에 따라 그 형의 집행을 종료시킬 수 있다(「소년법」 제60조 제4항).

정답 | ×

145

검사는 형의 단기가 지난 소년범의 행형성적이 양호하고 교정의 목적을 달성하였다고 인정되는 경우 법원의 허가를 얻어 형집행을 종료시킬 수 있다.

해설 | 소년에 대한 부정기형을 집행하는 기관의 장은 형의 단기가 지난 소년범의 행형(行刑)성적이 양호하고 교정의 목적을 달성하였다고 인정되는 경우에는 관할 검찰청 검사의 지휘에 따라 그 형의 집행을 종료시킬 수 있다(「소년법」 제60조 제4항).

정답 | ×

146

사건의 조사 · 심리를 위해 소년분류심사원에 위탁된 기간은 형법 제57조 제1항의 판결선고 전 구금 일수로 본다.

정답 | ○

147

소년법상의 소년에게는 형법 제70조의 노역장 유치선고를 하지 못한다.

해설 | 소년법상의 18세 미만의 소년에게는 형법 제70조의 노역장 유치선고를 하지 못한다(「소년법」 제62조 본문).

정답 | ×

148

소년에 대하여는 벌금형을 선고하지 못한다.

해설 | 14세 이상인 소년에 대하여는 벌금형을 선고할 수 있다.

정답 | ×

149

18세 소년이 징역형을 선고받아 소년교도소에서 그 형의 집행 중 20세가 되면 일반교도소에서 집행하여야 한다.

해설 | 형의 집행 중 23세가 되면 일반 교도소에서 집행할 수 있다(「소년법」 제63조 단서).

정답 | ×

150

보호처분이 계속 중일 때에 징역, 금고 또는 구류를 선고받은 소년에 대해서는 보호처분이 종료된 후에 그 형을 집행해야 한다.

해설 | 보호처분이 계속 중일 때에 징역, 금고 또는 구류를 선고받은 소년에 대하여는 먼저 그 형을 집행한다(「소년법」 제64조).

정답 | ×

151

보호처분을 받아 소년원에 수용 중인 소년에 대하여 징역형의 유죄판결이 확정되면 보호처분을 집행한 후 소년교도소로 이송한다.

해설 | 보호처분을 받아 소년원에 수용 중인 소년에 대하여 징역형의 유죄판결이 확정되면 먼저 그 형을 집행한다(「소년법」 제64조).

정답 | ×

152

무기징역형을 선고받은 소년은 7년, 15년 유기징역형을 선고받은 소년은 3년이 각각 지나야만 가석방을 허가할 수 있다.

해설 | 무기징역형을 선고받은 소년은 5년이 지나야만 가석방을 허가할 수 있다(「소년법」 제65조 제1호).

정답 | ×

153

단기 3년, 장기 6년의 징역형을 선고받은 소년에게는 1년이 지나면 가석방을 허가할 수 있다.

정답 | ○

154

소년범이 단기 3년, 장기 5년의 징역형을 선고받아 1년 3월을 복역하고 가석방된 경우, 가석방 취소 없이 1년 3월이 경과하면 형의 집행을 종료한 것으로 한다.

정답 | ○

155

소년이 15년의 유기징역형을 선고받아 10년을 복역하고 가석방된 경우, 가석방 취소 없이 5년이 경과하면 형의 집행을 종료한 것으로 한다.

정답 | ○

156

가석방되는 소년에게는 보호관찰을 실시하여야 하며, 그 처분이 취소됨이 없이 가석방 전에 집행을 받은 기간과 같은 기간이 지나면 형집행이 종료된 것으로 간주한다.

정답 | ○

157

소년으로 범한 죄에 의하여 자유형의 선고를 받은 자가 자격정지를 병과받은 경우, 자유형의 집행을 종료하거나 집행의 면제를 받은 때에는 집행이 종료되거나 면제된 날로부터 자격정지기간이 기산된다.

해설 | 소년으로 범한 죄에 의하여 자유형의 선고를 받은 자가 자격정지를 병과받은 경우, 자격에 관한 법령을 적용할 때에는 장래에 향하여 형의 선고를 받지 아니한 것으로 본다(「소년법」 제67조 제1항).

정답 | ×

158

소년이었을 때 범한 죄에 의하여 형을 선고받은 자가 그 집행을 종료하거나 면제받은 경우에는, 장래에 향하여 그 형의 선고를 받지 아니한 것으로 본다.

해설 | 소년이었을 때 범한 죄에 의하여 형을 선고받은 자가 그 집행을 종료하거나 면제받은 경우에는, 자격에 관한 법령을 적용할 때에는 장래에 향하여 형의 선고를 받지 아니한 것으로 본다(「소년법」 제67조 제1항).

정답 | ×

159

「청소년 기본법」상 청소년은 9세 이상 24세 이하인 사람을 말한다. 다만, 다른 법률에서 청소년에 대한 적용을 다르게 할 필요가 있는 경우에는 따로 정할 수 있다.

정답 | ○

160

소년부 판사는 보조인이 심리절차를 고의로 지연시키는 등 심리진행을 방해하거나 소년의 이익에 반하는 행위를 할 우려가 있다고 판단하는 경우에는 보조인 선임의 허가를 취소하여야 한다.

해설 | 소년부 판사는 보조인이 심리절차를 고의로 지연시키는 등 심리진행을 방해하거나 소년의 이익에 반하는 행위를 할 우려가 있다고 판단하는 경우에는 보조인 선임의 허가를 취소할 수 있다(「소년법」 제17조 제4항).

정답 | ×

161

단기 보호관찰 또는 장기 보호관찰의 처분을 할 때에 3개월 이내의 기간을 정하여 「보호소년 등의 처우에 관한 법률」에 따른 대안교육 또는 소년의 상담·선도·교화와 관련된 단체나 시설에서의 상담·교육을 받을 것을 동시에 명할 수 있다.

해설 | 「소년법」 제32조의2 제1항

정답 | ○

162

소년법은 인격이 형성되는 과정에 있기에 그 개선가능성이 풍부하고 심신의 발육에 따르는 특수한 정신적 동요상태에 놓여 있는 소년의 특수성을 고려하여 소년의 건전한 성장을 돕기 위해 형사처분에 관한 특별조치로서 제60조 제1항에서 소년에 대하여 부정기형을 선고하도록 정하고 있다. 다만, 소년법 제60조 제1항에 정한 '소년'은 소년법 제2조에 정한 19세 미만인 자를 의미하는 것으로 이에 해당하는지는 사실심 판결선고 시를 기준으로 판단하여야 하므로, 제1심에서 부정기형을 선고받은 피고인이 항소심 선고 이전에 19세에 도달하는 경우 정기형이 선고되어야 한다. 이 경우 피고인만이 항소하거나 피고인을 위하여 항소하였다면 형사소송법 제368조가 규정한 불이익변경금지원칙이 적용되어 항소심은 제1심판결의 부정기형보다 무거운 정기형을 선고할 수 없다.

해설 | 대법원 2020.10.22. 2020도4140

정답 | ○

163

소년에 대한 부정기형을 집행하는 기관의 장은 형의 단기가 지난 소년범의 행형성적이 양호하고 교정의 목적을 달성하였다고 인정되는 경우에는 관할 검찰청 검사의 지휘에 따라 그 형의 집행을 종료시킬 수 있다.

정답 | ○

164

신설하는 소년원 및 소년분류심사원은 수용정원이 150명 이내의 규모가 되도록 하여야 한다. 다만, 소년원 및 소년분류심사원의 기능·위치나 그 밖의 사정을 고려하여 그 규모를 증대할 수 있다.

정답 | ○

165

원장은 법원 또는 검찰의 조사, 심리, 이송, 그 밖의 사유로 호송하는 경우에는 소속 공무원으로 하여금 보호소년 등에 대하여 수갑, 포승 또는 보호대 외에 가스총이나 전자충격기를 사용하게 할 수 있다.

해설 | 원장은 다음 각 호의 어느 하나에 해당하는 경우에는 소속 공무원으로 하여금 보호소년 등에 대하여 수갑, 포승 또는 보호대를 사용하게 할 수 있다(「보호소년법」 제14조의2 제2항).

정답 | ×

166

「보호소년 등의 처우에 관한 법률」상 보호소년에 대하여 부과할 수 있는 징계에는 경고가 있다.

해설 | **「보호소년 등의 처우에 관한 법률」 제15조【징계】** ① 원장은 보호소년 등이 제14조의4(규율위반행위) 각 호의
어느 하나에 해당하는 행위를 하였을 때에는 다음 각 호의 어느 하나에 해당하는 징계를 할 수 있다.
1. 훈계
2. 원내 봉사활동
3. 서면사과
4. 20일 이내의 텔레비전 시청제한
5. 20일 이내의 단체체육활동 정지
6. 20일 이내의 공동행사 참가정지
7. 20일 이내의 기간 동안 지정된 실내에서 근신하게 하는 것

정답 | ×

167

보호소년 등의 처우에 관한 법률상 서면사과, 20일 이내의 텔레비전 시청제한, 20일 이내의 단체체육
활동 정지, 20일 이내의 공동행사 참가정지의 처분은 함께 부과할 수 있으며, 소년원장은 보호소년이
징계를 받은 경우에는 법무부령으로 정하는 기준에 따라 교정성적 점수를 빼야 한다.

정답 | ○

168

보호소년 등의 처우에 관한 법률상 20일 이내의 기간 동안 지정된 실(室) 안에서 근신하게 하는
처분을 받은 보호소년에게는 그 기간 중 원내 봉사활동, 서면사과, 20일 이내의 텔레비전 시청제한,
20일 이내의 단체체육활동 정지, 20일 이내의 공동행사 참가정지의 처우제한이 함께 부과된다.

해설 | 원내 봉사활동은 포함되지 않는다.

정답 | ×

169

원장은 20일 이내의 기간 동안 지정된 실(室) 안에서 근신하게 하는 처분을 받은 보호소년 등에게
개별적인 체육활동시간을 보장하여야 한다. 이 경우 매주 1회 이상 실외운동을 할 수 있도록 하여야
한다.

정답 | ○

170

「보호소년 등의 처우에 관한 법률 및 같은 법 시행령」상 보호소년 등 처우·징계위원회는 위원장을 포함한 5명 이상 11명 이하의 위원으로 구성하고, 민간위원은 1명 이상으로 하며, 처우·징계위원회의 위원장은 원장이 된다.

정답 | ○

171

보호소년 등의 면회는 평일[원장이 필요하다고 인정하는 경우에는 토요일(공휴일은 제외한다)을 포함한다]에 교육 등 일과진행에 지장이 없는 범위에서 1일 1회 30분 이내로 하고, 원장은 보호소년 등의 보호 및 교정교육에 지장이 있다고 인정되는 경우에는 보호소년 등의 편지왕래를 제한할 수 있으며, 편지의 내용을 검사할 수 있다.

해설 | 30분이 아닌 40분이다.

정답 | ×

172

「보호소년 등의 처우에 관한 법률」상 20일 이내의 기간 동안 지정된 실(室) 안에서 근신하게 하는 징계를 받은 보호소년 등에 대한 면회는 그 상대방이 변호인이나 보조인 또는 보호자인 경우에 한정하여 허가할 수 있다.

정답 | ○

173

「보호소년 등의 처우에 관한 법률」상 소년원장은 보호소년에게 형제자매가 위독하거나 사망하였을 때 본인이나 보호자 등의 신청에 따라 또는 직권으로 외출을 허가할 수 있다.

해설 | **「보호소년 등의 처우에 관한 법률」 제19조 【외출】** 소년원장은 보호소년에게 다음 각 호의 어느 하나에 해당하는 사유가 있을 때에는 본인이나 보호자 등의 신청에 따라 또는 직권으로 외출을 허가할 수 있다. (기간은 원칙적으로 7일 이내)
1. 직계존속이 위독하거나 사망하였을 때
2. 직계존속의 회갑 또는 형제자매의 혼례가 있을 때
3. 천재지변이나 그 밖의 사유로 가정에 인명 또는 재산상의 중대한 피해가 발생하였을 때
4. 병역, 학업, 질병 등의 사유로 외출이 필요할 때
5. 그 밖에 교정교육상 특히 필요하다고 인정할 때

정답 | ×

174

보호소년 등은 이발을 월 1회 이상, 목욕을 주 1회 이상 하여야 하며 세부사항은 교육활동 · 계절 · 시설 · 여건 등을 고려하여 원장이 정한다.

정답 | ○

175

「보호소년 등의 처우에 관한 법률」상 소년원장은 보호소년이 직업능력개발훈련과정을 마친 후 산업체에 통근취업을 하였을 때에는, 해당 산업체로 하여금 근로기준법을 지키게 하고 보호소년에게 지급되는 보수는 전부 본인에게 지급하여야 한다.

정답 | ○

176

소년법상은 보호소년이 22세가 되면 퇴원시켜야 하며, 위탁소년 또는 유치소년의 소년분류심사원 퇴원은 법무부장관의 허가를 얻어야 한다.

해설 | 위탁소년 또는 유치소년의 소년분류심사원 퇴원은 법원소년부의 결정 시에 의하여야 한다(「보호소년법」 제43조 제4항).

정답 | ×

177

「보호소년 등의 처우에 관한 법률」상 소년원장은 퇴원 또는 임시퇴원이 허가된 보호소년을 보호자 등에게 직접 인도하여야 한다. 다만, 보호소년의 보호자 등이 없거나 출원예정일부터 10일 이내에 보호자 등이 인수하지 아니하면 사회복지단체, 독지가, 그 밖의 적당한 자에게 인도할 수 있고, 퇴원 또는 임시퇴원이 허가된 보호소년이 질병에 걸리거나 본인의 편익을 위하여 필요하면 소년원장의 직권 또는 본인의 신청에 의하여 계속 수용할 수 있다.

해설 | 퇴원 또는 임시퇴원이 허가된 보호소년이 질병에 걸리거나 본인의 편익을 위하여 필요하면 본인의 신청에 의하여 계속 수용할 수 있다(「보호소년법」 제45조 제1항).

정답 | ×

178

아동 · 청소년의 성보호에 관한 법률상 법원은 아동 · 청소년대상 성범죄를 범한 소년법 제2조의 소년에 대하여 형의 선고를 유예하는 경우에는 보호관찰을 명할 수 있으며, 아동 · 청소년대상 성범죄를 범한 자에 대하여 유죄판결을 선고하는 경우에는, 500시간의 범위에서 재범예방에 필요한 수강명령 또는 성폭력 치료프로그램의 이수명령을 병과(科)하여야 한다.

해설 │ 법원은 아동 · 청소년대상 성범죄를 범한 소년법 제2조의 소년에 대하여 형의 선고를 유예하는 경우에는 반드시 보호관찰을 명하여야 한다[「아동 · 청소년의 성보호에 관한 법률」(이하 「청소년성보호법」) 제21조 제1항].

정답 │ ×

179

아동 · 청소년에 대한 강간 · 강제추행 등의 죄는 디엔에이(DNA) 증거 등 그 죄를 증명할 수 있는 과학적인 증거가 있는 때에는 공소시효가 10년 연장된다.

정답 │ ○

180

「성매매알선 등 행위의 처벌에 관한 법률」 제2조 제1항에도 불구하고 아동 · 청소년의 성을 사는 행위의 상대방이 된 아동 · 청소년에 대하여는 보호를 위하여 처벌하지 아니한다.

정답 │ ○

181

검사는 성범죄의 피해를 받은 아동 · 청소년을 위하여 지속적으로 위해의 배제와 보호가 필요하다고 인정하는 경우, 법원에 보호관찰을 청구할 수 있다.

해설 │ 「아동 · 청소년의 성보호에 관한 법률」 제41조 【피해아동 · 청소년 등을 위한 조치의 청구】 검사는 성범죄의 피해를 받은 아동 · 청소년을 위하여 지속적으로 위해의 배제와 보호가 필요하다고 인정하는 경우 법원에 제1호의 보호관찰과 함께 제2호부터 제5호까지의 조치를 청구할 수 있다. 다만, 「전자장치 부착 등에 관한 법률」 제9조의2 제1항 제2호 및 제3호에 따라 가해자에게 특정지역 출입금지 등의 준수사항을 부과하는 경우에는 그러하지 아니하다.
1. 가해자에 대한 「보호관찰 등에 관한 법률」에 따른 보호관찰
2. 피해를 받은 아동 · 청소년의 주거 등으로부터 가해자를 분리하거나 퇴거하는 조치
3. 피해를 받은 아동 · 청소년의 주거, 학교 등으로부터 100미터 이내에 가해자 또는 가해자의 대리인의 접근을 금지하는 조치
4. 「전기통신기본법」 제2조 제1호의 전기통신이나 우편물을 이용하여 가해자가 피해를 받은 아동 · 청소년 또는 그 보호자와 접촉을 하는 행위의 금지
5. 보호시설에 대한 보호위탁결정 등 피해를 받은 아동 · 청소년의 보호를 위하여 필요한 조치

정답 │ ○

182

「아동 · 청소년의 성보호에 관한 법률」상 피해아동 · 청소년 등에 대한 보호처분의 판결 시 검사는 보호처분기간의 연장이 필요하다고 인정하는 경우, 법원에 그 기간의 연장을 청구할 수 있다. 이 경우 보호처분기간의 연장은 1회에 한하며, 연장기간은 6개월 이내로 한다.

해설 │ 검사는 보호처분기간의 연장이 필요하다고 인정하는 경우, 법원에 그 기간의 연장을 청구할 수 있다. 이 경우 보호처분기간의 연장횟수는 3회 이내로 하고 연장기간은 각각 6개월 이내로 한다(「청소년성보호법」 제42조 제3항).

정답 │ ×

183

「아동 · 청소년의 성보호에 관한 법률」상 성범죄로 유죄판결이 확정된 자의 신상정보 공개명령은 법무부장관이 정보통신망을 이용하여 집행한다.

해설 │ 공개명령은 여성가족부장관이 정보통신망을 이용하여 집행한다(「청소년성보호법」 제52조 제1항).

정답 │ ×

184

「아동 · 청소년의 성보호에 관한 법률」상 법원은 아동 · 청소년대상 성범죄를 범한 사람이 금고 이상의 선고형에 해당하고 보호관찰명령 청구가 이유 있다고 인정하는 때에는, 2년 이상 5년 이하의 범위에서 기간을 정하여 보호관찰명령을 병과하여 선고하여야 한다.

정답 │ ○

14 전통적 범죄(살인, 가정폭력, 비행청소년, 마약범죄 등)

01

대량살인은 한 사건에서 다수의 피해자를 발생시키는 행위를 말하고, 연속살인은 심리적 냉각기를 거치지 않고 여러 장소를 옮겨 다니며 살해하는 행위를 말하며, 연쇄살인은 한 사건과 그 다음 사건 사이에 심리적 냉각기가 존재하는 살인행위를 의미한다.

정답 | ○

02

폭스(Fox)와 레빈(Levin)은 대량살인범을 복수형 살인자(revenge killers), 사랑형 살인자(love killers), 편의형 살인자(expedience killers)로 분류하였다.

해설 | 폭스와 레빈은 대량살인범의 유형을 복수형 살인자(revenge killer), 치정형(사랑형) 살인자(love killer), 이익형 살인자(profit killer), 테러형 살인자(terrorist killer)로 분류하였고, 연쇄살인범의 유형을 스릴 추구형(thrill) 연쇄살인범, 사명 추구형(mission) 연쇄살인범, 이익 추구형(편의형)(expedience) 연쇄살인범으로 분류하였다.

정답 | ×

03

폭스(Fox)와 레빈(Levin)은 대량살인의 유형 중 하나인 사랑형 살인자가 대량살인의 유형 중에서 가장 많은 유형이라고 주장하였다.

해설 | 폭스와 레빈의 대량살인범의 유형 중에서 가장 많은 유형은 복수형 살인자이다.

정답 | ×

04

홈즈(Holmes)와 드버거(Deburger)의 연쇄살인범 유형 중 정신적 장애로 환청이나 환각 상태에서 살인을 행하는 것을 망상형 연쇄살인범이라고 하였다.

해설 | ◀ 홈즈와 디버거의 연쇄살인범 유형 ▶

유형	내용
망상형 (visionary)	• 환청이나 환각, 망상이 살인의 주요 원인으로 작용하는 유형 • 살인을 하라는 환청을 들었다던가, 살인을 안 하면 지진이 일어난다던가, 신의 계시가 있었다던가 하면서 자신의 연쇄살인을 정당화하는 경우
사명지향형 (mission)	• 자신의 신념을 기준으로 부도덕하거나 부정한 집단을 선택하고, 그 집단의 구성원을 살해 대상으로 하는 유형 • 현대사회의 가장 큰 문제는 최신기술이므로 과학자나 컴퓨터 관련 전문가를 살해한다던가, 성매매 여성은 사라져야 한다는 사명감으로 그들만을 살해하는 경우
쾌락추구형 (hedonistic)	• 살인 그 자체를 즐기면서 희열을 추구하는 유형 • 살인을 통해 자신의 성적 쾌락을 만족시키거나, 스릴을 느끼거나, 위안을 얻으려고 하며, 일반적으로 살해 후 시체를 토막 내는 경우
권력 · 통제지향형 (power/control)	• 주요 동기는 살해대상의 삶과 죽음을 통제할 수 있다는 우월감이지만, 성적 가해행위와 환상도 주요 원인으로 작용하는 유형 • 주로 피해자를 감금하고 지배하며 괴롭히고 자신의 명령에 복종하기를 강요하는 경우

정답 | ○

05

폭스(Fox)와 레빈(Levin)의 연쇄살인범 유형에서 세상을 변혁시키기 위한 어떤 임무를 수행하는 일환으로 연쇄살인 범죄를 저지르는 유형을 이익추구형 연쇄살인범이라 한다.

해설 | ◀ 폭스와 레빈의 연쇄살인범 유형 ▶

유형	내용
스릴추구형 (thrill)	연쇄살인범 중에서 가장 일반적인 유형으로, 성적 만족이나 지배를 추구하는 과정에서 연쇄살인을 저지르는 유형
사명추구형 (mission)	세상의 변혁을 위한 사명감으로 연쇄살인을 저지르는 유형
이익추구형 (expedience)	재정적 · 물리적 이익을 얻기 위해 또는 인식된 위협으로부터 스스로를 보호하기 위해 연쇄살인을 저지르는 유형

정답 | ×

06

폭스(Fox)와 레빈(Levin)은 복수형 살인범(Revenge Killers), 사랑형 살인범(Love Killers), 이익형 살인범(Profit Killers), 테러형 살인범(terror Killers)으로 대량살인범의 유형을 구분하였다.

정답 | ○

07

같은 시간에 같은 장소에서 여러 명을 살해하거나 한 사건에서 1명 또는 여러 명의 가해자가 4명 이상을 살해하는 것을 연쇄살인이라 한다.

해설 | 연쇄살인이 아닌 대량살인에 대한 설명이다. 연쇄살인은 세 곳 이상의 장소에서 세 명 이상의 사람을 살해하는 것으로서 살인과 살인 사이에 심리적 냉각기가 존재한다.

정답 | ×

08

살인범죄의 유형 중 표출적 살인은 피해자에 대한 살인 그 자체가 목적이 아니라 다른 목적을 성취하기 위하여 살인하는 경우이다.

해설 | 표출적 살인은 살인 그 자체가 목적인 반면, 도구적 살인은 다른 목적의 성취를 위해 살인을 수단으로 사용한다.

정답 | ×

09

질서형 살인(organized murdering)은 치밀하게 계획된 살인으로서 사후처리까지 빈틈이 없는 경우가 많다.

정답 | ○

10

보통 살인범죄의 가해자는 아는 사람보다 낯선 사람인 경우가 더 많다.

해설 | 보통 살인범죄의 가해자는 낯선 사람보다 아는 사람인 경우가 더 많다.

정답 | ×

11

우리나라의 살인범죄는 피해자와 가해자가 면식관계가 아닌 경우가 대부분이다.

해설 | 면식관계인 경우가 대부분이다.

정답 | ×

12

일반적으로 살인범죄는 범죄피해조사를 통한 실태파악이 용이하다.

해설 | 암수범죄 조사방법 중 하나인 범죄피해조사는 살인범죄, 마약범죄 및 경미한 피해에 대한 정확한 통계를 파악하기 어렵다.

정답 | ×

13

연쇄살인의 주요한 특징으로 가해자들은 사이코패스와 관련이 없다.

해설 | 많은 연쇄살인범은 반사회적 성격을 가진 사이코패스로 진단된다.

정답 | ×

14

연쇄살인은 반복 가능성이 있고, 사건 사이에 시간적 공백이 있으며, 심리적 냉각기를 가진다.

정답 | ○

15

그로스(Groth)의 강간유형 중 피해자를 자신의 통제하에 놓고 싶어 하는 유형으로, 여성을 성적으로 지배하기 위한 목적으로 행하는 것은 권력형이라고 한다.

해설 | ◀ 그로스가 분류한 강간의 3가지 유형 ▶
- 지배강간(power rape) : 피해자를 힘으로써 자신의 통제하에 두고 싶어 하는 유형으로(=권력강간), 능력 있는 남성이라는 자부심을 유지하기 위해 '강간'이라는 비정상적인 행위로 자신의 힘을 과시·확인하고자 한다.
- 가학성 변태성욕 강간(sadistic rape) : 분노와 권력에 대한 욕구가 성적으로 변형되어 가학적인 공격행위 그 자체에서 성적 흥분을 일으키는 정신병질적 유형으로, 철저한 사전계획하에 상대방을 다양하게 성적으로 모욕하는 등 반복적인 행동을 통해 쾌락과 만족감을 얻는다.
- 분노강간(anger rape) : 증오와 분노의 감정에 의해 촉발되는 우발적·폭력적 유형으로, 성적 만족을 위해서가 아니라 자신의 분노를 표출하고 상대방을 모욕하기 위한 행동으로서 심한 신체적인 학대를 가한다.

정답 | ○

16

최근 우리나라의 가정폭력 중 가정 내에서 자녀에 의한 부모학대가 감소하는 경향이 있다.

해설 | 2020년 기준 노인학대 판정건수는 2019년(5,243건)보다 19.4% 증가한 6,259건으로, 최근 5년간 증가폭이 8~10%, 적게는 1%에 머물렀던 것에 비해 1,000건 이상 급증했는데, 노인학대의 대부분은 자녀(아들 34.2%, 딸 8.8%), 배우자(31.7%) 등 가족에 의해 발생했다.

정답 | ×

17

가정폭력의 특징으로 경제적 수준을 살펴봤을 때 하층계급에만 국한된 문제로 볼 수 있다.

해설 | 여성가족부 가정폭력실태조사에 따르면, 가정의 소득수준과 상관없이 가정폭력이 발생하고 있다.

정답 | ×

18

우리 사회의 가정폭력범죄는 가정 내의 문제이기에 사회적 · 법적 개입은 대책으로 부적절하다.

해설 | 우리 사회의 가정폭력범죄는 가정 내의 문제만이 아니기에 적극적인 사회적 · 법적 개입이 필요하고, 이를 위해 「가정폭력범죄의 처벌 등에 관한 특례법」, 「가정폭력방지 및 피해자보호 등에 관한 법률」 등이 제정되었다.

정답 | ×

19

이혼한 전처, 동거하지 않는 4촌도 「가정폭력범죄의 처벌 등에 관한 특례법」상 가정구성원에 해당한다.

해설 | 친족이 가정구성원에 해당하기 위해서는 동거할 것을 요한다. 따라서 이혼한 전처는 가정구성원에 해당하나, 동거하지 않는 4촌은 해당하지 않는다.

「가정폭력범죄의 처벌 등에 관한 특례법」 제2조 【정의】 2. "가정구성원"이란 다음 각 목의 어느 하나에 해당하는 사람을 말한다.
가. 배우자(사실상 혼인관계에 있는 사람을 포함한다) 또는 배우자였던 사람
나. 자기 또는 배우자와 직계존비속관계(사실상의 양친자관계를 포함한다)에 있거나 있었던 사람
다. 계부모와 자녀의 관계 또는 적모(嫡母)와 서자(庶子)의 관계에 있거나 있었던 사람
라. 동거하는 친족

정답 | ×

20

국가경찰관서 유치장 또는 구치소에의 유치는 「가정폭력범죄의 처벌 등에 관한 특례법」에 규정되어 있는 가정폭력행위자에 대한 보호처분에 해당한다.

해설 | 보호처분이 아닌 임시처분에 해당한다.

> **「가정폭력범죄의 처벌 등에 관한 특례법」 제40조 【보호처분의 결정 등】** ① 판사는 심리의 결과 보호처분이 필요하다고 인정하는 경우에는 결정으로 다음 각 호의 어느 하나에 해당하는 처분을 할 수 있다.
> 1. 가정폭력행위자가 피해자 또는 가정구성원에게 접근하는 행위의 제한
> 2. 가정폭력행위자가 피해자 또는 가정구성원에게 「전기통신기본법」 제2조 제1호의 전기통신을 이용하여 접근하는 행위의 제한
> 3. 가정폭력행위자가 친권자인 경우 피해자에 대한 친권 행사의 제한
> 4. 「보호관찰 등에 관한 법률」에 따른 사회봉사 · 수강명령
> 5. 「보호관찰 등에 관한 법률」에 따른 보호관찰
> 6. 법무부장관 소속으로 설치한 감호위탁시설 또는 법무부장관이 정하는 보호시설에의 감호위탁
> 7. 의료기관에의 치료위탁
> 8. 상담소등에의 상담위탁

정답 | ×

21

「가정폭력범죄의 처벌 등에 관한 특례법」 제5조에 의하면, 진행 중인 가정폭력범죄에 대하여 신고를 받은 사법경찰관리는 즉시 현장에 임하여 응급조치를 취하여야 한다. 이 경우 피해자 또는 가정구성원이나 그 주거 · 직장 등에서 100미터 이내의 접근금지는 사법경찰관리가 취할 수 있는 응급조치에 해당한다.

해설 | 응급조치가 아닌 임시조치나 긴급임시조치에 해당한다.

> **「가정폭력범죄의 처벌 등에 관한 특례법」 제5조 【가정폭력범죄에 대한 응급조치】** 진행 중인 가정폭력범죄에 대하여 신고를 받은 사법경찰관리는 즉시 현장에 나가서 다음 각 호의 조치를 하여야 한다.
> 1. 폭력행위의 제지, 가정폭력행위자 · 피해자의 분리
> 1의2. 「형사소송법」 제212조에 따른 현행범인의 체포 등 범죄수사
> 2. 피해자를 가정폭력 관련 상담소 또는 보호시설로 인도(피해자가 동의한 경우만 해당한다)
> 3. 긴급치료가 필요한 피해자를 의료기관으로 인도
> 4. 폭력행위 재발 시 제8조에 따라 임시조치를 신청할 수 있음을 통보
> 5. 제55조의2에 따른 피해자보호명령 또는 신변안전조치를 청구할 수 있음을 고지

정답 | ×

22

아동학대 유형 중 신체적 학대는 아이의 자존심이나 욕구 등을 무시하여 굴욕감, 수치심, 분노, 애정결핍 등의 감정을 갖게 하는 행위이다.

해설 | 신체적 학대가 아닌 정서적 학대에 대한 설명이다.

◀ 아동학대 유형 ▶

유형	내용
신체적 학대	아동에게 신체적 손상을 입히거나 신체적 손상을 입도록 허용한 행위
정서적 학대	아동에게 가하는 언어적 · 정서적 위협, 억제, 감금, 기타 가학적 행위
성적 학대	성인의 성적 충족을 목적으로 아동과 함께하는 모든 성적 행위
방임 · 유기	고의적 · 반복적으로 아동의 양육 및 보호를 소홀히 함으로써 아동의 건강과 복지를 해치거나 정상적인 발달을 저해할 수 있는 모든 행위
아동매매	아동을 매매하는 행위

정답 | ×

23

우리나라 아동학대는 친부모에 의한 경우가 많지 않다.

해설 | 보건복지부 아동학대 주요통계에 따르면, 부모에 의해 발생한 아동학대 사례 중 친부에 의한 사례가 13,471건 (43.6%), 친모에 의한 사례가 10,745건(35.4%), 계부에 의한 사례가 578건(1.9%), 계모에 의한 사례가 312건 (1.0%) 순으로 높게 나타났다.

정답 | ×

24

아동학대에서 현행법상 아동은 19세 미만인 자를 말한다.

해설 | "아동"이란 18세 미만인 사람을 말한다(「아동복지법」 제3조 제1호).

정답 | ×

25

아동학대에 대해서 현행법상 누구든지 학대사실을 신고할 수 있다.

정답 | ○

26

소년범의 경우, 마약범죄보다는 「유해화학물질관리법」 위반범죄가 더 큰 비중을 차지하고 있다.

정답 | ○

27

최근 소년범죄의 경향을 볼 때 경제적으로 안정된 중류계층 출신 소년의 범죄는 줄어들고 있다.

해설 | 결손가정이나 저소득층 가정출신 소년의 범죄는 정체 또는 감소하고 있으나, 중류계층 이상 가정출신 소년의 범죄는 증가하고 있다.

정답 | ×

28

청소년비행의 일반적 특징으로는 집단화되는 경향이 있고, 형법범보다 특별법범이 더 많다는 것이다.

해설 | 2020년 기준 소년이 범한 형법범은 50,969건, 특별법범은 13,511건으로, 형법범이 특별법범보다 더 많다.

정답 | ×

29

최근 소년범죄의 일반적 특징은 우발적인 원인보다 보복적인 원인이 많고, 최근 10년간 발생건수가 증가하는 추세이다.

해설 | 2020년 기준 소년범죄의 범행동기는 우발 14,156건, 이욕 8,801건, 호기심 6,459건이었으며, 보복은 25건에 불과하였다. 또한 지난 10년간 전체 범죄의 연령별 발생추이를 살펴보면, 소년범(18세 이하), 19세~30세, 31세~40세, 41세~50세에 의한 범죄의 발생비는 감소한 반면, 51~60세, 61세 이상에 의한 범죄의 발생비는 증가하였다.

정답 | ×

30

최근 우리나라 소년범죄의 일반적인 특징은 재산범죄가 폭력범죄보다 많다는 점이다.

해설 | 소년범죄는 그 내용에 따라 폭력범죄, 재산범죄, 강력범죄, 교통범죄 등으로 구분되는데, 이 중 재산범죄의 발생비가 가장 높다.

정답 | ○

31

청소년비행의 일반적 특징으로 집단화 경향이 있고, 고연령화 경향이 있다.

해설 | 집단화 경향은 맞지만 고연령화 경향은 틀린 설명이다. 14세 소년범죄자의 수는 2016년 7,530건에서 2020년 9,124건으로 증가하였지만, 15세~18세 소년범죄자의 수는 계속 감소하는 추세이다. 즉, 청소년비행은 저연령화 경향이 있다.

정답 | ×

32

최근 청소년비행에 있어서 하류층보다 중류층의 청소년비행이 꾸준히 증가하고 있다.

정답 | ○

33

어릴 때 비행을 시작한 청소년보다 청소년기에 비행을 시작한 청소년이 만성적 범죄자가 될 가능성이 높다.

해설 | 어릴 때 비행을 시작한 청소년이 청소년기에 비행을 시작한 청소년보다 만성적 범죄자가 될 가능성이 더 높다.

정답 | ×

34

사회통제이론의 시각에서 보면 비행친구와 사귐으로 해서 비행을 저지르며, 비행친구와의 접촉이 중요한 요인이 된다.

해설 | '사회통제이론의 시각'이 아니라 '사회학습이론의 시각'이라고 해야 옳다.

정답 | ×

35

청소년비행에 있어서 부모와의 유대결여 등 가정환경 요인은 중요한 요인이 되지 못한다.

해설 | 부모와의 유대결여 등 가정환경 요인은 중요한 요인이 된다.

정답 | ×

36

가정의 빈곤을 소년범죄의 중요한 원인으로 생각하는 학자들은 환경적 요인보다 개인적 소질을 중요하게 생각하는 경향이 있다.

해설 | 가정의 빈곤을 소년범죄의 중요한 원인으로 생각하는 학자들은 개인적 소질보다 환경적 요인을 중요하게 생각하는 경향이 있다.

정답 | ×

37

형태적 결손가정뿐만 아니라 기능적 결손가정도 소년범죄의 한 원인이 된다.

정답 | ○

38

친구의 범죄성향에 상관없이 친구와의 애착이 강하면 청소년범죄의 발생가능성이 낮아진다.

해설 | 청소년범죄 대부분의 동기는 친구의 범죄성향으로부터 발생한다. 따라서 범죄성향이 강한 친구와의 애착이 강하면 청소년범죄의 발생가능성은 높아진다.

정답 | ×

39

마차(Matza)와 사이크스(Sykes)에 따르면, 일반소년과 달리 비행소년은 처음부터 전통적인 가치와 문화를 부정하는 성향을 가지고 있으며, 차별적 접촉과정에서 전통규범을 중화시키는 기술이나 방법을 습득한다.

해설 | 마차와 사이크스에 따르면, 비행소년은 전통적인 가치와 문화를 완전히 부정하지 않는다. 중화기술이론에서 대부분의 비행소년은 중화기술을 학습함으로써 관습적 행동으로부터 표류하여 범죄나 약물남용 등의 잠재적 행동에 참여할 뿐이다.

정답 | ×

40

레클리스(Reckless)에 따르면, 누구든지 비행으로 이끄는 힘과 이를 차단하는 힘을 받게 되는데, 만일 비행으로 이끄는 힘이 차단하는 힘보다 강하면 범죄나 비행을 저지르게 된다.

정답 | ○

41

성인은 해도 되지만, 청소년은 하면 안 되는 행동인 지위비행에는 절도, 음주, 흡연, 가출이 있다.

해설 | 지위비행이란 성인에게만 허용된 행위를 청소년이 하였을 때 문제시되는 것으로, 음주나 흡연을 비롯하여 가출, 무단결석, 음란물 접촉, 유흥장 출입 등 지위에 맞지 않는 문제행위를 의미한다.

정답 | ×

42

성추행은 대부분이 암수범죄로 되고, '신고 없는 범죄'라 불리며 피해자가 없거나 가해자와 피해자 구분이 어렵다.

해설 | 마약류 범죄에 대한 설명이다.

정답 | ×

43

마약류 범죄는 국제성을 가진 범죄이지만 조직범죄와는 전혀 관계가 없다.

해설 | 마약류 제조 · 공급 범죄자의 대다수는 국제성뿐만 아니라 광역성도 지닌 조직범죄와 관련이 깊다.

정답 | ×

44

약물중독으로 인한 금단현상은 충동적 범죄의 원인이 될 수 있고, 그에 따른 범죄의 대책으로 형벌보다는 치료와 교정이 선행되어야 한다.

정답 | ○

45

세계보건기구(WHO)에서 정의한 마약류의 특성으로 내성, 금단현상, 의존성, 개인 한정적 유해성을 언급하였다.

해설 | 세계보건기구는 마약류에 대해 약물사용에 대한 욕구가 강하고, 사용량이 증가하는 경향이 있으며, 금단현상 등이 나타나고, 개인뿐 아니라 사회에도 해를 끼치는 약물로 정의하였다.

정답 | ×

46

공황장애는 마약류의 복용을 중단한 뒤에도 부정기적으로 과거에 마약류를 복용했을 당시의 환각상태가 나타나는 현상이다.

해설 | 재발(재현)현상(flashback)에 대한 설명이다.

정답 | ×

47

마약류 약물 중 메스암페타민(필로폰)은 천연약물에 해당한다.

해설 | 메스암페타민(필로폰)은 천연약물이 아닌 합성약물 중 각성제로, 「마약류 관리에 관한 법률」상 향정신성의약품으로 분류된다.

정답 | ×

48

마약류 합성약물에는 메스암페타민(필로폰), L.S.D, 엑스터시, 대마초가 포함된다.

해설 | 대마초는 합성약물이 아닌 천연약물로, 「마약류 관리에 관한 법률」상 대마로 분류된다.

정답 | ×

49

양귀비와 관련 있는 약물은 아편, 헤로인, 모르핀, 코카인이 있다.

해설 | 생아편, 모르핀, 헤로인, 코데인 등은 천연마약인 양귀비에서 생산되는 반면, 코카인은 코카나무잎에서 생산된다.

정답 | ×

50

엑스터시(MDMA, 도리도리)는 각성제의 일종으로서 합성약물에 해당한다.

정답 | ○

51

아편은 향정신성의약품으로 분류되는 마약류이다.

해설 | 아편은 양귀비, 코카입(엽) 등과 함께 「마약류 관리에 관한 법률」상 마약으로 분류된다.

정답 | ×

52

헤로인(Heroin)은 속칭 '물뽕'으로 불리며 '데이트 강간 약물'로 사용되고 있는 약물이다.

해설 | GHB(물뽕)는 환각이나 수면, 진정 등의 효과를 야기하는 약물로, 비교적 최근 「마약류 관리에 관한 법률」상 향정신성의약품으로 지정되었으며, 다른 마약과 다르게 강간 등의 목적으로 타인에게 복용시키기 위한 용도로 사용된다. 헤로인은 양귀비를 가공한 반합성약물로서 「마약류 관리에 관한 법률」상 마약으로 분류된다.

정답 | ×

53

프로포폴(propofol)은 마약류 중 향정신성의약품이다.

해설 | 프로포폴은 수면마취제로 사용되며, 2010년 「마약류 관리에 관한 법률」상 향정신성의약품으로 지정되었다.

정답 | ○

54

천연마약이 아니라 향정신성의약품에 해당하는 엑스터시(Ecstasy)는 의사의 처방이 있으면 약국에서 구입이 가능하고, 감기약으로 진해작용이 있으며, 코데인 대용품이다.

해설 | 덱스트로메트로판(러미라)에 대한 설명이다.

정답 | ×

55

코카인은 대부분 코카나무 자생지인 콜롬비아(50%), 페루(32%), 볼리비아(15%) 등 남미 안데스산맥의 3개국에서 생산되고 있다.

정답 | ○

56

코카인 삼각지대는 파키스탄, 이란, 아프가니스탄 등의 국경지대로, 양귀비를 재배해서 모르핀, 헤로인 등으로 가공하여 세계 각국에 공급하는 지대이다.

해설 | 황금의 초승달지대에 대한 설명이다.

정답 | ×

57

마약의 주생산지인 황금의 삼각지대(golden triangle)에 속하는 나라는 라오스, 미얀마, 태국이다.

해설 | 황금의 삼각지대는 라오스, 미얀마, 태국의 접경지역으로, 고산지대에서 양귀비를 재배 · 가공하여 전 세계에 마약을 공급하였다.

정답 | ○

58

치료전략은 마약의 재배, 유통, 제조 등 공급을 차단하는 규제전략이다.

해설 | 생산지 관리전략에 대한 설명으로, 대량의 마약이 재배 · 가공되고 있는 해외 경작지를 파괴하고, 마약류 범죄조직을 검거함으로써 마약공급을 차단하는 규제전략이다.

정답 | ×

59

최근 마약범죄에서 마약류를 남용하는 사람들의 연령이나 직업이 특정연령이나 특정직업에 제한되고 있다.

해설 | 1980년대까지 마약류를 남용하는 사람의 연령이나 직업은 유흥업소를 중심으로 한 특정계층에 국한되었으나, 최근에는 연령이나 직업에 제한이 사라지고 있다.

정답 | ×

60

마약범죄는 '피해자 없는 범죄'의 전형을 이루고, 경마약의 복용은 중마약의 복용으로 이어지기 쉽다.

정답 | ○

---

15 특수범죄의 유형(조직범죄, 화이트칼라범죄, 사이버범죄 등)

01

종속계승이론에 의하면, 조직범죄의 원인은 이탈리아 시실리안의 마피아 조직이 미국으로 들어옴으로써 생긴 것이라고 본다.

해설 | 종속계승이론이 아닌 외생적 음모이론에 대한 설명이다. 종속계승이론에 의하면, 조직범죄의 원인은 여러 이민종족이 미국의 사회 · 경제적 구조 안에서 적응하기 위한 방편으로서 범죄조직을 만들거나 가입하게 된 것이라고 본다.

정답 | ×

02

조직범죄의 특성으로는 경제적 이득보다 정치적 이득을 우선한다는 점이다.

해설 | 조직범죄는 폭력, 협박, 공공사업 관계자 매수 등의 불법적 활동을 수단으로 경제적 이득을 우선하여 지속적으로 활동하는 범죄를 말한다.

정답 | ×

03

조직범죄는 계층적으로 조직되어 최소한 세 개 이상의 지위와 상호 밀접한 관계를 갖는 사람을 포함하는 비이념적 범죄이다.

정답 | ○

04

조직폭력범죄의 특성에서 조직의 목표는 정치적 이데올로기를 지향한다.

해설 | 조직범죄의 일반적인 특성은 정치적 이데올로기의 부재이다. 조직범죄에서의 일부 정치적 참여는 조직의 보호나 면책을 위한 것일 뿐, 정치적 이득보다는 경제적 이득을 우선한다.

정답 | ×

05

조직범죄의 일반적 특성으로는 조직 내 위치에 따른 임무와 역할이 분화되어 있고, 경제적 이득보다는 정치적 이득 추구에 집중한다는 것이다.

해설 | 정치적 이득보다는 경제적 이득 추구에 집중한다.

정답 | ×

06

조직범죄의 주요 활동영역으로는 인신매매, 자금세탁, 마약류 밀거래, 직권남용 등이 있다.

해설 | 직권남용은 조직범죄의 주요 활동영역이 아니다.

정답 | ×

07

아바딘스키(Abadinsky)가 제시한 조직범죄의 특징은 정치적 이념이 영리추구보다 우선이고, 조직활동 및 구성원의 참여가 일시적이라는 점이다.

해설 | 조직범죄의 특징은 정치적 이념 없이 영리추구를 우선하고, 조직활동 및 구성원의 참여가 영속적이라는 점이다.

정답 | ×

08

아바딘스키(Abadinsky)가 제시한 조직범죄는 조직의 지속적 확장을 위하여, 조직구성원이 제한되지 않고 배타적이지 않다.

해설 | 조직구성원은 매우 제한적이고 배타적이다.

◀ 아바딘스키(Abadinsky)가 제시한 조직범죄의 특성 ▶

- 비이념적: 정치적인 것에는 관심이 없고 오로지 '돈'과 권력이 목적이다.
- 위계적 구조: 조직구성원 간 권력구조(위계질서)가 계층적(수직적)으로 형성된다.
- 구성원 제한: 조직구성원은 매우 제한적이고 배타적이다.
- 영속적 활동: 조직의 활동이나 구성원의 참여가 평생 지속되는 경우가 많다.
- 불법수단 사용: 조직의 이익이나 목적을 위해 폭력, 뇌물 등을 동원한다.
- 분업화 · 전문화: 조직의 활동에서 임무나 역할을 철저하게 분업화하여 전문성을 확보한다.
- 독점성: 폭력, 뇌물 등을 동원하여 특정 사업분야를 독점한다.
- 규범통제: (합법적 조직과 같이) 규칙이나 규정에 따라 통제된다.

정답 | ×

09

조직범죄에 대한 양형 및 처우상의 대책으로는 사회 내 처우의 확대가 적절하다.

해설 | 조직범죄에 대한 양형 및 처우상의 대책으로 사회 내 처우 확대는 부적절하고, 교도소 등 시설 내 구금을 통한 무능(력)화가 바람직하다.

정답 | ×

10

블루칼라범죄는 '사회적으로 높은 지위를 가지고 있는 사람이 직업활동의 과정에서 저지르는 범죄'라고 서덜랜드(Sutherland)가 주장한 범죄유형이다.

해설 | 블루칼라범죄가 아닌 화이트칼라범죄에 대한 설명이다. 블루칼라범죄는 화이트칼라범죄와는 대조적으로 하류계층에 의한 범죄로, 주로 소규모이고 즉각적인 이익을 목적으로 한다.

정답 | ×

11

서덜랜드는 사회적 지위와 직업활동이라는 요소로 화이트칼라범죄를 개념정의한다.

정답 | ○

12

화이트칼라범죄는 범죄피해의 규모가 크지만, 범죄자는 물론 일반인도 중대한 범죄로 보지 않는 경향이 있다.

정답 | ○

13

화이트칼라범죄의 일반적 특성은 범죄피해가 일부 집단에 한정된다는 것이다.

해설 | 화이트칼라범죄는 정부나 기업과 같은 추상적인 실체나 사소한 피해를 입은 불특정 다수 등 분명히 드러나는 피해자 없이 그 피해가 크고 광범위하게 나타난다는 특성이 있다.

정답 | ×

14

화이트칼라범죄는 분명하게 드러난 피해자가 드물며, 피해의 규모가 크지 않다.

해설 | 피해의 규모가 크고, 그 범위도 광범위하다.

정답 | ×

15

화이트칼라범죄의 전형적인 형태로 절도, 사기, 횡령 등을 들 수 있다.

해설 | 화이트칼라범죄의 전형적인 형태로 뇌물, 탈세, 금융범죄 등을 들 수 있다. 절도, 사기, 횡령 등은 일반형사범죄로서 화이트칼라범죄에 해당하지 않는다.

정답 | ×

16

화이트칼라범죄는 사회 · 경제적 지위가 높은 사람들이 저지르는 일체의 범죄를 가리키는 용어이다.

해설 | 화이트칼라범죄는 사회 · 경제적 지위가 높은 사람들이 직무수행과정에서 저지르는 범죄를 가리키는 용어이다. 따라서 단순히 사회 · 경제적 지위가 높은 사람들이 직무수행과 관련 없이 저지르는 일반범죄는 화이트칼라범죄에서 제외된다.

정답 | ×

17

화이트칼라범죄는 사회지도층에 대한 신뢰를 파괴하고 불신을 초래할 수 있다. 또한 화이트칼라범죄는 청소년비행이나 하류계층 범인성의 표본이나 본보기가 될 수 있다.

정답 | ○

18 심화

화이트칼라범죄는 일반범죄에 비해 암수가 많지는 않다.

해설 | 암수가 많다.

정답 | ×

19 심화

화이트칼라범죄는 지능적·조직적으로 범하지만 비권력적·비관료적인 성질을 가지고 있다.

해설 | 권력적·관료적인 성질을 가지고 있다.

정답 | ×

20 심화

화이트칼라범죄는 직접적인 피해자를 제외하고는 다른 사람들에게 영향을 미치지 않는다.

해설 | 화이트칼라범죄로 인한 피해는 일반형사범죄에 비해 크고 광범위하여 사회에 미치는 영향이 크다.

정답 | ×

21 심화

화이트칼라범죄는 적발이 용이하므로 범죄통계를 통해 그 규모를 쉽게 확인할 수 있다.

해설 | 화이트칼라범죄는 분명히 드러나는 피해자 없이 그 피해가 크고 광범위하게 나타나므로, 적발이 어렵다.

정답 | ×

22 중요

오늘날 화이트칼라범죄(White-collar Crime)의 존재와 현실을 부정하는 사람은 없으나, 대체로 초기 서덜랜드(Sutherland)의 정의보다는 그 의미를 좁게 해석하여 개념과 적용범위를 엄격하게 적용하려는 경향이 있다.

해설 | 오늘날 화이트칼라범죄의 주체는 기업의 거물부터 범죄를 위해 시장을 이용하는 중류계층 등 더욱 광범위해지고, 그 유형은 소득세 탈세, 신용카드사기, 위장파산 등 더욱 다양화되고 있다.

정답 | ×

23

화이트칼라범죄는 범죄로 인한 피해의 규모가 크기 때문에 행위자는 죄의식이 크고 일반인은 범죄의 유해성을 심각하게 생각하는 것이 특징이다.

해설 | 화이트칼라범죄는 정부나 기업과 같은 추상적인 실체나 사소한 피해를 입은 불특정 다수 등 분명히 드러나는 피해자 없이 그 피해가 크고 광범위하게 나타난다는 특성이 있다. 그 결과 범죄자는 물론 일반인도 중대한 범죄로 보지 않는 경향이 있다.

정답 | ×

24

기업의 사무실에 침입해서 절도하는 행위는 화이트칼라범죄에 속한다고 볼 수 있다.

해설 | 화이트칼라범죄는 사회 · 경제적 지위가 높은 사람들이 직무수행과정에서 저지르는 범죄이므로, 기업의 사무실에 침입해서 절도하는 행위는 이에 해당하지 않는다.

정답 | ×

25

화이트칼라범죄의 예시로는 증권사 직원의 주식 내부거래, 변호사의 수임료 편취 행위, 공무원의 성범죄가 해당된다.

해설 | 화이트칼라범죄는 사회 · 경제적 지위가 높은 사람들이 직무수행과정에서 저지르는 범죄이므로, 공무원의 성범죄는 이에 해당하지 않는다.

정답 | ×

26

무어(Moore)가 제시한 화이트칼라범죄의 유형에서 횡령과 직원사기는 개인이 회사 기금이나 회사 재물을 횡령하기 위해 자신의 지위를 이용하는 것을 포함한다. 이때 그 범죄자를 고용한 회사나 조직은 화이트칼라범죄의 공범이 된다.

해설 | 이때 그 범죄자를 고용한 회사나 조직은 화이트칼라범죄의 피해자가 된다.

정답 | ×

27

범죄자는 스스로 일탈적 행태를 인식하면서 갖게 되는 죄의식을 강화해 주는 세 가지 중화기술을 사용하여 화이트칼라범죄를 범한다.

해설 | 2005년 Evans & Porche의 건강관리 종사자에 대한 인터뷰 연구결과에 따르면, 범죄자는 스스로 일탈적 행태를 인식하면서 갖게 되는 죄의식을 완화해 주는 세 가지 중화기술을 사용한다.

정답 | ×

28

화이트칼라범죄자는 낮은 자아통제력을 갖고 있으며, 범죄행동의 장기적 비용에 관한 고려 없이 금전적 충동에 따르는 경향이 높다.

정답 | ○

29

화이트칼라범죄의 대표적인 특징으로는 범행의 일회성이 있다.

해설 | 화이트칼라범죄는 직무수행과정에서 발생하므로 범행이 반복적으로 이루어진다.

정답 | ×

30

화이트칼라범죄가 다른 범죄와 구별되는 특징으로는 전문직업범적 성격을 가진다는 점이다.

해설 | 화이트칼라범죄의 특징 중 하나는 직업상 전문지식을 이용한다는 점인데, 전문지식의 대부분은 과학, 공학, 회계, 법률 등이다.

정답 | ○

31

화이트칼라범죄는 범죄자의 죄의식이 결여되는 경우가 많고 범죄사실의 입증이 쉬운 경우가 많다.

해설 | 화이트칼라범죄는 적발하더라도 그 범죄사실을 입증하고 책임주체를 밝히는 것이 매우 어렵다.

정답 | ×

32

서덜랜드(Sutherland)가 최초로 사용한 용어인 화이트칼라범죄에는 개인의 신용카드범죄, 마약범죄, 성폭력범죄 등이 포함된다.

해설 | 개인의 신용카드범죄, 마약범죄, 성폭력범죄 등은 포함되지 않는다.

정답 | ×

33

화이트칼라범죄(white collar crime)는 피해자뿐만 아니라 일반인도 피해의식이 높다.

해설 | 화이트칼라범죄는 정부나 기업과 같은 추상적인 실체나 사소한 피해를 입은 불특정 다수 등 분명히 드러나는 피해자 없이 그 피해가 크고 광범위하게 나타난다는 특성이 있으며, 일반인뿐만 아니라 피해자도 피해의식이 낮은 편이다.

정답 | ×

34

화이트칼라범죄란 서덜랜드(Sutherland)에 따르면, 사회적 지위가 높은 사람이 그 직업활동과 관련하여 행하는 범죄로 정의된다.

정답 | ○

35

화이트칼라범죄는 전문적 지식이나 기법을 기반으로 행해지기 때문에 대체로 위법성의 인식이 분명한 특성이 있다.

해설 | 화이트칼라범죄가 기업과 같은 조직 내에서 발생하는 경우, 해당 기업의 이윤창출을 목적으로 조직구성원이 합심하여 추진하는 것이 대부분이므로, 조직구성원이 스스로를 합리화하게 되고 위법성의 인식이 불분명해져 죄책감을 느끼지 못하는 경우가 많다.

정답 | ×

36

화이트칼라범죄는 업무활동에 섞여 일어나기 때문에 적발이 용이하지 않고 증거수집이 어려운 특성이 있으며, 경제발전과 소득증대로 화이트칼라범죄를 범하는 계층은 점차 확대되어 가는 경향이 있다.

정답 | ○

37

화이트칼라범죄는 지능적 · 조직적으로 범하지만 비권력적 · 비관료적인 성질을 가지고 있다.

해설 | 화이트칼라범죄는 지능적 · 조직적으로 범할 뿐만 아니라 권력적 · 관료적인 성질을 가지고 있다.

정답 | ×

38

화이트칼라범죄는 피해자뿐만 아니라 일반인도 높은 피해의식을 가지고 있고, 사회적인 명망가에 의해 발생하는 모든 범죄를 말한다.

해설 | 일반인뿐만 아니라 피해자도 피해의식이 낮은 편이며, 사회 · 경제적 지위가 높은 사람이 저지른 범죄일지라도 직무수행과정에서 저지른 범죄가 아닌 이상 화이트칼라범죄에서 제외된다.

정답 | ×

39

화이트칼라범죄의 통제방법 중 법을 따르도록 시장의 인센티브를 만들려는 시도로, 행위자보다 행위에 초점을 맞추는 전략은 준수전략이다.

해설 | 준수전략은 법률준수에 대한 인센티브를 제공함으로써 잠재적 범죄자의 순응을 이끌어내는 전략인 반면, 억제전략은 범죄자의 위반행위를 강력하게 처벌하여 향후 위반행위를 억제하기 위한 전략이다.

정답 | ○

40

준수전략은 화이트칼라범죄의 통제전략 중 화이트칼라범죄를 제한할 수 있는 유일한 방법은 처벌의 두려움을 통해서 잠재적 범죄자를 억제하는 것이라고 주장하는 전략이다.

해설 | 준수전략이 아닌 억제전략에 대한 설명이다.

정답 | ×

41

스토킹범죄의 특징으로 스토킹기간은 단기간에 집중된다.

해설 | "스토킹범죄"란 지속적 또는 반복적으로 스토킹행위를 하는 것을 말한다(「스토킹범죄의 처벌 등에 관한 법률」 제2조 제2호).

정답 | ×

42

1999년에 Mullen 등이 캐나다의 스토커 145명을 대상으로 한 정신의학 연구는 5개 유형의 스토커를 확인하였다. 스토커의 유형 중 약탈적 스토커는 공격을 준비하기 위해 피해자를 감시하는데, 이것은 그 성격상 금품을 약탈하기 위한 것이다.

해설 | 약탈적 스토커는 공격을 준비하기 위해 피해자를 감시하는데, 이것은 그 성격상 성적인 목적을 위한 것이다.

정답 | ×

43

「스토킹범죄의 처벌 등에 관한 법률」상 진행 중인 스토킹행위에 대하여 신고를 받고 현장에 출동한 사법경찰관리가 취할 수 있는 응급조치로서 국가경찰관서의 유치장 또는 구치소에의 유치가 있다.

해설 | 국가경찰관서의 유치장 또는 구치소의 유치는 응급조치가 아닌 잠정조치이다.

> 「스토킹범죄의 처벌 등에 관한 법률」 제3조 【스토킹행위 신고 등에 대한 응급조치】 사법경찰관리는 진행 중인 스토킹행위에 대하여 신고를 받은 경우 즉시 현장에 나가 다음 각 호의 조치를 하여야 한다.
> 1. 스토킹행위의 제지, 향후 스토킹행위의 중단 통보 및 스토킹행위를 지속적 또는 반복적으로 할 경우 처벌 서면경고
> 2. 스토킹행위자와 피해자등의 분리 및 범죄수사
> 3. 피해자등에 대한 긴급응급조치 및 잠정조치 요청의 절차 등 안내
> 4. 스토킹 피해 관련 상담소 또는 보호시설로의 피해자등 인도(피해자등이 동의한 경우만 해당한다)

정답 | ×

44

피싱범죄는 복수, 파괴 등 악의적인 목적을 달성하기 위한 사이버범죄에 해당한다.

해설 | 피싱범죄는 피해자를 속여 중요한 정보를 갈취하는 사이버범죄로, 「형법」상 사기죄에 해당한다. 복수, 파괴 등 악의적인 목적을 달성하기 위한 사이버범죄에는 컴퓨터 바이러스, 트로이목마, 사이버스토킹 등이 있다.

정답 | ×

45

경찰청은 사이버범죄를 '정보통신망 침해 범죄', '불법콘텐츠 범죄', '정보통신망 이용 범죄'로 구분하고 있다. 그중 인터넷 사기는 '정보통신망 침해 범죄'에 해당한다.

해설 | 인터넷 사기는 정보통신망 이용 범죄로, 「형법」상 사기죄에 해당한다.

◀ 사이버범죄 유형 ▶

정보통신망 침해 범죄	정보통신망 이용 범죄	불법 콘텐츠 범죄
• 해킹 • 서비스거부공격(DDos 등) • 악성프로그램 • 기타 정보통신망 침해형 범죄	• 사이버 사기 • 사이버 금융범죄(피싱, 파밍, 스미싱, 메모리해킹, 몸캠피싱 등) • 개인 · 위치정보 침해 • 사이버 저작권 침해 • 사이버 스팸메일 • 기타 정보통신망 이용형 범죄	• 사이버 성폭력 • 사이버 도박 • 사이버 명예훼손 · 모욕, 사이버 스토킹 • 기타 불법 콘텐츠 범죄 • 사이버 스팸메일

정답 | ×

46

경찰청은 사이버범죄를 '정보통신망 침해 범죄', '정보통신망 이용 범죄', '불법 콘텐츠 범죄'로 구분하고 있다. 해킹은 그중 정보통신망 침해 범죄에 속한다.

해설 | ◀ 경찰청 사이버범죄의 유형 구분 ▶
- 정보통신망 침해 범죄: 해킹, 서비스 거부공격, 악성프로그램, 기타 정보통신망 침해 범죄 등
- 정보통신망 이용 범죄: 사이버 사기, 사이버 금융범죄(피싱, 파밍, 스미싱, 메모리해킹, 몸캠피싱 등), 개인 · 위치정보 침해, 사이버 저작권 침해, 사이버 스팸메일, 기타 정보통신망 이용 범죄 등
- 불법 콘텐츠 범죄: 사이버 성폭력, 사이버 도박, 사이버 명예훼손 · 모욕, 사이버 스토킹, 사이버 스팸메일, 기타 불법 콘텐츠 범죄 등

정답 | ○

47

e-후킹은 해킹기법의 한 종류로, 이용자가 키보드를 누른 정보를 밖으로 빼돌리는 방법으로서 카드 비밀번호 등 중요한 정보를 유출시키는 기법이다.

정답 | ○

48

스푸핑이란, 속이거나 골탕먹이다는 의미로, 직접적으로 시스템에 침입을 시도하지 않고 피해자가 공격자의 악의적인 시도에 의한 잘못된 정보, 혹은 연결을 신뢰하게끔 만드는 일련의 기법들을 의미한다. 참고로, 스니핑이란 "냄새를 맡다."라는 의미로, 컴퓨터 네트워크상에 돌아다니는 패킷들을 훔쳐보는 것을 말한다.

정답 | ○

49

스미싱은 인터넷이 가능한 휴대폰 사용자에게 문자 메시지를 보낸 후 사용자가 웹사이트에 접속하면, 악성코드를 주입해 휴대폰을 통제하는 수법을 말한다.

정답 | ○

50

비싱은 피싱의 발전된 수법으로, 인터넷 전화로 금융기관을 가장하여 은행계좌에 문제가 있다는 자동 녹음된 메시지를 보낸 뒤, 사용자가 비밀번호 등을 입력하면 빼내가는 수법을 말한다.

정답 | ○

51

사이버범죄의 유형 중 컴퓨터 바이러스는 컴퓨터 시스템에 몰래 침투하여 컴퓨터 시스템과 파일을 파괴하는 컴퓨터 프로그램으로서 주로 컴퓨터 통신망이나 무단복사를 통해 옮겨진다.

정답 | ○

52

일반사이버 범죄는 정보통신망 자체를 공격대상으로 하는 불법행위로서 해킹, 크래킹, 바이러스 유포, 메일폭탄, 윈도우 공격 등을 말한다.

해설 | 일반사이버 범죄가 아닌 사이버테러형 범죄에 대한 설명이다.

◀ 사이버범죄 유형 ▶

일반사이버 범죄	사이버테러형 범죄
• 사이버공간을 이용한 일반적인 불법행위 • 사이버 사기, 사이버 성폭력, 사이버 도박, 사이버 명예 훼손, 명의도용 등	• 사이버공간 자체를 공격대상으로 하는 불법행위 • 해킹, 크래킹, 바이러스 유포, 메일폭탄, 윈도우 공격 등

정답 | ×

53

무어(R. Moore)가 분류한 해커의 6가지 유형 중 블랙 해커는 컴퓨터 시스템과 네트워크를 불법적이고 악의적인 접근으로부터 보호하기 위하여 프로그램을 작성한다.

해설 | 블랙해커가 아닌 화이트해커에 대한 설명이다. 블랙해커는 악의적 목적이나 개인적 이익을 위해 타인의 시스템에 불법침입하거나 시스템 자체를 파괴한다.

정답 | ×

54

무어(R. Moore)의 해커 분류에 의하면, 그중 해킹 행동주의자들은 그들의 정치적 메시지를 전파하기 위해서 컴퓨터 시스템이나 네트워크를 해킹하고자 시도한다.

정답 | ○

55

자료편취(data diddling)는 컴퓨터가 프로그램 본래의 목적을 실행하면서도 일부에서는 부정한 결과가 나올 수 있도록 프로그램 속에 특별한 프로그램을 은밀히 삽입하여 이용하고 범행 후에는 그 증거가 되는 부분의 프로그램을 전부 없애는 것이다.

해설 | 자료편취가 아닌 트로이목마에 대한 설명이다. 자료편취는 입·출력값을 위·변조하여 잘못된 결과값이 나오도록 유도하는 것을 말한다.

정답 | ×

56

디도스, 해킹, 바이러스 유포와 같은 범죄의 특징으로는 탈시공성, 익명성, 피해의 광역성, 비전문성이 있다.

해설 | '비전문성'이 아니라 '전문성'이라고 해야 옳다. 사이버범죄의 특성상 컴퓨터와 같은 기기를 사용하는 경우가 대부분이므로, 전문적인 지식을 가지고 있는 사람이 주로 사이버범죄를 저지른다.

정답 | ×

57

사이버범죄 중 해킹의 특징으로는 범행의 시간적·공간적 제약이 일반범죄에 비해 적고, 단순한 호기심이나 지적 과시의 동기에서 이루어지는 경우도 있다는 점이다.

정답 | ○

58

사이버범죄의 특징은 범죄현장의 발견과 범인의 현장검거가 전통적 범죄에 비해 상대적으로 용이하다는 점이다.

해설 | 사이버범죄는 온라인상에서 이루어지므로, 범죄현장의 발견과 범인의 현장검거가 전통적 범죄에 비해 상대적으로 어렵고, 범행의 반복과 지속이 가능하다.

정답 | ×

59

컴퓨터범죄의 특징으로는 입증의 곤란성, 피해의 광범위성, 대면적 범죄성이 있다.

해설 | 사이버범죄는 온라인상에서 이루어지므로 비대면적 범죄성이 특징이다.

정답 | ×

16 여성범죄

01

페미니스트이론으로 여성의 매춘이나 강간범죄를 설명하기 어렵다.

해설 | 초창기 페미니스트 범죄학 연구에 의하면, 전통적 범죄학은 여성범죄자와 관련된 많은 주제를 무시하거나 심각하게 왜곡하였고, 여성의 범죄행위를 거의 설명하지 못했다. 이에 반해 페미니스트 범죄학의 주요 관심사는 강간이나 배우자 폭행과 같은 여성을 대상으로 한 남성폭력의 직접적인 형태였으며, 여성의 범죄행위와 여성의 범죄행위를 촉진하는 사회문화적 기제에 집중하기도 하였다.

정답 | ×

02

달리(Daly)와 체스니-린드(Chesney-Lind)가 제시한 페미니스트 범죄학에 의하면, 전체적으로 범죄학 이론의 전통적 줄기는 남성과 여성 모두에게 정확하게 적용될 수 있다.

해설 | 기존의 일부 이론이 남성과 여성 모두에게 적용되지만, 전체적으로 범죄학 이론의 전통적 줄기는 여성범죄를 설명하기에는 부적절하다.

정답 | ×

03

페미니스트 범죄학의 유형 중 합의적 페미니즘에 의하면, 남성과 여성 간 권력의 불균형은 남성 우월적 신념을 주입하는 성차별적인 사회화 과정의 결과이다.

해설 | 급진적 페미니즘에 의하면, 남성과 여성 간 권력의 불균형은 남성 우월적 신념을 주입하는 성차별적인 사회화 과정의 결과이다. 페미니스트 범죄학의 유형으로서 합의적 페미니즘이란 없다.

정답 | ×

04

범죄현상에 대한 급진적 페미니즘은 임신, 출산, 육아에 있어 여성의 생물학적 특성에서 비롯된 역할로 인해 노동의 성 분업이 이루어졌고, 남성에 대한 여성의 의존도가 높아졌으며, 남성에게 더 많은 범죄기회가 주어졌다고 본다.

해설 | 사회주의 페미니즘에 대한 설명이다.

정답 | ×

05

범죄에 대한 급진적 페미니즘에 의하면, 자본주의체제로 인해 남성이 경제권을 장악하고 여성은 가사노동으로 내몰리면서 남성의 경제적 지배를 위협하는 여성의 행동은 범죄로 규정되었다.

해설 | 마르크스주의 페미니즘에 대한 내용이다.

정답 | ×

06

급진적 페미니즘에 의하면, 가부장제에서 비롯된 남성우월주의에 대한 믿음과 남성지배 – 여성종속의 위계구조가 사회 전반으로 확대되면서 여성에 대한 남성의 폭력이 정당화되었다.

정답 | ○

07

자유주의적 페미니즘에 의하면, 사회적·문화적으로 요구되는 전통적 성 역할의 차이로 인해 여성보다 남성이 더 많은 범죄를 저지른다.

정답 | ○

08

카플란의 자아훼손이론은 범죄율 및 처벌의 성별 차이를 설명하는 이론이다.

해설 | 카플란의 비행자아훼손이론은 범죄율 및 처벌의 성별 차이가 아닌 청소년비행을 설명하는 이론이다.

정답 | ×

09

기사도 가설(chivalry hypothesis)은 여성의 사회적 역할이 변하고 생활양식이 남성과 비슷해지면서 여성의 범죄율도 남성의 범죄율에 근접할 것이라고 설명하는 개념이다.

해설 | 기사도 가설이 아닌 신여성범죄자에 대한 설명이다. 기사도 가설은 여성의 범죄행위에 대한 형사사법기관의 관대한 처벌이 여성의 범죄율을 낮추는 원인이라고 주장한다.

정답 | ×

10

집합적 효율성(collective efficacy)은 성별에 따른 범죄율의 차이를 설명하는 관점이다.

해설 | 집합적 효율성은 지역구성원 간의 신뢰를 바탕으로 공공의 이익을 위해 개입하고자 하는 의지로, 집합적 효율성이
높은 지역사회에서는 범죄예방을 위한 조치에 다수가 참여할 것이라는 기대에 기초하여 비공식적 사회통제가
효율적으로 이루어진다. 즉, 집합적 효율성은 성별에 따른 범죄율과 관련이 없다.

정답 | ×

11

여성범죄의 일반적인 특징 중 하나로 자신과 무관한 사람을 범행대상으로 선정하는 경향이 있다.

해설 | 여성범죄는 범행대상이 면식관계인 경우가 대부분이다.

정답 | ×

12

여성범죄의 범행수법은 독살 · 유기 · 미신활용 등 비신체적 수법을 선택하는 경우가 많다.

정답 | ○

13

여성범죄의 특징으로 배후에서 공범으로 가담하는 경우보다는 정범으로 범죄를 행하는 경우가 많다.

해설 | 여성범죄의 대부분은 우발적 · 상황적이며, 배후에서 공범으로 가담하는 경우가 많다.

정답 | ×

14

암수범죄는 경미한 범행을 반복해서 자주 행하는 경우가 많고, 우발적으로 범죄를 행하며 은폐된
범죄성(masked criminality)을 가지고 매춘 · 도박 · 기타 풍속범죄 등의 범죄발생이 많다.

해설 | 암수범죄가 아닌 여성범죄에 대한 설명이다.

정답 | ×

15

여성범죄는 일반적으로 비교적 규모가 큰 범죄를 반복한다.

해설 | 여성은 경미한 범죄를 반복해서 자주 범하는 경향이 있다.

정답 | ×

16

폴락(Pollack)은 여성이 남성 못지 않게 범죄행위를 저지르지만, 은폐 또는 편견적 선처에 의해 통계상 적게 나타나는 것일 뿐이라고 지적하였다.

정답 | ○

17

롬브로조(Lombroso)는 범죄여성은 신체적으로는 다른 여성과 구별되는 특징이 없지만, 감정적으로는 다른 여성과 구별되는 특징이 있다고 설명하였다.

해설 | 롬브로조의 남성성 가설(masculinity hypothesis)에 의하면, 범죄여성은 신체적 측면뿐 아니라 감정적 측면에서도 다른 여성과 달리 범죄적 또는 비범죄적 남성과 가깝다.

정답 | ×

18

헤이건(Hagan)과 그의 동료들은 테스토스테론(testosterone)이 남성을 여성보다 폭력적으로 만든다고 주장하였다.

해설 | 헤이건은 가부장적 양육 여부에 의하여 자녀의 성별에 따른 비행의 차이가 나타난다는 권력통제이론을 주장하였는데, 이는 테스토스테론과 관련이 없다.

정답 | ×

19

헤이건의 권력통제이론에 의하면, 전통적인 가부장적 가정에서 아들은 딸보다 더 적은 통제를 받고 딸보다 더 많은 위험을 무릅쓰며 더 많은 비행을 범한다. 반면에, 더욱 평등적인 가정구조에서 아들과 딸은 유사한 사회적 통제를 받고 유사한 비행 수준을 경험한다.

정답 | ○

20

헤이건의 권력통제이론에 따르면, 균형 잡힌 가정구조(배우자의 권력 공유)는 비행에 있어서 남자 아이와 여자 아이의 차이를 줄이지만, 불균형적 가정구조(가부장적 가정구조)는 그러한 차이를 증가시킨다고 하였다.

정답 | ○

21

부스(Booth)와 오스굿(Osgood)은 테스토스테론과 성인범죄 사이에 강한 연관성이 인정된다고 하였다.

정답 | ○

22

범죄의 인구사회학적 특성으로는 청년기에는 지능범죄율이 높고, 노년기에는 폭력범죄율이 높다.

해설 | 일반적으로 연령층에 따라 상이한 종류의 범죄를 저지르는데, 청년은 '가시적인 범죄'를 주로 저지르는 반면, 노인은 '숨겨진 범죄'를 주로 저지른다. 특히 65세 이상의 남성노인은 알코올과 관련된 범죄(예) 공공장소에서의 주정, 음주운전 등), 여성노인은 절도범죄로 체포되는 경우가 많다.

정답 | ×

23

허쉬와 힌들랑은 지능이 비행에 직접적인 영향을 주는 것이 아니라, 비행에 대한 지능의 간접적 영향을 주장하였다.

정답 | ○

24

본성이론은 부모, 친척, 사회적 접촉, 학교, 또래집단 및 수많은 다른 사람으로부터 받은 환경적 자극이 아이의 지능지수를 형성하고, 비행과 범죄행동을 조장하는 환경 또한 낮은 지능지수에 영향을 미친다고 가정한다.

해설 | 지능에 관한 이론 중 본성이론이 아닌 양육이론에 대한 설명이다.

정답 | ×

25

범죄자의 특성으로 젊을수록, 하류계층일수록, 미혼일수록 폭력범죄를 저지를 가능성이 더 높다.

정답 | ○

26

폴락(Pollack)은 통계상 여성의 범죄율이 남성의 범죄율보다 현저히 낮은 이유는 여성이 범죄를 저지를 만한 상황에 이르면 남성이 여성을 대신하여 범죄를 저지르는 기사도 정신을 발휘하기 때문이 라고 보았다.

해설 | 폴락의 기사도 가설은 여성의 범죄행위에 대한 형사사법기관의 관대한 처벌이 여성의 범죄율을 낮추는 원인이라 고 주장한다. 이는 남성이 여성을 대신하여 범죄를 저지르는 것이 아니라, 여성의 범죄행위에 대한 남성의 일반적 인 태도, 즉 경찰은 여성을 체포하기를 꺼리고, 검찰은 여성을 기소하기를 꺼리며, 판사나 배심원은 여성에게 유죄를 선고하기를 꺼리는 등의 태도를 의미한다.

정답 | ×

27

달톤은 월경전증후군과 여성의 일탈행위의 관련성에 대한 연구를 최초로 수행하였다.

정답 | ○

28

소년비행에 있어 가정환경의 영향으로 최근에는 가정의 영향, 특히 외형적 결함의 중요성이 증대하고 있다.

해설 | 소년비행에 있어 가정환경의 영향으로 최근에 그 중요성이 증대하고 있는 것은, 결손가정과 같은 외형적 결함보다 는 가정의 기능(권위형, 애정형, 자유분방형, 간섭형 등)과 훈육의 일관성 등이다.

정답 | ×

29

인구사회학적 특성과 범죄의 일반적 관계 중 가정의 결손 여부는 청소년비행의 일관된 예측요인이다.

해설 | 결손가정의 자녀는 교양부족이나 정서발달 장애 등이 나타나는 경우가 많고, 이는 비행이나 범죄를 야기하는 중요한 원인이 될 수 있으나, 결손가정과 청소년비행이 직접적인 관계가 있다고는 할 수 없다.

정답 | ×

30

공식통계상 인구사회학적 특성과 범죄의 관계에서 사회경제적 지위와 범죄의 관계는 일관적이다.

해설 | 사회경제적 지위와 범죄의 관계는 많은 논쟁의 대상이 되고 있으나, 직접적인 관계가 없다고 볼 수 있다. 일례로 하류계층의 범죄가 상류계층의 범죄보다 두드러지게 많아 보이는 것은 계층에 따른 행동 차이가 아닌 차별적 법집행 때문일 수 있다.

정답 | ×

31

우리나라의 일반적인 범죄현상은 여성범죄율이 남성범죄율보다 더 높고, 폭력범죄 발생건수는 대도시보다 농어촌이 더 많다.

해설 │ 여성범죄율은 특정 사회에서의 여성의 지위나 여성에 대한 사회적 인식 등에 따라 다르지만, 일반적으로 남성의 10~20% 정도이다. 또한 대도시와 농어촌의 범죄율을 비교하자면, 대도시의 범죄율이 압도적으로 높고, 대도시의 환경은 거의 모든 종류의 범죄에 영향을 미친다.

정답 │ ×

32

포스트 모더니즘에 의하면, 권력의 불공평한 분배의 근원은 언어라고 간주한다. 권력을 가진 사람은 자신의 언어로 범죄와 법을 규정하며, 재소자나 가난한 사람처럼 자신의 통제에 반대하는 이들을 배제하거나 무시한다.

정답 │ ○

박상민 *Justice* 교정학

핵심지문 총정리

2
교정학

01 교정학의 이해

01

협의의 교정 개념에는 자유형 집행자, 미결수용자, 노역장 유치명령자, 자유박탈적 보안처분대상자가 포함된다.

해설 | 자유박탈적 보안처분대상자는 광의의 교정 개념에 포함된다.

구분	교정처우 대상자	관련 법률
최협의	자유형(징역 · 금고 · 구류) 집행대상자 + 노역장 유치명령자	형집행법상 수형자
협의	최협의의 교정처우 대상자 + 미결수용자 + 사형확정자 + 그 밖에 법률과 적법한 절차에 따라 교정시설에 수용된 자(피감치자 · 일시수용자)	형집행법상 수용자
광의	협의의 교정처우 대상자 + 자유박탈적 보안처분 대상자(보안처분 중 수용처분: 소년원수용처분 · 치료감호처분) + (시설 내) 중간처우 대상자	형집행법, 소년법, 치료감호법
최광의	광의의 교정처우 대상자 + 사회 내 처우 대상자	형집행법, 소년법, 보호관찰법 등

정답 | ×

02

교정은 수형자에 대해 이루어지므로 교정학의 연구대상은 형벌부과 대상인 범죄인에 국한된다.

해설 | 오늘날의 교정은 사회 내 처우까지 포함하는 최광의의 교정 개념으로 확대되고 있다. 따라서 교정학의 연구대상은 자유형 집행대상자 등 형벌부과 대상인 범죄인에 국한되지 않는다.

정답 | ×

03

교정학의 연구대상에는 효과적인 사회봉사명령의 실시에 관한 사항, 구치소 수용자의 관리에 관한 사항, 양형기준의 수립에 관한 사항, 가석방의 기준에 관한 사항이 포함된다.

해설 | 교정은 형 확정 이후의 절차이므로, 형 확정 이전의 절차인 수사와 재판(양형기준의 수립)에 관한 사항은 교정학의 연구대상에 포함되지 않는다.

정답 | ×

04

교정학은 자유형의 집행과정 등을 중심으로 교정 전반에 관한 이념과 학리를 계통적으로 연구하는 학문일 뿐만 아니라 사회학, 심리학, 정신의학 등 관련 학문의 종합적 응용이 요청되는 분야이다.

정답 | ○

05

형벌의 응보형주의에 따르면, 범죄는 정의에 반하는 악행이므로 범죄자에 대해서는 그 범죄에 상응하는 해악을 가함으로써 정의가 실현된다.

정답 | ○

06

응보형주의에 의하면, 범죄는 사람의 의지에 의하여 발생하는 것이 아니라 사회환경 및 사람의 성격에 의하여 발생하는 것이다.

해설 | 자유의사론을 기초로 하는 고전주의 범죄학은 형벌론으로서 응보형주의와 일반예방주의를 주장하였는데, 응보형주의에 의하면 범죄는 사회환경 및 사람의 성격이 아닌 사람의 의지에 의하여 발생하는 것이다.

정답 | ×

07

현대교정주의는 피해자에게 가해진 해악의 정도와 그 피해가 가해진 방법·형태에 상응하는 보복의 원칙에 따라 자유를 박탈하는 것이다.

해설 | 현대교정주의가 아닌 응보형주의에 대한 설명이다.

정답 | ×

08

교육형주의는 교육주의 입장에서 수형자에게 사회방위를 위한 형벌과 병행하여 직업교육, 기술교육, 개선교육 등을 실시하는 것이다.

해설 |

구분	내용
응보형주의(론)	18~19세기 행형의 경향으로서 형벌의 목적은 응보에 있고, 행형의 목적은 자유의 박탈에 있다.
목적형주의(론)	형벌은 사회방위의 수단으로서 그 목적은 범죄인의 격리를 통한 사회의 안전에 있다. 범죄인의 교육은 이후의 문제이다.

교육형주의(론)	범죄인의 격리, 즉 자유의 박탈을 위한 형벌은 사회방위와 함께 범죄인을 교육하기 위한 수단이다.
결론	어느 하나의 이론에 국한하지 않고, 범죄인을 교정하여 건전한 국민으로서 사회에 복귀시키는 것이 형벌의 목적이다.

정답 | ○

09

교도소의 특성을 설명하는 데 자주 이용되는 총체적 기관(total institution)이라는 개념은 사회학자 Erving Goffman이 미국의 교도소에서 오랜 기간 동안 참여관찰을 한 후 고안해 낸 개념이다.

해설 | 미국의 교도소가 아닌 정신요양원에서 오랜 기간 동안 참여관찰을 한 후 고안해 낸 개념이다.

정답 | ×

10

교정학은 감옥학에서 시작되어 행형학, 교정교육학, 교정보호론의 명칭으로 발전해 왔다.

해설 |

구분	내용
감옥학	• 시기: 19세기 후반(1870~1890년대) • 독일은 수용시설의 질서와 강제적 권위주의에 의한 감옥관리(안전 및 질서)에 중점을 두었다. • 일본은 질서와 강제적 권위주의에 의한 감옥관리의 범위 내에서 개별처우에 의한 개선도 인정하였다.
행형학	• 시기: 제1차 세계대전 이후 • 마사키 아키라(正木亮) 교수는 「행형의 제 문제」에서 노동·수양·능력발휘를 행형의 삼위일체로 주장하였다. • 감옥학이 감옥관리를 강조한 반면, 행형학은 교육형주의를 기반으로 범죄인에 대한 교육에 중점을 두었다(수형자 중심의 교육기능 강조).
교정교육학 (교정처우론)	• 시기: 제1차 세계대전 이후 • 독일에서 시작하여 영국과 미국의 교화행형(rehabilitation)으로 이념적 발전을 이루었다. • 결정론적 시각에서 계획적인 프로그램으로써 범죄인의 재범위험성 감소 내지 제거를 목적으로 하는 교정·교화개선·사회복귀에 중점을 두었다. • 개별처우의 강조로 제2차 세계대전까지는 큰 호응을 얻었으나, 시설 내 구금을 전제해야 한다는 한계에 봉착하였다.
교정보호론 (신응보론)	• 시기: 1970년대 후반 • 교정교육학의 특별예방효과에 대한 회의, 비용의 증가, 인권침해에 대한 비판 제기 등을 배경으로 등장하였다. • 알렌, 모리스, 윌슨, 포겔 등은 범죄인에 대한 강제적 치료보다는 정의에 입각한 처벌과 법률적 보호에 중점을 두었다. • 제지 및 억제이론으로 불리는 응보주의적 접근법을 강조하였다. • 반복적으로 범죄를 저지르는 소수 범죄인들을 사회로부터 장기간 격리하여 무력화할 필요가 있다는 그린우드(P. Greenwood)의 선별적 무능력화와, 선별적 무능력화를 구체적 제도로 실현한 삼진법(three strike out law)은 신응보론자들의 대표적 대안이다.

정답 | ○

11

선별적 무능력화는 집합적 무능력화에 비해 교정예산의 절감에 도움이 되지 않는다.

해설 | 선별적 무능력화는 교정예산의 절감에 도움이 된다.

◀ 선별적 무능력화 ▶

장점	• 상습 중·누범자들을 격리함으로써 범죄를 감소시킨다. • 교정시설의 과밀화 해소효과를 얻을 수 있다. • 경미한 범죄자의 사회 내 처우를 활성화하는 데 유리하다.
단점	• 중·누범자의 판단기준을 현재나 미래가 아닌 과거의 범죄전력에 둔다. • 격리된 중·누범자의 자리를 다른 범죄자가 차지하면 사실상 범죄 감소효과를 기대하기 어렵다. • 사형이 아닌 이상 중·누범자는 결국 사회로 복귀하게 되므로 무능력화는 일시적일 뿐이다.

정답 | ✕

12

선별적 무능력화는 잘못된 부정과 잘못된 긍정의 문제를 야기할 수 있다.

정답 | ○

13

선별적 무능력화는 교육형주의에 대한 회의를 배경으로 한다.

정답 | ○

14

선별적 무능력화는 과학적 방법에 의하여 재범의 위험성이 높은 것으로 판단되는 개인을 구금하는 방법이다.

정답 | ○

15

선별적 무능력화는 특별억제를 포기하고 일반억제를 강조하는 전략이다.

해설 | 집합적 무능력화에 대한 설명이다. 선별적 무능력화는 일반억제보다는 특별억제를 강조하는 전략이다.

정답 | ✕

16

선택적 무력화(selective incapacitation)는 과학적인 방법으로 범죄를 예측하고, 교정자원을 효율적으로 활용할 수 있다.

정답 | ○

17

선별적 무능력화는 처벌의 기준이 현재의 범죄행위보다는 과거의 범죄경력이나 개인의 속성에 따른 재범가능성에 근거한다.

정답 | ○

18

선별적 무능력화는 과학적인 범죄예측을 통하여 사회계층이나 인정, 경제수준에 따른 처벌의 편차를 줄이는 데 기여한다.

해설 | 선별적 무능력화의 이론적 문제는 장기간 구금시킬 대상의 선별에 있는데, 현재의 과학수준으로는 이에 대한 정확한 예측이 불가능하여 잘못된 부정(false negative)과 잘못된 긍정(false positive)의 문제를 야기할 수 있다.

정답 | ×

19

집단적 무력화(collective incapacitation)란 재범의 위험성이 높다고 판단되는 상습범죄자의 구금을 통해 추가적인 범죄가 발생할 가능성을 제거하는 것을 의미한다.

해설 | 집단적 무력화가 아닌 선택적 무력화에 대한 설명이다.

◀ 무능력화 ▶

구분		집합적 무력화	선별적 무력화
차이점	대상	유죄확정된 모든 강력범죄자	소수 중·누범자
	내용	• 가석방 지침이나 요건을 강화하여 가석방 지연 • 정기형하에서 장기형을 강제하는 법률 제정 • 선시제도에서 선행에 대한 가산점을 삭감하여 석방시기 지연	• 과학적 방법에 의해 재범위험성이 높은 것으로 판단되는 개인을 구금 • 위험성이 높은 범죄자일수록 장기간 구금 • 부정기형과 유사 • 지역사회교정 발전에 기여 • 잘못된 긍정의 오류나 부정의 오류 야기
공통점		범죄예방이 그 목적	

정답 | ×

02 교정처우모델

01

교화개선을 위한 처우모델은 무능력화 등 구금모델이다.

해설 | 교화개선을 위한 처우모델에는 의료모델, 개선모델, 재통합모델이 있다. 구금모델은 처벌을 위한 처우모델이다.

처벌을 위한 처우	교화개선을 위한 처우	사법정의를 위한 처우
구금모델	• 의료 = 치료 = 갱생모델 • 개선 = 적응 = 경제모델 • 재통합 = 재사회화모델	정의 = 사법 = 공정모델

정답 | ×

02

의료(치료 · 갱생)모델은 수용자에 대한 강제적 처우로 인권침해라는 비판을 받았다.

정답 | ○

03

의료(치료 · 갱생)모델은 처벌이 범죄자의 문제를 해결하는 데 도움이 되지 않는다고 주장한다.

정답 | ○

04

의료(치료 · 갱생)모델은 범죄인을 결정론적 관점에서 바라보며, 범죄원인에 따라 인성의 결함을 치료해야 한다는 모형으로, 부정기형제도의 이론적 기초가 되었다.

정답 | ○

05

의료모델(medical model)은 범죄자가 자신의 의지에 따라 의사를 결정하고 선택할 능력이 없으며 교정을 통해서도 치료할 수 없기 때문에 선택적 무력화(selective incapacitation)를 주장한다.

해설 | 의료모델은 결정론적 시각에서 범죄자를 일종의 환자로 취급하고, 범죄원인을 완치 가능한 치료대상으로 보았으며, 이를 위해 정신건강시설의 활용을 권장하였다. 선택적 무력화는 소수의 중·누범자를 장기간 격리시키는 처우이다.

정답 | ×

06

의료모형은 범죄자의 문제는 범죄가 발생한 사회 내에서 해결되어야 한다는 전제를 기초로 한 교정처우모델로, 지역사회에 기반한 교정프로그램을 강조한다.

해설 | 의료모형이 아닌 재통합모형에 대한 설명이다. 재통합모형에 따르면, 교화개선된 범죄자가 사회로 복귀하여 정상적으로 생활하기 위해서는 범죄문제를 유발한 사회도 변화되어야 하고, 변화된 사회가 교화개선된 범죄자를 다시 수용하여 통합되어야 한다.

정답 | ×

07

의료모델(Medical Model)은 치료를 통한 사회복귀를 목적으로 하는 것으로, 가석방제도를 중요시한다.

정답 | ○

08

의료모델이나 치료모델은 부정기형보다 정기형을 선호한다.

해설 | 정기형이 아닌 부정기형을 선호한다.

정답 | ×

09

부정기형제도는 정의모형에서 그 의미가 크다.

해설 | 부정기형제도는 의료·개선모형에서 그 의미가 크다.

정답 | ×

10

개선모델은 스스로를 변화시킬 수 있다는 믿음으로 가혹한 형벌을 지양하고 개선과 교화를 강조한다.

정답 | ○

11

적응모형은 범죄자는 병자이므로 처우를 필요로 하며 치료될 수 있다고는 믿지만, 동시에 자신의 행위에 대해서 책임질 수 있고 준법 여부에 대한 의사결정을 스스로 할 수 있다고 본다.

정답 | ○

12

개선모델은 범죄자 처우에 있어서 응보형 사상에 기초한 가혹한 형의 집행을 지양하고, 19세기의 교육형 사상을 기초로 한다.

정답 | ○

13

재통합모델은 범죄자의 사회재통합을 위해서 지역사회와의 의미 있는 접촉과 유대관계를 중시하므로 지역사회교정을 강조한다.

정답 | ○

14

적응모델(Adjustment Model)은 정의모델에 대한 비판·보완을 위해 등장한 교정처우기법으로, 현실요법과 교류분석을 중요시한다.

해설 | 적응모델은 1960년대 등장한 의료모델에 대한 비판·보완을 위해 등장한 것으로, 19세기 후반의 진보주의와 교육형주의 사상에 기초한다. 적응모델에 따르면, 범죄자는 결함이 있는 환자로서 치료의 대상이며, 스스로 의사결정을 하고 책임 또한 질 수 있다고 본다.
참고로, 교정처우기법으로는 현실요법과 교류분석을 중요시한다.

정답 | ×

15

재통합모형은 범죄자의 문제는 범죄문제가 시작된 바로 그 사회에서 해결되어야 한다는 가정 아래 지역사회에 기초한 교정을 강조한다.

정답 | ○

16

재통합모델은 수형자의 주체성과 자율성을 중시하여 수형자를 처우의 객체가 아니라 처우의 주체로 보기 때문에 처우행형과 수형자의 법적 지위 확립은 조화를 이루기 어렵다고 본다.

해설 | 처우행형과 수형자의 법적 지위 확립은 조화를 이루기 쉽다고 본다.

정답 | ×

17

재통합모델(Reintegration Model)은 사회도 범죄유발의 책임이 있으므로 지역사회에 기초한 교정이 중요함을 강조한다.

정답 | ○

18

정의모델(Just deserts)은 사법기관이나 교정기관의 재량권 남용에 대해 비판하고 부정기형의 폐지를 주장한다.

정답 | ○

19

정의모델(Justice Model)은 범죄자의 법적 지위와 권리보장이라는 관점에서 처우문제에 접근하는 것으로, 형집행의 공정성과 법관의 재량권 제한을 강조한다.

정답 | ○

20

정의모델(사법모델)은 범죄인처우모델(교정처우모델) 중 교화 · 개선을 위한 모델이다.

해설 | 정의모델은 교화 · 개선을 위한 모델과 거리가 멀다.

정답 | ×

21

교정처우모델 중 정의모델(사법모델)은 범죄자의 처우문제에 대하여 범죄자의 법적 지위의 보장이라는 차원에서 접근하려는 것으로, 교정제도의 개선보다 범죄자의 갱생에 목적을 두고 있다.

해설 | 정의모델은 처우의 중점을 공정성 확보에 두고, 형사정책의 기본목적인 사법정의의 실현을 목표로 하며, 적법절차에 따라 처우할 것을 강조한다. 따라서 범죄자의 갱생보다 교정제도의 개선에 목적을 두고 있다.

정답 | ×

22

정의모형은 수용자의 자율성을 존중하고, 수용자 개인의 변화와 지역사회의 변화를 강조하며 수용자가 사회복귀를 하는 것을 목적으로 한다.

해설 | 정의모형이 아닌 재통합모형에 대한 설명이다. 범죄자의 문제는 그 문제가 발생한 사회 내에서 해결되어야 한다고 전제하는 재통합모형에 따르면, 교화개선된 범죄자가 사회로 복귀하여 정상적으로 생활하기 위해서는 범죄문제를 유발한 사회도 변화되어야 하고, 변화된 사회가 교화개선된 범죄자를 다시 수용하여 통합되어야 한다.

정답 | ×

23

3진아웃과 관련된 것은 의료모델이다.

해설 | 의료모델이 아닌 정의모델이다.

정답 | ×

03 교정의 역사

01

조선시대의 형벌제도에서 형조에서 감옥과 범죄수사 업무를 담당했던 부서는 장금사이고, 죄수의 구금은 주로 의금부에서 시행하였다.

해설 | 죄수의 구금은 주로 전옥서에서 시행하였다.

중앙	형조	조선 초기에 설치된 육조 중 하나로, 국가의 사법과 노예 등에 관한 사무 총괄	
		4사(司)	상복사	중죄에 대한 복심(覆審) 담당
			고율사	법령의 조사 담당
			장금사	감옥과 범죄수사 담당
			장례사	노예(호적·소송)와 포로에 관한 업무 담당
		전옥서	죄수의 구금 담당
	사헌부	감찰기관으로서 풍속교정, 관리의 규찰 및 탄핵 등 담당	
	의금부	국왕 직속 수사기관으로서 특수범죄 담당	
	한성부	수도의 일반행정, 전국의 토지·가옥·묘지에 관한 소송 담당	
지방	관찰사	군·현의 행형(유형 이하) 관장, 도 내의 행정·사법·군사 총괄	
	수령	행정의 일부로서 행형(장형 이하) 관장, 형방의 소관	

정답 | ×

02

조선시대의 형벌제도에서 형조에서 감옥과 범죄수사 업무를 담당했던 부서는 전옥서이다.

해설 | 전옥서가 아닌 장금사이다.

정답 | ×

03

조선시대 죄인을 수감하던 전옥서는 갑오개혁 이후 경무청 감옥서로 변경되었다.

정답 | ○

04

조선시대의 형벌제도에서 질병에 걸린 자나 임신한 여자는 태형(苔刑)을 집행하지 않고 대신 속전을 받았다.

정답 | ○

05

조선시대의 형벌제도에서 장형(杖刑)은 태형보다 중한 벌로서 60대에서 100대까지 5등급이 있었고, 별도로 집행하는 경우도 있었지만 도·유형에 대하여 병과하는 것이 보통이며, 남형의 폐해가 많았다.

정답 | ○

06

조선시대의 형벌제도에서 유형(流刑) 중 안치(安置)는 왕족이나 고관현직자에게 적용되었고, 유거의 성질에 따라 본향안치(本鄕安置), 절도안치(絕島安置), 위리안치(圍籬安置) 등이 있었다.

정답 | ○

07

조선시대의 유형은 오늘날의 징역형에 해당하는 것으로, 장형이 부과되었다.

해설 | 유형은 오늘날의 (무기)금고형에 해당한다.

정답 | ×

08

조선시대 도형(徒刑)의 기간은 1년에서 5년까지 3종으로 구분하였는데, 장형(杖刑)이 병과되었다.

해설 | 도형의 기간은 1년에서 3년까지 5종으로 구분하였다.

정답 | ×

09

조선시대 형벌 가운데 도형(徒刑)과 유형(流刑)은 오늘날 자유형과 유사하다.

정답 | ○

10

조선시대 행형제도에서 도형(徒刑)에는 태형(笞刑)이 병과되었으며, 도형을 대신하는 것으로 충군(充軍)이 있었다.

해설 | 도형(徒刑)에는 장형이 병과되었다.

정답 | ×

11

절도안치는 관원에 대하여 과하는 유형의 일종으로, 일정 지역을 지정하여 거주하게 하는 형벌이다.

해설 | 절도안치가 아닌 중도부처에 대한 설명이다.

정답 | ×

12

충군은 왕족이나 현직고관인 사람에 한하여 일정한 장소에 격리시켜 유지하게 하는 형벌이다.

해설 | 충군이 아닌 안치에 대한 설명이다.

정답 | ×

13

조선 전기에는 신체에 먹물로 글씨를 새겨 넣는 자자형이 부가형으로 집행되기도 하였다(영조 때 폐지).

정답 | ○

14

조선시대 휼형의 사례로는 사형은 유형으로, 유형은 장형으로, 도형은 태형으로 처리하는 감형(減刑)이 있었다.

해설 | 사형은 유형으로 유형은 도형으로, 도형은 장형으로 처리하는 감형이 있었다.

정답 | ×

15

휼형제도[恤刑制度, 또는 휼수제도(恤囚制度)]는 조선시대에 들어와서 더욱 폭넓게 사용되었으며, 대표적으로 감강종경(減降從輕)과 보방제도(保放制度)가 있었다.

정답 | ○

16

조선시대의 형벌제도에서 사형수 외의 죄수로 친상을 당한 경우에는 현행법 규정의 특별귀휴와 같이 죄수를 석방하여 상을 치르게 하였다.

정답 | ○

17

조선시대에는 인신을 직접 구속할 수 있는 권한이 부여된 기관인 직수아문(直囚衙門)에 옥(獄)이 부설되어 있었다.

정답 | ○

18

고려·조선시대의 휼형(恤刑)제도는 오늘날 귀휴와 유사한 측면을 가지고 있었다.

해설 | ◀ 휼수(휼형)제도 ▶
- 조선시대의 휼수제도는 형벌을 가벼이 하거나 구금된 자를 보호하는 등의 정책으로, 죄수를 구제하는 제도적 장치이다.
- 감강종경(減降從輕)은 사형을 유형으로, 유형을 도형으로, 도형을 장형으로 감하는 제도로, 오늘날의 감형에 해당한다.
- 보방제도(保放制度)는 건강악화나 부모사망 등의 사유로 죄수를 일시석방하는 제도로, 1905년 「형법대전」에 규정되었고, 오늘날의 구속집행정지, 형집행정지 및 특별귀휴에 해당한다.

정답 | ○

19

1894년 갑오개혁을 계기로 종래의 전통적인 5형(태형, 장형, 도형, 유형, 사형) 중심의 형벌체계가 자유형 중심으로 전환되었다.

정답 | ○

20

근대적 자유형제도를 확립한 시기는 미군정시기이다.

해설 | 갑오개혁 이후이다.

정답 | ×

21

우리나라에서는 1894년 갑오개혁으로 「징역표」(5단계)가 제정되면서 수형자 분류사상이 처음으로 도입되었다고 한다.

정답 | ○

22

광무시대에 제정된 감옥규칙의 징역수형자 누진처우를 규정한 징역표는 범죄인의 개과촉진을 목적으로 수용자를 4종으로 분류하였다(보통자, 특수기예자, 노유자, 부녀자).

정답 | ○

23

갑오개혁 시 근대적 행형제도의 도입으로 '간수교습규정'이 제정되어 교도관학교를 설치 · 운영할 근거가 마련되었다.

해설 | 간수교습규정은 일제강점기인 1917년 일제에 의해 제정되었다.

정답 | ×

24

1895년 「징역처단례」를 통하여 장형(杖刑)과 유형(流刑)을 전면적으로 폐지하였다.

해설 | 1895년 「징역처단례」에서 장형을 폐지하였고, 유형은 정치범에 한하여 적용하였다.

정답 | ×

25

일제침략기에는 일본행형법규를 그대로 의용하여 근대적 교육형주의 행형을 시행하였다.

해설 | 일본행형법규를 그대로 의용하여 민족적 차별을 바탕으로 한 응보형주의 행형을 시행하였다.

정답 | ×

26

미군정하에서 실시된 우량수형자 석방령은 선시제(Good Time System)의 성격을 가진 것이다.

정답 | ○

27

미군정시대에는 재소자 석방 청원제도가 있었다.

정답 | ○

28

구금시설의 명칭은 감옥서 → 전옥서 → 형무소 → 교도소 순으로 변경되었다.

해설 | 우리나라 구금시설의 명칭은 뇌옥 · 영어 · 형옥 · 수옥(삼국시대) → 전옥서(고려 · 조선시대) → 감옥서(1894) → 형무소(1923) → 교도소(1961) 순으로 변경되었다.

정답 | ×

29

1948년 해방과 동시에 형무소에서 교도소로 명칭을 변경하였다.

해설 | 1961년에 형무소에서 교도소로 명칭을 변경하였다.

정답 | ×

교정시설과 수용자의 지위

01

네덜란드의 암스테르담 노역장은 가장 오래된 최초의 교정시설로 평가받고 있다.

해설 | 영국의 브라이드웰 노역장에 대한 설명이다.

◀ 교정시설 연혁 ▶

브라이드웰 노역장	1555	[영국] 최초의 교정시설
암스테르담 징치장	1595	[네덜란드] 최초의 자유형 집행시설
여자조사장	1597	암스테르담 징치장에 설치된 여성 수용시설로, 성별 분류의 기원
불량청소년 숙식소	1603	암스테르담 징치장에 설치된 청소년 수용시설로, 연령별 분류의 기원
산 미켈레 감화원	1704	[이탈리아] 소년교도소의 기원이자 최초의 분방식 교정시설
간트교도소	1773	[벨기에] 근대교도소의 기원(오번제의 시초라는 평가)
월넛구치소	1790	[미국] 최초의 독거수용 실시기관이자 펜실베니아제의 시초
엘마이라 감화원	1876	[미국] 미국 최초의 가석방 실시기관이자 상대적 부정기형제도의 시초
오번교도소	1914	[미국] 최초의 수형자자치제 실시기관이자 오번제의 시초(1823)

정답 | ×

02

벨기에의 간트교도소는 분류수용이 보다 과학적으로 시행되고, 개선된 의료시설을 구비한 가장 모범적인 근대교도소의 효시로 평가받고 있다.

정답 | ○

03

수형자에 대한 분류는 1597년 네덜란드의 암스테르담 노역장에서 남녀혼거의 폐해를 막기 위하여 남자로부터 여자를 격리수용한 것에서부터 시작되었다고 한다.

정답 | ○

04

감옥개량운동을 전개한 존 하워드는 수형자는 사회성을 유지하기 위하여 혼거하여야 한다고 주장
하였다.

해설 | 감옥개량운동을 전개한 존 하워드는 수형자의 인권보장과 건강유지를 위하여 독거하여야 한다고 주장하였다.

정답 | ×

05

전주형은 우리나라 대부분의 교도소 형태로서 계호 측면에서 인력절감 등의 장점이 있지만, 채광이
나 통풍 및 자연위생 면에서 불리한 시설의 형태이다.

해설 | 우리나라 대부분의 교도소 형태는 긴 복도를 중심으로 양편 또는 한편에 수용실이 일렬로 늘어선 전주형
(telephone pole type)으로, 위생 측면에서 유리하지만 계호 측면에서 많은 인력이 소요된다는 단점이 있다.

정답 | ×

06

「형의 집행 및 수용자의 처우에 관한 법률」상 수용형태는 원칙적으로 독거제이고, 예외적으로
혼거제를 채택하고 있다.

해설 | 「형의 집행 및 수용자의 처우에 관한 법률」(이하 「형집행법」) 제14조

정답 | ○

07

혼거제는 소란 · 난동 등 교정사고 예방에 효과적이다.

해설 | 다수의 수용자를 동일한 거실에 수용하는 혼거제는 소란 · 난동 등 교정사고 우려가 크다.

◀ 독거수용과 혼거수용 비교 ▶

구분	독거수용	혼거수용
장점	• 수용자 스스로의 반성이나 속죄 유도 • 수용자 간 범죄악풍 및 위생상 감염 예방 • 수용자별 개별처우 용이 • 수용자의 인권 및 명예감정 보호 • 미결수용자의 증거인멸, 공모, 위증 등 방지 • 교도관의 계호상 감시감독 및 질서유지 편리	• 형벌집행의 통일성 유지 • 공동작업을 통한 수용자의 재사회화 및 사회적 응훈련 용이 • 고립으로 인한 정신적 장애나 자살 방지 • 행형시설 건축비 및 인건비 절감 • 시설관리 용이
단점	• 수용자의 집단적 작업훈련, 재사회화 및 사회적 응훈련 불리 • 고립으로 인한 정신적 장애나 자살 우려 • 행형시설 건축비 및 인건비 다수 필요	• 수용자 간 범죄악풍 및 위생상 감염 우려 • 수용자별 개별처우 곤란 • 교도관의 계호상 감시감독 및 질서유지 곤란 • 출소 후 공동범죄 가능

정답 | ×

08

수형자 구금제도 중 혼거제의 장점은 범죄악풍의 감염가능성이 있고, 수형자의 사회성 훈련에 용이하다는 점이다.

해설 | 범죄악풍의 감염가능성은 혼거제의 단점이다.

정답 | ×

09

수형자 구금 시 혼거제의 장점은 자살방지와 개별처우가 가능하다는 점이다.

해설 | 자살방지는 혼거제의 장점이지만, 개별처우가 가능하다는 점은 독거제의 장점이다.

정답 | ×

10

독거제는 수용자의 정신적 개선에 중점을 둔 제도이지만, 혼거제는 사회적응력 함양에 중점을 둔 제도이다.

정답 | ○

11

처우의 개별화는 독거제와 관련이 있고, 혼거제의 근본적인 이유는 경제성과 밀접한 관계가 있다.

정답 | ○

12

독거제는 집단교화작업 부여에 불리하여 수용자의 재사회화에 적합하지 않다.

정답 | ○

13

독거제는 수용자의 개별적 처우 및 감시감독에 편리하다.

정답 | ○

14

독거제는 수용자의 반성·회오를 강조하는 것으로 수용자의 심리적 안정에 도움이 된다.

해설 | 독거제는 수용자 스스로의 반성이나 속죄를 유도할 수 있는 장점이 있는 반면, 고립으로 인한 정신적 장애나 자살의 우려가 크다는 단점도 있다.

정답 | ×

15

펜실베니아 시스템은 윌리엄 펜(William penn)의 참회사상에 기초하여 창안되었으며, 침묵제 또는 교담금지제로 불린다.

해설 | 필라델피아제는 절대침묵과 주야 구분 없는 독거수용이 강요되므로, 엄정독거제 또는 분방제로 불린다.

◀ 펜실베니아제와 오번제 비교 ▶

구분	펜실베니아제	오번제
주창자	윌리엄 펜, 벤자민 프랭클린	엘람 린즈
개선방법	엄정독거를 통한 정신수양	침묵과 집단훈련을 통한 재사회화
목표	정직한 사람	복종적 시민
생산성	종교적 수공업사회 지향	산업사회 지향(산업교도소의 전신)
공통점	사회로부터 격리하여 체계적이고 규칙적이며 훈육된 생활 추구	

정답 | ×

16

분류제는 펜실베니아제의 단점을 보완하는 데 도움이 된다.

해설 | 분류제는 혼거제의 단점, 즉 수용자의 공동생활로 인한 악풍감염 등을 예방하기 위한 목적에서 발전하였다.

정답 | ×

17

펜실베니아제는 교정교육, 운동, 의료활동, 교도작업 등의 운영에 가장 편리하다.

해설 | 펜실베니아제는 엄정독거를 강조하므로 교정교육, 운동, 의료활동, 교도작업 등의 집단적 작업훈련, 재사회화 및 사회적응훈련이 어렵다.

정답 | ×

18

오번 시스템(Auburn System)은 도덕적 개선보다 노동습관의 형성을 더 중요시한다.

정답 | ○

19

수형자를 주간에는 엄정한 침묵하에 일정한 작업에 종사케 하여 혼거시키고, 야간에는 각자 독방에
수용하여 침식케 하는 반독거구금제를 엘마이라제라고 한다.

해설 │ 엘마이라제가 아닌 오번제에 대한 설명이다.

정답 │ ×

20

오번제는 정직한 사람을 목표로 한 것이다.

해설 │ 펜실베니아제에 대한 설명이다.

정답 │ ×

21

엘마이라제(Elmira system)는 브로크웨이(Brockway)가 소년초범자를 대상으로 실시했었고, 마
코노키(Machonochie)의 점수제와 부정기형을 통합한 구금제도이다(3계급 중 신입자는 2급에
편입, 작업, 교육, 행장 각각 월 3점씩 부여하여 6개월이면 1급으로 상향하며, 초범이나 소년범을
대상으로 함).

해설 │ 엘마이라제는 점수제식 누진제인 마코노키의 잉글랜드제와 크로프턴의 아일랜드제에 부정기형제도를 결합한
것으로, 행형성적의 등급에 따라 처우를 완화하고 최종적으로 가석방하는 구금제도이다.

◀ 잉글랜드제와 아일랜드제 비교 ▶

구분	잉글랜드제	아일랜드제
창시자	마코노키	크로프턴
소득점수	매일 계산	매월 계산
처우단계	독거 → 혼거 → 가석방	독거 → 혼거 → 중간교도소 → 가석방
누진계급	5계급(고사급 · 제3급 · 제2급 · 제1급 · 최상급)	
최상급자	가석방	중간교도소로의 이송
가석방자	경찰감시 ×	경찰감시 ○

정답 │ ○

22

수형자자치제는 사회 내 처우의 일환으로 혼거제하에서 그 효용성이 높다.

해설 │ 수형자자치제는 시설 내 처우의 일환이다.

정답 │ ×

23

수형자자치제는 미국 메사추세츠주의 노포크(Norfolk)교도소에서 최초로 시작되었다.

해설 | 수형자자치제는 미국 뉴욕주의 오번교도소에서 최초로 시작되었다.

◀ 펜실베니아제와 오번제 비교 ▶

구분	펜실베니아제	오번제
주창자	윌리엄 펜, 벤자민 프랭클린	엘람 린즈
개선방법	엄정독거를 통한 정신수양	침묵과 집단훈련을 통한 재사회화
목표	정직한 사람	복종적 시민
생산성	종교적 수공업사회 지향	산업사회 지향(산업교도소의 전신)
공통점	사회로부터 격리하여 체계적이고 규칙적이며 훈육된 생활 추구	

정답 | ✕

24

수형자자치제의 목표는 '선량한 수형자'를 만드는 데에 있다.

해설 | 수형자치제의 목표는 선량한 수형자가 아닌 선량한 시민을 만드는 데에 있다.

정답 | ✕

25

수형자자치제는 부정기형제도보다 정기형제도하에서 더욱 효과적으로 운영될 수 있는 반면, 소수의 힘 있는 수형자에게 권한이 집중될 수 있어서 수형자에 의한 수형자의 억압과 통제라는 폐해를 유발할 수 있다.

해설 | 수형자자치제는 가석방을 전제하므로, 정기형제도보다 부정기형제도하에서 더욱 효과적으로 운영될 수 있다.

정답 | ✕

26

수형자자치제는 계호인원이 늘어 행형경비가 증가할 수 있다.

해설 | 수형자의 자치활동을 보장하므로 계호인원이 줄어 행형경비가 감소할 수 있는 반면, 시설경비가 증가할 수 있다.

정답 | ✕

27

수형자자치제는 다른 처우제도에 비하여 전문요원을 요하지 않는다는 점이 장점이다.

해설 | 자치활동에 적합한 수형자를 선정하기 위한 과학적 조사, 분류 및 운영에 필요한 전문인력 확보가 필수이다.

정답 | ✕

28

수형자자치제는 부정기형제도하에서 효과적인 것으로, 수형자에 대한 과학적 분류심사를 전제로 한다.

정답 | ○

29

수형자자치제는 수형자의 처우에 있어서 자기통제원리에 입각한 자기조절 훈련과정을 결합한 것으로, 수형자의 사회적응력을 키울 수 있다.

정답 | ○

30

수형자자치제는 교도관의 권위를 저하시킬 수 있고, 소수의 힘 있는 수형자에 의해 대다수의 일반수형자가 억압 · 통제되는 폐단을 가져올 수 있다.

정답 | ○

31

우리나라에서는 개방처우급 · 완화경비처우급 수형자에 대해서 부분적으로 자치제를 실시하고 있다(오스본이 오번교도소에서 실시한 자치는 전면자치).

정답 | ○

32

오스본(T. Osborne)은 1914년 싱싱교도소(Sing Sing Prison)에서 행형시설 최초로 수형자자치제를 실시하였다.

해설 | 최초의 수형자자치제는 1914년 미국의 오스본이 오번(Auburn)교도소에 소년공화국제도를 도입함으로써 시작되었다.

정답 | ×

33

카티지제는 가족적 분위기를 창출할 수 있다는 장점이 있는 반면, 독거제와 혼거제의 단점이 모두 나타날 수 있다는 문제점이 있다.

해설 | 카티지제는 독거제와 혼거제뿐만 아니라 점수제의 단점도 보완할 수 있다는 장점이 있다.

정답 | ×

34

선시제도는 행형이념의 변화에 따른 사회 내 처우의 한 형태이다.

해설 | '사회 내 처우'가 아니라 '시설 내 처우'라고 해야 옳다.

정답 | ×

35

선시제도는 자발적 참여를 기초로 하므로 관리 위주나 처벌의 부정적 형태로의 운영가능성은 없다

해설 | 관리 위주나 처벌의 부정적 형태로의 운영가능성이 있다.

정답 | ×

36

선시제도는 관리 위주나 처벌의 부정적 형태로의 운영가능성이 많다.

해설 | ◀ 선시제도와 가석방제도 요약비교 ▶

구분	선시제도	가석방제도
처우성격	시설 내 처우	사회 내 처우
보호관찰	임의적 부과	필요적 부과(예외 ○)
요건충족 시 조치	필요적 석방	임의적 석방
효력	형기의 종료	형집행방법의 변경에 불과
판단기준	선행과 근면	교정성적과 재범위험성

정답 | ○

37

미국의 경우, 3진 아웃제와 같은 범죄에 대한 강력한 대응책이 과밀수용을 초래하였다고 볼 수 있다.

정답 | ○

38

소극적 전략(Null Strategy)은 수용인구가 증가하더라도 교정시설에서는 그만큼의 인구를 수용할 수밖에 없다는 전략으로, 단기적으로 교정시설의 증설을 회피할 수 있으나 장기적으로는 과잉수용으로 인해 직원들의 재소자에 대한 통제력이 약화될 수 있다.

해설 | ◀ 블럼스타인의 과밀수용 해소방안 ▶

구분	내용
무익한(소극적) 전략	수용인원이 고정된 교정시설에 늘어나는 재소자를 계속해서 수용하는 전략
선별적 무능력화 전략	소수의 상습 중·누범자만을 선별하여 수용함으로써 교정시설을 보다 효율적으로 운영하는 전략으로, 강력범죄를 예방함과 동시에 교정시설 수용인구를 줄일 수 있어 과밀수용 문제를 어느 정도 해소할 수 있다.
인구감소 전략	• 정문정책: 교정 이전 단계에서 보호관찰, 가택구금, 벌금, 사회봉사명령 등의 비구금적 제재로 전환하는 전략(형사사법망의 확대 초래) • 후문정책: 교정단계에서 가석방이나 선시제도 등으로 재소자를 조기석방하여 교정시설의 공간을 확보하는 전략(회전식 교도소문 증후군 발생)
양형결정 시 수용능력 고려 전략	법원에 교정시설의 현황과 수용능력에 관한 자료를 제공하고, 양형결정 및 형선고 시 이를 참고토록 하는 전략으로, 교정의 주체성이나 능동성 등의 확보를 강조한다.
교정시설 증설 전략	수용인원이 증가함에 따라 교정시설을 증설하는 전략으로, 비용증가 문제와 함께 교정당국의 관료제화에 따라 다시 과밀수용 문제가 발생할 수 있다는 문제가 제기된다.

정답 | ○

39

후문(Back-Door)전략은 일단 수용된 수용자를 대상으로 보호관찰부 가석방, 선도조건부 기소유예, 선시제도 등을 적용하여 새로운 입소자를 위한 공간을 확보하자는 것으로 형사사법망의 확대를 초래한다.

해설 | 선도조건부 기소유예와 형사사법망의 확대 초래는 정문전략에 대한 설명이다.

정답 | ×

40

가석방, 사면, 노역유치 억제는 후문해소정책이다.

해설 | 노역유치 억제는 정문해소정책이다.

정답 | ×

41

과밀수용 해소방안으로 선별적 무능화, 사회적 처우의 확대, 전자감시 가택구금, 교정시설의 민영화 등이 있다.

해설 | 귀휴, 외부통근, 주말·휴일구금 및 사회 내 시설 이용 등 사회적 처우의 확대는 과밀수용 해소방안이 될 수 없다.

정답 | ×

42

과밀수용 해소방안으로 선별적 무능력화, 가석방 확대, 법과 질서의 확립, 불구속 수사의 확대 등이 논의된다.

해설 | 법과 질서의 확립은 형사정책의 강화를 유발하므로, 결과적으로 수용자의 증가로 인한 교정시설의 과밀수용을 초래한다.

정답 | ×

43

교정의 주체성 확보를 통해 과밀수용 문제를 해소하고자 하는 노력은 인구감소 전략이라고 할 수 있다.

해설 | 인구감소 전략이 아닌 양형결정 시 수용능력 고려 전략이라고 할 수 있다.

정답 | ×

44

독일의 프로이덴탈은 수형자의 권리의무는 행정규칙으로 규제할 수 없으며, 반드시 법률 또는 법규명령에 의하여야 한다는 행형법치주의를 주장하였다.

정답 | ○

45

특별권력관계이론은 수형자의 권리구제에 긍정적으로 작용한다.

해설 | 포괄적 지배복종관계를 인정하기에 부정적으로 작용한다.

정답 | ×

46

1972년 서독의 연방정부재판소는 국가의 수형자에 대한 관계를 일반권력관계로 파악하고, 법률유보원칙을 적용하였다.

정답 | ○

47

실질적 법치주의에 따르면, 행형법정주의란 단지 행형에 관한 사항을 법률로 정하는 데에 그치지 않고, 행형절차의 적정도 포함된다고 설명하고 있다.

정답 | ○

48

비사법적 방법은 사법적 방법에 비해 많은 시간과 비용이 소요되며, 전문가의 조언을 받아야 하는 등의 사정 때문에 수형자가 손쉽게 이용하기 곤란하다.

해설 | '사법적 방법은 비사법적 방법에 비해'로 고쳐야 맞는 표현이다.

정답 | ✕

49

사법적 수용자의 권리구제방법은 비사법적 방법에 비해 많은 시간과 비용이 소요되며, 전문가의 조언을 받아야 하는 등의 사정 때문에 수형자가 손쉽게 이용하기 곤란하다.

해설 | ◀ 청원 등 요약 ▶

구분	청원	순회점검	소장면담	시찰	참관
권리구제	○	○	○	✕	✕
주체	수용자	장관, 순회점검공무원	수용자	판사 · 검사	일반인
목적	처우불복	감독작용	처우	직무상 필요	학술연구 등
허가(결정)	장관, 지방교정청장	장관	소장	직무상 인정	소장
횟수	제한 없음	매년 1회 이상	제한 없음	수시	소장허가 시

정답 | ○

50

사법적 권리구제수단으로는 행정소송, 민 · 형사소송, 청원, 헌법소원이 있다.

해설 | 행정소송, 민 · 형사소송, 헌법소원은 사법적 권리구제수단인 반면, 청원은 비사법적 권리구제수단이다.

정답 | ✕

51

수용자는 교도소의 위법한 행정에 대하여 행정소송을 할 수 있다. 다만, 행정소송 이전에 행정심판을 반드시 거칠 필요는 없다.

정답 | ○

52

수용자는 교도소의 처우에 대하여 행정심판 및 행정소송을 제기할 수 있으나, 헌법소원의 제기는 불가능하다.

해설 | 헌법소원의 제기도 가능하다.

정답 | ×

53

수형자가 헌법소원 사건의 국선대리인의 변호사를 접견함에 있어서 교도관이 그 접견내용을 녹음, 기록한 행위는 해당 수형자의 재판을 받을 권리를 침해한다.

정답 | ○

54

소장면담의 신청은 반드시 문서로써 한다.

해설 | 소장면담의 신청은 서면 또는 구두로써 한다.

정답 | ×

55

수용자는 자신의 처우에 관한 불만사항에 대해서만 소장에게 면담을 신청할 수 있다.

해설 | 수용자는 그 처우에 관하여 소장에게 면담을 신청할 수 있다(「형집행법」 제116조 제1항). 이때 처우에 관한 사항이면 그 사유에 제한은 없다.

정답 | ×

56

소장은 면담한 결과 처리를 요하는 사항에 대하여는 그 결과를 수용자에게 알릴 필요가 없다.

해설 | 소장은 면담한 결과 처리가 필요한 사항이 있으면 그 처리결과를 수용자에게 알려야 한다(「형집행법」 제116조 제4항).

정답 | ×

57

청원권자는 수형자, 미결수용자, 내·외국인을 불문하고 「형의 집행 및 수용자의 처우에 관한 법률」상 수용자이다(가석방자 제외).

정답 | ○

58

소장은 특별한 사정이 있으면 소속 교도관으로 하여금 그 면담을 대리하게 할 수 있으며, 이 경우 면담을 대리한 사람은 그 결과를 소장에게 지체 없이 보고하여야 한다.

정답 | ○

59

수용자는 그 처우에 관하여 불복하는 경우 법무부장관, 순회점검공무원 또는 관할 지방법원장에게만 청원할 수 있다.

해설 | 법무부장관, 순회점검공무원 또는 관할 지방교정청장에게만 청원할 수 있다(「형집행법」 제117조 제1항).

정답 | ×

60

수용자는 자기 또는 타인의 처우에 대한 불복이 있는 경우 법무부장관·순회점검공무원 또는 관할 지방교정청장에게 청원할 수 있다.

해설 | 수용자는 자기의 처우에 관하여 불복하는 경우에만 청원할 수 있다(「형집행법」 제117조 제1항).

정답 | ×

61

수용자가 순회점검공무원에게 말로 청원하여 순회점검공무원이 그 청원을 청취하는 경우에는 해당 교정시설의 교도관이 참여한다.

해설 | 순회점검공무원이 청원을 청취하는 경우에는 해당 교정시설의 교도관이 참여하여서는 아니 된다(「형집행법」 제117조 제4항).

정답 | ×

62

수용자가 교정시설의 처우에 불복하는 경우, 교정시설의 소장에게 청원할 수 있다.

해설 | 수용자는 그 처우에 관하여 불복하는 경우 법무부장관·순회점검공무원 또는 관할 지방교정청장에게 청원할
수 있다(「형집행법」 제117조 제1항).

정답 | ×

63

비사법적 권리구제수단으로서 서면으로 청원을 하는 경우, 수용자는 청원서를 작성하여 봉한 후
소장 또는 순회점검공무원에게 제출하여야 한다.

해설 | 청원하려는 수용자는 청원서를 작성하여 봉한 후 소장에게 제출하여야 한다. 다만, 순회점검공무원에 대한 청원은
말로도 할 수 있다(「형집행법」 제117조 제2항). 즉, 서면청원은 소장에게만 한다.

정답 | ×

64

수용자의 청원은 단독청원과 공동청원으로 구분된다.

해설 | 공동청원은 인정되지 않는다.

정답 | ×

65

비사법적 권리구제제도로서 옴부즈맨(Ombudsman)의 독립성과 전문성을 확보하기 위해서는 교
정당국이 임명하여야 한다.

해설 | 옴부즈만은 보통 행정부나 의회의 위촉에 의하지만, 국민의 권리를 보호·구제하기 위해 독립된 직무를 수행하는
비사법적 권리구제제도이자 대리인이다. 따라서 교정 옴부즈만의 경우, 교정당국이 직접 임명하게 되면 독립성과
전문성을 확보하기 어려워진다.

정답 | ×

66

옴부즈만은 원래 정부관리에 대한 시민의 불평을 조사할 수 있는 권한을 가진 스웨덴의 공무원제도
에서 유래하였다.

정답 | ○

67

수용자는 법무부장관에게 직접 청원할 수 있으나, 소장에게 청원의 취지를 미리 구두나 서면으로 알려야 한다.

해설 | 수용자는 법무부장관에게 청원할 수 있으나 직접 할 수는 없다(「형집행법」 제117조 제1항). 청원하려는 수용자는 청원서를 작성하여 봉한 후 소장에게 제출하여야 하는데(동조 제2항 본문), 이때 소장에게 청원의 취지를 미리 구두나 서면으로 알릴 필요는 없다.

정답 | ✕

68

수용자가 청원서를 작성하면 교도관은 이를 봉한 후 소장에게 제출하여야 한다.

해설 | 교도관이 아닌 수용자가 제출하여야 한다(「형집행법」 제117조 제2항 본문).

정답 | ✕

69

소장은 수용자의 청원이 교화상 현저히 부적당하다고 인정하는 때에는 이를 폐기할 수 있다.

해설 | 폐기할 수 없다.

정답 | ✕

70

소장은 특별한 사유가 없는 한 청원서를 개봉하여서는 아니 되며, 지체 없이 이를 법무부장관에게 송부하여야 한다.

해설 | 소장은 청원서를 개봉하여서는 아니 되며, 이를 지체 없이 법무부장관·순회점검공무원 또는 관할 지방교정청장에게 보내거나 순회점검공무원에게 전달하여야 한다(「형집행법」 제117조 제3항). 소장이 청원서를 개봉하여야 하거나, 개봉할 수 있는 사유는 없다.

정답 | ✕

71

청원에 관한 결정은 문서 또는 말로 할 수 있다.

해설 | 청원에 관한 결정은 문서로 하여야 한다(「형집행법」 제117조 제5항).

정답 | ✕

72

순회점검공무원에 대한 청원은 말로도 할 수 있으며, 이때 그 내용을 전부 녹음하여야 한다.

해설 | 순회점검공무원은 수용자가 말로 청원하는 경우에는 그 요지를 청원부에 기록하여야 한다(「형집행법 시행령」 제139조 제2항).

정답 | ×

73

소장은 수용자가 관할 지방교정청장에게 청원하는 경우, 그 인적사항을 청원부에 기록하여야 한다.

해설 | 관할 지방교정청장이 아닌 순회점검공무원에게 청원하는 경우이다(「형집행법 시행령」 제139조 제1항).

정답 | ×

74

소장은 수용자가 순회점검공무원에게 청원한 경우 인적사항과 청원요지를 청원부에 기록한다.

해설 | 소장은 그 인적사항만을 청원부에 기록한다(「형집행법 시행령」 제139조 제1항).

정답 | ×

75

수용자는 「공공기관의 정보공개에 관한 법률」에 따라 법무부장관, 순회점검공무원 또는 관할 지방교정청장에게 정보의 공개를 청구할 수 있다.

해설 | 수용자는 「공공기관의 정보공개에 관한 법률」에 따라 법무부장관, 지방교정청장 또는 소장에게 정보의 공개를 청구할 수 있다(「형집행법」 제117조의2 제1항).

정답 | ×

76

순회점검공무원은 중요한 청원에 대하여 스스로 결정할 수 있다.

해설 | 순회점검공무원은 청원을 스스로 결정하는 것이 부적당하다고 인정하는 경우에는 그 내용을 법무부장관에게 보고하여야 한다(「형집행법 시행령」 제139조 제4항).

정답 | ×

77

2회 이상 정보공개청구비용을 납부하지 않은 수용자는 비용을 미리 납부하게 할 수 있다.

정답 | ○

78

현재의 수용기간 동안 법무부장관, 지방교정청장 또는 소장에게 정보공개청구를 한 후 정당한 사유 없이 그 청구를 취하하거나 「공공기관의 정보공개에 관한 법률」 제17조에 따른 비용을 납부하지 아니한 사실이 2회 이상 있는 수용자가 정보공개청구를 한 경우에는 청구를 한 날부터 3일 이내에 비용을 산정하여 해당 수용자에게 미리 납부할 것을 통지할 수 있다.

해설 | 3일 이내가 아닌 7일 이내이다(「형집행법」 제117조의2 제2항).

정답 | ×

79

법무부장관은 교정시설의 운영, 교도관의 복무, 수용자의 처우 및 인권실태 등을 파악하기 위하여 매년 1회 이상 교정시설을 순회점검하거나 소속 공무원으로 하여금 순회점검하게 하여야 한다.

정답 | ○

80

판사, 검사 및 당해 사건의 변호인은 직무상 필요하면 교정시설을 시찰할 수 있다.

해설 | 판사와 검사는 직무상 필요하면 교정시설을 시찰할 수 있으나(「형집행법」 제9조 제1항), 당해 사건의 변호인은 시찰할 수 없다.

정답 | ×

81

판사와 검사 외의 사람은 교정시설을 참관하려면 학술연구 등 정당한 이유를 명시하여 관할 지방교정청장의 허가를 받아야 한다.

해설 | 교정시설의 장(소장)의 허가를 받아야 한다(「형집행법」 제9조 제2항).

정답 | ×

82

판사는 교정시설을 시찰하고자 하는 때에는 정당한 이유를 명시하여 교정시설의 장의 허가를 받아야 한다.

해설 | 판사와 검사는 직무상 필요하면 교정시설을 시찰할 수 있다(「형집행법」 제9조 제1항). 따라서 소장의 허가를 요하지 않는다.

정답 | ×

83

시찰은 특정 업무수행의 참고를 위해 인정되는 제도라는 점에서 감독권의 작용인 순회점검과 구별된다.

정답 | ○

84

구금 · 보호시설의 직원은 국가인권위원회 위원 등이 시설에 수용되어 있는 진정인과 면담하는 장소에 참석할 수 없으며, 대화내용을 듣거나 녹취하지 못한다. 다만, 보이는 거리에서 시설수용자를 감시할 수 있다.

정답 | ○

85

판사와 검사는 학술연구 등의 목적인 경우, 교정시설 참관이 가능하다.

해설 | 판사와 검사 외의 사람은 교정시설을 참관하려면 학술연구 등 정당한 이유를 명시하여 교정시설의 장(이하 "소장"이라 한다)의 허가를 받아야 한다(「형집행법」 제9조 제2항).

정답 | ×

86

여자수용실은 참관이 금지된 곳이다.

해설 | 미결수용자(「형집행법」 제80조) 및 사형확정자(동법 제89조 제2항)가 수용된 거실은 참관할 수 없다.

정답 | ×

87

소장은 외국인에게 참관을 허가할 경우에는 미리 관할 지방교정청장의 허가를 받아야 한다.

해설 | 소장은 외국인에게 참관을 허가할 경우에는 미리 관할 지방교정청장의 승인을 받아야 한다(「형집행법 시행령」 제3조 제2항). 즉, 허가가 아닌 승인을 받아야 한다.

정답 | ×

05 분류심사

01

현행법상 수용자의 구분 또는 분리수용을 결정할 때 기준이 되는 사항은 19세 미만 여부, 형의 확정 여부, 성별, 종교이다.

해설 | 종교는 기준이 되는 사항이 아니다.

정답 | ×

02

소장은 형집행정지 중인 사람이 기간만료로 재수용된 경우에는 석방 당시와 동일한 처우등급을 부여하여야 한다.

해설 | 소장은 형집행정지 중에 있는 사람이 기간만료 또는 그 밖의 정지사유가 없어져 재수용된 경우에는 석방 당시와 동일한 처우등급을 부여할 수 있다(「형집행법 시행규칙」 제60조 제2항).

구분	처우
이송되어 온 수형자(「형집행법 시행규칙」 제60조 제1항)	개별처우계획 변경
• 형집행정지 중에 있는 사람이 기간만료 또는 그 밖의 정지사유가 없어져 재수용된 경우(동조 제2항) • 「가석방자관리규정」 제5조 단서를 위반하여 가석방이 취소되는 등 가석방취소사유에 특히 고려할 만한 사정이 있는 경우(동조 제4항 단서)	석방 당시와 동일한 처우등급 부여
• 형집행정지 중에 있는 사람이 「자유형 등에 관한 검찰집행사무규칙」 제33조 제2항(주거지 이탈 소재불명 명백)에 따른 형집행정지의 취소로 재수용된 경우(동조 제3항)	석방 당시보다 한 단계 낮은 처우등급 부여 가능
• 가석방의 취소로 재수용되어 남은 형기가 집행되는 경우(동조 제4항 본문)	석방 당시보다 한 단계 낮은 처우등급 부여
• 형집행정지 중이거나 가석방기간 중에 있는 사람이 형사사건으로 재수용되어 형이 확정된 경우(동조 제5항) • 「국제수형자이송법」에 따라 외국으로부터 이송되어 온 수형자(동 시행규칙 제61조 제1항) • 군사법원에서 징역형 또는 금고형이 확정되거나 그 형의 집행 중에 있는 사람이 이송되어 온 경우(동조 제2항)	개별처우계획 새로 수립

정답 | ×

03

교정시설의 장은 형집행정지 중이거나 가석방기간 중에 있는 사람이 형사사건으로 재수용되어 형이 확정된 경우에는 석방 당시와 동일한 처우등급을 부여한다.

해설 | 개별처우계획을 새로 수립하여야 한다(「형집행법 시행규칙」 제60조 제4항).

정답 | ×

04

교정시설의 장은 형집행정지 중에 있는 사람이 정지사유가 없어져 재수용된 경우에는 석방 당시와 동일한 처우등급을 부여하여야 한다.

해설 | 석방 당시와 동일한 처우등급을 부여할 수 있다(「형집행법 시행규칙」 제60조 제2항).

정답 | ×

05

소장은 군사법원에서 징역형 또는 금고형이 확정되거나 그 형의 집행 중에 있는 사람이 이송되어 온 경우에는 이전 교도소의 분류심사에 따라서 개별처우계획을 수립하여야 한다.

해설 | 개별처우계획을 새로 수립하여야 한다(「형집행법 시행규칙」 제61조 제2항).

정답 | ×

06

완화경비시설이란 수형자의 자율적 활동이 가능하도록 통상적인 설비 및 수형자에 대한 관리 · 감시를 일반경비시설보다 완화한 교정시설을 말한다.

해설 | ◀ 교정시설 구분 ▶

구분	내용(「형집행법」 제57조 제2항)
개방시설	도주방지를 위한 통상적인 설비의 전부 또는 일부를 갖추지 아니하고 수형자의 자율적 활동이 가능하도록 통상적인 관리 · 감시의 전부 또는 일부를 하지 아니하는 교정시설(제1호)
완화경비시설	도주방지를 위한 통상적인 설비 및 수형자에 대한 관리 · 감시를 일반경비시설보다 완화한 교정시설(제2호)
일반경비시설	도주방지를 위한 통상적인 설비를 갖추고 수형자에 대하여 통상적인 관리 · 감시를 하는 교정시설(제3호)
중(重)경비시설	도주방지 및 수형자 상호 간의 접촉을 차단하는 설비를 강화하고 수형자에 대한 관리 · 감시를 엄중히 하는 교정시설(제4호)

정답 | ×

07

중경비시설에 수용되어 가장 높은 수준의 처우가 필요한 수형자는 중경비처우급으로 구분한다.

해설 | 중경비시설에 수용되어 기본적인 처우가 필요한 수형자를 중경비처우급으로 구분한다(「형집행법 시행규칙」 제74 조 제1항 제4호).

정답 | ×

08

수형자에 대한 처우는 교화 또는 건전한 사회복귀를 위하여 교정성적에 따라 상향 조정될 수 있지만, 처우조정의 경우에는 그 성적이 우수하더라도 개방시설에 수용하여 사회생활에 필요한 처우를 하는 등의 조치를 취할 수 없다.

해설 | 수형자에 대한 처우는 교화 또는 건전한 사회복귀를 위하여 교정성적에 따라 상향 조정될 수 있으며, 특히 그 성적이 우수한 수형자는 개방시설에 수용되어 사회생활에 필요한 적정한 처우를 받을 수 있다(「형집행법」 제57조 제3항).

정답 | ×

09

수형자 분류는 수형자에 대한 개별적 처우를 가능하게 함으로써 수형자의 교화개선과 원만한 사회복귀에 도움을 준다.

정답 | ○

10

수형자 분류제도는 교정교화의 과학화라는 관점에서 분류가 이루어져야 한다.

정답 | ○

11

과학적 지식이 요구되는 적극적 분류개념은 범죄자 처우의 개별화를 위한 것이다.

정답 | ○

12

오늘날 수형자 처우의 중점은 수용분류에서 처우분류로 바뀌고 있다.

정답 | ○

13

수형자 분류제도는 수형자의 개별적 특성을 과학적으로 분류하고, 이를 기초로 처우를 차별화한다.

정답 | ○

14

수형자 분류제도는 1차적으로 범죄의 원인과 대책에 대한 과학적 인식이라는 차원에서 논의된다.

해설 | 범죄인 분류개념에 대한 설명이다.

정답 | ×

15

미국형 분류개념은 집단별 분류에 중점을 두고 있다.

해설 | 유럽형 분류개념에 대한 설명이다.

◀ 유럽과 미국의 분류 비교 ▶

구분	유럽(수용분류)	미국(처우분류)
	전통적 의미의 분류	현대적 의미의 분류
분류기준	• 외부적 특성: 성별, 연령, 죄질, 범죄 수 등 • 급별(수직적 · 종적) 분류	• 내부적 특성: 신상에 관한 개별사안의 조사, 심리 · 지능 · 적성검사 등 • 유별(수평적 · 횡적) 분류
분류목적	수형자 보호, 교도소 내 질서유지 및 관리, 악풍감염 방지 등(소극적 목적)	실질적 개별처우를 위한 분류(적극적 목적)
분류방식	집단적 분류	개별적 분류
처우발전	집단별 처우에서 누진처우제도로 발전	개별적 처우에서 분류처우제도로 발전
대표시설	네덜란드의 암스테르담 노역장	벨기에의 포레스트 감옥

정답 | ×

16

수형자 분류제도는 1907년 '벨기에'에서 처음으로 과학적 분류가 이루어진 바 있다.

정답 | ○

17

법무부장관은 수형자에 대한 개별처우계획을 합리적으로 수립하고 조정하기 위하여 수형자의 인성, 행동특성 및 자질 등을 과학적으로 조사 · 측정 · 평가하여야 한다.

해설 | '법무부장관'이 아니라 '소장'이라고 해야 옳다(「형집행법」 제59조 제1항 본문).

정답 | ×

18

분류심사는 모든 수형자에 대해 예외 없이 실시한다.

해설 │ 징역형·금고형이 확정된 사람으로서 집행할 형기가 형집행지휘서 접수일부터 3개월 미만인 사람 및 구류형이
확정된 사람에 대해서는 분류심사를 하지 아니한다(「형집행법 시행규칙」 제62조 제1항).

정답 │ ×

19

소장은 분류심사를 위하여 수형자와 그 가족을 대상으로 상담 등을 통해 수형자 신상에 관한 개별사
안의 조사, 심리·지능·적성검사, 그 밖에 필요한 검사를 할 수 있다.

해설 │ 가족은 검사대상이 아니다(「형집행법」 제59조 제3항).

정답 │ ×

20

수형자가 질병으로 인해 분류심사가 곤란한 경우, 소장은 그 수형자에 대해서는 분류심사를 하지
아니한다.

해설 │ 소장은 수형자가 다음 각 호의 어느 하나에 해당하는 사유가 있으면 분류심사를 유예한다(「형집행법」 시행규칙
제62조 제2항).
1. 질병 등으로 분류심사가 곤란한 때
2. 징벌대상행위의 혐의가 있어 조사 중이거나 징벌집행 중인 때
3. 그 밖의 사유로 분류심사가 특히 곤란하다고 인정하는 때

정답 │ ×

21

법무부장관은 분류심사를 전담하는 교정시설을 지정·운영하는 경우에는 지방교정청별로 1개소
이상이 되도록 하여야 한다.

정답 │ ○

22

분류심사 사항에는 처우등급, 교육 및 교화프로그램 등의 처우방침, 거실지정에 관한 사항, 이송에
관한 사항, 석방 후의 생활계획에 관한 사항이 포함된다.

정답 │ ○

23

소장은 분류심사를 위하여 수형자의 인성, 지능, 적성 등의 특성을 진단하기 위한 검사를 할 수 있으며, 인성검사는 신입심사 대상자만을 그 대상으로 한다.

해설 | 인성검사는 신입심사 대상자 및 그 밖에 처우상 필요한 수형자를 대상으로 한다(「형집행법 시행규칙」 제71조 제2항 본문).

정답 | ×

24

분류심사 사항에는 분류급에 관한 사항과 작업, 직업훈련, 교육 및 교화프로그램 등의 처우방침에 관한 사항 그리고 수용 전 결과에 관한 사항 등이 포함된다.

해설 | 분류급이 아닌 처우등급이고, 수용 전 결과(전과)에 관한 사항은 포함되지 않는다(「형집행법 시행규칙」 제63조).

정답 | ×

25

신입심사는 매월 초일부터 말일까지 형집행지휘서가 접수된 수형자를 대상으로 한다.

정답 | ○

26

신입심사는 매월 1일부터 말일까지 형집행지휘서가 접수된 수형자를 대상으로 하며, 그 달까지 완료하여야 한다.

해설 | 그 다음 달까지 완료하여야 한다(「형집행법 시행규칙」 제64조 본문).

정답 | ×

27

재심사는 정기재심사, 부정기재심사, 특별재심사로 구분된다.

해설 | 재심사는 개별처우계획을 조정할 것인지를 결정하기 위한 분류심사로, 정기재심사 및 부정기재심사로 구분한다(「형집행법 시행규칙」 제65조).

정기재심사	일정한 형기가 도달한 때 하는 재심사로, 형기의 1/3, 1/2, 2/3, 5/6에 도달한 때에 한다. 다만, 형집행지휘서가 접수된 날부터 6개월이 지나지 아니한 경우에는 그러하지 아니하다(동 시행규칙 제66조 제1항).
부정기재심사	상벌 또는 그 밖의 사유가 발생한 경우에 하는 재심사로, 다음에 해당하는 경우에 할 수 있다(동 시행규칙 제67조). • 분류심사에 오류가 있음이 발견된 때

| 부정기재심사 | • 수형자가 교정사고의 예방에 뚜렷한 공로가 있는 때
• 수형자를 징벌하기로 의결한 때
• 수형자가 집행유예의 실효 또는 추가사건으로 금고 이상의 형이 확정된 때
• 수형자가 전국기능경기대회 입상, 기사 이상의 자격취득, 학사 이상의 학위를 취득한 때
• 그 밖에 수형자의 수용 또는 처우의 조정이 필요한 때 |

정답 | ×

28

부정기형의 재심사 시기는 단기형을 기준으로 한다.

정답 | ○

29

소장은 재심사를 할 때는 그 사유가 발생한 달로부터 2월 이내까지 완료하여야 한다.

해설 | 사유가 발생한 달의 다음 달까지 완료하여야 한다(「형집행법 시행규칙」 제64조 본문).

정답 | ×

30

합산형기가 20년을 초과하는 경우에도 2개 이상의 징역형을 집행하는 수형자의 재심사 시기 산정은 그 형기를 합산한다.

해설 | 2개 이상의 징역형 또는 금고형을 집행하는 수형자의 재심사 시기를 산정하는 경우에는 그 형기를 합산한다. 다만, 합산한 형기가 20년을 초과하는 경우에는 그 형기를 20년으로 본다(「형집행법 시행규칙」 제66조 제4항).

정답 | ×

31

수형자가 집행유예의 실효 또는 추가사건으로 벌금 이상의 형이 확정된 때에 부정기재심사를 할 수 있다.

해설 | 벌금이 아닌 금고 이상의 형이 확정된 때이다(「형집행법 시행규칙」 제67조 제4호).

정답 | ×

32

징벌대상행위에 대한 혐의가 있어 조사 중인 때는 부정기재심사 사유에 해당한다.

해설 | 부정기재심사 사유에 해당하지 않는다. 징벌과 관련한 부정기재심사 사유는 수형자를 징벌하기로 의결한 때이다(「형집행법 시행규칙」 제67조 제3호).

정답 | ×

33

형집행지휘서가 접수된 날부터 6개월이 지나고 형기의 3분의 2에 도달한 때는 정기재심사 사유에 해당한다.

정답 | ○

34

소장은 징역형·금고형이 확정된 사람으로서 집행할 형기가 형집행지휘서 접수일부터 3개월 미만인 사람, 노역장 유치명령을 받은 사람, 구류형이 확정된 사람에 대해서는 분류심사를 하지 아니한다.

해설 | 노역장 유치명령을 받은 사람은 분류심사 제외대상에서 삭제되었다(「형집행법 시행규칙」 제62조 제1항 제3호). 〈개정 2017.8.22〉 따라서 노역장 유치명령을 받은 사람도 분류심사를 한다.

정답 | ×

35

소장은 분류심사 유예사유가 소멸된 날로부터 14일 이내에 분류심사를 하여야 한다.

해설 | 지체 없이 분류심사를 하여야 한다(「형집행법 시행규칙」 제62조 제3항 본문).

정답 | ×

36

집행할 형기가 3월 미만인 경우에는 분류심사를 유예한다.

해설 | 분류심사를 하지 아니한다(「형집행법 시행규칙」 제62조 제3항 단서).

정답 | ×

37

소장은 수형자의 집행할 형기가 분류심사 유예사유 소멸일로부터 3개월 미만인 경우에는 분류심사를 하지 아니할 수 있다.

해설 | 분류심사를 하지 아니한다.

정답 | ×

38

구류형이 확정된 사람에 대해서는 분류심사를 하지 아니한다.

정답 | ○

39

처우계획 수립에 관한 사항은 신입검사를 할 때에 조사하고, 처우계획 변경에 관한 사항은 재심사를 할 때에 조사한다.

정답 | ○

40

분류조사 방법으로는 수용기록 확인 및 수형자 상담, 수형자 가족 등과의 면담 그리고 관계기관에 대한 사실조회 등이 있다.

정답 | ○

41

수형자의 처우등급은 수용급, 개선급, 관리급, 처우급으로 나뉜다.

해설 | 기본수용급, 경비처우급, 개별처우급으로 나뉜다(「형집행법 시행규칙」 제72조).

정답 | ×

42

수형자의 처우등급은 기본수용급, 경비처우급, 개별처우급으로 나뉜다.

해설 | ◀ 「형집행법 시행규칙」상 처우등급 ▶

기본수용급 (제73조)	• 성별 · 국적 · 나이 · 형기 등에 따라 수용할 시설 및 구획 등을 구별하는 기준 • 여성수형자, 외국인수형자, 금고형수형자, 19세 미만의 소년수형자, 23세 미만의 청년수형자, 65세 이상의 노인수형자, 형기가 10년 이상인 장기수형자, 정신질환 또는 장애가 있는 수형자, 신체질환 또는 장애가 있는 수형자	
경비처우급 (제74조)	도주 등의 위험성에 따라 수용시설과 계호의 정도를 구별하고, 범죄성향의 진전과 개선정도, 교정성적에 따라 처우수준을 구별하는 기준	
	개방처우급	• 개방시설에 수용되어 가장 높은 수준의 처우가 필요한 수형자 • 외부통근작업 및 개방지역작업 가능
	완화경비처우급	• 완화경비시설에 수용되어 통상적인 수준보다 높은 수준의 처우가 필요한 수형자 • 개방지역작업 및 필요시 외부통근작업 가능
	일반경비처우급	• 일반경비시설에 수용되어 통상적인 수준의 처우가 필요한 수형자 • 구내작업 및 필요시 개방지역작업 가능
	중(重)경비처우급	• 중경비시설에 수용되어 기본적인 처우가 필요한 수형자 • 필요시 구내작업 가능
개별처우급 (제76조)	• 수형자의 개별적인 특성에 따라 중점처우의 내용을 구별하는 기준 • 직업훈련, 학과교육, 생활지도, 작업지도, 운영지원작업, 의료처우, 자치처우, 개방처우, 집중처우	

정답 | ○

43

형기가 5년 이상인 장기수형자, 24세 미만의 청년수형자, 조직폭력 또는 마약류수형자는 형집행법 시행규칙상 기본수용급에 해당한다.

해설 | 형기가 10년 이상인 장기수형자, 23세 미만의 청년수형자가 기본수용급에 해당하고(「형집행법 시행규칙」제73조), 조직폭력 또는 마약류수형자는 기본수용급이 아닌 엄중관리대상자에 해당한다(동 시행규칙 제194조).

정답 | ×

44

자치처우는 개별처우급의 구분 중 하나이다.

정답 | ○

45

소득점수를 산정할 때 '수형생활 태도'와 '작업 또는 교육 성적'은 각각 5점 이내의 범위에서 한다.

정답 | ○

46

기본적인 처우가 필요한 수형자는 일반경비처우급에 해당한다.

해설 | 중경비처우급에 해당한다(「형집행법 시행규칙」제74조 제1항 제4호).

정답 | ×

47

원칙적으로 수형생활 태도 점수와 작업 또는 교육 성적 점수를 채점하는 경우, 수는 소속 작업장 또는 교육장 전체 인원의 10퍼센트를 초과할 수 없고, 우는 30퍼센트를 초과할 수 없다. 다만, 작업장 또는 교육장 전체 인원이 4명 이하인 경우에는 수·우를 각각 1명으로 채점할 수 있다.

정답 | ○

48

경비처우급을 하향 조정하기 위하여 고려할 수 있는 평정소득점수의 기준은 5점 이하이다. 다만, 수용 및 처우를 위하여 특히 필요한 경우 법무부장관이 달리 정할 수 있다.

정답 | ○

49

재심사에 따라 경비처우급을 조정할 필요가 있는 경우에는 원칙적으로 한 단계의 범위에서 조정할 수 있고, 예외적으로 두 단계까지 조정할 수 있다.

정답 | ○

50

소장은 수형자의 경비처우급을 조정한 경우에는 지체 없이 해당 수형자에게 그 사항을 알려야 한다.

정답 | ○

51

소득점수를 평정하는 경우에 평정 대상기간 동안 매월 평가된 소득점수를 합산하여 평정 대상기간의 개월 수로 나누어 얻은 점수인 평정소득점수가 5점 이하인 경우 경비처우급을 하향 조정할 수 있다.

정답 | ○

52

경비처우급의 조정을 위한 평정소득점수 기준은 수용 및 처우를 위하여 필요한 경우 법무부장관이 달리 정할 수 있다.

정답 | ○

53

조정된 처우등급에 따른 처우는 그 조정이 확정된 다음 날부터 한다. 이 경우 조정된 처우등급은 조정이 확정된 날부터 적용된 것으로 본다.

해설 | 그 달 초일부터 적용된 것으로 본다(「형집행법 시행규칙」 제82조 제1항 후단).

정답 | ×

54

조정된 처우등급의 처우는 그 조정이 확정된 날부터 하며, 이 경우 조정된 처우등급은 그 달 초일부터 적용된 것으로 본다.

해설 | 그 조정이 확정된 다음 날부터 한다(「형집행법 시행규칙」 제82조 제1항 전단).

정답 | ×

55

소장은 수형자를 경비처우급별 · 개별처우급별로 구분하여 수용하여야 한다.

해설 | 기본수용급별 · 경비처우급별로 구분하여 수용하여야 한다(「형집행법 시행규칙」 제83조 제1항 본문).

정답 | ×

56

소장은 수형자를 처우등급별로 수용하는 경우, 개별처우의 효과를 증진하기 위하여 경비처우급 · 개별처우급이 같은 수형자 집단으로 수용하여 처우할 수 있다.

정답 ○

57

소장은 수형자를 기본수용급별 · 개별처우급별로 구분하여 수용하여야 한다. 다만, 처우상 특히 필요하거나 시설의 여건상 부득이한 경우에는 기본수용급 · 개별처우급이 다른 수형자를 함께 수용하여 처우할 수 있다.

해설 | 기본수용급 · 경비처우급이 다른 수형자를 함께 수용하여 처우할 수 있다(「형집행법 시행규칙」 제83조 제1항).

정답 | ×

58

소장은 수형자의 경비처우급에 따라 부식, 음료, 그 밖에 건강유지에 필요한 물품에 차이를 두어 지급할 수 있다.

해설 | 주 · 부식, 음료, 그 밖에 건강유지에 필요한 물품은 차이를 두어 지급할 수 없다(「형집행법 시행규칙」 제84조 제1항 단서).

정답 | ×

59

소장은 수형자의 경비처우급에 따라 물품에 차이를 두어 지급할 수 있으며, 의류를 지급하는 경우 수형자가 개방처우급인 경우에는 색상, 디자인 등을 다르게 할 수 있다.

정답 | ○

60

소장은 다른 수형자의 모범이 되는 일반경비처우급 수형자를 봉사원으로 선정할 수 있다.

정답 | ○

61

소장은 봉사원을 선정할 때에는 개방처우급 또는 완화경비처우급 수형자 중에서 교정성적, 나이, 인성을 고려하여 교도관 회의에 상정하고 심의·의결을 거쳐야 한다.

해설 | 소장은 개방처우급·완화경비처우급·일반경비처우급 수형자 중에서 교정성적, 나이, 인성을 고려하여 필요한 사항은 법무부장관이 정한다(「형집행법 시행규칙」 제85조 제1항·제4항).

정답 | ×

62

소장은 수형자의 모든 물품, 의류에 대하여 경비처우급에 따라 차이를 두어 지급하지 아니한다.

해설 | 소장은 수형자의 경비처우급에 따라 물품에 차이를 두어 지급할 수 있다. 다만, 주·부식, 음료, 그 밖에 건강유지에 필요한 물품은 그러하지 아니하다(「형집행법 시행규칙」 제84조 제1항).

정답 | ×

63

소장은 자치생활 수형자들이 교육실, 강당 등 적당한 장소에서 연 1회 이상 토론회를 할 수 있도록 하여야 한다.

해설 | 월 1회 이상 토론회를 할 수 있도록 하여야 한다(「형집행법 시행규칙」 제86조 제3항).

정답 | ×

64

소장은 개방처우급·완화경비처우급·일반경비처우급 수형자에게 자치생활을 허가할 수 있다.

해설 | 소장은 일반경비처우급 수형자에게는 자치생활을 허가할 수 없다(「형집행법 시행규칙」 제86조 제1항).

정답 | ×

65

개방처우급, 완화경비처우급 또는 자치생활 수형자에 대하여 월 2회 이내에서 경기 또는 오락회를 개최하게 할 수 있다.

정답 | ○

66

소장은 개방처우급 수형자에 대하여 월 3회 이내에서 경기 또는 오락회를 개최하게 할 수 있다. 다만, 소년수형자에 대하여는 그 횟수를 늘릴 수 있다.

해설 | 소장은 개방처우급·완화경비처우급 또는 자치생활 수형자에 대하여 월 2회 이내에서 경기 또는 오락회를 개최하게 할 수 있다. 다만, 소년수형자에 대하여는 그 횟수를 늘릴 수 있다(「형집행법 시행규칙」 제91조 제1항).

정답 | ×

67

교정시설의 장은 원칙적으로 개방처우급, 완화경비처우급 및 일반경비처우급 수형자에 대하여 교정시설 밖에서 이루어지는 활동을 허가할 수 있다.

해설 | 소장은 개방처우급·완화경비처우급 수형자에 대하여 교정시설 밖에서 이루어지는 활동을 허가할 수 있다(「형집행법 시행규칙」 제92조 제1항).

정답 | ×

68

소장은 특히 필요한 경우 일반경비처우급 수형자에게도 사회견학을 허가할 수 있다.

정답 | ○

69

현행 법령상 교정시설의 장은 수형자의 정서교육을 위해 필요하다고 인정하면 개방처우급·완화경비처우급 수형자에 대하여 교정시설 밖에서 연극·영화관람을 허가할 수 있다.

해설 | ◀ 경비처우급별 처우 정리 ▶

구분	내용
① 개방처우급만 가능	의류의 색상 및 디자인 변경 가능
② 개방처우급, 완화경비처우급만 가능	교도관의 작업(교육)지도 보조, 개인작업, 외부 직업훈련, 자치생활 허가, 중간처우(개방, 완화경비처우급 중에 요건을 갖춘 자)
③ 개방처우급, 완화경비처우급, 일반경비처우급 가능	봉사원 선정(담당교도관의 사무처리 그 밖의 업무보조), 일반귀휴, 가족만남의 집, 가족만남의 날, 사회견학, 사회봉사, 자신이 신봉하는 종교행사 참석, 연극·영화 그 밖의 문화공연 관람
④ 개방처우급, 완화경비처우급 또는 자치수형자	경기 또는 오락회 매월 2회 이내 개최
⑤ 전수용자 대상	물품 자비구매, 자비치료, 건강유지에 적합한 생활용품 지급, 건강 및 체력을 유지하는데 필요한 음식물, 라디오 청취, TV 시청, 신문 등의 구독, 집필, 전화통화 허가

⑥ 처우등급별 횟수 차등	• 접견(개방처우급: 1일 1회, 완화경비처우급: 매월 6회, 일반경비처우급: 매월 5회, 중경비처우급: 매월 4회) • 전화통화 허용횟수 　– 개방처우급: 매월 20회 이내, 　– 완화경비처우급: 매월 10회 이내 　– 일반경비처우급: 월 5회 이내 　– 중경비처우급: 처우상 특히 필요한 경우 월 2회 이내 • 물품지급(경비처우급에 따라 물품에 차이를 두고 지급할 수 있다. 다만, 식량·음료 등 건강유지에 필요한 물품은 그러하지 아니하다)

◀ 경비처우급별 처우기준 ▶

구분		개방처우급	완화경비처우급	일반경비처우급	중경비처우급
물품지급	원칙	경비처우급에 따라 물품에 차이를 두어 지급할 수 있다.			
	차등지급 불가	주·부식, 음료, 그 밖에 건강유지에 필요한 물품			
	의류 색상·디자인	○	×		
접견	횟수	1일 1회	월 6회	월 5회	월 4회
	접촉차단 외 장소	○	처우상 특히 필요시 가능		
전화	횟수	월 20회 이내	월 10회 이내	월 5회 이내	월 2회 이내
자치생활		○		×	
경기·오락회 개최					
작업·교육의 지도보조					
개인작업					
외부 직업훈련 대상자					
가족만남의 날		○		특히 필요시 가능	×
가족만남의 집					
일반귀휴 허가요건					
사회적 처우	사회견학·사회봉사				
	종교행사 참석				
	연극·영화 등				
봉사원 선정		○			×
교육 대상자	방송통신대학과정				
	전문대학 위탁교육				
	외국어 교육과정				
외부통근작업 대상자					예외 가능

정답 | ○

70

가족만남의 집 이용은 완화경비처우급과 개방처우급 수형자에 한하여 그 대상이 될 수 있다.

해설 | 소장은 교화를 위하여 특히 필요한 경우에는 일반경비처우급 수형자에 대하여도 가족만남의 날 행사 참여 또는 가족만남의 집 이용을 허가할 수 있다(「형집행법 시행규칙」 제89조 제3항).

정답 | ×

71

교도소장은 개방처우급 수형자에 한하여 사회견학, 사회봉사, 교정시설 외부 종교행사를 허용할 수 있으며, 처우상 특히 필요한 경우 완화경비처우급 수형자와 일반경비처우급 수형자에게도 이를 허가할 수 있다.

해설 | 소장은 개방처우급 · 완화경비처우급 수형자에 대하여 교정시설 밖에서 이루어지는 사회견학, 사회봉사, 자신이 신봉하는 종교행사 참석, 연극, 영화, 그 밖의 문화공연 관람을 허가할 수 있다. 다만, 처우상 특히 필요한 경우에는 일반경비처우급 수형자에게도 이를 허가할 수 있다(「형집행법 시행규칙」 제92조 제1항).

정답 | ×

72

소장은 수형자의 인성함양 등을 위하여 문화예술과 관련된 다양한 프로그램을 개발하여 운영할 수 있다.

정답 | ○

73

소장은 교화프로그램의 효과를 높이기 위하여 범죄유형별로 적절한 교화프로그램의 내용, 교육장소 및 전문인력의 확보 등 적합한 환경을 갖추도록 노력하여야 한다.

해설 | 소장은 교화프로그램의 효과를 높이기 위하여 범죄원인별로 적절한 교화프로그램의 내용, 교육장소 및 전문인력의 확보 등 적합한 환경을 갖추도록 노력하여야 한다(「형집행법」 제64조 제2항).

정답 | ×

74

완화경비처우급 수형자이고, 형기는 2년이며, 범죄횟수는 1회, 중간처우를 받는 날부터 가석방 예정일까지의 기간이 3개월인 자는 지역사회에 설치된 개방시설에 수용하여 중간처우를 할 수 있는 자에 해당한다.

해설 | ◀ 중간처우대상자 ▶

구분	교정시설에 설치된 개방시설	지역사회에 설치된 개방시설
경비처우급	개방처우급 · 완화경비처우급	
형기	2년 이상	
범죄횟수	3회 이상	1회
종료 예정일까지의 기간	3개월 이상 2년 6개월 이하	1년 6개월 미만

정답 | ○

75

개방처우급 수형자이고, 형기는 3년이며, 범죄횟수는 1회, 중간처우를 받는 날부터 형기종료 예정일까지의 기간이 9개월인 자는 지역사회에 설치된 개방시설에 수용하여 중간처우를 할 수 있는 자에 해당한다.

정답 | ○

76

소장은 개방처우급 또는 완화경비처우급 수형자에 대하여 작업 · 교육 등의 성적이 우수하고 관련기술이 있는 경우에는 교도관의 작업지도를 보조하게 할 수 있다. 다만, 처우상 특히 필요한 경우에는 일반경비처우급 수형자에게도 교도관의 작업지도를 보조하게 할 수 있다.

해설 | '다만, 처우상 특히 필요한 경우에는 일반경비처우급 수형자에게도 교도관의 작업지도를 보조하게 할 수 있다.' 부분은 삭제되어야 한다(「형집행법 시행규칙」 제94조).

정답 | ×

77

개방처우급 또는 완화경비처우급으로서 작업기술이 탁월하고 작업성적이 우수한 경우, 교도작업에 지장을 주지 않는 범위에서 1일 2시간 이내로 개인작업을 할 수 있다.

정답 | ○

78

소장은 수형자의 가족이 사망하면 2일간 작업을 면제한다.

정답 | ○

79

현재 「형의 집행 및 수용자의 처우에 관한 법률」에 분류처우위원회를 명시하고 있다.

해설 | 수형자의 개별처우계획, 가석방심사신청 대상자 선정, 그 밖에 수형자의 분류처우에 관한 중요사항을 심의ㆍ의결하기 위하여 교정시설에 분류처우위원회를 둔다(「형집행법」 제62조 제1항).

◀ 분류처우위원회 ▶

위원장	• 소장 • 위원장이 부득이한 사유로 그 직무를 수행할 수 없을 때에는 위원장이 미리 지정한 위원이 그 직무를 대행
위원	• 위원장을 포함하여 5명 이상 7명 이하의 위원으로 구성 • 소속 기관의 부소장 및 과장(지소의 경우에는 7급 이상의 교도관) 중에서 위원장이 임명 • 재적위원 3분의 2 이상 출석으로 개의, 출석위원 과반수의 찬성으로 의결
심의ㆍ의결 대상	• 처우등급 판단 등 분류심사에 관한 사항 • 소득점수 등의 평가 및 평정에 관한 사항 • 수형자 처우와 관련하여 소장이 심의를 요구한 사항 • 가석방 적격심사 신청 대상자 선정 등에 관한 사항 • 그 밖에 수형자의 수용 및 처우에 관한 사항

정답 | ○

80

분류처우위원회는 가석방 적격심사 신청 대상자 선정 등에 관한 사항을 심의ㆍ의결한다.

정답 | ○

81

분류처우위원회는 위원장을 포함한 6명 이상 8명 이하의 위원으로 구성한다.

해설 | 5명 이상 7명 이하의 위원으로 구성한다(「형집행법」 제62조 제2항).

정답 | ×

82

분류처우위원회는 심의ㆍ의결하기 위하여 외부전문가로부터 의견을 들을 수 있다.

정답 | ○

83

수형자의 개별처우계획, 가석방심사신청 대상자 선정, 그 밖에 수형자의 분류처우에 관한 중요
사항을 심의 · 의결하기 위하여 교정시설에 분류처우위원회를 둔다.

정답 │ ○

84

분류처우위원회의 회의는 재적위원 과반수의 출석으로 개의하고, 출석위원 과반수의 찬성으로
의결한다.

해설 │ 재적위원 3분의 2 이상의 출석으로 개의하고, 출석위원 과반수의 찬성으로 의결한다(「형집행법 시행규칙」 제99조
제3항).

정답 │ ✕

06 시설 내 처우 I · II

01

소장은 19세 미만의 수용자와 계호상 독거수용자에 대하여는 1년에 1회 이상 건강검진을 하여야 한다.

해설 │ 6개월에 1회 이상 건강검진을 하여야 한다(「형집행법 시행령」 제51조 제1항 단서).

정답 │ ✕

02

소장은 수용자가 감염병에 걸렸다고 의심되는 경우에는 2주 이상 격리수용하고 그 수용자의 휴대품
을 소독하여야 한다.

해설 │ 2주 이상이 아닌 1주 이상 격리수용한다(「형집행법 시행령」 제53조 제1항).

정답 │ ✕

03

소장은 수용자가 감염병에 걸렸다고 인정되는 경우에는 1주 이상 격리수용하고 그 수용자의 휴대품을 소독하여야 한다.

해설 | 소장은 수용자가 감염병에 걸렸다고 의심되는 경우에는 1주 이상(「형집행법 시행령」제53조 제1항), 감염병에 걸린 경우에는 즉시 격리수용하여야 한다(동조 제3항).

정답 | ×

04

소장은 감염병이 유행하는 경우에는 수용자에게 지급하는 음식물의 배급을 일시적으로 중지할 수 있다.

해설 | 수용자가 자비로 구매하는 음식물의 공급을 중지할 수 있다(「형집행법 시행령」제53조 제2항).

정답 | ×

05

소장은 감염병이 유행하는 경우에는 수용자가 자비로 구매하는 음식물의 공급을 일시적으로 중지하여야 한다.

해설 | 중지할 수 있다.

정답 | ×

06

소장은 감염병이나 그 밖에 감염의 우려가 있는 질병의 발생과 확산을 방지하기 위하여 필요한 경우 수용자에 대하여 예방접종·격리수용·이송, 그 밖에 필요한 조치를 하여야 한다.

정답 | ○

07

소장은 수용자가 감염병에 걸린 경우에는 즉시 격리수용하고 그 수용자가 사용한 물품 및 설비를 철저히 소독해야 한다. 또한 이 사실을 지체 없이 법무부장관에게 보고하고 관할 보건기관의 장에게 알려야 한다.

정답 | ○

08

소장은 수용자가 감염병에 걸린 경우에는 다른 수용자와 격리수용할 수 있다.

해설 | 수용자가 감염병에 걸린 경우에는 즉시 격리수용하여야 한다(「형집행법 시행령」 제53조 제3항).

정답 | ×

09

교정시설에 근무하는 간호사는 수용자에 대하여 「의료법」 제27조에도 불구하고 외상 등 흔히 볼 수 있는 상처의 치료와 같은 경미한 의료행위를 언제든지 할 수 있다.

해설 | 교정시설에 근무하는 간호사는 야간 또는 공휴일 등에 「의료법」 제27조에도 불구하고 대통령령으로 정하는 경미한 의료행위를 할 수 있다(「형집행법」 제36조 제2항). 따라서 언제든지 할 수 있는 것은 아니다.

정답 | ×

10

소장은 수용자의 정신질환 치료를 위하여 필요하다고 인정하면 지방교정청장의 승인을 받아 치료감호시설로 이송할 수 있다.

해설 | 법무부장관의 승인을 받아야 한다(「형집행법」 제37조 제2항).

정답 | ×

11

수용자가 외부의료시설에서 진료받게 되면 언제나 그 사실을 그 가족 등에게 지체 없이 알려야 한다.

해설 | 수용자가 알리는 것을 원하지 아니하면 그러하지 아니하다(「형집행법」 제37조 제4항 단서).

정답 | ×

12

소장은 수용자에 대한 적절한 치료를 위하여 필요하다고 인정하면 교정시설 밖에 있는 의료시설에서 진료를 받게 하여야 한다.

해설 | 진료를 받게 할 수 있다(「형집행법」 제37조 제1항).

정답 | ×

13

소장은 수용자에 대한 적절한 치료를 위하여 필요한 경우, 법무부장관의 승인을 받아 외부의료시설에서 진료를 받게 할 수 있다.

해설 | 법무부장관의 승인을 요하지 않는다.

정답 | ×

14

소장은 수용자에 대한 적당한 치료를 하기 위하여 필요하다고 인정하는 때에는 당해 수용자를 교도소 밖에 있는 병원에 이송하여야 한다.

해설 | 소장은 수용자에 대한 적절한 치료를 위하여 필요하다고 인정하면 교정시설 밖에 있는 의료시설(이하 "외부의료시설"이라 한다)에서 진료를 받게 할 수 있다(「형집행법」 제37조 제1항).

정답 | ×

15

수용자를 치료감호시설로 이송할 때에는 지방교정청장의 승인이 필요하다.

해설 | 법무부장관의 승인이 필요하다(「형집행법」 제37조 제2항).

정답 | ×

16

치료감호시설에 이송된 사람은 감호자에 준하여 처우한다.

해설 | 감호자가 아닌 수용자에 준하여 처우한다(「형집행법」 제37조 제3항).

정답 | ×

17

소장은 수용자가 자신의 고의 또는 과실로 부상 등이 발생하여 외부의료시설에서 진료를 받은 경우에는 그 진료비의 전부 또는 일부를 그 수용자에게 부담하게 하여야 한다.

해설 | 소장은 수용자가 자신의 고의 또는 중대한 과실로 부상 등이 발생하여 외부의료시설에서 진료를 받은 경우에는 그 진료비의 전부 또는 일부를 그 수용자에게 부담하게 할 수 있다(「형집행법」 제37조 제5항).

정답 | ×

18

소장은 수용자를 외부의료시절에 입원시키는 경우에는 지방교정청장에게까지 지체 없이 보고하여야 한다.

해설 | 법무부장관에게 지체 없이 보고하여야 한다(「형집행법 시행령」 제57조).

정답 | ×

19

소장은 수용자가 자신의 비용으로 외부의료시설에서 근무하는 의사에게 치료받기를 원하면 교정시설에 근무하는 의사의 의견을 고려하여 이를 허가해야 한다.

해설 | 허가할 수 있다(「형집행법」 제38조).

정답 | ×

20

소장은 정신질환이 있다고 의심되는 수용자가 있으면 정신건강의학과 의사의 진료를 받을 수 있도록 할 수 있다.

해설 | 받을 수 있도록 하여야 한다(「형집행법」 제39조 제2항).

정답 | ×

21

외부의사가 수용자를 진료하는 경우, 법무부장관이 정하는 사항을 준수하여야 한다.

정답 | ○

22

교정시설에 갖추어야 할 의료설비의 기준에 관하여 필요한 사항은 법무부장관이 정한다.

해설 | 법무부령으로 정한다(「형집행법」 제39조 제4항).

정답 | ×

23

교정시설에는 의료법에 따른 의료기관 중 의원이 갖추어야 하는 시설과 동등한 수준의 의료시설을 갖추어야 한다.

해설 | 교정시설에는 「의료법」 제3조에 따른 의료기관 중 의원(醫院)이 갖추어야 하는 시설 수준 이상의 의료시설(진료실 등의 의료용 건축물을 말한다)을 갖추어야 한다(「형집행법 시행규칙」 제23조 제1항).

정답 | ×

24

소장은 수용자가 진료 또는 음식물의 섭취를 거부하면 즉시 의무관으로 하여금 적당한 진료 또는 영양보급 등의 조치를 하게 할 수 있다.

해설 │ 소장은 수용자가 진료 또는 음식물의 섭취를 거부하면 의무관으로 하여금 관찰 · 조언 또는 설득을 하도록 하여야 하며(「형집행법」제40조 제1항), 그럼에도 불구하고 수용자가 진료 또는 음식물의 섭취를 계속 거부하여 그 생명에 위험을 가져올 급박한 우려가 있으면 의무관으로 하여금 적당한 진료 또는 영양보급 등의 조치를 하게 할 수 있다(동조 제2항).

정답 │ ×

25

소장은 진료를 거부하는 수용자가 교정시설에 근무하는 의사의 설득 등에도 불구하고 진료를 계속 거부하여 그 생명에 위험을 가져올 급박한 우려가 있으면 위 의사로 하여금 적당한 진료 등의 조치를 하게 할 수 있다.

정답 │ ○

26

수용자가 음식물의 섭취를 거부하는 경우, 의무관은 강제로 영양보급조치를 할 수 있다.

해설 │ 의무관으로 하여금 관찰 · 조언 또는 설득을 하도록 하여야 한다(「형집행법」제40조 제1항).

정답 │ ×

27

소장은 수용자가 진료 또는 음식물의 섭취를 거부하면 교도관으로 하여금 관찰 · 조언 또는 설득을 하도록 하여야 한다.

해설 │ 교도관이 아닌 의무관으로 하여금 관찰 · 조언 또는 설득을 하도록 하여야 한다.

정답 │ ×

28

구치소에는 19세 미만의 미결수용자를 수용할 수 없다.

해설 │ 수용할 수 있다(「형집행법」제11조 제1항 제3호).

정답 │ ×

29

사형확정자는 교도소에 수용한다.

해설 | 교도소 또는 구치소에 수용한다(「형집행법」 제11조 제1항 제4호).

정답 | ×

30

교정시설을 새로 설치하는 경우에는 독거실과 혼거실의 비율을 5:5로 하여야 한다.

해설 | 교정시설을 새로 설치하는 경우에는 수용자의 거실수용을 위하여 독거실(獨居室)과 혼거실(混居室)의 비율이 적정한 수준이 되도록 한다(「형집행법 시행령」 제4조).

정답 | ×

31

처우상 독거수용이란 주간과 야간에는 일과에 따른 공동생활을 하게 하고, 휴업일에만 독거수용하는 것을 말한다.

해설 | 처우상 독거수용이란 주간에는 교육 · 작업 등의 처우를 위하여 일과(日課)에 따른 공동생활을 하게 하고 휴업일과 야간에만 독거수용하는 것을 말한다(「형집행법 시행령」 제5조 제1호).

정답 | ×

32

계호상 독거수용이란 사람의 생명 · 신체의 보호 또는 교정시설의 안전과 질서유지를 위하여 실외운동 · 목욕 시에도 예외 없이 독거수용하는 것을 말한다.

해설 | 계호(戒護)상 독거수용이란 사람의 생명 · 신체의 보호 또는 교정시설의 안전과 질서유지를 위하여 항상 독거수용하고 다른 수용자와의 접촉을 금지하는 것을 말한다. 다만, 수사 · 재판 · 실외운동 · 목욕 · 접견 · 진료 등을 위하여 필요한 경우에는 그러하지 아니하다(「형집행법 시행령」 제5조 제2호).

정답 | ×

33

교도관은 계호상 독거수용자를 수시로 시찰하여 건강상 또는 교화상 이상이 없는지 살펴야 하며, 시찰 결과 계호상 독거수용자가 건강상 이상이 있는 것으로 보이는 경우에는 교정시설에 근무하는 의사(공중보건의사를 포함한다)에게 즉시 알려야 하고, 교화상 문제가 있다고 인정하는 경우에는 소장에게 지체 없이 보고하여야 한다.

정답 | ○

34

소장은 계호상 독거수용자를 계속하여 독거수용하는 것이 건강상 또는 교화상 해롭다고 인정하는 경우에는 이를 즉시 중단하여야 한다.

정답 | ○

35

교도관은 모든 독거수용자를 수시로 시찰하여 건강상 또는 교화상 이상이 없는지 살펴야 한다.

해설 | 계호상 독거수용자만을 수시로 시찰하여 살핀다(「형집행법 시행령」 제6조 제1항).

정답 | ×

36

소장은 어떠한 경우에도 남성교도관이 야간에 수용자거실에 있는 여성수용자를 시찰하게 하여서는 아니된다.

해설 | 소장은 특히 필요하다고 인정하는 경우가 아니면 남성교도관이 야간에 수용자거실에 있는 여성수용자를 시찰하게 하여서는 아니 된다(「형집행법 시행령」 제7조). 따라서 소장이 특히 필요하다고 인정하는 경우에는 남성교도관이 야간에 수용자거실에 있는 여성수용자를 시찰하게 할 수 있다.

정답 | ×

37

남성교도관이 1인의 여성수용자에 대하여 실내에서 상담 등을 하려면 투명한 창문이 설치된 장소에서 다른 교도관을 입회시킨 후 실시하여야 한다.

해설 | 다른 교도관이 아닌 다른 여성을 입회시킨 후 실시하여야 한다(「형집행법」 제51조 제2항).

정답 | ×

38

혼거수용 인원은 3명 이상으로 한다. 다만, 요양이나 그 밖의 부득이한 사정이 있는 경우에는 예외로 한다.

정답 | ○

39

소장은 원칙적으로 노역장 유치명령을 받은 수형자와 구류형을 선고받아 형이 확정된 수형자를 혼거수용해서는 아니 된다.

정답 | ○

40

소장은 신입자거실에 수용된 사람에게 교화를 위해 필요한 경우 작업을 부과할 수 있다.

해설 | 신입자거실에 수용된 사람에게는 작업을 부과해서는 아니 된다(「형집행법 시행령」 제18조 제2항).

정답 | ✕

41

소장은 신입자가 환자이거나 부득이한 사정이 있는 경우가 아니면 수용된 날부터 3일 동안 신입자 거실에 수용하여야 하며, 19세 미만의 신입자에 대하여는 그 수용기간을 30일까지 연장할 수 있다.

정답 | ○

42

교정시설의 장은 신입자의 의사에 반하여 건강진단을 할 수 있다.

정답 | ○

43

소장은 신입자에 대하여 시설 내의 안전과 질서유지를 위하여 특히 필요하다고 인정하면 번호표를 붙이지 아니할 수 있다.

해설 | 소장은 신입자 및 다른 교정시설로부터 이송(移送)되어 온 사람(이하 "이입자"라 한다)에 대하여 수용자번호를 지정하고 수용 중 번호표를 상의 왼쪽 가슴에 붙이게 하여야 한다. 다만, 수용자의 교화 또는 건전한 사회복귀를 위하여 특히 필요하다고 인정하면 번호표를 붙이지 아니할 수 있다(「형집행법 시행령」 제17조 제2항).

정답 | ✕

44

소장은 신입자 및 다른 교정시설로부터 이송되어 온 사람에 대하여 수용자의 교화 또는 건전한 사회복귀를 위하여 특히 필요하다고 인정하면 번호표를 붙이지 아니할 수 있다.

정답 | ○

45

수형자의 신입수용 시 변호사 선임에 관하여 고지하여야 한다.

해설 | 변호사 선임에 관하여 고지하여야 한다는 규정은 없다.

정답 | ✕

46

소장은 수형자에게 작업을 부과하려면 죄명, 형기, 죄질, 성격, 범죄전력, 나이, 경력 및 수용생활 태도, 그 밖의 수형자의 개인적 특성을 고려하여야 한다.

해설 │ 작업부과 시가 아닌 수용거실 지정 시 고려사항이다(「형집행법」 제15조).

정답 │ ×

47

소장은 수용자거실 앞에 이름표를 붙이되, 이름표 윗부분에는 수용자번호 및 입소일을 적고, 그 아랫부분에는 수용자의 성명 · 출생연도 · 죄명 · 형명 및 형기를 적되, 윗부분의 내용이 보이지 않도록 하여야 한다.

해설 │ '이름표 윗부분에는 수용자의 성명 · 출생연도 · 죄명 · 형명(刑名) 및 형기(刑期)를 적고, 그 아랫부분에는 수용자번호 및 입소일을 적되'로 고쳐야 맞는 표현이다.

정답 │ ×

48

소장은 신입자 또는 다른 교정시설로부터 이송되어 온 사람이 있으면 수용자의 의사 여부와 관계없이 그 사실을 수용자의 가족에게 지체 없이 알려야 한다.

해설 │ 수용자가 알리는 것을 원하지 아니하면 그러하지 아니하다(「형집행법」 제21조 단서).

정답 │ ×

49

소장은 신입자의 수용사실을 수용자 본인이 원하지 않는 경우를 제외하고는 그 가족에게 수용된 날로부터 5일 이내에 알려야 한다.

해설 │ 원하지 않는 경우를 제외하고는 그 가족에게 지체 없이 알려야 한다(「형집행법」 제21조).

정답 │ ×

50

교정시설의 장은 시설의 안전과 질서유지를 위하여 관할 지방검찰청 검사장의 승인을 받아 수용자를 다른 교정시설로 이송할 수 있다.

해설 │ 법무부장관의 승인을 받아 수용자를 다른 교정시설로 이송할 수 있다(「형집행법」 제20조 제1항).

정답 │ ×

51

소장은 수용자의 정신질환 치료를 위하여 필요하다고 인정하면 법무부장관의 승인을 받아 치료감호시설로 이송할 수 있다.

정답 | ○

52

소장은 수용자를 다른 교정시설에 이송하는 경우에 의무관으로부터 수용자가 건강상 감당하기 어렵다는 보고를 받으면 이송을 중지하고 그 사실을 이송받을 소장에게 알려야 한다.

정답 | ○

53

법무부장관은 이송승인에 관한 권한을 대통령령으로 정하는 바에 따라 지방교정청장에게 위임할 수 있다.

정답 | ○

54

교정시설의 안전과 질서유지를 위하여 긴급하게 이송할 필요가 있다고 인정되는 때에는 지방교정청장은 관할 외 이송을 승인할 수 있다.

해설 | 지방교정청장의 이송승인은 관할 내 이송으로 한정한다(「형집행법 시행령」 제22조 제2항).

정답 | ✕

55

소장은 특별한 사정이 있으면 「형의 집행 및 수용자의 처우에 관한 법률」 제11조의 구분수용 기준에 따라 다른 교정시설로 이송하여야 할 수형자를 9개월을 초과하지 아니하는 기간 동안 계속하여 수용할 수 있다.

해설 | 9개월이 아닌 6개월이다(「형집행법」 제12조 제4항).

정답 | ✕

56

구치소의 수용인원이 정원을 훨씬 초과하여 정상적인 운영이 곤란한 때에는 교도소에 미결수용자를 수용할 수 있다.

정답 | ○

57

독거수용이 원칙이지만, 수용자의 생명 또는 신체의 보호, 정서적 안정을 위하여 필요한 때에는 혼거수용할 수 있다.

정답 | ○

58

수형자가 소년교도소에 수용 중에 19세가 된 경우에도 교육·교화프로그램, 작업, 직업훈련 등을 실시하기 위하여 특히 필요하다고 인정되면 23세가 되기 전까지는 계속하여 수용할 수 있다.

정답 | ○

59

소장은 수용자를 이송하는 경우에 의무관으로부터 수용자가 건강상 감당하기 어렵다는 보고를 받으면 이송을 중지하고 그 사실을 법무부장관에게 보고하여야 한다.

해설 | 법무부장관이 아닌 이송받을 소장에게 알려야 한다(「형집행법 시행령」 제23조).

정답 | ×

60

법무부장관은 교정시설의 안에서 천재지변이 있을 때에는 수용자를 타처에 긴급이송할 수 있다.

해설 | 법무부장관이 아닌 소장이다(「형집행법」 제102조 제2항).

정답 | ×

61

엄중관리대상자는 조직폭력수용자, 마약류수용자, 관심대상수용자로 구분하며, 교정시설의 안전과 질서유지를 위하여 다른 수용자와의 접촉을 차단하거나 계호를 엄중히 하여야 하는 수용자를 말한다.

해설 | ◀ 엄중관리대상자 ▶

구분	조직폭력(제1호)	마약류(제2호)	관심대상(제3호)
의의	교정시설의 안전과 질서유지를 위하여 다른 수용자와의 접촉을 차단하거나 계호를 엄중히 하여야 하는 수용자		
색상	노란색	파란색	노란색
지정 기준	• 체포 · 구속영장, 공소장 또는 재판서에 조직폭력사범 명시 • 단체 등의 구성 · 활동 및 이용 · 지원(죄) 또는 범죄단체 등의 조직(죄) 적용 • 공범 · 피해자 등의 체포 · 구속영장, 공소장 또는 재판서에 조직폭력사범 명시	• 체포 · 구속영장, 공소장 또는 재판서에 마약류에 관한 형사법률 적용 • 위 형사법률의 집행유예기간 중에 별건으로 수용	• 타 수용자 상습 폭행 • 교도관 폭행 · 협박의 재발우려 • 요구관철을 목적으로 상습 자해 • 수용질서 문란 조직폭력수용자 (조폭행세 포함) • 무죄 외 사유로 출소 후 5년 이내 재수용된 조직폭력수용자 • 상습 공무집행 방해 • 도주의 재발우려 • 중형선고 등에 따른 적응곤란 • 자살시도의 재발우려 • 자살 등 교정사고 우려 • 규율위반의 상습성 인정 • 상습 부조리 기도
처우 제한	• 대표직책 부여금지 • 접견 시 접촉차단시설 이용 • 귀휴나 그 밖의 특별한 이익 허용요건에 관한 규정 엄격적용 • 특이사항 관계기관 통보	• 의약품 투약 시 유의 • 마약반응검사 가능(강제 ×) • 물품교부 제한 • 보관품 등 수시점검 • 특이사항 감독교도관 보고	–
지정	당연 소장 직권지정	당연 소장 직권지정	• 원칙: 분류처우위원회 의결 • 예외: 교도관회의 심의(미결수용자 등)
해제	교도관회의 심의 또는 분류처우위원회 의결 • 공소장 변경 도는 재판확정에 따른 지정사유 해소	교도관회의 심의 또는 분류처우위원회 의결 • 공소장 변경 또는 재판확정에 따라 지정사유 해소 • 지정 후 5년이 지나고 수용생활 태도 등 양호(단, 병과)	• 원칙: 분류처우위원회 의결 • 예외: 교도관회의 심의(미결수용자 등)

정답 | ○

62

현행법상 엄중관리대상자는 조직폭력수용자, 마약류수용자, 관심대상수용자, 중점관리수용자로 구분된다.

해설 | 현행법상 중점관리수용자는 규정되어 있지 않다.

정답 | ×

63

조직폭력수용자, 마약류수용자의 번호표 및 거실표의 색상은 노란색이다.

해설 | 조직폭력수용자 및 관심대상수용자는 노란색, 마약류수용자는 파란색이다.

정답 | ×

64

소장은 엄중관리대상자에게 작업을 부과하여서는 안 된다.

해설 | 소장은 엄중관리대상자에게 작업을 부과할 때에는 법 제59조 제3항에 따른 조사나 검사 등의 결과를 고려하여야 한다(「형집행법 시행규칙」 제197조). 따라서 작업을 부과할 수 있다.

정답 | ×

65

소장은 엄중관리대상자 중 지속적인 상담이 필요하다고 인정되는 사람에 대하여는 상담책임자를 지정하는데, 상담대상자는 상담책임자 1명당 10명 이내로 하여야 한다.

정답 | ○

66

소장은 공범·피해자 등의 체포영장, 구속영장, 공소장 또는 재판서에 조직폭력사범으로 명시된 수용자에 대하여는 조직폭력수용자로 지정한다.

정답 | ○

67

조직폭력수용자로서 무죄 외의 사유로 출소한 후 5년 이내에 교정시설에 다시 수용된 사람은 조직폭력수용자의 지정대상에 해당한다.

해설 | 조직폭력수용자가 아닌 관심대상수용자의 지정대상에 해당한다.

정답 | ×

68

공소장이나 재판서에 조직폭력사범으로 명시되어 있지 아니하나, 형법 제114조(범죄단체 등의 조직)가 적용된 수용자라면 조직폭력수용자로 지정할 수 있다.

정답 | ○

69

소장은 관심대상수용자로 지정할 필요가 있다고 인정되는 미결수용자에 대하여는 교도관회의의 심의를 거쳐 관심대상수용자로 지정할 수 있다.

정답 | ○

70

소장은 조직폭력수용자로 지정된 사람이 공소장 변경 또는 재판확정에 따라 지정사유가 해소되었다고 인정되는 경우에는 교도관회의의 심의 또는 교정자문위원회의 의결을 거쳐 지정을 해제한다.

해설 | 교정자문위원회가 아닌 분류처우위원회의 의결을 거쳐 지정을 해제한다(「형집행법 시행규칙」 제199조 제2항).

정답 | ×

71

체포영장, 구속영장, 공소장 또는 재판서에 조직폭력사범으로 명시된 수용자는 분류처우위원회의 심의·의결에 따라 조직폭력수용자로 지정한다.

해설 | 분류처우위원회의 심의·의결이 아닌 소장이 직권으로 지정한다(「형집행법 시행규칙」 제199조 제1항).

정답 | ×

72

구속영장, 공소장 또는 재판서에 조직폭력사범으로 명시된 수용자는 교도관회의 또는 분류처우위원회의 심의·의결에 따라 조직폭력수용자로 지정한다.

해설 | 소장이 직권으로 조직폭력수용자로 지정한다.

정답 | ×

73

수용자의 관리·교정교화 등 사무에 관한 지방교정청장의 자문에 응하기 위하여 지방교정청에 교정자문위원회를 둔다.

정답 | ○

74

교정자문위원회는 10명 이상 15명 이하의 위원으로 성별을 고려하여(위원 중 여성 4명 이상) 구성하고, 위원장은 위원 중에서 호선하며, 위원은 교정에 관한 학식과 경험이 풍부한 외부인사 중에서 지방교정청장의 추천을 받아 법무부장관이 위촉한다.

정답 | ○

75

교정자문위원회 위원장이 부득이한 사유로 직무를 수행할 수 없을 때에는 부위원장이 그 직무를 대행하고, 부위원장도 부득이한 사유로 직무를 수행할 수 없을 때에는 위원장이 미리 지명한 위원이 그 직무를 대행한다.

정답 | ○

76

마약류수용자나 관심대상수용자로 지정된 수용자는 거실 및 작업장의 봉사원, 반장, 조장, 분임장 등 수용자를 대표하는 직책을 맡을 수 없다.

해설 | 소장은 조직폭력수용자에게 거실 및 작업장 등의 봉사원, 반장, 조장, 분임장, 그 밖에 수용자를 대표하는 직책을 부여해서는 아니 된다(「형집행법 시행규칙」 제200조).

정답 | ×

77

조직폭력수용자 중 모범수용자는 봉사원이나 반장 등의 직책을 부여받을 수 있다.

해설 | 직책을 부여받을 수 없다.

정답 | ×

78

소장은 마약류수용자로 지정된 수용자들에게 정기적으로 수용자의 소변을 채취하여 마약반응검사를 하여야 한다.

해설 | 소장은 교정시설에 마약류를 반입하는 것을 방지하기 위하여 필요하면 강제에 의하지 아니하는 범위에서 수용자의 소변을 채취하여 마약반응검사를 할 수 있다(「형집행법 시행규칙」 제206조 제2항).

정답 | ×

79

소장은 공범·피해자 등의 체포영장·구속영장·공소장 또는 재판서에 마약사범으로 명시된 수용자는 마약류수용자로 지정한다.

해설 | 조직폭력수용자에 대한 설명이다. 공범·피해자 등의 체포영장·구속영장·공소장 또는 재판서에 조직폭력사범으로 명시된 수용자는 조직폭력수용자로 지정한다(「형집행법 시행규칙」 제198조 제3호).

정답 | ✕

80

마약류에 관한 범죄로 인하여 형사법률을 적용받아 집행유예가 선고되어 그 집행유예기간 중에 별건으로 수용된 수용자에 대해서도 마약류수용자로 지정한다.

정답 | ○

81

소장은 마약류수용자로 지정된 수용자들에게 정기적으로 수용자의 소변을 채취하여 마약반응검사를 하여야 한다.

해설 | '정기적으로'가 아니라 '강제에 의하지 아니하는 범위에서'라고 해야 옳다.

정답 | ✕

82

소장은 교정시설에 마약류를 반입하는 것을 방지하기 위하여 필요하면 강제에 의하지 아니하는 범위에서 수용자의 소변을 채취하여 마약반응검사를 할 수 있다.

정답 | ○

83

마약류수용자에게는 본인이 원하는 경우, 중독을 치료하기 위한 재활교육이 부과되어야 한다.

해설 | 소장은 마약류수용자가 마약류 근절(根絶)의지를 갖고 이를 실천할 수 있도록 해당 교정시설의 여건에 적합한 마약류수용자 재활교육계획을 수립하여 시행하여야 한다(「형집행법 시행규칙」 제209조 제1항). 즉, 본인의 의사와는 상관없이 중독을 치료하기 위한 재활교육이 부과되어야 한다.

정답 | ✕

84

관심대상수용자의 지정기준에 해당하는 수용자는 분류처우위원회의 의결을 거쳐 지정하고, 예외적으로 교도관회의의 심의를 거쳐 지정할 수 있다.

정답 | ○

85

소장은 관심대상수용자의 수용생활태도 등이 양호하고 지정사유가 해소되었다고 인정하는 경우에는 분류처우위원회의 의결을 거쳐 관심대상수용자 지정을 해제한다.

정답 | ○

86

인적 계호보다는 물적 계호의 중요성이 커지고 있는 추세이다.

정답 | ○

87

검찰청 및 법원의 소환에 응하는 것은 출정계호이다.

정답 | ○

88

비상계호를 특별계호라고도 한다.

해설 | 비상계호는 사태의 긴급성에 따른 구별이고, 특별계호는 대상의 특수성에 따른 구별이다.

◀ 계호의 종류 ▶
- 계호대상: 대인계호 – 대물계호
- 계호장소: 호송계호 – 출정계호
- 계호수단: 인적계호 – 물적계호
- 사태의 긴급성: 통상계호 – 비상계호
- 대상의 특수성: 일반계호 – 특별계호

정답 | ✕

89

교도관은 시설의 안전과 질서를 위하여 필요하면 교정시설에 출입하는 수용자 외의 사람에 대하여 의류와 휴대품 및 신체검사를 할 수 있다.

해설 | 신체검사는 할 수 없다(「형집행법」 제93조 제3항 전단).

정답 | ✕

90

소장은 수용자가 자살 또는 자해의 우려가 있는 때에는 의무관의 의견을 고려하여 진정실에 수용할 수 있다.

해설 | 보호실에 수용할 수 있다.

구분		보호실(제95조)	진정실(제96조)
정의		자살 및 자해방지 등의 설비를 갖춘 거실	일반 수용거실로부터 격리되어 있고 방음설비 등을 갖춘 거실
수용요건		• 자살 또는 자해의 우려가 있는 때 • 신체적 · 정신적 질병으로 인하여 특별한 보호가 필요한 때	• 교정시설의 설비 또는 기구 등을 손괴하거나 손괴하려고 하는 때 • 교도관의 제지에도 불구하고 소란행위를 계속하여 다른 수용자의 평온한 수용생활을 방해하는 때
의무관 의견	최초	○	×
	연장	○	○
기간	최초	15일 이내	24시간 이내
	연장	1회당 7일 이내	1회당 12시간 이내
	최대연장	3개월	3일
수용 · 연장사유 고지		○	○

정답 | ×

91

소장은 수용자가 신체적 · 정신적 질병으로 인하여 특별한 보호가 필요한 때에는 보호실에 수용할 수 있다.

정답 | ○

92

자살 또는 자해의 우려가 있는 수용자에 대하여 강제력을 행사하거나 보호장비를 사용하여도 그 목적을 달성할 수 없는 경우에만 보호실에 수용할 수 있다.

해설 | 소장은 수용자가 자살 또는 자해의 우려가 있는 때에는 의무관의 의견을 고려하여 보호실에 수용할 수 있으며(「형집행법」 제95조 제1항 제1호), 강제력을 행사하거나 보호장비를 사용하여도 그 목적을 달성할 수 없는 경우에는 진정실에 수용할 수 있다(동법 제96조 제1항).

정답 | ×

93

수용자의 보호실 수용기간은 15일 이내로 하되, 소장은 특히 계속하여 수용할 필요가 있으면 의무관의 의견을 고려하여 1회당 7일의 범위에서 기간을 연장할 수 있다.

정답 | ○

94

수용자를 보호실에 수용할 수 있는 기간은 계속하여 3개월을 초과할 수 없다.

정답 | ○

95

수용자의 보호실 수용기간은 소장이 연장하지 않는 한 30일 이내로 한다.

해설 | 15일 이내로 한다(「형집행법」 제95조 제2항 본문).

정답 | ✕

96

소장은 수용자를 보호실 또는 진정실에 수용할 경우에는 변호인의 의견을 고려하여야 한다.

해설 | 변호인의 의견을 고려하여야 한다는 규정은 없다.

정답 | ✕

97

의무관은 수용자가 자살 또는 자해의 우려가 있는 때에는 소장의 동의를 받아 보호실에 수용할 수 있다.

해설 | 보호실 수용은 소장의 권한이다. 소장은 수용자가 자살 또는 자해의 우려가 있거나, 신체적ㆍ정신적 질병으로 인하여 특별한 보호가 필요한 때에는 의무관의 의견을 고려하여 보호실에 수용할 수 있다(「형집행법」 제95조 제1항).

정답 | ✕

98

보호실 수용에 따른 기간연장은 15일 이내로 하되, 계속하여 2개월을 초과할 수 없다.

해설 | 보호실 수용에 따른 기간연장은 1회당 7일로 하되(「형집행법」 제95조 제2항 단서), 계속하여 3개월을 초과할 수 없다(동조 제3항).

정답 | ✕

99

소장은 수용자를 보호실 또는 진정실에 수용하거나 수용기간을 연장하는 경우에는 그 사유를 본인과 가족에게 알려 주어야 한다.

해설 | 본인에게만 알려 주어야 한다(「형집행법」 제95조 제4항, 제96조 제4항).

정답 | ×

100

소장은 수용자가 교도관의 제지에도 불구하고 소란행위를 계속하여 다른 수용자의 평온한 수용생활을 방해하는 때에 강제력을 행사하거나 보호장비를 사용하여도 그 목적을 달성할 수 없는 경우에만 보호실에 수용할 수 있다.

해설 | 보호실이 아닌 진정실에 수용할 수 있다(「형집행법」 제96조 제1항 제2호).

정답 | ×

101

수용자의 진정실 수용기간은 24시간 이내로 한다. 다만, 소장은 특히 계속하여 수용할 필요가 있으면 의무관의 의견을 고려하여 1회당 12시간의 범위에서 기간을 연장할 수 있다.

정답 | ○

102

소장은 수용자를 진정실에 수용할 경우에는 의무관의 의견을 고려하여야 한다.

해설 | 보호실에 수용할 경우에는 의무관의 의견을 고려하여야 한다(「형집행법」 제95조 제1항).

정답 | ×

103

소장은 수용자가 교정시설의 설비 또는 기구 등을 손괴하거나 손괴하려고 하는 때로서 강제력을 행사하거나 보호장비를 사용하여도 그 목적을 달성할 수 없는 경우에는 진정실에 수용할 수 있다. 이 경우 의무관의 의견을 들어야 한다.

해설 | 보호실과는 달리 의무관의 의견을 들을 필요 없이 진정실에 수용할 수 있다(「형집행법」 제96조 제1항).

정답 | ×

104

진정실 수용에 따른 기간연장은 10시간 이내로 하되, 계속하여 3일을 초과할 수 없다.

해설 | 진정실 수용에 따른 기간연장은 1회당 12시간으로 하되(「형집행법」 제96조 제2항 단서), 계속하여 3일을 초과할 수 없다(동조 제3항).

정답 | ×

105

소장은 수용자를 진정실에 수용하거나 수용기간을 연장하는 경우에는 그 사유를 본인에게 알려주어야 한다.

정답 | ○

106

의무관은 진정실 수용자의 건강상태를 수시로 확인하여야 하며, 소장은 진정실 수용사유가 소멸한 경우에는 진정실 수용을 즉시 중단하여야 한다.

정답 | ○

107

교도관이 전자영상장비로 거실에 있는 수용자를 계호하는 것은 자살 · 자해 · 도주 · 폭행 · 손괴 그 밖에 수용자의 생명 · 신체를 해하거나 시설의 안전 또는 질서를 해하는 행위의 우려가 큰 때에만 할 수 있다.

정답 | ○

108

음주측정기는 전자장비 중 증거수집장비에 해당한다.

해설 | ◀ 교정장비의 종류 ▶

구분	전자장비		보호장비	보안장비		무기	
대상	수용자	시설	수용자	수용자	수용자 외	수용자	수용자 외
주체	교도관						

종류	• 영상정보처리기기
	• 전자감지기
	• 전자경보기
	• 물품검색기
	• 증거수집장비: 디지털
	  카메라, 녹음기, 비디오
	  카메라, 음주측정기 등
			• 수갑
			• 머리보호장비
			• 발목보호장비
			• 보호대
			• 보호의자
			• 보호침대
			• 보호복
			• 포승
				• 교도봉
				• 전기교도봉
				• 가스분사기
				• 가스총
				• 최루탄
				• 전자충격기
						• 권총
						• 소총
						• 기관총	

제한	전자영상장비 → 거실 → 자살 등의 우려가 큰 때		• 필요한 최소한도 • 사유소멸 → 사용중단 • 징벌수단 → 사용불가	필요한 최소한도		• 필요한 최소한도 • 최후의 수단	

◀ 보호장비 · 보안장비 · 무기 비교 ▶

구분	보호장비	보안장비	무기
사유	～ 우려가 있을 때	～ 하려고 하는 때	급박 · 긴박
위임 규정	• 요건: 법률 • 절차: 대통령령 • 사용방법 · 규격: 법무부령	• 기본적 요건 · 절차: 법률 • 구체적 요건 · 절차: 법무부령	
대상	• 수용자 ○ • 수용자 이외의 자 ×	• 수용자 ○ • 수용자 이외의 자 ○	
주체	교도관, 단 소장의 명령 및 사후보고(예외) 필요		
고지	사용사유 고지(예외 ×)	사전경고(예외 ○)	사전경고(예외 ×)
비고	착용 중 계호상 독거수용	－	법무부장관에게 즉시 보고

◀ 보호장비의 사용 ▶

종류	사용요건(「형집행법」 제98조 제2항)
수갑 · 포승	• 이송 · 출정, 그 밖에 교정시설 밖의 장소로 수용자를 호송하는 때 • 도주 · 자살 · 자해 또는 다른 사람에 대한 위해의 우려가 큰 때 • 위력으로 교도관의 정당한 직무집행을 방해하는 때 • 교정시설의 설비 · 기구 등을 손괴하거나 그 밖에 시설의 안전 또는 질서를 해칠 우려가 큰 때
머리보호장비	머리부분을 자해할 우려가 큰 때

발목보호장비 · 보호대 · 보호의자	• 도주 · 자살 · 자해 또는 다른 사람에 대한 위해의 우려가 큰 때 • 위력으로 교도관의 정당한 직무집행을 방해하는 때 • 교정시설의 설비 · 기구 등을 손괴하거나 그 밖에 시설의 안전 또는 질서를 해칠 우려가 큰 때
보호침대 · 보호복	자살 · 자해의 우려가 큰 때

◀ 보안장비의 사용 ▶

수용자(「형집행법」 제100조 제1항)	수용자 외의 사람(동조 제2항)
• 도주하거나 도주하려고 하는 때 • 자살하려고 하는 때 • 자해하거나 자해하려고 하는 때 • 다른 사람에게 위해를 끼치거나 끼치려고 하는 때 • 위력으로 교도관의 정당한 직무집행을 방해하는 때 • 교정시설의 설비 · 기구 등을 손괴하거나 손괴하려고 하는 때 • 그 밖에 시설의 안전 또는 질서를 크게 해치는 행위를 하거나 하려고 하는 때	• 수용자를 도주하게 하려고 하는 때 • 교도관 또는 수용자에게 위해를 끼치거나 끼치려고 하는 때 • 위력으로 교도관의 정당한 직무집행을 방해하는 때 • 교정시설의 설비 · 기구 등을 손괴하거나 손괴하려고 하는 때 • 교정시설에 침입하거나 하려고 하는 때 • 교정시설의 안(교도관이 교정시설의 밖에서 수용자를 계호하고 있는 경우 그 장소를 포함한다)에서 교도관의 퇴거요구를 받고도 이에 따르지 아니하는 때

◀ 무기의 사용 ▶

수용자(「형집행법」 제101조 제1항)	수용자 외의 사람(동조 제2항)
• 수용자가 다른 사람에게 중대한 위해를 끼치거나 끼치려고 하여 그 사태가 위급한 때 • 수용자가 폭행 또는 협박에 사용할 위험물을 지니고 있어 교도관이 버릴 것을 명령하였음에도 이에 따르지 아니하는 때 • 수용자가 폭동을 일으키거나 일으키려고 하여 신속하게 제지하지 아니하면 그 확산을 방지하기 어렵다고 인정되는 때 • 도주하는 수용자에게 교도관이 정지할 것을 명령하였음에도 계속하여 도주하는 때 • 수용자가 교도관의 무기를 탈취하거나 탈취하려고 하는 때 • 그 밖에 사람의 생명 · 신체 및 설비에 대한 중대하고도 뚜렷한 위험을 방지하기 위하여 무기의 사용을 피할 수 없는 때	교정시설의 안(교도관이 교정시설의 밖에서 수용자를 계호하고 있는 경우 그 장소를 포함한다)에서 자기 또는 타인의 생명 · 신체를 보호하거나 수용자의 탈취를 저지하거나 건물 또는 그 밖의 시설과 무기에 대한 위험을 방지하기 위하여 급박하다고 인정되는 상당한 이유가 있는 때

정답 | ○

109

교도관이 교정시설을 출입하는 수용자 외의 사람의 의류와 휴대품을 검사하는 경우에는 고정식 물품검색기를 통과하게 한 후, 휴대식 금속탐지기 또는 손으로 이를 확인해야 한다.

해설 | 고정식 물품검색기를 통과하게 하거나 휴대식 금속탐지기로 이를 확인한다(「형집행법 시행규칙」 제166조 제3항).

정답 | ×

110

교도관이 「형의 집행 및 수용자의 처우에 관한 법률」 제93조 제1항에 따라 수용자의 신체 · 의류 · 휴대품을 검사하는 경우에는 특별한 사정이 없으면 고정식 물품검색기를 통과하게 하거나 휴대식 금속탐지기로 이를 확인한다.

해설 | 고정식 물품검색기를 통과하게 한 후 휴대식 금속탐지기 또는 손으로 이를 확인한다(「형집행법 시행규칙」 제166조 제2항).

정답 | ×

111

보호장비의 종류로는 수갑, 포승, 사슬, 머리보호장비 등이 있다.

해설 | 사슬은 보호장비에서 제외되었다.

정답 | ×

112

미결수용자에게는 수갑이나 포승 등의 보호장비를 사용할 수 없다.

해설 | 보호장비, 보안장비 및 무기의 사용대상은 수용자이므로 미결수용자에게도 사용할 수 있다.

정답 | ×

113

교도관은 수용자가 정당한 사유 없이 작업이나 교육을 거부하는 경우에는 수갑, 포승 등의 보호장비를 사용할 수 있다.

해설 | 작업이나 교육을 거부하는 때는 보호장비의 사용요건에 해당하지 않는다.

정답 | ×

114

이송 · 출정, 그 밖에 교정시설 밖의 장소로 수용자를 호송하는 때에는 양손수갑을 채워야 한다.

정답 | ○

115

도주 · 자살 · 자해 또는 다른 사람에 대한 위해의 우려가 큰 때 양손수갑을 앞으로 채워 사용목적을 달성할 수 없다고 인정되면 양손수갑을 뒤로 채워야 한다.

정답 | ○

116

위력으로 교도관의 정당한 직무집행을 방해하는 때에는 양손수갑을 앞으로 채워야 한다.

정답 | ○

117

일회용수갑은 일시적으로 사용하여야 하며, 사용목적을 달성한 후에는 즉시 사용을 중단하거나 다른 보호장비로 교체하여야 한다.

정답 | ○

118

이송ㆍ출정, 그 밖에 교정시설 밖의 장소로 수용자를 호송할 때는 수갑을 사용할 수 있으며, 진료를 받거나 입원 중인 수용자에 대하여 한손수갑을 사용할 수 있다.

정답 | ○

119

한손수갑은 진료를 받거나 입원 중인 경우에 사용한다.

정답 | ○

120

머리보호장비는 자살ㆍ자해의 우려가 큰 때에 사용할 수 있으며, 수용자가 임의로 해제하지 못하도록 다른 보호장비를 함께 사용할 수 있다.

해설 | 머리보호장비는 머리부분을 자해할 우려가 큰 때에 사용할 수 있다(「형집행법」 제98조 제2항 제2호).

정답 | ×

121

머리 부분을 자해할 우려가 큰 때에는 머리보호장비를 사용할 수 있으며, 머리보호장비를 포함한 다른 보호장비로는 자살ㆍ자해를 방지하기 어려운 특별한 사정이 있는 경우는 보호침대를 사용할 수 있다.

정답 | ○

122

교도관은 수용자가 위력으로 교도관의 정당한 직무집행을 방해하는 때에는 수갑 · 포승을 사용할 수 있다.

정답 | ○

123

교도관은 이송 · 출정, 그 밖에 교정시설 밖의 장소로 수용자를 호송하는 때에는 수갑 및 포승을 사용할 수 있다.

정답 | ○

124

수갑, 포승, 발목보호장비는 이송 · 출정, 그 밖에 교정시설 밖의 장소로 수용자를 호송하는 때 사용할 수 있다.

해설 | 발목보호장비는 사용할 수 없다.

정답 | ✕

125

보호의자는 계속해서 8시간을 사용할 수 있다. 수용자의 치료, 목욕, 식사 등으로 보호의자를 일시중지하는 시간은 포함되지 않는다.

해설 | 보호의자는 그 사용을 일시중지거나 완화하는 경우를 포함하여 8시간을 초과하여 사용할 수 없으며, 사용중지 후 4시간이 경과하지 아니하면 다시 사용할 수 없다(「형집행법 시행규칙」 제176조 제2항).

정답 | ✕

126

자살 · 자해의 우려가 커 보호침대 또는 보호복을 사용할 경우에는 다른 보호장비와 같이 사용할 수 없다.

해설 | 보호의자 또는 보호침대를 사용하는 경우에는 다른 보호장비와 같이 사용할 수 없다(「형집행법 시행규칙」 제180조 단서). 따라서 보호침대 또는 보호복을 사용할 경우에는 다른 보호장비와 같이 사용할 수 있다.

정답 | ✕

127

하나의 보호장비로 사용목적을 달성할 수 없는 경우에는 둘 이상의 보호장비를 사용할 수 있다. 다만, 보호의자를 사용하거나 보호침대를 사용하는 경우에는 다른 보호장비와 같이 사용할 수 없다.

정답 | ○

128

보호장비를 사용하는 경우에는 보호장비 사용 심사부에 기록하여야 하나, 중경비시설 안에서 수용자의 동행계호를 위하여 양손수갑을 사용하는 경우에는 호송계획서나 수용기록부의 내용 등으로 그 기록을 갈음할 수 있다.

정답 | ○

129

보호장비를 착용 중인 수용자는 특별한 사정이 없으면 계호상(처우상 ✕) 독거수용한다.

정답 | ○

130

보호장비를 착용 중인 수용자는 특별한 사정이 없으면 처우상 독거수용한다.

해설 | 계호상 독거수용한다(「형집행법 시행령」 제123조).

정답 | ✕

131

보호침대는 그 사용을 일시중지하거나 완화하는 경우를 포함하여 8시간을 초과하여 사용할 수 없으며, 사용중지 후 4시간이 경과하지 아니하면 다시 사용할 수 없다.

정답 | ○

132

법무부장관은 소속 교정시설의 보호장비 사용 실태를 수시로 점검하여야 한다.

해설 | 지방교정청장은 소속 교정시설의 보호장비 사용 실태를 정기적으로 점검하여야 한다(「형집행법 시행령」 제124조 제2항).

정답 | ✕

133

교도관은 수용자가 위계 또는 위력으로 교도관의 정당한 직무집행을 방해하는 때에 강제력을 행사할 수 있다.

해설 │ 위계는 강제력의 행사요건이 아니다(「형집행법」 제100조 제1항 제5호).

◀ 보호장비의 사용, 강제력의 행사 및 무기의 사용 ▶

구분	보호장비의 사용	강제력의 행사	무기의 사용
요건	소장의 명령 및 사후보고(예외)		
보고	소장		소장 · 법무부장관
고지	사용사유 고지(예외 ×)	사전경고(예외 ○)	사전경고(예외 ×)
제한	• 필요한 최소한도 • 사유소멸 → 사용중단 • 징벌수단 → 사용불가	필요한 최소한도	• 필요한 최소한도 • 최후의 수단
제3자	규정 ×	사용 가능	사용 가능

정답 │ ×

134

교도관은 수용자가 자살, 자해하려고 하는 때 가스총이나 가스분사기와 같은 보안장비로 강제력을 행사할 수 있다.

정답 │ ○

135

교도관은 수용자 외의 사람이 교정시설의 안에서 교도관의 퇴거요구를 받고도 이에 따르지 아니하는 때에는 강제력을 행사할 수 있으며, 강제력을 행사하는 경우에는 보안장비 및 무기를 사용할 수 있다.

해설 │ 무기는 사용할 수 없다(「형집행법」 제100조 제3항).

정답 │ ×

136

발사용 최루탄은 30미터 이상의 원거리에서 사용하되, 30도 이상의 발사각을 유지하여야 한다.

해설 │ 50미터 이상의 원거리에서 사용하되, 30도 이상의 발사각을 유지하여야 한다(「형집행법 시행규칙」 제188조 제3호).

정답 │ ×

137

수용자 외의 자가 교정시설 안에서 교도관 등의 퇴거요구를 받고도 이에 응하지 아니한 때에는 무기를 사용할 수 있다.

해설 | 무기가 아닌 보안장비를 사용할 수 있다(「형집행법」 제100조 제2항 제6호).

정답 | ×

138

교도관은 수용자가 다른 사람에게 위해를 끼치거나 끼치려고 하는 때에는 무기를 사용할 수 있다.

해설 | 중대한 위해를 끼치거나 끼치려고 하여 그 사태가 위급한 때에 무기를 사용할 수 있다(「형집행법」 제101조 제1항 제1호).

정답 | ×

139

법무부장관은 교정시설의 안에서 천재지변이 있을 때에는 수용자를 타처에 긴급이송할 수 있다.

해설 | 법무부장관이 아닌 소장의 권한이다(「형집행법」 제102조 제2항).

정답 | ×

140

교도소 · 구치소 및 그 지소 간의 호송은 교도관이 행한다.

정답 | ○

141

호송관의 여비나 피호송자의 호송비용은 호송관서가 부담하나, 피호송자를 교정시설이나 경찰관서에 숙식하게 한 때에는 그 비용은 교정시설이나 경찰관서가 부담한다.

정답 | ○

142

송치 중의 영치금품을 호송관에게 탁송한 때에는 호송관서에 보관책임이 있고, 그러하지 아니한 때에는 발송관서에 보관책임이 있다.

정답 | ○

143

「수형자 등 호송 규정」상 피호송자가 도주한 때에 서류와 금품은 수송관서로 송부하여야 한다.

해설 | 피호송자가 도주한 때에 서류와 금품은 발송관서에 반환하여야 한다(「수형자 등 호송 규정」 제10조 제2항).

정답 | ×

144

수용자 외의 자가 교정시설 안에서 교도관 등의 퇴거요구를 받고도 이에 응하지 아니한 때에는 무기를 사용할 수 있다.

해설 | 무기가 아닌 보안장비를 사용할 수 있다(「형집행법」 제100조 제3항).

정답 | ×

145

교도관이 총기를 사용하는 경우에는 공포탄 발사, 구두경고, 위협사격, 조준사격의 순서에 따라야 한다. 다만, 상황이 긴급하여 시간적 여유가 없을 때에는 예외로 한다.

해설 | 구두경고, 공포탄 발사, 위협사격, 조준사격의 순서에 따라야 한다(「형집행법 시행규칙」 제192조 본문).

정답 | ×

146

수용자가 도주한 경우에는 48시간 이내에만 그를 체포할 수 있다.

해설 | 72시간 이내에만 체포할 수 있다(「형집행법」 제103조 제1항).

정답 | ×

147

교도관은 도주한 수용자의 체포를 위하여 긴급히 필요하면 도주를 한 사람의 이동경로나 소재를 안다고 인정되는 사람을 정지시켜 질문할 수 있다.

정답 | ○

148

교도관은 도주한 수용자의 체포를 위하여 영업시간 내에 공연장·여관·음식점·역, 그 밖에 다수인이 출입하는 장소의 관리자 또는 관계인에게 그 장소의 출입이나 그 밖에 특히 필요한 사항에 관하여 협조를 요구할 수 있다.

정답 | ○

149

교도관은 체포를 위하여 긴급히 필요하면 영업시간이 끝난 다중이용장소의 관리자에게 그 장소의 출입에 관하여 협조를 요구할 수 있다.

해설 | 교도관은 체포를 위하여 영업시간 내에 공연장 · 여관 · 음식점 · 역, 그 밖에 다수인이 출입하는 장소의 관리자 또는 관계인에게 그 장소의 출입이나 그 밖에 특히 필요한 사항에 관하여 협조를 요구할 수 있다(「형집행법」 제103조 제4항).

정답 | ×

150

소장은 도주한 수용자를 체포하거나 행정기관 또는 수사기관에 정보를 제공하여 체포하게 한 사람에게 예산의 범위에서 포상금을 지급할 수 있다.

해설 | 소장이 아닌 법무부장관의 권한이다(「형집행법 시행령」 제128조의2 제1항).

정답 | ×

07 외부교통

01

범죄의 증거를 인멸할 우려가 있는 때에 소장은 외부에 있는 사람과 접견을 허용하지 않을 수 있다.

해설 | 증거인멸 우려는 접견의 제한사유가 아닌 중지사유이다(「형집행법」 제42조 제1호).

◀ 외부교통 비교 ▶

구분	접견	편지수수	전화통화
위임	대통령령	대통령령	법무부령
권리	권리 ○	권리 ○	권리 × 허가 ○
제한	• 형사법령에 저촉되는 행위를 할 우려가 있는 때 • 「형사소송법」이나 그 밖의 법률에 따른 접견금지의 결정이 있는 때 • 수형자의 교화 또는 건전한 사회복귀를 해칠 우려가 있는 때	• 「형사소송법」이나 그 밖의 법률에 따른 편지의 수수금지 및 압수의 결정이 있는 때 • 수형자의 교화 또는 건전한 사회복귀를 해칠 우려가 있는 때 • 시설의 안전 또는 질서를 해칠 우려가 있는 때	• 범죄의 증거를 인멸할 우려가 있을 때 • 형사법령에 저촉되는 행위를 할 우려가 있는 때 • 「형사소송법」 제91조 및 같은 법 제209조에 따라 접견 · 편지수수 금지결정을 하였을 때

제한	• 시설의 안전 또는 질서를 해칠 우려가 있는 때		• 교정시설의 안전 또는 질서를 해칠 우려가 있을 때 • 수형자의 교화 또는 건전한 사회복귀를 해칠 우려가 있을 때
횟수	• 개방처우급: 1일 1회 • 완화경비처우급: 월 6회 • 일반경비처우급: 월 5회 • 중경비처우급: 월 4회 • 미결수용자: 1일 1회	제한 없음	• 개방처우급: 월 20회 이내 • 완화경비처우급: 월 10회 이내 • 일반경비처우급: 월 5회 이내 • 중경비처우급: 처우상 특히 필요한 경우, 월 2회 이내
시간	회당 30분 이내	–	회당 5분 이내

◀ 접견 ▶

구분	내용
제한사유	• 형사법령에 저촉되는 행위를 할 우려가 있는 때 • 「형사소송법」이나 그 밖의 법률에 따른 접견금지의 결정이 있는 때 • 수형자의 교화 또는 건전한 사회복귀를 해칠 우려가 있는 때 • 시설의 안전 또는 질서를 해칠 우려가 있는 때
청취 등 사유	• 범죄의 증거를 인멸하거나 형사법령에 저촉되는 행위를 할 우려가 있는 때 • 수형자의 교화 또는 건전한 사회복귀를 위하여 필요한 때 • 시설의 안전과 질서유지를 위하여 필요한 때
중지사유	• 범죄의 증거를 인멸하거나 인멸하려고 하는 때 • 제92조의 금지물품을 주고받거나 주고받으려고 하는 때 • 형사법령에 저촉되는 행위를 하거나 하려고 하는 때 • 수용자의 처우 또는 교정시설의 운영에 관하여 거짓사실을 유포하는 때 • 수형자의 교화 또는 건전한 사회복귀를 해칠 우려가 있는 행위를 하거나 하려고 하는 때 • 시설의 안전 또는 질서를 해하는 행위를 하거나 하려고 하는 때
화상접견	소장은 교화 및 처우상 특히 필요한 경우에는 수용자가 다른 교정시설의 수용자와 통신망을 이용하여 화상으로 접견하는 것(이하 "화상접견"이라 한다)을 허가할 수 있다. 이 경우 화상접견은 접견 허용횟수에 포함한다.
접견횟수 증가사유	• 19세 미만인 때 • 교정성적이 우수한 때 • 교화 또는 건전한 사회복귀를 위하여 특히 필요하다고 인정되는 때

접견장소	• 필요적 규정(접촉차단시설이 설치되지 아니한 장소에서 접견하게 한다)
	  – 미결수용자(형사사건으로 수사 또는 재판을 받고 있는 수형자와 사형확정자를 포함한다)가 변호인(변호인이 되려는 사람을 포함한다)과 접견하는 경우
	  – 수용자가 소송사건의 대리인인 변호사와 접견하는 경우 등 수용자의 재판청구권 등을 실질적으로 보장하기 위하여 대통령령으로 정하는 경우로서 교정시설의 안전 또는 질서를 해칠 우려가 없는 경우
	  – 수용자가 「형사소송법」에 따른 상소권회복 또는 재심청구사건의 대리인이 되려는 변호사와 접견하는 경우로서 교정시설의 안전 또는 질서를 해칠 우려가 없는 경우
	• 임의적 규정(접촉차단시설이 설치되지 아니한 장소에서 접견하게 할 수 있다)
	  – 수용자가 미성년자인 자녀와 접견하는 경우
	  – 교정성적이 우수하거나 교화 또는 건전한 사회복귀를 위하여 특히 필요하다고 인정되는 경우
	  – 미결수용자의 처우를 위하여 소장이 특별히 필요하다고 인정하는 경우
	  – 사형확정자의 교화나 심리적 안정을 위하여 소장이 특별히 필요하다고 인정하는 경우
	  – 개방처우급 수형자

변호사와의 접견	• 시간: 회당 60분 • 횟수: 변호사와의 접견횟수는 수용자의 접견횟수에 포함시키지 아니한다. 　- 소송사건의 대리인인 변호사: 월 4회 　- 상소권회복 또는 재심청구사건의 대리인이 되려는 변호사: 사건당 2회 • 예외: 소송사건의 수 또는 소송내용의 복잡성 등을 고려하여 소송의 준비를 위하여 특히 필요하다고 인정하면 접견시간대 외에도 접견을 하게 할 수 있고, 접견시간 및 횟수를 늘릴 수 있다. • 제한: 접견수요 또는 접견실 사정 등을 고려하여 원활한 접견사무 진행에 현저한 장애가 발생한다고 판단하면 접견시간 및 횟수를 줄일 수 있다. 이 경우 줄어든 시간과 횟수는 다음 접견 시에 추가하도록 노력하여야 한다. • 위임: 법무부령

◀ 편지수수 ▶

구분	내용
제한사유	• 「형사소송법」이나 그 밖의 법률에 따른 편지의 수수금지 및 압수의 결정이 있는 때 • 수형자의 교화 또는 건전한 사회복귀를 해칠 우려가 있는 때 • 시설의 안전 또는 질서를 해칠 우려가 있는 때
봉함 × (원칙: 봉함 ○)	• 다음의 어느 하나에 해당하는 수용자가 변호인 외의 자에게 편지를 보내려는 경우 　- 마약류사범 · 조직폭력사범 등 법무부령(조직폭력수용자 · 마약류수용자 · 관심대상수용자)으로 정하는 수용자 　- 중(重)경비시설 수용대상인 수형자 • 수용자가 같은 교정시설에 수용 중인 다른 수용자에게 편지를 보내려는 경우 • 규율위반으로 조사 중이거나 징벌집행 중인 수용자가 다른 수용자에게 편지를 보내려는 경우
검열사유 (원칙: 검열 ×)	• 편지의 상대방이 누구인지 확인할 수 없는 때 • 「형사소송법」이나 그 밖의 법률에 따른 편지검열의 결정이 있는 때 • 수형자의 교화 또는 건전한 사회복귀를 해칠 우려가 있거나 시설의 안전 또는 질서를 해칠 우려가 있는 내용이나 형사법령에 저촉되는 내용이 기재되어 있다고 의심할 만한 상당한 이유가 있는 때 • 대통령령으로 정하는 수용자 간의 편지인 때 　- 마약류사범 · 조직폭력사범 등 법무부령(조직폭력수용자 · 마약류수용자 · 관심대상수용자)으로 정하는 수용자인 때 　- 편지를 주고받으려는 수용자와 같은 교정시설에 수용 중인 때 　- 규율위반으로 조사 중이거나 징벌집행 중인 때 　- 범죄의 증거를 인멸할 우려가 있는 때
발신 · 수신 금지사유	• 암호 · 기호 등 이해할 수 없는 특수문자로 작성되어 있는 때 • 범죄의 증거를 인멸할 우려가 있는 때 • 형사법령에 저촉되는 내용이 기재되어 있는 때 • 수용자의 처우 또는 교정시설의 운영에 관하여 명백한 거짓사실을 포함하고 있는 때 • 사생활의 비밀 또는 자유를 침해할 우려가 있는 때 • 수형자의 교화 또는 건전한 사회복귀를 해칠 우려가 있는 때 • 시설의 안전 또는 질서를 해칠 우려가 있는 때

◀ 전화통화 ▶

구분	내용
불허가사유	• 범죄의 증거를 인멸할 우려가 있을 때 • 형사법령에 저촉되는 행위를 할 우려가 있을 때 • 「형사소송법」 제91조 및 같은 법 제209조에 따라 접견 · 편지수수 금지결정을 하였을 때 • 교정시설의 안전 또는 질서를 해칠 우려가 있을 때 • 수형자의 교화 또는 건전한 사회복귀를 해칠 우려가 있을 때

취소사유	• 수용자 또는 수신자가 전화통화내용의 청취·녹음에 동의하지 아니할 때 • 수신자가 수용자와의 관계 등에 대한 확인 요청에 따르지 아니하거나 거짓으로 대답할 때 • 전화통화 허가 후 불허가사유가 발견되거나 발생하였을 때
중지사유	• 범죄의 증거를 인멸하거나 인멸하려고 하는 때 • 제92조의 금지물품을 주고받거나 주고받으려고 하는 때 • 형사법령에 저촉되는 행위를 하거나 하려고 하는 때 • 수용자의 처우 또는 교정시설의 운영에 관하여 거짓사실을 유포하는 때 • 수형자의 교화 또는 건전한 사회복귀를 해칠 우려가 있는 행위를 하거나 하려고 하는 때 • 시설의 안전 또는 질서를 해하는 행위를 하거나 하려고 하는 때
청취·녹음	• 전화통화 허가에는 통화내용의 청취 또는 녹음을 조건으로 붙일 수 있다. • 소장은 불허가사유의 어느 하나에 해당하지 아니한다고 명백히 인정되는 경우가 아니면 통화내용을 청취하거나 녹음한다. • 통화내용을 청취 또는 녹음하려면 사전에 수용자 및 상대방에게 그 사실을 알려 주어야 한다.
통화횟수 증가사유	처우상 특히 필요한 경우에는 개방처우급·완화경비처우급 수형자의 전화통화 허용횟수를 늘릴 수 있다

정답 | ×

02

수용자가 소송사건의 대리인인 변호사와 접견하는 경우로서 교정시설의 안전 또는 질서를 해칠 우려가 없는 경우에는 접촉차단시설이 설치되지 아니한 장소에서 접견하게 한다.

정답 | ○

03

소장은 수용자가 미성년자인 자녀와 접견하는 경우에는 차단시설이 없는 장소에서 접견하게 하여야 한다.

해설 | 접견하게 할 수 있다(「형집행법」 제41조 제3항 제1호).

정답 | ×

04

수용자가 미성년자인 자녀와 접견하는 경우에는 접촉차단시설이 설치되지 아니한 장소에서 접견하게 할 수 있다.

정답 | ○

05

수용자가 「형사소송법」에 따른 상소권회복 또는 재심청구사건의 대리인이 되려는 변호사와 접견할 수 있는 횟수는 월 4회이다.

해설 | 사건당 2회이다(「형집행법 시행령」 제59조의2 제2항 제2호).

정답 | ×

06

변호인과 접견하는 미결수용자를 포함한 수용자의 접견시간은 회당 30분 이내로 한다.

해설 | 변호인(변호인이 되려고 하는 사람을 포함한다)과 접견하는 미결수용자를 제외한 수용자의 접견시간은 회당 30분 이내로 한다(「형집행법 시행령」 제58조 제2항).

정답 | ×

07

수형자의 접견횟수는 매월 4회이지만 소송사건의 대리인인 변호사와 수형자의 접견은 여기에 포함되지 아니한다.

정답 | ○

08

형사사건으로 수사나 재판을 받고 있는 수형자가 변호인과 접견하는 경우에는 접촉차단시설이 설치되지 아니한 장소에서 접견하게 하여야 한다.

정답 | ○

09

변호인과 접견하는 수형자의 접견시간은 법령상 명시적 제한이 없다.

정답 | ○

10

일반경비처우급 수형자의 접견횟수는 월 3회이다.

해설 | 월 5회이다(「형집행법 시행규칙」 제87조 제1항 제3호).

정답 | ×

11

개방처우급 수형자의 접견횟수는 제한이 없다.

해설 | 1일 1회이다(「형집행법 시행규칙」 제87조 제1항 제1호).

정답 | ×

12

수형자가 가족만남의 날 행사에 참여하거나 가족만남의 집을 이용하는 경우 「형의 집행 및 수용자의 처우에 관한 법률 시행규칙」 제87조에서 정한 접견 허용횟수에 포함된다.

해설 | 포함되지 아니한다(「형집행법 시행규칙」 제89조 제1항 후단).

정답 | ×

13

수용자가 다른 교정시설의 수용자와 화상접견을 하였거나 혹은 가족만남의 집을 이용한 경우에는 그 횟수만큼 접견의 허용횟수를 차감한다.

해설 | 화상접견은 접견 허용횟수에 포함하나(「형집행법 시행규칙」 제87조 제3항), 가족만남의 날 행사 참여나 가족만남의 집 이용은 접견 허용횟수에 포함하지 아니한다(동 시행규칙 제89조 제1항 후단).

정답 | ×

14

사람의 생명을 구조한 수용자는 소장표창 및 가족만남의 집 이용 대상자 선정기준에 해당된다.

정답 | ○

15

소장은 중경비처우급 수형자에 대하여 가족만남의 날 행사에 참여하게 하거나 가족만남의 집을 이용하게 할 수 없다.

정답 | ○

16

가족만남의 날 행사에서 소장은 가족이 없는 수형자에 대하여는 결연을 맺었거나 그 밖에 가족에 준하는 사람으로 하여금 그 가족을 대신하게 할 수 있다.

정답 | ○

17

가족만남의 날 행사란 수형자와 그 가족이 원칙적으로 교정시설 밖의 일정한 장소에서 다과와 음식을 함께 나누면서 대화의 시간을 갖는 행사를 말한다.

해설 | 교정시설 밖이 아닌 교정시설의 일정한 장소이다(「형집행법 시행규칙」 제89조 제4항).

정답 | ×

18

소장은 처우를 위하여 특히 필요한 경우에는 일반경비처우급 수형자에 대하여도 가족만남의 날 행사 참여를 허가할 수 있다.

해설 | 소장은 교화를 위하여 특히 필요한 경우에는 일반경비처우급 수형자에 대하여도 가족만남의 날 행사 참여 또는 가족만남의 집 이용을 허가할 수 있다(「형집행법」 시행규칙 제89조 제3항).

정답 | ×

19

19세 미만의 수형자에 대해서는 접견횟수를 늘려야 한다.

해설 | 늘릴 수 있다(「형집행법 시행령」 제59조 제2항 제1호).

정답 | ×

20

소장은 수형자가 19세 미만인 때, 교정성적이 우수한 때, 교화 또는 건전한 사회복귀를 위하여 특히 필요하다고 인정되는 때의 어느 하나에 해당하는 경우에는 접촉차단시설이 없는 장소에서 접견하게 할 수 있고, 접견횟수를 늘릴 수 있다.

해설 | 수형자가 19세 미만인 때에는 접견횟수를 늘릴 수 있으나(「형집행법 시행령」 제59조 제2항 제1호), 접촉차단시설 이 없는 장소에서 접견하게 할 수 있는 규정은 없다.

정답 | ×

21

범죄의 증거를 인멸하거나 형사법령에 저촉되는 행위를 할 우려가 있는 때에 해당하면 소장은 교도관으로 하여금 수용자의 접견내용을 청취·기록·녹음 또는 녹화할 수 있다.

정답 | ○

22

수용자가 형사법령에 저촉되는 행위를 할 우려가 있는 때에는 접견을 금지할 수 있고, 접견내용을 청취 · 기록 · 녹음 또는 녹화하게 할 수 있다.

정답 | ○

23

범죄의 증거를 인멸할 우려가 있는 때에는 접견을 금지하도록 명시되어 있지는 않으나, 수용자의 접견내용을 청취 · 기록 · 녹음 또는 녹화하게 할 수 있다.

정답 | ○

24

수형자의 교화를 위하여 필요한 때에는 수형자의 접견내용을 녹화할 수 있다.

정답 | ○

25

수용자는 교정시설 외부에 있는 사람과 접견할 권리를 가지며, 소장은 일정한 경우에는 접견의 제한, 접견내용의 청취 · 기록 · 녹음 또는 녹화를 할 수 있다.

정답 | ○

26

접견의 횟수 · 시간 · 장소 · 방법 및 접견내용의 청취 · 기록 · 녹음 · 녹화 등에 관하여 필요한 사항은 법무부령으로 정한다.

해설 | 대통령령으로 정한다(「형집행법」 제41조 제6항).

정답 | ×

27

변호인과의 접견일 때에는 교도관은 입회할 수 없으며, 변호인에게 면담요지를 기록하게 하여야 한다.

해설 | 변호인에게 면담요지를 기록하게 하여야 한다는 규정은 없다.

정답 | ×

28

교도관은 접견 중인 수용자 또는 그 상대방이 수용자의 처우 또는 교정시설의 운영에 관하여 거짓사실을 유포하는 때에는 접견을 중지할 수 있다.

정답 | ○

29

접견 중인 수용자가 현금, 수표를 주고받으려고 하는 때에 교도관은 접견을 중지할 수 있다.

정답 | ○

30

외국인수용자는 접견 시 자국어로 의사소통을 할 수 없다.

해설 | 국어로 의사소통하기 곤란한 사정이 있는 경우에는 외국어를 사용할 수 있다(「형집행법 시행령」 제60조 제1항 단서).

정답 | ×

31

수용자는 다른 사람과 편지를 주고받을 때에는 소장의 허가를 받아야 하지만, 같은 교정시설의 수용자 간에는 그러하지 아니하다.

해설 | 같은 교정시설의 수용자 간에 편지를 주고받으려면 소장의 허가를 받아야 한다(「형집행법」 제43조 제2항).

정답 | ×

32

A교도소에 수용되어 있는 수형자 B가 C구치소에 있는 미결수용자 D와 편지를 주고받으려면 A교도소장의 허가를 받아야 한다.

해설 | 다른 교정시설의 수용자 간 편지수수는 소장의 허가대상이 아니다(「형집행법」 제43조 제2항).

정답 | ×

33

수용자가 주고받는 편지의 내용도 형사소송법이나 그 밖의 법률에 따른 편지검열의 결정이 있는 때에는 검열한다.

정답 | ○

34

처우등급이 중(重)경비시설 수용대상인 수형자가 변호인 외의 자에게 편지를 보내려는 경우, 법령에 따라 금지된 물품이 들어 있는지 확인을 위하여 필요한 경우에는 편지를 봉함하지 않은 상태로 제출하게 할 수 있다.

정답 | ○

35

수용자는 편지를 보내려는 경우 해당 편지를 봉함하여 제출한다.

정답 | ○

36

수용자는 시설의 안전 또는 질서를 해칠 우려가 있는 때에는 다른 사람과 편지를 주고받을 수 없다.

정답 | ○

37

소장은 범죄의 증거를 인멸할 우려가 있다고 판단하는 때에는 변호인에게 발송하는 편지의 경우에도 봉함하지 아니하고 제출하게 할 수 있다.

해설 | 봉함하여 제출한다(「형집행법 시행령」 제65조 제1항).

정답 | ×

38

수용자가 보내려는 모든 서신에 대해 무봉함 상태의 제출을 강제함으로써 수용자의 발송서신 모두를 검열 가능한 상태에 놓이도록 하는 것은 수용자의 통신비밀의 자유를 침해하는 것이다.

정답 | ○

39

절도죄로 안양교도소에 수용된 A가 서울구치소에 수용 중인 수용자 B에게 편지를 보내려는 경우, 수용자 A는 편지를 봉함하여 교정시설에 제출하여야 한다.

정답 | ○

40

대구교도소에서 징벌집행 중인 수용자 D가 부산교도소 수용자 E에게 편지를 보내려는 경우, 소장은 편지를 봉함하지 않은 상태로 교정시설에 제출할 수 있다.

정답 | ○

41

대전교도소에 수용 중인 중경비시설 수용대상인 수형자 C가 변호인에게 편지를 보내려는 경우, 수용자 C는 편지를 봉함하여 교정시설에 제출하여야 한다.

정답 | ○

42

소장은 시설의 안전을 해칠 우려가 있는 내용이 기재되어 있다고 의심할 만한 상당한 이유가 있는 때에는 수용자가 주고받는 편지의 내용을 검열할 수 있다.

정답 | ○

43

소장은 수용자가 규율을 위반하여 조사 중이란 이유로 그의 편지수수를 제한하거나 편지내용을 검열하여서는 아니 된다.

해설 | 소장은 규율위반으로 조사 중이거나 징벌집행 중인 수용자가 다른 수용자와 편지를 주고받는 때에는 그 내용을 검열할 수 있다(「형집행법 시행령」 제66조 제1항 제3호).

정답 | ×

44

규율위반으로 조사 중이거나 징벌집행 중인 수용자가 외부의 다른 사람과 편지를 주고받는 때에는 그 내용을 검열할 수 있다.

해설 | 외부의 다른 사람이 아닌 다른 수용자이다(「형집행법 시행령」 제66조 제1항 제3호).

정답 | ×

45

소장은 규율위반으로 징벌집행 중인 수용자가 다른 수용자와 편지를 주고받는 때에는 그 내용을 검열하여야 한다.

해설 | **「형집행법」 제43조 【편지내용의 검열】** ④ 수용자가 주고받는 편지의 내용은 검열받지 아니한다. 다만, 다음 각 호의 어느 하나에 해당하는 사유가 있으면 그러하지 아니하다.
   1. 편지의 상대방이 누구인지 확인할 수 없는 때
   2. 「형사소송법」이나 그 밖의 법률에 따른 편지검열의 결정이 있는 때
   3. 제1항 제2호 또는 제3호에 해당하는 내용이나 형사 법령에 저촉되는 내용이 기재되어 있다고 의심할 만한 상당한 이유가 있는 때
   4. 대통령령으로 정하는 수용자 간의 편지인 때
   「형집행법 시행령」 제66조 【편지내용의 검열】 ① 소장은 법 제43조 제4항 제4호에 따라 다음 각 호의 어느 하나에 해당하는 수용자가 다른 수용자와 편지를 주고받는 때에는 그 내용을 검열할 수 있다.
   1. 법 제104조 제1항에 따른 마약류사범·조직폭력사범 등 법무부령으로 정하는 수용자인 때
   2. 편지를 주고받으려는 수용자와 같은 교정시설에 수용 중인 때
   3. 규율위반으로 조사 중이거나 징벌집행 중인 때
   4. 범죄의 증거를 인멸할 우려가 있는 때

정답 | ×

46

소장은 수용자에게 온 편지에 금지물품이 들어 있는지 확인할 필요성이 있는 경우, 개봉하지 않은 상태에서 X-ray 투시기 등으로 외피검사만 할 수 있다.

해설 | 개봉한 후 검열할 수 있다(「형집행법 시행령」 제66조 제3항).

정답 | ×

47

수용자 간에 오가는 편지에 대한 검열은 원칙적으로 편지를 받는 교정시설에서 한다.

해설 | 수용자 간에 오가는 편지에 대한 검열은 편지를 보내는 교정시설에서 한다. 다만, 특히 필요하다고 인정되는 경우에는 편지를 받는 교정시설에서도 할 수 있다(「형집행법 시행령」 제66조 제2항).

정답 | ×

48

소장은 수용자가 주고받는 편지에 법령에 따라 금지된 물품이 들어 있는지 확인할 수 있으며, 확인한 결과 법령으로 금지된 물품이 들어 있으면 편지의 내용과 상관없이 발신 또는 수신을 금지할 수 있다.

정답 | ○

49

소장은「형의 집행 및 수용자의 처우에 관한 법률」에 의하여 발신 또는 수신이 금지된 편지는 수용자에게 그 사유를 알린 후 즉시 폐기하여야 한다.

해설 | 그 구체적인 사유를 서면으로 작성해 관리하고, 수용자에게 그 사유를 알린 후 교정시설에 보관한다(「형집행법」 제43조 제7항 본문).

정답 | ×

50

편지를 폐기하는 경우, 당해 수용자의 동의를 얻을 필요는 없다.

해설 | 수용자가 동의하면 폐기할 수 있다(「형집행법」 제43조 제7항 단서).

정답 | ×

51

소장은 법원·경찰관서, 그 밖의 관계기관에서 수용자에게 보내온 문서의 경우에는 이를 열람할 수 없다.

해설 | 특별한 규정이 없으면 열람한 후 본인에게 전달하여야 한다(「형집행법 시행령」 제67조).

정답 | ×

52

수용자의 편지·소송서류 등의 문서를 보내는 데 드는 비용은 국가가 부담하는 것을 원칙으로 한다.

해설 | 국가가 아닌 수용자가 부담한다(「형집행법 시행령」 제69조 본문).

정답 | ×

53

수용자가 보내거나 받는 편지는 법령에 어긋나지 않으면 횟수를 제한하지 않는다.

정답 | ○

54

소장은 법원·경찰관서, 그 밖의 관계기관에서 수용자에게 보내온 문서는 다른 법령에 특별한 규정이 없으면 열람한 후 본인에게 전달하여야 한다.

정답 | ○

55

전화통화는 소장이 허가권자이다.

정답 | ○

56

녹음을 조건으로 소장은 외부와의 전화통화를 허가할 수 있다.

정답 | ○

57

수용자가 전화통화를 하는 동안에는 교도관은 그 통화내용을 청취할 수 없다.

해설 | 전화통화 허가에는 통화내용의 청취 또는 녹음을 조건으로 붙일 수 있으므로, 청취할 수 있다(「형집행법」 제44조 제2항).

정답 | ×

58

전화통화내용의 청취 · 녹음에 관하여 필요한 사항은 법무부령으로 정한다.

정답 | ○

59

수용자는 소장의 허가를 받아 외부사람과 전화통화를 할 수 있으며, 통화시간은 특별한 사정이 없으면 5분 이내로 한다.

정답 | ○

60

중(重)경비처우급 수형자에 대해서는 교화 및 처우상 특히 필요한 경우 전화통화를 월 2회 이내 허용할 수 있다.

해설 | 중(重)경비처우급 수형자에 대해서는 처우상 특히 필요한 경우 전화통화를 월 2회 이내 허용할 수 있다(「형집행법 시행규칙」 제90조 제1항 제4호).

정답 | ×

61

수용자가 허가를 받아 교정시설의 외부에 있는 사람과 전화통화를 하는 경우, 소장은 통화내용을 청취 또는 녹음을 하여야 한다.

해설 | 소장은 불허가사유의 어느 하나에 해당하지 아니한다고 명백히 인정되는 경우가 아니면 통화내용을 청취하거나 녹음한다(「형집행법 시행규칙」 제28조 제1항).

정답 | ×

62

소장은 사형확정자의 심리적 안정과 원만한 수용생활을 위하여 월 2회 이내의 범위에서 전화통화를 허가하여야 한다.

해설 | 월 3회 이내의 범위에서 전화통화를 허가할 수 있다(「형집행법 시행규칙」 제156조).

정답 | ×

63

금지처분을 받은 자는 수용시설의 안전과 질서유지에 위반되는 행위, 그중에서도 가장 중하다고 평가된 행위를 한 자이므로 이에 대하여 금치기간 중 일률적으로 전화통화를 금지한다 하더라도 그자의 통신의 자유를 침해하지 아니한다.

정답 | ○

64

교도관은 전화통화 중인 수용자가 교정시설의 운용에 관하여 거짓사실을 유포하는 때에는 전화통화를 중지할 수 있다.

정답 | ○

65

소장은 전화통화 허가 후 수용자가 형사법령에 저촉되는 행위를 할 우려가 있을 때에는 전화통화의 허가를 취소할 수 있다.

정답 | ○

66

소장은 수용자 또는 수신자가 전화통화내용의 청취·녹음에 동의하지 아니하더라도 전화통화의 허가를 취소할 수 없다.

해설 | 전화통화의 허가를 취소할 수 있다(「형집행법 시행규칙」 제27조 제1호).

정답 | ×

67

수용자가 외부에 있는 사람과 전화통화를 하는 경우, 전화통화요금은 소장이 예산의 범위에서 부담하되, 국제통화요금은 수용자가 부담한다.

해설 | 수용자의 전화통화요금은 수용자가 부담하며(「형집행법 시행규칙」 제29조 제1항), 소장은 교정성적이 양호한 수형자 또는 보관금이 없는 수용자 등에 대하여는 예산의 범위에서 요금을 부담할 수 있다(동조 제2항).

정답 | ×

68

소장은 수용자의 신앙생활에 필요한 도서나 물품을 신청할 경우, 외부에서 제작된 휴대용 종교도서 및 성물을 제공하여야 한다.

해설 | 소장은 수용자의 신앙생활에 필요하다고 인정하는 경우에는 외부에서 제작된 휴대용 종교도서 및 성물을 수용자가 지니게 할 수 있다(「형집행법 시행규칙」 제34조 제1항).

정답 | ×

69

소장은 수용자의 지식함양 및 교양습득에 필요한 도서와 영상녹화물을 비치하여 수용자가 이용하게 하여야 한다.

해설 | 영상녹화물은 규정되어 있지 않다(「형집행법」 제46조).

정답 | ×

70

소장은 수용자가 읽을 수 있도록 신문 등을 비치하여 수용자가 이용할 수 있도록 하여야 한다.

해설 | 수용자는 자신의 비용으로 신문·잡지 또는 도서(이하 "신문등"이라 한다)의 구독을 신청할 수 있으며(「형집행법」 제47조 제1항), 구독을 신청한 신문등이 「출판문화산업 진흥법」에 따른 유해간행물인 경우를 제외하고는 구독을 허가하여야 한다(동조 제2항).

정답 | ×

71

소장은 수용자의 건강과 일과시간 등을 고려하여 1일 6시간 이내에서 방송편성시간을 정한다. 다만, 토요일·공휴일, 작업·교육실태 및 수용자의 특성을 고려하여 방송편성시간을 조정할 수 있다.

정답 | ○

72

수용자가 자신의 비용으로 구독을 신청할 수 있는 신문·잡지 또는 도서는 교정시설의 보관범위 및 수용자의 소지범위를 벗어나지 아니하는 범위에서 원칙적으로 신문은 월 3종 이내로, 도서(잡지를 포함한다)는 월 10권 이내로 한다.

정답 | ○

73

수용자는 휴업일 및 휴게시간 내에 시간의 제한 없이 집필할 수 있다. 다만, 부득이한 사정이 있는 경우에는 그러하지 아니하다.

정답 | ○

74

소장은 수용자가 자신의 비용으로 구독을 신청한 신문이 「출판문화산업 진흥법」에 따른 유해간행물인 경우를 제외하고는 구독을 허가하여야 한다.

정답 | ○

75

무인비행장치, 전자통신기기, 그 밖에 도주나 다른 사람과의 연락에 이용될 우려가 있는 물품은 「형의 집행 및 수용자의 처우에 관한 법률」상 소장이 수용자의 처우를 위하여 소지를 허가할 수 있다.

정답 | ○

76

소장은 수용자의 기호 등을 고려하여 주식으로 빵이나 국수 등을 주 1회의 범위에서 지급할 수 있다.

해설 | 주 1회의 범위에서라는 규정은 없다(「형집행법 시행규칙」 제11조 제3항).

정답 | ×

77

소장은 해당 교정시설의 직전 분기 평균 급식인원을 기준으로 1개월분의 주식을 항상 확보하고 있어야 한다.

정답 | ○

78

수용자에게 지급하는 음식물의 총열량은 1명당 1일 2,500킬로칼로리를 기준으로 한다.

정답 | ○

해설 | ◀ 물품 ▶

생활용품	• 관급을 원칙으로 한다(예외 ○). • 신입수용자에게는 수용되는 날에 수용생활에 필요한 최소한의 생활용품을 지급하여야 한다. • 개방처우급인 경우에는 의류의 색상, 디자인 등을 다르게 할 수 있다. • 생활용품의 지급기준 등에 관하여 필요한 사항은 법무부령으로 한다. • 수용자 의류·침구의 품목별 색채 및 규격은 법무부장관이 정한다.
음식물	• 소장은 수용자에게 건강상태, 나이, 부과된 작업의 종류, 그 밖의 개인적 특성을 고려하여 건강 및 체력을 유지하는 데에 필요한 음식물을 지급한다. • 주식 　- 쌀을 원칙으로 한다(예외 ○). 　- 1명당 1일 390그램을 기준으로 한다. 　- 빵이나 국수 등을 지급할 수 있다(횟수제한 없음). 　- 교정시설의 직전 분기 평균 급식인원을 기준으로 1개월분의 주식을 항상 확보하고 있어야 한다. • 부식: 소장은 작업의 장려나 적절한 처우를 위하여 필요하다고 인정하는 경우 특별한 부식을 지급할 수 있다. • 횟수: 1일 3회, 1명당 1일 2천 500킬로칼로리를 기준으로 한다. • 대용식: 소장은 작업시간을 3시간 이상 연장하는 경우에는 수용자에게 주·부식 또는 대용식 1회분을 간식으로 지급할 수 있다.
자비구매	• 수용자는 소장의 허가를 받아 자신의 비용으로 음식물·의류·침구, 그 밖에 수용생활에 필요한 물품을 구매할 수 있다. • 물품의 자비구매 허가범위 등에 관하여 필요한 사항은 법무부령으로 정한다. • 자비구매물품 공급업무의 담당자 지정 등에 관한 세부사항은 법무부장관이 정한다.

79

소장은 작업시간을 3시간 이상 연장하는 경우에는 수용자에게 주·부식을 간식으로 지급할 수 있다.

정답 | ○

80

의류 · 침구류 및 신발류는 자비로 구매할 수 없다.

해설 | 구매할 수 있다(「형집행법」 제24조 제1항).

정답 | ×

81

수용자의 의류와 침구는 모두 국가예산으로 지급해야 한다.

해설 | 수용자의 의류 및 침구, 음식물은 국가예산으로 지급함이 원칙이나(「형집행법」 제22조 제1항, 제23조 제1항), 수용자는 소장의 허가를 받아 자신의 비용으로 음식물 · 의류 · 침구, 그 밖에 수용생활에 필요한 물품을 구매할 수 있다(동법 제24조 제1항).

정답 | ×

82

보관하는 데 있어 부적당한 물건이라도 수용자의 동의 없이는 폐기하지 못한다.

해설 | 상당한 기간 내에 처분하지 아니하면 수용자의 동의 없이도 폐기할 수 있다(「형집행법」 제25조 제2항).

정답 | ×

83

면회자가 가져온 음식물은 보관할 수 있다.

해설 | 음식물은 보관의 대상이 되지 않는다(「형집행법 시행령」 제44조).

정답 | ×

84

소장은 수용자의 보관품이 인장인 경우에는 잠금장치가 되어 있는 견고한 용기에 넣어 보관해야 한다.

정답 | ○

85

소장은 수용자에게 보내온 금품으로서 시설의 안전 또는 질서를 해칠 우려가 있어 보낸 사람에게 되돌려 보낸 때에는 그 사실을 수용자에게 알려 주어야 한다.

정답 | ○

86

소장은 수용자 이외의 사람의 신청에 따라 수용자에게 교부를 허가한 물품은 교도관으로 하여금 검사하게 할 필요가 없으나, 그 물품이 의약품인 경우에는 의무관으로 하여금 검사하게 해야 한다.

해설 | 소장은 수용자 이외의 사람의 신청에 따라 건네줄 것을 허가한 물품은 검사할 필요가 없다고 인정되는 경우가 아니면 교도관으로 하여금 검사하게 해야 한다. 이 경우 그 물품이 의약품인 경우에는 의무관으로 하여금 검사하게 해야 한다(「형집행법 시행령」제43조).

정답 | ×

87

소장은 사망자가 남겨둔 금품이 있어 그 상속인에게 그 내용 및 청구절차 등을 알려 주었으나, 그 알림을 받은 날부터 6개월이 지나도 청구가 없으면 그 금품은 국고에 귀속된다.

해설 | 6개월이 아닌 1년이다(「형집행법」제28조 제2항 단서).

정답 | ×

88

사망자의 유류금품은 상속인에게 내어주어야 한다.

해설 | 청구하면 지체 없이 내어주어야 한다(「형집행법」제28조 제2항 본문).

정답 | ×

89

보관금품은 석방할 때에 본인의 청구에 의하여 환부한다.

해설 | 본인의 청구가 없더라도 환부한다(「형집행법」제29조 제1항 본문).

정답 | ×

90

소장은 수용자가 석방될 때 보관하고 있던 수용자의 휴대금품을 본인에게 돌려주어야 한다. 다만, 보관품을 한꺼번에 가져가기 어려운 경우 등 특별한 사정이 있어 수용자가 석방 시 소장에게 일정 기간 동안(3개월 이내의 범위로 한정한다) 보관품을 보관하여 줄 것을 신청하는 경우에는 그러하지 아니하다.

해설 | 소장은 수용자가 석방될 때 보관하고 있던 수용자의 휴대금품을 본인에게 돌려주어야 한다. 다만, 보관품을 한꺼번에 가져가기 어려운 경우 등 특별한 사정이 있어 수용자가 석방 시 소장에게 일정 기간 동안(1개월 이내의 범위로 한정한다) 보관품을 보관하여 줄 것을 신청하는 경우에는 그러하지 아니하다(「형집행법」제29조 제1항).

정답 | ×

91

소장은 사망자 또는 도주자가 남겨두고 간 금품이 있으면 사망자의 경우에는 그 상속인에게, 도주자의 경우에는 그 가족에게 그 내용 및 청구절차 등을 알려 주어야 한다. 다만, 썩거나 없어질 우려가 있는 것은 폐기할 수 있다.

정답 | ○

92

소장은 수용자 외의 사람이 신청한 수용자에 대한 금품의 전달을 허가한 경우, 그 금품을 지체 없이 수용자에게 전달하여 사용하게 하여야 한다.

해설 | 소장은 수용자에 대한 금품의 전달을 허가한 경우에는 그 금품을 보관한 후 해당 수용자가 사용하게 할 수 있다(「형집행법 시행령」 제42조 제1항).

정답 | ×

93

소장은 사망자의 유류품을 건네받을 사람이 원거리에 있는 등 특별한 사정이 있는 경우에는 유류품을 팔아 그 대금을 보내야 한다.

해설 | 소장은 사망자의 유류품을 건네받을 사람이 원거리에 있는 등 특별한 사정이 있는 경우에는 유류품을 받을 사람의 청구에 따라 유류품을 팔아 그 대금을 보낼 수 있다(「형집행법 시행령」 제45조 제1항).

정답 | ×

94

소장은 저수조 등 급수시설을 1년에 1회 이상 청소·소독하여야 한다.

해설 | 6개월에 1회 이상 청소·소독하여야 한다(「형집행법 시행령」 제47조 제2항).

정답 | ×

95

소장은 교도관으로 하여금 매월 1회 이상 소화기 등 소방기구를 점검하게 하고, 그 사용법의 교육과 훈련을 하게 하여야 한다.

정답 | ○

96

수용자의 도주, 폭행, 소요, 자살 등 구금목적을 해치는 행위에 관한 방지조치는 다른 모든 직무에 우선한다.

정답 | ○

97

수용자가 작성한 문서로서 해당 수용자의 날인이 필요한 것은 오른손 엄지손가락으로 손도장을 찍게 하는 것이 원칙이다.

정답 | ○

98

당직간부란 교정시설의 장이 지명하는 교정직교도관으로서 보안과의 보안업무 전반에 걸쳐 보안과장을 보좌하고, 휴일 또는 야간(당일 오후 6시부터 다음 날 오전 9시까지를 말한다)에 소장을 대리하는 사람을 말한다.

정답 | ○

99

정문근무자는 수용자의 취침시간부터 기상시간까지는 당직간부의 허가 없이 정문을 여닫을 수 없다.

정답 | ○

100

교정직교도관이 수용자의 접견에 참여하는 경우에는 수용자와 그 상대방의 행동·대화내용을 자세히 관찰하여야 한다.

정답 | ○

101

수용자는 머리카락과 수염을 짧게 깎아야 한다.

해설 | 수용자는 위생을 위하여 머리카락과 수염을 단정하게 유지하여야 하며(「형집행법」 제32조 제2항), 미결수용자의 머리카락과 수염은 특히 필요한 경우가 아니면 본인의 의사에 반하여 짧게 깎지 못한다(동법 제83조).

정답 | ×

102

겨울 온수목욕으로 인해 실외운동을 할 시간이나 계호인원이 부족할 때 실외운동을 실시하지 아니할 수 있다.

해설 | 소장은 작업의 특성상 실외운동이 필요 없다고 인정되거나, 질병 등으로 실외운동이 수용자의 건강에 해롭다고 인정되거나, 우천, 수사, 재판, 그 밖의 부득이한 사정으로 실외운동을 하기 어려운 때에는 실외운동을 실시하지 아니할 수 있다(「형집행법 시행령」 제49조 단서).

정답 | ×

103

소장은 여성수용자에 대하여는 6개월에 1회 이상 건강검진을 하여야 한다.

해설 | 소장은 수용자에 대하여 1년에 1회 이상 건강검진을 하여야 한다. 다만, 19세 미만의 수용자와 계호상 독거수용자에 대하여는 6개월에 1회 이상 하여야 한다(「형집행법 시행령」 제51조 제1항). 따라서 여성수용자에 대하여는 1년에 1회 이상 건강검진을 하여야 한다.

정답 | ×

104

소장은 여성수용자에 대해 교육을 실시할 때에는 반드시 여성교도관이 담당하도록 하여야 한다.

해설 | 여성교도관이 부족하거나 그 밖의 부득이한 사정이 있으면 남성교도관이 담당할 수 있다(「형집행법」 제51조 제1항 단서).

정답 | ×

105

남성교도관 1인이 여성수용자에 대하여 실내에서 상담 등을 하려면 투명한 창문이 설치된 장소에서 여성교도관을 입회시킨 후 실시하여야 한다.

해설 | 여성교도관이 아닌 다른 여성을 입회시킨 후 실시하여야 한다(「형집행법」 제51조 제2항).

정답 | ×

106

소장은 생리 중인 여성수용자에 대하여는 위생에 필요한 물품을 지급하여야 한다.

정답 | ○

107

남성교도관은 여성수용자가 수용된 거실을 시찰할 수 없다.

해설 | 소장은 특히 필요하다고 인정하는 경우가 아니면 남성교도관이 야간에 수용자거실에 있는 여성수용자를 시찰하게 하여서는 아니 된다(「형집행법 시행령」 제7조). 따라서 소장이 특히 필요하다고 인정하거나 주간에는 남성교도관도 여성수용자가 수용된 거실을 시찰할 수 있다.

정답 | ×

108

소장은 어떠한 경우에도 남성교도관이 야간에 수용자거실에 있는 여성수용자를 시찰하게 하여서는 아니 된다.

해설 | 소장이 특히 필요하다고 인정하는 경우에는 남성교도관이 야간에 수용자거실에 있는 여성수용자를 시찰하게 할 수 있다.

정답 | ×

109

소장은 여성수용자의 목욕횟수를 남성수용자의 목욕횟수보다 증가할 수 있다.

해설 | 소장은 여성수용자의 목욕횟수를 정하는 경우에는 그 신체적 특성을 특히 고려하여야 한다(「형집행법 시행령」 제77조 제1항). 이때 신체적 특성을 특히 고려함은 목욕횟수의 증가를 의미한다.

정답 | ○

110

소장은 수용자가 임신 중이거나 출산(유산·사산은 제외한다)한 경우에는 모성보호 및 건강유지를 위하여 정기적인 검진 등 적절한 조치를 하여야 한다.

해설 | 유산·사산을 포함한다(「형집행법」 제52조 제1항).

정답 | ×

111

여성수용자가 자신이 출산한 유아를 교정시설에서 양육할 것을 신청한 경우, 법에서 규정한 특별한 사유에 해당하지 않으면 생후 18개월에 이르기까지 이를 허가하여야 한다.

정답 | ○

112

유아양육은 허가 이후 18개월까지만 할 수 있다.

해설 | 생후 18개월까지만 할 수 있다(「형집행법」 제53조 제1항 후단).

정답 | ×

113

유아의 양육은 여성수용자와 그 남편이 함께 신청하여야 한다.

해설 | 생모인 여성수용자만이 신청할 수 있다(「형집행법」 제53조 제1항 전단).

정답 | ×

114

유아를 출산한 여성수용자는 교정시설 내에서 그 유아를 양육할 것을 신청할 수 없으나, 소장의 결정에 의해서 양육이 가능하다.

해설 | 양육할 것을 신청할 수 있다.

정답 | ×

115

소장은 여성수용자가 자신이 출산한 유아를 교정시설에서 양육할 것을 신청한 때에는 유아가 질병이 있는 경우에만 허가하지 않을 수 있다.

해설 | 유아나 (여성)수용자의 질병 · 부상, 교정시설 내 감염병 유행이나 그 밖의 사정으로 유아양육이 특히 부적당한 때에는 그 신청을 허가하지 않을 수 있다(「형집행법」 제53조 제1항).

정답 | ×

116

소장은 유아의 양육을 허가하지 아니하는 경우에는 유아보호에 적당하다고 인정하는 법인 또는 개인에게 그 유아를 보내야 한다. 다만, 적당한 법인 또는 개인이 없는 경우에는 그 유아를 해당 교정시설의 소재지를 관할하는 시장 · 군수 또는 구청장에게 보내서 보호하게 할 수 있다.

해설 | 소장은 유아의 양육을 허가하지 아니하는 경우에는 수용자의 의사를 고려하여 유아보호에 적당하다고 인정하는 법인 또는 개인에게 그 유아를 보낼 수 있다. 다만, 적당한 법인 또는 개인이 없는 경우에는 그 유아를 해당 교정시설의 소재지를 관할하는 시장 · 군수 또는 구청장에게 보내서 보호하게 하여야 한다(「형집행법 시행령」 제80조 제1항).

정답 | ×

117

소장은 임산부인 수용자에 대하여 필요하다고 인정하는 경우에는 교정시설에 근무하는 의무관의 의견을 들어 필요한 양의 죽 등의 주식과 별도로 마련된 부식을 지급할 수 있다.

정답 | ○

118

노인수용자란 65세 이상인 수용자를 말한다.

정답 | ○

119

노인수형자 전담교정시설에는 별도의 개별휴게실을 마련하고 노인이 선호하는 오락용품 등을 갖춰 두어야 한다.

해설 | 개별휴게실이 아닌 공동휴게실이다(「형집행법 시행규칙」 제43조 제2항).

정답 | ×

120

노인수용자의 거실은 시설부족 또는 그 밖의 부득이한 사정이 없으면 건물의 1층에 설치하고, 특히 겨울철 난방을 위하여 필요한 시설을 갖출 수 있다.

해설 | 갖추어야 한다(「형집행법 시행규칙」 제44조 제2항).

정답 | ×

121

소장은 노인수용자에 대하여 1년에 1회 이상 건강검진을 하여야 한다.

해설 | 6개월에 1회 이상 건강검진을 하여야 한다(「형집행법 시행규칙」 제47조 제2항).

정답 | ×

122

노인수형자를 수용하고 있는 시설의 장은 노인문제에 관한 지식과 경험이 풍부한 외부전문가를 초빙하여 교육하게 하는 등 노인수형자의 교육받을 기회를 확대하고, 노인전문오락, 그 밖에 노인의 특성에 알맞은 교화프로그램을 개발·시행하여야 한다.

해설 | '노인수형자 전담교정시설의 장'으로 고쳐야 맞는 표현이다(「형집행법 시행규칙」 제48조 제1항).

정답 | ✕

123

소장은 노인수용자가 직업을 원하는 경우에는 나이·건강상태 등을 고려하여 해당 수용자가 감당할 수 있는 정도의 작업을 부과한다. 이 경우 담당 교도관의 의견을 들어야 한다.

해설 | 의무관의 의견을 들어야 한다(「형집행법 시행규칙」 제48조 제2항).

정답 | ✕

124

소장은 노인수용자가 거동이 불편하여 혼자서 목욕하기 어려운 경우에는 교도관, 자원봉사자 또는 다른 수용자로 하여금 목욕을 보조하게 할 수 있다.

정답 | ○

125

장애인수용자를 수용하고 있는 모든 교정시설에는 장애인을 위한 재활치료프로그램을 개발하여 시행하여야 한다.

해설 | 장애인수형자 전담교정시설에는 장애인을 위한 재활치료프로그램을 개발하여 시행하여야 한다(「형집행법 시행규칙」 제50조 제1항).

정답 | ✕

126

장애인수용자의 거실은 전용승강기가 설치된 건물의 2층 이상에만 설치하도록 한다.

해설 | 장애인수용자의 거실은 시설부족 또는 그 밖의 부득이한 사정이 없으면 건물의 1층에 설치하고, 특히 장애인이 이용할 수 있는 변기 등의 시설을 갖추도록 하여야 한다(「형집행법 시행규칙」 제51조 제2항).

정답 | ✕

127

장애인수형자 전담교정시설의 장은 장애인의 재활에 관한 전문적인 지식을 가진 의료진과 장비를 갖추어야 한다.

해설 | 갖추도록 노력하여야 한다(「형집행법 시행규칙」 제52조).

정답 | ×

128

장애인수형자 전담교정시설의 장은 장애인수형자에 대한 직업훈련이 석방 후의 취업과 연계될 수 있도록 그 프로그램의 편성 및 운영에 특히 유의하여야 한다.

정답 | ○

129

법무부장관은 외국인의 특성에 알맞은 교화프로그램 등을 개발하여 시행해야 한다.

해설 | 법무부장관이 아닌 외국인수형자 전담교정시설의 장이다(「형집행법 시행규칙」 제55조).

정답 | ×

130

외국인수용자를 수용하는 소장은 외국어 통역사 자격자를 전담요원으로 지정하여 외교공관 및 영사관 등 관계기관과의 연락업무를 수행하게 하여야 한다.

해설 | 외국인수용자를 수용하는 소장은 외국어에 능통한 소속 교도관을 전담요원으로 지정하여 일상적인 개별면담, 고충해소, 통역·번역 및 외교공관 또는 영사관 등 관계기관과의 연락 등의 업무를 수행하게 하여야 한다(「형집행법 시행규칙」 제56조 제1항).

정답 | ×

131

외국인수용자 전담요원은 외국인 미결수용자에게 소송진행에 필요한 법률지식을 제공하는 조력을 하여야 한다.

정답 | ○

132

외국인인 수형자는 국어로 의사소통이 곤란한 사정이 있는 경우에 외국어를 사용할 수 있다.

정답 | ○

133

소장은 외국인수용자의 수용거실을 지정하는 경우에는 반드시 분리수용하도록 하고, 그 생활양식을 고려하여 필요한 설비를 제공하여야 한다.

해설 | 소장은 외국인수용자의 수용거실을 지정하는 경우에는 종교 또는 생활관습이 다르거나 민족감정 등으로 인하여 분쟁의 소지가 있는 외국인수용자는 거실을 분리하여 수용하여야 하며(「형집행법 시행규칙」 제57조 제1항), 그 생활양식을 고려하여 필요한 수용설비를 제공하도록 노력하여야 한다(동조 제2항).

정답 | ×

134

소장은 외국인수용자의 수용거실을 지정하는 경우에는 종교, 피부색 또는 생활습관이 다르거나 민족감정 등으로 인하여 분쟁의 소지가 있는 외국인수용자는 거실을 분리하여 수용하여야 한다.

해설 | 피부색은 규정되어 있지 않다(「형집행법 시행규칙」 제57조 제1항).

정답 | ×

135

외국인수용자의 거실지정은 분쟁의 소지가 없도록 유색인종별로 분리수용하여야 한다.

해설 | 소장은 외국인수용자의 수용거실을 지정하는 경우에는 종교 또는 생활관습이 다르거나 민족감정 등으로 인하여 분쟁의 소지가 있는 외국인수용자는 거실을 분리하여 수용하여야 한다(「형집행법 시행규칙」 제57조 제1항). 피부색은 규정되어 있지 않다.

정답 | ×

136

외국인수용자에 대하여 소속국가의 음식문화를 고려할 필요는 없지만, 외국인수용자의 체격 등을 고려하여 지급하는 음식물의 총열량을 조정할 수 있다.

해설 | 외국인수용자에게 지급하는 음식물의 총열량은 소속 국가의 음식문화, 체격 등을 고려하여 조정할 수 있다(「형집행법 시행규칙」 제58조 제1항).

정답 | ×

137

외국인수용자에게 지급되는 부식의 지급기준은 교도소장이 정한다.

해설 | 법무부장관이 정한다(「형집행법 시행규칙」 제58조 제3항).

정답 | ×

138

소장은 외국인수용자가 질병 등으로 사망한 경우에는 관할 출입국관리사무소, 그의 국적이나 시민권이 속하는 나라의 외교공관 또는 영사관의 장이나 그 관원 및 가족에게 즉시 알려야 한다.

해설 | 관할 출입국관리사무소는 규정되어 있지 않다(「형집행법 시행규칙」 제59조).

정답 | ×

139

소장은 외국인수용자가 사망한 경우에는 그의 국적이나 시민권이 속하는 나라의 교정기관에 이를 즉시 알려야 한다.

해설 | 교정기관이 아닌 외교공관 또는 영사관의 장이나 그 관원 또는 가족에게 이를 즉시 알려야 한다(「형집행법 시행규칙」 제59조).

정답 | ×

140

소년수형자 전담교정시설에는 별도의 공동학습공간을 마련하고 학용품 및 소년의 정서함양에 필요한 도서, 잡지 등을 갖춰 두어야 한다.

정답 | ○

141

소년수형자 전담교정시설이 아닌 교정시설에서는 소년수용자를 수용하기 위하여 별도의 거실을 지정하여 운용하여야 한다.

해설 | 운용할 수 있다(「형집행법 시행규칙」 제59조의3 제1항).

정답 | ×

142

법무부장관이 19세 미만의 수형자의 처우를 전담하도록 정하는 시설에는 별도의 공동학습공간을 마련하고 학용품 및 소년의 정서함양에 필요한 도서, 잡지 등을 갖춰 두어야 한다.

정답 | ○

143

소장은 소년수형자의 나이·적성 등을 고려하여 필요하다고 인정되면 발표회 및 공연 등 참가활동을 포함한 본인이 희망하는 활동을 허가할 수 있다.

정답 | ○

144

소장은 소년수용자의 나이·건강상태 등을 고려하여 필요하다고 인정하는 경우 6개월에 1회 이상 건강검진을 하여야 한다.

정답 | ○

145

소장은 소년수형자의 나이·적성 등을 고려하여 필요하다고 인정하면 전화통화와 접견횟수를 늘릴 수 있다.

정답 | ○

146

수용자는 교정시설의 안전과 질서유지를 위하여 소장이 정하는 규율을 지켜야 한다.

해설 | 수용자는 교정시설의 안전과 질서유지를 위하여 법무부장관이 정하는 규율을 지켜야 하며(「형집행법」 제105조 제1항), 소장이 정하는 일과시간표를 지켜야 하고(동조 제2항), 교도관의 직무상 지시에 따라야 한다(동조 제3항).

정답 | ×

징벌

01

현행법상 미결수용자는 무죄추정의 원칙에 따라 수형자와는 다른 기준에 의하여 징벌이 부과된다.

해설 │ 현행법상 징벌대상은 수용자이므로 미결수용자에게도 동일한 기준에 의하여 징벌이 부과된다.

◀ 징벌 ▶

종류	1. 경고, 2. 50시간 이내의 근로봉사, 3. 3개월 이내의 작업장려금 삭감, 4. 30일 이내의 공동행사 참가 정지, 5. 30일 이내의 신문열람 제한, 6. 30일 이내의 텔레비전 시청 제한, 7. 30일 이내의 자비구매물품(의사가 치료를 위하여 처방한 의약품을 제외한다) 사용 제한, 8. 30일 이내의 작업 정지(신청에 따른 작업에 한정한다), 9. 30일 이내의 전화통화 제한, 10. 30일 이내의 집필 제한, 11. 30일 이내의 편지수수 제한, 12. 30일 이내의 접견 제한, 13. 30일 이내의 실외운동 정지, 14. 30일 이내의 금치(禁置) ※ 제4호 내지 제13호까지의 처분은 함께 부과할 수 있다.
가중 (장기의 2분의 1)	• 2 이상의 징벌사유가 경합하는 때 • 징벌이 집행 중에 있거나 징벌의 집행이 끝난 후 또는 집행이 면제된 후 6개월 내에 다시 징벌사유에 해당하는 행위를 한 때
시효	징벌사유가 발생한 날부터 2년이 지나면 이를 이유로 징벌을 부과하지 못한다.
교사 · 방조	• 교사: 징벌대상행위를 한 수용자에게 부과되는 징벌과 같은 징벌 부과 • 방조: 징벌대상행위를 한 수용자에게 부과되는 징벌과 같은 징벌을 부과하되, 그 정황을 고려하여 2분의 1까지 감경
실외운동	소장은 제13호에 따른 실외운동 정지를 부과하는 경우 또는 실외운동을 제한하는 경우라도 수용자가 매주 1회 이상 실외운동을 할 수 있도록 하여야 한다.

정답 │ ×

02

교도관은 수용자가 정당한 사유 없이 작업이나 교육을 거부하는 경우에는 수갑, 포승 등의 보호장비를 사용할 수 있다.

해설 │ 소장은 수용자가 정당한 사유 없이 작업이나 교육을 거부하는 경우에는 징벌을 부과할 수 있다(「형집행법」 제107조 제3호).

정답 │ ×

03

징벌대상행위에 대하여 조사하는 교도관은 모든 조사대상자에게 진술을 거부할 수 있다는 것과 변호인을 선임할 수 있다는 것을 알려야 한다.

해설 | 징벌대상행위에 대하여 조사하는 교도관이 징벌대상자 또는 참고인 등을 조사할 때에 형사법률에 저촉되는 행위에 대하여 징벌부과 외에 형사입건조치가 요구되는 경우에는 형사소송절차에 따라 조사대상자에게 진술을 거부할 수 있다는 것과 변호인을 선임할 수 있다는 것을 알려야 한다(「형집행법 시행규칙」 제219조 제4호).

정답 | ×

04

정신질환으로 자해하는 행위는 징벌사유에 해당한다.

해설 | 징벌사유에 해당하지 않는다.

정답 | ×

05

징벌은 동일한 행위에 관하여 거듭하여 부과할 수 없다.

정답 | ○

06

징벌집행의 면제와 일시정지는 허용된다.

정답 | ○

07

징벌사유가 발생한 날부터 2년이 지나면 이를 이유로 징벌을 부과하지 못한다.

정답 | ○

08

수용자의 징벌대상행위에 대한 조사기간(조사를 시작한 날부터 징벌위원회의 의결이 있는 날까지를 말한다)은 10일 이내로 한다. 다만, 특히 필요하다고 인정하는 경우에는 1회에 한하여 7일을 초과하지 아니하는 범위에서 그 기간을 연장할 수 있다.

정답 | ○

09

소장은 특별한 사유가 없으면 의사로 하여금 징벌대상자에 대한 심리상담을 하도록 해야 한다.

해설 | 의사가 아닌 교도관이다(「형집행법 시행규칙」 제219조의2).

정답 | ✕

10

소장은 징벌대상자의 질병이나 그 밖의 특별한 사정으로 인하여 조사를 계속하기 어려운 경우에는 조사를 일시 정지할 수 있다. 이 경우 조사가 정지된 다음 날부터 정지사유가 소멸한 날까지의 기간은 조사기간에 포함되지 아니한다.

해설 | 소장은 징벌대상자의 질병이나 그 밖의 특별한 사정으로 인하여 조사를 계속하기 어려운 경우에는 조사를 일시 정지할 수 있고, 정지된 조사기간은 그 사유가 해소된 때부터 다시 진행한다. 이 경우 조사가 정지된 다음 날부터 정지사유가 소멸한 전날까지의 기간은 조사기간에 포함되지 아니한다(「형집행법 시행규칙」 제221조).

정답 | ✕

11

징벌조사 시 일시정지된 조사기간은 그 사유가 해소된 때부터 다시 진행한다. 이 경우 조사가 정지된 날부터 정지사유가 소멸한 날까지의 기간은 조사기간에 포함되지 아니한다.

해설 | 조사가 정지된 다음 날부터 정지사유가 소멸한 전날까지의 기간은 조사기간에 포함되지 아니한다(「형집행법 시행규칙」 제221조 제2항 후단).

정답 | ✕

12

징벌위원회는 징벌을 의결하는 때에 행위의 동기 및 정황, 교정성적, 뉘우치는 정도 등 그 사정을 고려할 만한 사유가 있는 수용자에 대하여 2개월 이상 6개월 이하의 기간 내에서 징벌의 집행을 유예할 것을 의결할 수 있다.

정답 | ○

13

징벌위원회는 위원장을 포함한 5명 이상 7명 이하의 위원으로 구성하고, 위원장은 소장의 바로 다음 순위자가 된다.

정답 | ○

14

징벌위원회는 소장의 자문기구가 아닌 징벌을 심의·의결하는 기구이고, 위원장은 소장이 아닌 소장의 바로 다음 순위자가 되며, 외부위원은 4명 이상으로 한다.

해설 | 3명 이상으로 한다(「형집행법」 제111조 제2항 후단).

정답 | ×

15

소장은 징벌사유에 해당하는 행위를 하였다고 의심할 만한 이유가 있는 수용자가 증거를 인멸할 우려가 있는 때에 한하여 조사기간 중 분리하여 수용할 수 있다.

해설 | 소장은 징벌사유에 해당하는 행위를 하였다고 의심할 만한 상당한 이유가 있는 수용자(이하 "징벌대상자"라 한다)가 증거를 인멸할 우려가 있거나, 다른 사람에게 위해를 끼칠 우려가 있거나 다른 수용자의 위해로부터 보호할 필요가 있는 때에는 조사기간 중 분리하여 수용할 수 있다(「형집행법」 제110조 제1항).

정답 | ×

16

징벌위원회의 위원이 제척 사유에 해당할 때에는 그 위원회에 참석할 수 없다.

정답 | ○

17

징벌대상자는 징벌위원회의 위원에 대하여 기피신청을 할 수 있으며, 기피 여부는 소장이 결정한다.

해설 | 징벌위원회의 의결로 결정한다(「형집행법」 제111조 제5항).

정답 | ×

18

징벌위원회는 징벌대상자가 진술하기 전에 불이익한 진술을 거부할 수 있음을 고지하여야 한다.

해설 | 징벌대상자가 진술하기 전에 불이익한 진술을 거부할 수 있음을 고지하여야 한다는 규정은 없다. 형사절차상 불리하게 적용될 수 있는 사실에 대하여 진술을 거부할 수 있다는 것과 진술하는 경우에는 형사절차상 불리하게 적용될 수 있다는 사실은 출석통지서에 포함되어 있다(「형집행법 시행규칙」 제227조 제2항 제6호).

정답 | ×

19

징벌위원회는 재적위원 과반수의 출석으로 개의하고, 출석위원 과반수의 찬성으로 의결한다. 이 경우 외부위원 3명 이상이 출석한 경우에만 개의할 수 있다.

해설 │ 외부위원 1명 이상이 출석한 경우에만 개의할 수 있다(「형집행법 시행규칙」 제228조 제4항 후단).

정답 │ ×

20

현행법상 징벌의 종류는 대통령령으로 정하고 있다.

해설 │ 법률로 정하고 있다(「형집행법」 제108조).

「형의 집행 및 수용자의 처우에 관한 법률」 제108조 【징벌의 종류】 징벌의 종류는 다음 각호와 같다.
1. 경고
2. 50시간 이내의 근로봉사
3. 3개월 이내의 작업장려금 삭감
4. 30일 이내의 공동행사 참가 정지
5. 30일 이내의 신문열람 제한
6. 30일 이내의 텔레비전 시청 제한
7. 30일 이내의 자비구매물품(의사가 치료를 위하여 처방한 의약품을 제외한다) 사용 제한
8. 30일 이내의 작업 정지(신청에 따른 작업에 한정한다)
9. 30일 이내의 전화통화 제한
10. 30일 이내의 집필 제한
11. 30일 이내의 편지수수 제한
12. 30일 이내의 접견 제한
13. 30일 이내의 실외운동 정지
14. 30일 이내의 금치(禁置)

정답 │ ×

21

징벌의 종류에는 경고와 훈계도 포함된다.

해설 │ 훈계는 포함되지 않는다.

정답 │ ×

22

작업장려금의 전부를 주지 않는 제재도 징벌의 한 종류로서 부과할 수 있다.

해설 │ 3개월 이내의 작업장려금 삭감은 징벌의 한 종류로서 부과할 수 있다(「형집행법」 제108조 제3호). 따라서 3개월을 초과하는 작업장려금은 삭감할 수 없다.

정답 │ ×

23

징벌집행 중인 자의 작업장려금은 모두 삭감하여야 한다.

해설 | 3개월을 초과하는 작업장려금은 삭감할 수 없다.

정답 | ✕

24

30일 이내의 접견 제한과 30일 이내의 실외운동 정지는 함께 부과할 수 있다.

정답 | ○

25

50시간 이내의 근로봉사와 30일 이내의 작업 정지는 함께 부과할 수 있다.

해설 | 함께 부과할 수 없다(「형집행법」 제109조 제1항).

정답 | ✕

26

수용자에 대한 징벌로 30일 이내의 전화통화 제한과 30일 이내의 편지수수 제한을 함께 부과할 수는 없다.

해설 | 함께 부과할 수 있다.

정답 | ✕

27

규율을 위반한 수형자 A에게 30일의 접견 제한과 함께 50시간의 근로봉사를 함께 부과할 수 있다.

해설 | 함께 부과할 수 없다.

정답 | ✕

28

징벌집행이 끝난 후 6개월 내에 다시 징벌사유에 해당하는 행위를 한 미결수용자 B에게 45일의 금치를 부과할 수 있다.

정답 | ○

29

징벌이 집행 중에 있거나 징벌의 집행이 끝난 후 또는 집행이 면제된 후 1년 내에 다시 징벌사유에 해당하는 행위를 한 때에는 징벌기간에 있어서 장기의 2분의 1까지 가중할 수 있다.

해설 | 1년이 아닌 6개월 내에 다시 징벌사유에 해당하는 행위를 한 때에는 장기의 2분의 1까지 가중할 수 있다(「형집행법」 제109조 제2항 제2호).

정답 | ✕

30

다른 수용자의 징벌대상행위를 방조(幇助)한 수용자에게는 그 징벌대상행위를 한 수용자에게 부과되는 징벌과 같은 징벌을 부과하되, 2분의 1로 감경한다.

해설 | 그 정황을 고려하여 2분의 1까지 감경할 수 있다(「형집행법 시행규칙」 제217조 제2항).

정답 | ✕

31

징벌사유가 발생한 날로부터 2년이 지나면 이를 이유로 징벌을 부과하지 못한다.

정답 | ○

32

소장은 금치를 집행하는 경우, 의무관으로 하여금 사전에 수용자의 건강을 확인하도록 하여야 한다.

정답 | ○

33

둘 이상의 징벌대상행위가 경합하는 경우에는 각각의 행위에 해당하는 징벌을 모두 부과한다.

해설 | 각각의 행위에 해당하는 징벌 중 가장 중한 징벌의 2분의 1까지 가중할 수 있다(「형집행법 시행규칙」 제218조 제1항).

정답 | ✕

34

금치처분을 받은 자에게는 그 기간 중 전화통화 제한이 함께 부과된다.

정답 | ○

35

30일 이내의 금치처분을 받은 사람에게 실외운동을 제한하는 경우에도 매주 1회 이상은 실외운동을 할 수 있도록 하여야 한다.

정답 | ○

36

금치와 그 밖의 징벌을 집행할 경우에는 금치를 우선하여 집행하고, 같은 종류의 징벌은 그 기간이 긴 것부터 집행한다.

정답 | ○

37

소장은 징벌집행을 받고 있거나 집행을 앞둔 수용자가 같은 행위로 형사법률에 따른 처벌이 확정되어 징벌을 집행할 필요가 없다고 인정하면 징벌위원회의 의결을 거쳐 징벌집행을 감경하거나 면제할 수 있다.

해설 | 징벌위원회의 의결을 요하지 않는다(「형집행법 시행규칙」 제231조 제4항).

정답 | ×

38

금치의 집행 중인 자를 다른 교정시설에 이송하는 경우에는 이송되는 당일에 징벌의 집행을 정지하여야 한다.

해설 | 징벌집행이 계속되는 것으로 본다(「형집행법 시행령」 제134조).

정답 | ×

39

징벌을 집행 중인 자가 질병 그 밖의 사유로 징벌집행이 곤란하면 그 집행을 면제한다.

해설 | 그 집행을 일시정지할 수 있다(「형집행법」 제113조 제1항).

정답 | ×

40

징벌집행 중인 자가 뉘우치는 빛이 뚜렷하면 즉시 그 징벌을 면제한다.

해설 | 징벌집행을 면제할 수 있다(「형집행법」 제113조 제2항).

정답 | ×

41

소장은 징벌집행의 유예기간 중에 있는 수용자가 다시 징벌대상행위를 하면 그 유예한 징벌을 집행한다.

해설 | 다시 징벌대상행위를 하여 징벌이 결정되면 그 유예한 징벌을 집행한다(「형집행법」 제114조 제2항).

정답 | ×

42

징벌위원회에서 수용자에 대하여 징벌이 의결되더라도 행위의 동기 및 정황, 교정성적, 뉘우치는 정도 등 그 사정을 고려할 만한 사유가 있는 수용자에 대하여 교도소장은 2개월 이상 6개월 이하의 기간 내에서 징벌의 집행을 유예할 수 있다.

해설 | 교도소장이 아닌 징벌위원회의 권한이다(「형집행법」 제114조 제1항).

정답 | ×

43

현행법상 징벌의 집행유예는 있으나, 징벌의 선고유예제도는 인정하고 있지 않다.

해설 | 「형의 집행 및 수용자의 처우에 관한 법률」 제114조 【징벌집행의 유예】 ① 징벌위원회는 징벌을 의결하는 때에 행위의 동기 및 정황, 교정성적, 뉘우치는 정도 등 그 사정을 고려할 만한 사유가 있는 수용자에 대하여 2개월 이상 6개월 이하의 기간 내에서 징벌의 집행을 유예할 것을 의결할 수 있다.
② 소장은 징벌집행의 유예기간 중에 있는 수용자가 다시 제107조의 징벌대상행위를 하여 징벌이 결정되면 그 유예한 징벌을 집행한다.
③ 수용자가 징벌집행을 유예받은 후 징벌을 받음이 없이 유예기간이 지나면 그 징벌의 집행은 종료된 것으로 본다.

정답 | ○

44

소장은 10일의 금치처분을 받은 수용자가 징벌의 집행이 종료된 후 교정성적이 양호하고, 1년 6개월 동안 징벌을 받지 아니하면 법무부장관의 승인을 받아 징벌을 실효시킬 수 있다.

해설 | 「형의 집행 및 수용자의 처우에 관한 법률 시행규칙」 제234조 【징벌의 실효】 ① 법 제115조 제1항에서 "법무부령으로 정하는 기간"이란 다음 각 호와 같다.
1. 제215조 제1호부터 제4호까지의 징벌 중 금치의 경우에는 다음 각 목의 기간
    가. 21일 이상 30일 이하의 금치: 2년 6개월
    나. 16일 이상 20일 이하의 금치: 2년
    다. 10일 이상 15일 이하의 금치: 1년 6개월
    라. 9일 이하의 금치: 1년

> 2. 제215조 제2호에 해당하는 금치 외의 징벌: 2년
> 3. 제215조 제3호에 해당하는 금치 외의 징벌: 1년 6개월
> 4. 제215조 제4호에 해당하는 금치 외의 징벌: 1년
> 5. 제215조 제5호에 해당하는 징벌: 6개월

정답 | ○

45

9일 이하의 금치, 1개월의 작업장려금 삭감, 30일 이내의 실외운동 및 공동행사 참가 정지는 징벌 실효기간이 1년으로 동일하다.

정답 | ○

46

징벌은 일정 기간이 지나면 자동으로 실효된다.

해설 | 소장의 신청이 있어야 한다(「형집행법 시행규칙」 제234조 제2항).

정답 | ×

47

소장은 「교육기본법」 제8조의 의무교육을 받지 못한 수행자의 교육을 위하여 필요하면 수형자를 중간처우를 위한 전담교정시설에 수용하여 외부 교육기관에의 통학, 외부 교육기관에서의 위탁교육을 받도록 할 수 있다.

정답 | ○

48

소장은 「교육기본법」 제8조의 의무교육을 받지 못한 수형자에 대하여는 본인의 의사·나이·지식 정도, 그 밖의 사정을 고려하여 그에 알맞게 교육할 수 있다.

해설 | 교육하여야 한다(「형집행법」 제63조 제2항).

정답 | ×

49

교육과정·외부통학·위탁교육 등에 관하여 필요한 사항은 법무부장관이 정한다.

해설 | 법무부령으로 정한다(「형집행법」 제63조 제4항).

정답 | ×

50

교정시설의 장은 의무교육을 받은 고령의 수형자에 대하여는 본인의 의사 · 나이 · 지식정도, 그 밖의 사정을 고려하여 그에 알맞게 교육할 수 있다.

해설 | 의무교육을 받지 못한 수형자에 대한 내용이다(「형집행법」 제63조 제2항).

정답 | ×

51

소장은 수형자에게 학위취득 기회를 부여하기 위하여 독학에 의한 학사학위 취득과정을 설치 · 운영할 수 있다. 이 교육을 실시하는 경우 소요되는 비용은 특별한 사정이 없으면 국가의 부담으로 한다.

해설 | 교육대상자의 부담으로 한다.

정답 | ×

52

소장은 집행할 형기가 1년 남은 수형자도 독학에 의한 학사학위 취득과정 대상자로 선발할 수 있다.

해설 | 소장은 다음 각 호의 요건을 갖춘 수형자가 학사고시반 교육을 신청하는 경우에는 교육대상자로 선발할 수 있다(「형집행법 시행규칙」 제110조 제2항).
  1. 고등학교 졸업 또는 이와 동등한 수준 이상의 학력이 인정될 것
  2. 교육개시일을 기준으로 형기의 3분의 1(21년 이상의 유기형 또는 무기형의 경우에는 7년)이 지났을 것
  3. 집행할 형기가 2년 이상일 것

정답 | ×

53

소장은 교육을 위해 필요하면 수형자를 중간처우를 위한 전담교정시설에 수용하여 외부 교육기관에 위탁하여 교육받게 할 수 있다.

정답 | ○

54

교육이 실시되는 경우 소요되는 비용은 특별한 사정이 없으면 교육대상자의 부담으로 한다.

정답 | ○

55

소장은 정당한 이유 없이 교육을 기피한 사실이 있거나 자퇴한 사실이 있는 수형자는 교육대상자로 선발하지 못한다.

해설 | 선발하거나 추천하지 아니할 수 있다(「형집행법 시행규칙」 제103조 제2항).

정답 | ×

56

집행할 형기가 이송사유가 발생한 날로부터 3개월 이내인 때에는 소속기관으로 이송하지 않거나 다른 기관으로 이송할 수 있다.

정답 | ○

57

교육대상자에게는 작업 · 직업훈련 등을 면제한다.

정답 | ○

58

현행법상 독학에 의한 학위 취득과정은 공식적인 수형자 교육과정에 포함되지 않는다.

해설 | 포함된다(「형집행법 시행규칙」 제110조).

정답 | ×

59

방송통신대학과정과 전문대학 위탁교육과정의 교육대상자는 고등학교 졸업 이상 학력을 갖춘 개방처우급 수형자에 한하여 선발할 수 있다.

해설 | 개방처우급 · 완화경비처우급 · 일반경기처우급 수형자에 한하여 선별할 수 있다(「형집행법 시행규칙」 제111조 제2항, 제112조 제2항).

정답 | ×

60

소장은 외국어 교육대상자가 교육실 외에서의 어학학습장비를 이용한 외국어학습을 원하는 경우에는 계호 수준, 독거 여부, 교육 정도 등에 대한 분류처우위원회의 심의를 거쳐 허가할 수 있다.

해설 | 교도관회의의 심의를 거쳐 허가할 수 있다(「형집행법 시행규칙」 제113조 제3항).

정답 | ×

61

수형자의 교정교화를 위한 상담·심리치료 등의 프로그램은 수형자 자치위원회가 실시한다.

해설 | 소장이 실시한다(「형집행법」 제64조 제1항).

정답 | ×

62

소장은 교화프로그램으로 문제행동예방프로그램, 가족관계회복프로그램 등을 실시할 수 있다.

정답 | ○

63

가족관계회복프로그램 대상 수형자는 교도관회의의 심의를 거쳐 선발하고, 참여인원은 5명 이내의 가족으로 하며, 특히 필요하다고 인정하면 참여인원을 늘릴 수 있다.

정답 | ○

09 교도작업과 직업훈련

01

교도작업은 교정시설의 수용자에게 부과하는 노역으로서 징역형의 정역, 금고형의 청원작업, 개인작업이 이에 해당한다.

해설 | 개인작업은 이에 해당하지 않는다.

정답 | ×

02

교도작업의 부정적 측면으로는 교정에서의 재정적·경제적 부담을 증가시킨다는 점을 들 수 있다.

해설 | 교도작업의 긍정적 측면으로는 교정에서의 재정적·경제적 부담을 감소시킨다는 점을 들 수 있다.

정답 | ×

03

교도작업은 정역을 집행하는 수단에 불과하다.

해설 | 교도작업은 정역을 집행하는 수단일 뿐만 아니라 경제적 · 행정적 · 행형적 · 사회교육적 · 윤리적 목적을 가진다.

정답 | ×

04

직영작업은 교도소에서 일체의 시설, 기계, 재료, 노무 및 경비 등을 부담하여 물건 및 자재를 생산 · 판매하는 작업으로서 수형자의 기술습득 면에서는 유리하지만, 제품의 판매가 부진할 경우 문제가 된다.

정답 | ○

05

우리나라는 직영작업을 원칙으로 하고, 위탁작업을 부수적으로 활용하고 있다.

정답 | ○

06

직영작업은 제품의 판매와 상관없이 생산만 하면 되므로 불경기가 문제되지 않는다.

해설 | 직영작업이 아닌 위탁작업에 대한 설명이다.

정답 | ×

07

위탁작업은 업종이 다양하지 못하여 직업훈련에 부적합하다.

정답 | ○

08

위탁작업은 수형자 직업훈련과 병행하여 운영하기 좋다.

해설 | 위탁작업은 업종이 다양하지 못하여 직업훈련에 부적합하다.

정답 | ×

09

노무작업은 사인의 간섭과 외부부정의 개입가능성이 없다.

해설 | 가능성이 크다.

정답 | ×

10

노무작업은 일정한 시기에 실시되는 파종이나 추수 등의 작업이 주를 이루기 때문에 경기변동에 큰 영향을 받지 않으며, 노동력만 제공하기 때문에 제품판로에 대한 부담이 없다.

정답 | ○

11

노무작업은 설비투자 없이 시행이 가능하고, 일시적 작업이 보통이며, 소수의 수용자가 작업을 진행하기 때문에 행형상 통일성을 기하기에 어렵다.

정답 | ○

12

도급작업은 구외작업으로 인한 계호부담이 크고, 직영작업 다음으로 민간기업을 압박할 가능성이 높다.

정답 | ○

13

도급작업은 불취업자 해소에 유리하지만, 작업수준에 맞는 기술자 확보가 곤란하다.

정답 | ○

14

외부통근작업 대상자의 선정기준 등에 관하여 필요한 사항은 법무부령으로 정한다.

해설 | 외부통근작업의 법적 근거는 법률이고, 대상자의 선정기준 등에 관하여 필요한 사항은 법무부령으로 정한다(「형집행법」 제68조 제2항).

◀ 선정기준 ▶

구분	외부통근작업	개방지역작업
나이	18세 이상 65세 미만일 것	
건강	해당 작업수행에 건강상 장애가 없을 것	
경비처우급	개방 · 완화경비처우급	개방 · 완화 · 일반경비처우급
연락	가족 · 친지 또는 교정위원 등과 접견 · 편지수수 · 전화통화 등으로 연락하고 있을 것	
기간	집행할 형기가 7년 미만이고 가석방이 제한되지 아니한 수형자	집행할 형기가 10년 미만이거나 형기기산일부터 10년 이상이 지난 수형자

정답 | ○

15

소장은 수형자의 건전한 사회복귀와 기술습득을 촉진하기 위하여 필요하면 수형자에게 외부통근작업을 하게 할 수 있다.

정답 | ○

16

외부통근자는 18세 이상 65세 이하의 수형자 중에서만 선정하여야 한다.

해설 | 18세 이상 65세 미만이어야 한다(「형집행법 시행규칙」 제120조 제1항 제1호).

정답 | ×

17

수형자에게 필요한 경우 교정시설의 안에 설치된 외부기업체의 작업장에서 작업하게 할 수는 있지만, 외부기업체로 통근작업하게 하여서는 아니 된다.

해설 | 통근작업하게 할 수 있다(「형집행법」 제68조 제1항).

정답 | ×

18

집행할 형기가 7년 이상 남은 수형자도 작업부과와 교화를 위하여 특히 필요하다고 인정하는 경우에는 교정시설 밖에 위치한 외부기업체에 통근작업하는 수형자로 선정될 수 있다.

정답 | ○

19

교정시설 밖에 설치된 외부기업체의 작업장에 통근하며 작업하는 수형자는 소정의 요건을 갖춘 수형자 중에서 집행할 형기가 10년 미만이거나 형기기산일부터 10년 이상이 지난 수형자 중에서 선정한다.

해설 | 교정시설 안에 설치된 외부기업체의 작업장에 통근하며 작업하는 수형자에 대한 내용이다(「형집행법 시행규칙」 제120조 제2항).

정답 | ×

20

소장은 외부통근자가 법령에 위반되는 행위를 하거나 법무부장관 또는 소장이 정하는 지켜야 할 사항을 위반한 경우에는 외부통근자 선정을 취소하여야 한다.

해설 | 취소할 수 있다(「형집행법 시행규칙」 제121조).

정답 | ×

21

교정시설의 장은 관할 지방교정청장의 승인을 받아 수형자에게 부과하는 작업의 종류를 정한다.

해설 | '법무부장관의 승인을 받아'로 고쳐야 맞는 표현이다(「형집행법 시행령」 제89조).

정답 | ×

22

소장은 외부통근자의 사회적응능력을 기르고 원활한 사회복귀를 촉진하기 위하여 필요하다고 인정하는 경우에는 수형자 자치에 의한 활동을 허가하여야 한다.

해설 | 허가할 수 있다(「형집행법 시행규칙」 제123조).

정답 | ×

23

작업과정은 작업성적, 작업시간, 작업의 난이도 및 숙련도를 고려하여 정하며, 작업과정을 정하기 어려운 경우에는 작업시간을 작업과정으로 본다.

정답 | ○

24

19세 미만의 수형자에 대해서도 교도작업을 과할 수 있다.

정답 | ○

25

19세 미만 수형자의 1주의 작업시간은 40시간을 초과할 수 없지만, 그 수형자가 신청하는 경우에는 주 8시간 이내의 범위에서 연장할 수 있다.

해설 │ 19세 미만 수형자의 작업시간은 1일에 8시간을, 1주에 40시간을 초과할 수 없다(「형집행법」 제71조 제4항). 즉, 연장은 불가하다.

> 「형집행법」 제71조 【작업시간 등】 ① 1일의 작업시간(휴식·운동·식사·접견 등 실제 작업을 실시하지 않는 시간을 제외한다)은 8시간을 초과할 수 없다.
> ② 제1항에도 불구하고 취사·청소·간병 등 교정시설의 운영과 관리에 필요한 작업의 1일 작업시간은 12시간 이내로 한다.
> ③ 1주의 작업시간은 52시간을 초과할 수 없다. 다만, 수형자가 신청하는 경우에는 1주의 작업시간을 8시간 이내의 범위에서 연장할 수 있다.
> ④ 제2항 및 제3항에도 불구하고 19세 미만 수형자의 작업시간은 1일에 8시간을, 1주에 40시간을 초과할 수 없다.
> ⑤ 공휴일·토요일과 대통령령으로 정하는 휴일에는 작업을 부과하지 아니한다. 다만, 다음 각 호의 어느 하나에 해당하는 경우에는 작업을 부과할 수 있다.
> 1. 제2항에 따른 교정시설의 운영과 관리에 필요한 작업을 하는 경우
> 2. 작업장의 운영을 위하여 불가피한 경우
> 3. 공공의 안전이나 공공의 이익을 위하여 긴급히 필요한 경우
> 4. 수형자가 신청하는 경우

정답 │ ×

26

소장은 수형자에게 작업을 부과하는 경우, 작업의 종류 및 작업과정을 정하여 수형자에게 고지할 필요가 없다.

해설 │ 고지하여야 한다(「형집행법 시행령」 제91조 제1항).

정답 │ ×

27

소장은 교도관에게 매월 수형자의 작업실적을 확인하게 하여야 한다.

해설 │ 매월이 아닌 매일이다(「형집행법 시행령」 제92조).

정답 │ ×

28

소장은 수형자에게 작업을 부과하는 경우, 성격이나 취미를 고려해서는 아니 된다.

해설 │ 고려하여야 한다(「형집행법」 제65조 제2항).

정답 │ ×

29

소장은 구류형의 집행 중에 있는 수형자가 작업신청을 하더라도 작업을 부과할 수 없다.

해설 | 소장은 금고형 또는 구류형의 집행 중에 있는 사람에 대하여는 신청에 따라 작업을 부과할 수 있다(「형집행법」 제67조).

정답 | ×

30

소장은 금고형 또는 구류형의 집행 중에 있는 사람에 대하여는 신청에 따라 작업을 부과할 수 있으며, 사형확정자와 미결수용자에 대하여도 신청에 따라 작업을 부과할 수 있다.

정답 | ○

31

소장은 신청에 따라 작업이 부과된 수형자가 작업의 취소를 요청하는 경우에는 그 수형자의 의사, 건강 및 교도관의 의견 등을 고려하여 작업을 취소하여야 한다.

해설 | 취소할 수 있다(「형집행법 시행령」 제93조).

정답 | ×

32

소장은 수형자가 개방처우급 또는 완화경비처우급으로서 작업기술이 탁월하거나 작업성적이 우수한 경우에는 수형자 자신을 위한 개인작업을 하게 할 수 있다.

해설 | 소장은 수형자가 개방처우급 또는 완화경비처우급으로서 작업기술이 탁월하고 작업성적이 우수한 경우에는 수형자 자신을 위한 개인작업을 하게 할 수 있다(「형집행법 시행규칙」 제95조 제1항 본문).

정답 | ×

33

소장은 수형자의 신청에 따라 집중적인 근로가 필요한 작업을 부과하는 경우에도 접견·전화통화·교육·공동행사 참가 등의 처우는 제한할 수 없다.

해설 | 제한할 수 있다(「형집행법」 제70조 제1항 본문).

정답 | ×

34

개인작업시간은 교도작업에 지장을 주지 아니하는 범위에서 1일 2시간 이내로 한다.

정답 | ○

35

소장은 개인작업을 하는 수형자에게 개인작업용구를 사용하게 할 수 있다. 이 경우 작업용구는 특정한 용기에 보관하도록 하여야 한다.

정답 | ○

36

개인작업에 필요한 작업재료 등의 구입비용은 수형자가 부담한다. 다만, 처우상 필요한 경우에는 예산의 범위에서 그 비용을 지원할 수 있다.

정답 | ○

37

'집중적인 근로가 필요한 작업'이란 수형자의 신청에 따라 1일 작업시간 중 접견·전화통화·교육 및 공동행사 참가 등을 하지 아니하고 휴게시간을 포함한 작업시간 내내 하는 작업을 말한다.

해설 | 휴게시간을 제외한 작업시간 내내 하는 작업을 말한다(「형집행법 시행령」 제95조).

정답 | ×

38

공휴일·토요일과 그 밖의 휴일에는 어떠한 작업도 과하지 않는다.

해설 | 교정시설의 운영과 관리에 필요한 작업 등의 경우에는 작업을 부과할 수 있다(「형집행법」 제71조 제5항 단서).

◀ 작업시간 ▶

작업 시간	• 1일의 작업시간(휴식·운동·식사·접견 등 실제 작업을 실시하지 않는 시간을 제외한다)은 8시간을 초과할 수 없다. • 취사·청소·간병 등 교정시설의 운영과 관리에 필요한 작업의 1일 작업시간은 12시간 이내로 한다. • 1주의 작업시간은 52시간을 초과할 수 없다. 다만, 수형자가 신청하는 경우에는 1주의 작업시간을 8시간 이내의 범위에서 연장할 수 있다. • 19세 미만 수형자의 작업시간은 1일에 8시간을, 1주에 40시간을 초과할 수 없다.
휴일 작업	공휴일·토요일과 대통령령으로 정하는 휴일에는 작업을 부과하지 아니한다. 다만, 다음의 어느 하나에 해당하는 경우에는 작업을 부과할 수 있다. • 취사·청소·간병 등 교정시설의 운영과 관리에 필요한 작업을 하는 경우 • 작업장의 운영을 위하여 불가피한 경우 • 공공의 안전이나 공공의 이익을 위하여 긴급히 필요한 경우 • 수형자가 신청하는 경우
기타	• 소장은 수형자가 다음의 어느 하나에 해당하면 법무부장관이 정하는 바에 따라 위로금 또는 조위금을 지급한다. 　- 작업 또는 직업훈련으로 인한 부상 또는 질병으로 신체에 장해가 발생한 때 　- 작업 또는 직업훈련 중에 사망하거나 그로 인하여 사망한 때 • 위로금은 본인에게 지급하고, 조위금은 그 상속인에게 지급한다.

정답 | ×

39

소장은 장인(丈人)이 사망하였다는 소식을 접한 수형자에 대하여 본인이 작업을 계속하기를 원하지 않는 것을 확인하고 2일간 작업을 면제하게 할 수 있다.

정답 │ ○

40

소장은 수형자의 가족 또는 배우자의 직계존속이 사망하면 2일간, 수형자의 가족 또는 배우자의 직계존속의 제삿날에는 1일간 해당 수형자의 작업을 면제한다.

해설 │ 수형자의 부모 또는 배우자의 제삿날에 한한다(「형집행법」 제72조 제1항 본문).

정답 │ ×

41

소장은 수형자가 작업 중 부상을 당하거나 장애인이 된 때 또는 사망한 때에는 그 정상을 참작하여 법무부장관이 정하는 바에 의하여 위로금 또는 조위금을 지급할 수 있다.

해설 │ 지급한다(「형집행법」 제74조 제1항).

정답 │ ×

42

위로금과 조위금은 석방 시 본인에게 지급한다.

해설 │ 위로금은 본인에게 지급하고, 조위금은 그 상속인에게 지급한다(「형집행법」 제74조 제2항).

정답 │ ×

43

작업으로 인한 부상으로 신체에 장해가 발생한 때 지급하는 위로금은 소장이 수형자를 석방할 때 수형자 본인에게 지급하여야 한다.

해설 │ 위로금은 본인에게 지급하고, 조위금은 그 상속인에게 지급한다(「형집행법」 제74조 제2항). 이때 석방시기와 관계없이 즉시 지급한다.

정답 │ ×

44

위로금은 본인의 가족생활 부조, 교화 또는 건전한 사회복귀를 위하여 특히 필요하면 석방 전이라도 그 전부 또는 일부를 지급할 수 있다.

해설 | 위로금이 아닌 작업장려금에 대한 설명이다(「형집행법」 제73조 제3항).

정답 | ✕

45

수형자가 작업 중 본인의 중과실로 사망한 때에는 조위금을 그 상속인에게 지급한다.

정답 | ○

46

위로금 또는 조위금을 지급받을 권리는 다른 사람 또는 법인에게 양도하거나 담보로 제공할 수 없다.

정답 | ○

47

소장은 수형자의 근로의욕을 고취하고 건전한 사회복귀를 지원하기 위하여 법무부장관이 정하는 바에 따라 작업의 종류, 작업성적, 교정성적, 그 밖의 사정을 고려하여 수형자에게 작업장려금을 지급하여야 한다.

해설 | 지급할 수 있다(「형집행법」 제73조 제2항).

정답 | ✕

48

수형자에 대한 작업장려금은 대통령령으로 정한다.

해설 | 법무부장관이 정한다(「형집행법」 제73조 제2항).

정답 | ✕

49

작업장려금은 본인이 신청하면 석방 전이라도 그 전부 또는 일부를 지급하여야 한다.

해설 | 지급할 수 있다(「형집행법」 제73조 제3항).

정답 | ✕

50

작업장려금은 특히 필요한 경우에는 가족에게 직접 지급할 수 있다.

해설 | 작업장려금은 석방할 때에 본인에게 지급한다(「형집행법」 제73조 제3항 본문). 따라서 가족에게 직접 지급할 수 없다.

정답 | ×

51

작업장려금은 노동에 대한 반대급부의 성격이 아니라 은혜적 급부로서 청구권이 인정되지 않는다 (작업수입은 국고수입).

정답 | ○

52

직업훈련 대상자의 선정기준 등에 관하여 필요한 사항은 법무부장관이 정한다.

해설 | 법무부령으로 정한다(「형집행법」 제69조 제3항).

◀ 직업훈련 대상자 ▶

선정기준	• 원칙: 소장은 수형자가 다음의 요건을 갖춘 경우에는 수형자의 의사, 적성, 나이, 학력 등을 고려하여 직업훈련 대상자로 선정할 수 있다. 　－ 집행할 형기 중에 해당 훈련과정을 이수할 수 있을 것(기술숙련과정 집체직업훈련 대상자는 제외한다) 　－ 직업훈련에 필요한 기본소양을 갖추었다고 인정될 것 　－ 해당 과정의 기술이 없거나 재훈련을 희망할 것 　－ 석방 후 관련 직종에 취업할 의사가 있을 것 • 예외: 소장은 소년수형자의 선도(善導)를 위하여 필요한 경우에는 위의 요건을 갖추지 못한 경우에도 직업훈련 대상자로 선정하여 교육할 수 있다.
제한사유	소장은 수형자가 다음의 어느 하나에 해당하는 경우에는 직업훈련 대상자로 선정해서는 아니 된다. • 15세 미만인 경우 • 교육과정을 수행할 문자해독능력 및 강의 이해능력이 부족한 경우 • 징벌대상행위의 혐의가 있어 조사 중이거나 징벌집행 중인 경우 • 작업, 교육·교화프로그램 시행으로 인하여 직업훈련의 실시가 곤란하다고 인정되는 경우 • 질병·신체조건 등으로 인하여 직업훈련을 감당할 수 없다고 인정되는 경우

정답 | ×

53

징벌집행을 다 마친 경우, 수형자 직업훈련 대상자 선정의 제한사유에 해당한다.

해설 | 징벌대상행위의 혐의가 있어 조사 중이거나 징벌집행 중인 경우, 수형자 직업훈련 대상자 선정의 제한사유에 해당한다(「형집행법 시행규칙」 제126조 제3호).

정답 | ×

54

소장은 수형자가 개방처우급 또는 완화경비처우급, 일반경비처우급으로서 직업능력 향상을 위하여 특히 필요한 경우에는 교정시설 외부의 공공기관 또는 기업체 등에서 운영하는 직업훈련을 받게 할 수 있다.

해설 | 일반경비처우급은 외부 직업훈련 대상자가 아니다(「형집행법 시행규칙」 제96조 제1항).

정답 | ×

55

직업훈련의 직종 선정 및 훈련과정별 인원은 지방교정청장의 승인을 받아 교정시설의 장이 정한다.

해설 | 법무부장관의 승인을 받아 소장이 정한다(「형집행법 시행규칙」 제124조 제1항).

정답 | ×

56

직업훈련 전담교정시설에서 실시하는 집체직업훈련 대상자는 해당 훈련을 실시하는 교정시설의 관할 지방교정청장이 선정한다.

정답 | ○

57

직업훈련에 필요한 기본기술을 갖추었다고 인정되어야 직업훈련 대상자로 선정할 수 있다.

해설 | 기본기술이 아닌 기본소양이다(「형집행법 시행규칙」 제125조 제1항 제2호).

정답 | ×

58

교정시설의 장은 소년수형자의 선도를 위하여 필요한 경우에는 직업훈련에 필요한 기본소양을 갖추었다고 인정할 수 없더라도 직업훈련 대상자로 선정하여 교육할 수 있다.

정답 | ○

59

소장은 직업훈련 대상자가 심신이 허약하거나 질병 등으로 훈련을 감당할 수 없는 경우에는 직업훈련을 보류할 수 있다.

정답 | ○

60

법무부장관은 직업훈련을 위하여 필요한 경우에는 수형자를 다른 교정시설로 이송할 수 있다.

정답 | ○

61

15세 미만의 소년수형자의 경우라도 선도를 위해 필요하다면 직업훈련 대상자로 선정하여 교육할 수 있다.

해설 | 선정해서는 아니 된다(「형집행법 시행규칙」 제126조 제1호).

정답 | ×

62

소장은 직업훈련 대상자가 징벌대상행위의 혐의가 있어 조사 중이거나 징벌집행 중인 경우에는 직업훈련을 보류할 수 있다.

해설 | 직업훈련 대상자 선정 제한사유에 해당한다(「형집행법 시행규칙」 제126조 제3호).

정답 | ×

63

수형자 취업지원협의회는 수형자 사회복귀 지원 업무에 관한 자문에 대한 조언 기능을 담당한다.

정답 | ○

64

수형자 취업지원협의회는 취업 및 창업활동 지원대상 수형자의 가석방적격 사전심의 기능을 담당한다.

해설 | 취업 및 창업 지원을 위한 자료제공 및 기술지원 기능을 담당한다(「형집행법 시행규칙」 제144조 제4호). 가석방적격 사전심의 기능은 담당하지 않는다.

정답 | ×

65

교정시설의 장은 직업훈련 대상자가 징벌대상행위의 혐의가 있어 조사를 받게 된 경우에는 직업훈련을 보류할 수 있다.

정답 | ○

66

취업지원협의회는 회장 1명을 포함하여 3명 이상 5명 이하의 내부위원과 10명 이상의 외부위원으로 구성한다.

정답 | ○

10 미결수용자 처우

01

미결수용자가 수형자와 달리 취급받는 가장 중요한 논거는 무죄추정의 원칙이다.

정답 | ○

02

미결수용자는 수형자와는 다른 법적 지위를 가진다.

정답 | ○

03

구속영장 없이 긴급체포된 사람도 미결수용자에 포함된다.

정답 | ○

04

미결수용자를 수용하는 시설의 설비 및 계호의 정도는 일반경비시설 또는 완화경비시설에 준한다.

해설 | 일반경비시설에 준한다(「형집행법 시행령」 제98조).

정답 | ×

05

교도소장은 특별한 사유가 없더라도 자유재량으로 교도소에 미결수용자를 수용할 수 있다.

해설 | 미결수용자는 구치소에 수용한다(「형집행법」제11조 제1항 제3호). 다만, 특별한 사유가 있으면 교도소에 미결수용자를 수용할 수 있다(동법 제12조 제1항).

정답 | ×

06

범죄의 증거인멸을 방지하기 위해 필요하다는 이유로 미결수용자를 교도소에 수용할 수 없다.

해설 | 수용할 수 있다(「형집행법」제12조 제1항 제3호).

정답 | ×

07

관할 법원 및 검찰청 소재지에 구치소가 없는 때에는 교도소에 미결수용자를 수용할 수 있다.

정답 | ○

08

취사 등의 작업을 위하여 필요한 경우에는 미결수용자를 교도소에 수용할 수 있다.

해설 | 취사 등의 작업을 위하여 필요하거나 그 밖에 특별한 사정이 있으면 구치소에 수형자를 수용할 수 있다(「형집행법」제12조 제2항). 따라서 교도소에 미결수용자를 수용할 수 있는 사유에 해당하지 않는다.

정답 | ×

09

구치소에서는 미결수용자를 수용하므로 교도작업을 실시하지 않는다.

해설 | 소장은 미결수용자에 대하여는 신청에 따라 교육 또는 교화프로그램을 실시하거나 작업을 부과할 수 있으며(「형집행법」제86조 제1항), 취사 등의 작업을 위하여 필요하거나 그 밖에 특별한 사정이 있으면 구치소에 수형자를 수용할 수 있다(동법 제12조 제2항).

정답 | ×

10

미결수용자가 수용된 거실은 시찰할 수 없다.

해설 | 미결수용자가 수용된 거실은 참관할 수 없다(「형집행법」제80조). 즉, 시찰은 가능하다.

정답 | ×

11

판사와 검사는 직무상 필요하면 미결수용자가 수용된 거실을 시찰할 수 있다.

정답 | ○

12

소장은 미결수용자로서 사건에 서로 관련이 있는 사람은 분리수용하고, 서로 간의 접촉을 금지하여야 하며, 만약 미결수용자를 이송, 출정 또는 그 밖의 사유로 교정시설 밖으로 호송하는 경우에는 반드시 해당 사건에 관련된 사람이 탑승한 호송차량이 아닌 별도의 호송차량에 탑승시켜야 한다.

해설 | 해당 사건에 관련된 사람과 호송차량의 좌석을 분리하는 등의 방법으로 서로 접촉하지 못하게 하여야 한다(「형집행법 시행령」 제100조).

정답 | ×

13

미결수용자가 재판·국정감사에 참석할 때에는 사복을 착용할 수 있으나, 교정시설에서 지급하는 의류는 수용자가 희망하거나 동의하는 경우에만 입게 할 수 있다.

해설 | 소장은 도주우려가 크거나 특히 부적당한 사유가 있다고 인정하면 교정시설에서 지급하는 의류를 입게 할 수 있다(「형집행법」 제82조 단서). 이때 수용자의 동의는 요하지 않는다.

정답 | ×

14

미결수용자의 머리카락과 수염은 어떠한 경우에도 본인의 의사에 반하여 짧게 깎지 못한다.

해설 | 특히 필요한 경우가 아니면 본인의 의사에 반하여 짧게 깎지 못한다(「형집행법」 제83조).

정답 | ×

15

미결수용자가 범죄의 증거를 인멸할 우려가 있는 때에는 변호인과의 접견에 교도관이 참여하여 대화내용을 기록할 수 있다.

해설 | 미결수용자와 변호인과의 접견에는 교도관이 참여하지 못하며 그 내용을 청취 또는 녹취하지 못한다. 다만, 보이는 거리에서 미결수용자를 관찰할 수 있다(「형집행법」 제84조 제1항).

정답 | ×

16

미결수용자의 접견횟수는 매일 1회로 하되, 미결수용자와 변호인과의 접견은 그 횟수에 포함시키지 않는다.

정답 | ○

17

미결수용자가 변호인과 주고받는 편지는 마약 등 소지금지품이 포함되어 있는 경우가 아니면 검열을 할 수 없다.

해설 | 미결수용자와 변호인 간의 편지는 교정시설에서 상대방이 변호인임을 확인할 수 없는 경우를 제외하고는 검열할 수 없다(「형집행법」 제84조 제3항).

정답 | ×

18

미결수용자가 징벌대상자로서 조사받고 있거나 징벌집행 중인 경우에는 소송서류의 작성 등 수사과정에서의 권리행사가 제한된다.

해설 | 소장은 미결수용자가 징벌대상자로서 조사받고 있거나 징벌집행 중인 경우에도 소송서류의 작성, 변호인과의 접견ㆍ편지수수, 그 밖의 수사 및 재판과정에서의 권리행사를 보장하여야 한다(「형집행법」 제85조).

정답 | ×

19

소장은 미결수용자에 대하여는 직권 또는 신청에 따라 교육 또는 교화프로그램을 실시하거나 작업을 부과할 수 있다.

해설 | 소장의 직권은 규정되어 있지 않다(「형집행법」 제86조 제1항).

정답 | ×

20

미결수용자에게도 작업에 따른 작업장려금을 지급할 수 있다.

정답 | ○

21

소장은 미결수용자의 신청에 따라 작업을 부과하는 경우, 교정시설 밖에서 작업하게 할 수 있다.

해설 | 교정시설 밖에서 행하는 것은 포함하지 아니한다(「형집행법 시행령」 제103조 제1항).

정답 | ×

22

미결수용자에 대한 교육·교화프로그램은 교정시설 밖에서 행하는 것을 포함하나, 작업은 교정시설 밖에서 행하는 것을 포함하지 아니한다.

해설 | 미결수용자에 대한 교육·교화프로그램 또는 작업은 교정시설 밖에서 행하는 것은 포함하지 아니한다(「형집행법 시행령」 제103조 제1항).

정답 | ×

23

미결수용자의 경우에도 그의 신청에 따라 집중적인 근로가 필요한 작업을 부과하는 경우에는 접견이나 전화통화 등의 처우를 제한할 수 있다.

정답 | ○

24

경찰서 유치장은 구치소나 교도소의 미결수용실과 다르므로 「형의 집행 및 수용자의 처우에 관한 법률」이 준용되지 않는다.

해설 | 경찰관서에 설치된 유치장은 교정시설의 미결수용실로 보아 이 법을 준용한다(「형집행법」 제87조).

정답 | ×

25

교정시설의 장은 미결수용자가 도주하거나 도주한 미결수용자를 체포한 경우에는 그 사실을 경찰관서에 통보하고, 기소된 상태인 경우에는 검사에게 지체 없이 통보하여야 한다.

해설 | 소장은 미결수용자가 도주하거나 도주한 미결수용자를 체포한 경우에는 그 사실을 검사에게 통보하고, 기소된 상태인 경우에는 법원에도 지체 없이 통보하여야 한다(「형집행법 시행령」 제104조).

정답 | ×

26

미결수용자, 형사사건으로 수사 또는 재판을 받고 있는 수형자와 사형확정자는 수사·재판·국정감사 또는 법률로 정하는 조사에 참석할 때에는 사복을 착용할 수 있다.

정답 | ○

11 귀휴

01

직계존속의 혼례는 법령상 명시된 귀휴 허가사유가 아니다.

정답 | ○

02

귀휴기간은 형집행기간에 포함되지 않으므로 귀휴는 형집행정지의 일종이다.

해설 | 귀휴기간은 형집행기간에 포함한다(「형집행법」 제77조 제4항).

정답 | ×

03

귀휴제도는 가족관계나 사회관계를 유지하게 하여 사회복귀를 촉진시키는 제도이며, 형의 집행이 정지되지 않는다는 점에서 형집행정지와 구별된다.

정답 | ○

04

소장은 직계비속의 혼례가 있는 때에는 수형자에 대하여 5일 이내의 특별귀휴를 허가할 수 있다.

정답 | ○

05

소년수형자에 대해서는 사회적응의 기회를 주어야 할 필요성이 훨씬 크므로 귀휴의 요건을 별도로 정하고 있다.

해설 | 별도로 정하고 있지 않다.

정답 | ×

06

소장은 6개월 이상 형을 집행받은 수형자로서 그 형기의 3분의 1이 지나고 교정성적이 우수한 사람이 가족 또는 배우자의 직계존속이 위독한 때에는 형기 중 20일 이내의 귀휴를 허가할 수 있다.

해설 | 소장은 6개월 이상 형을 집행받은 수형자로서 그 형기의 3분의 1(21년 이상의 유기형 또는 무기형의 경우에는 7년)이 지나고 교정성적이 우수한 사람이 다음 각 호의 어느 하나에 해당하면 1년 중 20일 이내의 귀휴를 허가할 수 있다(「형집행법」 제77조 제1항).
  1. 가족 또는 배우자의 직계존속이 위독한 때
  2. 질병이나 사고로 외부의료시설에의 입원이 필요한 때
  3. 천재지변이나 그 밖의 재해로 가족, 배우자의 직계존속 또는 수형자 본인에게 회복할 수 없는 중대한 재산상의 손해가 발생하였거나 발생할 우려가 있는 때
  4. 그 밖에 교화 또는 건전한 사회복귀를 위하여 법무부령으로 정하는 사유가 있는 때

정답 | ×

07

노역장 유치명령을 받아 교정시설에 수용된 사람은 가족 또는 배우자의 직계존속이 사망하거나 직계비속의 혼례가 있는 때에 해당하더라도 특별귀휴가 허용되지 아니한다.

해설 | 허용된다(「형집행법」 제77조 제2항).

정답 | ×

08

21년 이상의 유기형 또는 무기형의 경우에는 7년이 지나야 귀휴를 허가할 수 있다.

정답 | ○

09

소장은 수형자의 가족 또는 수형자 배우자의 직계존속이 사망하거나 위독한 때에는 수형자에게 5일 이내의 특별귀휴를 허가할 수 있다.

해설 | 가족 또는 배우자의 직계존속이 위독한 때는 일반귀휴 허가사유이고(「형집행법」 제77조 제1항 제1호), 사망한 때는 특별귀휴 허가사유이다(동조 제2항 제1호).

정답 | ×

10

특별귀휴는 교정성적이 우수하지 않아도 그 요건에 해당하면 허가할 수 있다.

정답 | ○

11

중(重)경비처우급 수형자의 직계비속의 혼례가 있는 때에는 5일 이내의 특별귀휴를 허가할 수
있다.

정답 | ○

12

소장은 귀휴를 허가하는 경우에 법무부령으로 정하는 바에 따라 거소의 제한이나 그 밖에 필요한
조건을 붙여야 한다.

해설 | 붙일 수 있다(「형집행법」 제77조 제3항).

정답 | ×

13

소장이 특별귀휴를 허가하는 경우에도 귀휴심사위원회의 심사를 요한다.

정답 | ○

14

6개월 이상 복역한 수형자로서 그 형기의 3분의 1을 경과한 개방처우급·완화경비처우급 수형자가
원칙적으로 일반귀휴 대상자가 되고, 교화를 위해 특히 필요한 경우에는 일반경비처우급 수형자에
게도 귀휴를 허가할 수 있다.

정답 | ○

15

귀휴허가에 관한 형기의 계산은 부정기형의 경우, 단기를 기준으로 한다.

정답 | ○

16

귀휴심사위원회의 위원장은 소장의 바로 다음 순위자가 되고, 위원은 소장이 소속 기관의 과장(지소의 경우에는 7급 이상의 교도관) 및 교정에 관한 학식과 경험이 풍부한 외부인사 중에서 임명 또는 위촉한다.

해설 | 징벌위원회에 대한 설명이다(「형집행법」 제111조 제2항). 귀휴심사위원회는 위원장을 포함한 6명 이상 8명 이하의 위원으로 구성하고(「형집행법 시행규칙」 제131조 제2항), 위원장은 소장이 되며, 위원은 소장이 소속기관의 부소장·과장(지소의 경우에는 7급 이상의 교도관) 및 교정에 관한 학식과 경험이 풍부한 외부인사 중에서 임명 또는 위촉한다. 이 경우 외부위원은 2명 이상으로 한다(동조 제3항).

정답 | ×

17

귀휴심사위원회는 위원장을 포함한 6명 이상 8명 이하의 위원으로 구성되며, 이 경우 외부위원은 2명 이상으로 한다.

정답 | ○

18

귀휴심사위원회의 회의는 재적위원 과반수의 출석으로 개의하고, 출석위원 3분의 2의 찬성으로 의결한다.

해설 | 출석위원 과반수의 찬성으로 의결한다(「형집행법 시행규칙」 제133조 제2항).

정답 | ×

19

긴급성이 인정되는 특별귀휴는 귀휴심사위원회의 심사를 생략하고 교도관회의로 대체할 수 있다.

해설 | 수용관리·귀휴업무를 담당하고 있는 부서의 장의 의견을 들어야 한다(「형집행법 시행규칙」 제134조 제1항).

정답 | ×

20

귀휴심사위원회의 외부위원은 2명 이상으로 하고, 임기는 2년으로 하며, 연임할 수 있다.

정답 | ○

21

소장은 2일 이상의 귀휴를 허가한 경우, 귀휴자의 귀휴지를 관할하는 보호관찰소의 장에게 그 사실을 통보하여야 한다.

해설 | 귀휴자의 귀휴지를 관할하는 경찰관서의 장에게 그 사실을 통보하여야 한다(「형집행법 시행령」 제97조 제1항).

정답 | ×

22

귀휴자는 귀휴 중 천재지변이나 그 밖의 사유로 자신의 신상에 중대한 사고가 발생한 경우에는 가까운 교정시설이나 경찰관서에 신고하여야 한다.

정답 | ○

23

소장은 귀휴자가 신청할 경우 작업장려금의 일부를 귀휴비용으로 사용하게 할 수 있으나, 작업장려금의 전부를 사용하게 하여서는 아니 된다.

해설 | 소장은 귀휴자가 신청할 경우 작업장려금의 전부 또는 일부를 귀휴비용으로 사용하게 할 수 있다(「형집행법 시행규칙」 제142조 제2항).

정답 | ×

24

귀휴자의 여비는 본인이 부담하지만, 귀휴자가 신청할 경우 소장은 예산의 범위 내에서 지원할 수 있다.

해설 | 귀휴자의 여비와 귀휴 중 착용할 복장은 본인이 부담한다(「형집행법 시행규칙」 제142조 제1항). 여비지원 규정은 명시되어 있지 않다.

정답 | ×

25

소장은 귀휴자가 귀휴조건을 위반한 경우에는 귀휴심사위원회의 의결을 거쳐 귀휴를 취소하여야 한다.

해설 | 귀휴심사위원회의 의결을 요하지 않는다. 소장은 귀휴자가 귀휴조건을 위반한 경우에는 귀휴를 취소하거나 이의 시정을 위하여 필요한 조치를 하여야 한다(「형집행법 시행규칙」 제143조).

정답 | ×

26

사법형 외부통근제는 수용으로 인한 실업의 위험을 해소할 수 있다는 장점이 있다.

정답 | ○

27

행정형 외부통근제의 경우, 장기수형자의 사회적 접촉기회를 제공하여 성공적인 사회복귀를 도모할 수 있다.

정답 | ○

28

우리나라는 사법형 외부통근제를 원칙으로 하면서 행정형 외부통근제를 예외로 인정하고 있다.

해설 | 우리나라는 행정형 외부통근제를 취하고 있다.

정답 | ✕

29

외부통근작업에 대해서는 「형집행법 시행령」에서 규정하고 있다.

해설 | 「형집행법」에서 규정하고 있다.

정답 | ✕

12 중간처우와 중간처벌

01

지역사회교정은 교정시설의 과밀수용 문제를 해소하기 위한 방안 중 하나이고, 범죄자의 처벌·처우에 대한 인도주의적 관점이 반영된 것이다.

정답 | ○

02

지역사회교정의 목표는 사회가 범죄자에게 교육과 취업기회를 제공해 주고, 사회적 유대를 구축 또는 재구축하는 것이다.

정답 | ○

03

지역사회교정의 의의는 교정개혁에 초점을 둔 인간적 처우를 증진하며 범죄자의 사회적 책임을 느끼게 하는 제도이다.

정답 | ○

04

지역사회교정은 형사제재의 단절을 통해 범죄자의 **빠른** 사회복귀와 재통합을 실현하고자 한다.

해설 | 교정시설 내에서의 처벌을 지역사회에서의 교정으로 전환하는 것이므로, 처벌의 연속성이 유지된다. 즉, 형사제재의 단절과는 거리가 멀다.

정답 | ×

05

전통적 교정에 대한 새로운 대안의 모색으로서 지역사회의 책임이 요구되었다.

정답 | ○

06

중간처우제도는 시설 내 중간처우와 사회 내 중간처우로 나뉘는바, 중간처우의 집이나 석방 전 지도센터가 시설 내 중간처우에 속한다.

해설 | 석방 전 지도센터는 사회 내 중간처우에 속한다.

정답 | ×

07

석방 전 지도센터는 사회 내 중간처우의 유형에 해당하지 아니한다.

해설 | 석방 전 지도센터는 사회 내 중간처우의 유형에 해당한다.

정답 | ×

08

완화경비처우급 수형자에 대한 중간처우 대상자의 선발절차는 법무부장관이 정한다.

정답 | ○

09

중간처벌은 중간처우에 비해 사회복귀에 더욱 중점을 준 제도이다.

해설 | 제재에 더욱 중점을 둔 제도이다.

정답 | ×

10

중간처벌은 보호관찰의 다양한 활용과 구금형의 무용론이 대두되면서 새로운 처벌제도로서 논의가 활발하게 이루어졌다.

해설 | 중간처벌은 보호관찰의 무용론과 구금형의 유용론이 대두되면서 새로운 처벌제도로서 논의가 활발하게 이루어졌다.

정답 | ×

11

보호관찰 관련 중간처벌로는 쇼크구금(shock incarceration)과 병영식 캠프(boot camp)를 들 수 있다.

해설 | 보호관찰이 아닌 교정 관련 중간처벌의 예이다.

정답 | ×

12

가택구금은 범죄자를 자신의 집에 구금시키고, 전자장비를 이용하여 범죄자를 감시하는 일종의 시설 내 처우이다.

해설 | 일종의 보호관찰 관련 중간처벌이다.

정답 | ×

13

집중감독보호관찰은 대상자의 자발적 동의와 참여하에 단기간 구금 후 석방하여 집중적으로 감시하는 사회 내 처우이다.

해설 | 집중감시(감독)보호관찰은 대상자의 자발적 동의와 참여를 요하지 않는다.

정답 | ×

14

집중감독보호관찰은 구금과 일반적인 보호관찰에 대한 대체방안으로서 대상자와의 접촉을 늘려 세밀한 감독을 한다.

정답 | ○

15

충격구금은 보호관찰의 집행 중에 실시하는 것으로, 일시적인 구금을 통한 고통의 경험이 미래 범죄행위에 대한 억지력을 발휘할 것이라는 가정을 전제로 한다.

해설 | '보호관찰의 집행에 앞서 실시하는 것'으로 고쳐야 맞는 표현이다.

정답 | ×

16

충격구금은 형의 유예 및 구금의 일부 장점들을 결합한 것으로, 보호관찰과는 결합될 수 없다.

해설 | 충격구금은 보호관찰과 결합될 수 있다.

정답 | ×

17

충격구금은 짧은 기간 구금되지만, 범죄자가 악풍에 감염될 우려가 있다.

정답 | ○

13 가석방

01

가석방은 형기만료 전에 조건부로 수형자를 석방하는 제도로서 수형자의 원활한 사회복귀를 주된 목적으로 하고 있으며, 수용질서를 유지하는 기능을 수행하는 것은 아니다.

해설 │ 수용질서를 유지하는 기능을 수행한다.

◀ 가석방 요건 ▶

성인 (「형법」 제72조)	• 징역이나 금고의 집행 중에 있는 사람이 행상(行狀)이 양호하여 뉘우침이 뚜렷한 때에는 무기형은 20년, 유기형은 형기의 3분의 1이 지난 후 행정처분으로 가석방을 할 수 있다. • 벌금이나 과료가 병과되어 있는 때에는 그 금액을 완납하여야 한다.
소년 (「소년법」 제65조)	징역 또는 금고를 선고받은 소년에 대하여는 다음의 기간이 지나면 가석방(假釋放)을 허가할 수 있다. • 무기형의 경우에는 5년 • 15년 유기형의 경우에는 3년 • 부정기형의 경우에는 단기의 3분의 1
기타	• 형기에 산입된 판결선고 전 구금일수는 가석방을 하는 경우 집행한 기간에 산입한다. • 벌금이나 과료에 관한 노역장 유치기간에 산입된 판결선고 전 구금일수는 그에 해당하는 금액이 납입된 것으로 본다.

정답 │ ×

02

가석방은 특별예방보다는 일반예방을 중시하는 제도이다.

해설 │ 일반예방보다는 특별예방을 중시하는 제도이다.

정답 │ ×

03

가석방은 사법처분의 일환으로서 공정성을 증대시킬 수 있다.

해설 │ 가석방은 행정처분의 일환으로서 재량권 남용의 우려를 증대시킬 수 있다.

정답 │ ×

04

가석방은 징역 또는 금고의 집행을 받고 있는 자가 행상(行狀)이 양호하여 뉘우침이 뚜렷한 때 형기만료 전에 조건부로 수형자를 석방하는 제도이다.

정답 | ○

05

소장은 「형법」 제72조 제1항의 기간을 경과한 수형자로서 교정성적이 우수하고 뉘우치는 빛이 뚜렷하여 재범의 위험성이 없다고 인정하는 경우에는 분류처우위원회의 의결을 거쳐 가석방 적격심사신청 대상자로 선정한다.

정답 | ○

06

구류형 수형자와 노역장 유치자는 가석방의 대상자가 아니다.

정답 | ○

07

무기형의 집행 중에 있는 자는 가석방의 대상이 될 수 있다.

정답 | ○

08

징역이나 금고의 집행 중에 있는 사람이 그 행상이 양호하여 뉘우침이 뚜렷한 때에는 무기형은 10년, 유기형은 형기의 2분의 1이 지난 후 행정처분으로 가석방을 할 수 있다.

해설 | 무기형은 20년, 유기형은 형기의 3분의 1이 지난 후 행정처분으로 가석방을 할 수 있다(「형법」 제72조 제1항).

정답 | ×

09

성인인 甲은 15년의 유기징역을 선고받고 6년이 경과하였으며, 병과하여 받은 벌금의 3분의 2를 납입하였다. 甲은 가석방의 대상이 될 수 있다.

해설 | 유기형의 3분의 1인 5년을 경과하였으나 벌금을 완납하지 못하였으므로 가석방의 대상이 될 수 없다(「형법」 제72조).

정답 | ×

10

형기에 산입된 판결선고 전 구금일수는 가석방을 하는 경우 집행한 기간에 산입하지 아니한다.

해설 | 산입한다(「형법」 제73조 제1항).

정답 | ×

11

가석방의 기간은 무기형에 있어서는 20년으로 하고, 유기형에 있어서는 남은 형기로 하되, 그 기간은 10년을 초과할 수 없다.

해설 | 가석방의 기간은 무기형에 있어서는 10년으로 하고, 유기형에 있어서는 남은 형기로 하되, 그 기간은 10년을 초과할 수 없다(「형법」 제73조의2 제1항).

정답 | ×

12

가석방의 처분을 받은 자가 감시에 관한 규칙을 위배하거나, 보호관찰의 준수사항을 위반하고 그 정도가 무거운 때에는 가석방처분을 취소할 수 있다.

정답 | ○

13

현행 「형법」상 가석방은 특별예방보다는 일반예방을 중시하는 제도이다.

해설 | 일반예방보다는 특별예방을 중시하는 제도이다.

정답 | ×

14

가석방된 자가 보호관찰의 준수사항을 위반한 때에는 가석방처분을 취소하여야 한다.

해설 | 가석방의 처분을 받은 자가 감시에 관한 규칙을 위배하거나, 보호관찰의 준수사항을 위반하고 그 정도가 무거운 때에는 가석방처분을 취소할 수 있다(「형법」 제75조).

정답 | ×

15

가석방처분이 취소된 경우 가석방 중의 일수는 형기에 산입할 수 있다.

해설 | 가석방의 실효나 취소의 경우에는 가석방 중의 일수는 형기에 산입하지 아니한다(「형법」 제76조).

정답 | ×

16

가석방된 자는 가석방기간 중 보호관찰을 받는다. 다만, 가석방을 허가한 행정관청이 필요가 없다고 인정한 때에는 그러하지 아니하다.

정답 | ○

17

가석방자에게 사회봉사명령이나 수강명령을 부과할 수 있다.

해설 | 가석방된 자는 가석방기간 중 보호관찰을 받는다. 다만, 가석방을 허가한 행정관청이 필요가 없다고 인정한 때에는 그러하지 아니하다(「형법」 제73조의2). 즉, 가석방된 자에게 보호관찰을 부과할 수 있으나, 사회봉사명령이나 수강명령을 부과할 수 있다는 규정은 없다.

정답 | ×

18

가석방은 성인범에 대하여 상대적 부정기형과 사실상 동일한 기능이 있다.

정답 | ○

19

판결선고 전 미결구금일수는 그 전부가 법률상 당연히 본형에 산입하게 되므로, 판결에서 별도로 미결구금일수 산입에 관한 사항을 판단할 필요는 없다.

정답 | ○

20

무기징역을 선고받은 소년은 7년, 15년 유기징역을 선고받은 소년은 3년이 각각 지나야만 가석방을 허가할 수 있다.

해설 | 무기징역을 선고받은 소년은 5년이 지나야만 가석방을 허가할 수 있다(「소년법」 제65조 제1호).

정답 | ×

21

가석방이 허가되려면 소년수형자의 부정기형에 있어서는 장기의 3분의 1이 경과하여야 한다.

해설 | 단기의 3분의 1이 경과하여야 한다(「소년법」 제65조 제3호).

정답 | ×

22

단기 3년, 장기 6년의 징역형을 선고받은 소년에게는 1년이 지나면 가석방을 허가할 수 있다.

정답 | ○

23

가석방심사위원회는 법무부차관인 위원장을 포함한 5명 이상 7명 이하의 위원으로 구성한다.

해설 | 법무부차관인 위원장을 포함한 5명 이상 9명 이하의 위원으로 구성한다(「형집행법」 제120조 제1항 · 제2항).

정답 | ×

24

가석방의 적격 여부를 심사하기 위하여 법무부장관 소속으로 가석방심의위원회를 둔다.

정답 | ○

25

가석방심의위원회는 가석방 적격결정을 하였으면 5일 이내에 법무부장관에게 가석방 허가를 신청하여야 한다.

정답 | ○

26

소장은 가석방이 허가되지 아니한 수형자에 대하여 그 후에 가석방을 허가하는 것이 적당하다고 인정하는 경우에는 다시 가석방 적격심사신청을 할 수 있다.

정답 | ○

27

가석방심사위원회 위원의 명단과 경력사항은 임명 또는 위촉한 즉시 공개한다.

정답 | ○

28

가석방심사위원회의 심사위원은 7명 이상 9명 이하로 한다.

해설 | 5명 이상 9명 이하로 한다(「형집행법」 제120조 제1항).

정답 | ×

29

가석방심사위원회의 위원장은 당해 소장이 된다.

해설 │ 위원장은 법무부차관이 된다(「형집행법」 제120조 제2항).

정답 │ ✕

30

가석방심사위원회의 심의서는 해당 가석방 결정 등을 행한 후부터 즉시 공개한다. 다만, 그 내용 중 개인의 신상을 특정할 수 있는 부분은 삭제하고 공개하되, 국민의 알권리를 충족할 필요가 있는 등의 사유가 있는 경우에는 위원회가 달리 의결할 수 있다.

정답 │ ○

31

가석방심사위원회의 심사와 관련하여 심의서와 회의록은 해당 가석방 결정 등을 한 후 5년이 경과한 때부터 공개한다.

해설 │ 심의서는 해당 가석방 결정 등을 한 후부터 즉시(「형집행법」 제120조 제3항 제2호), 회의록은 해당 가석방 결정 등을 한 후 5년이 경과한 때부터 공개한다(동조 동항 제3호).

정답 │ ✕

32

가석방심사위원회의 회의는 재적위원 과반수의 출석으로 개의하고, 출석위원 과반수의 찬성으로 의결한다.

정답 │ ○

33

가석방심사위원회는 가석방과 그 취소에 관한 사항을 심사·결정한다.

해설 │ 가석방과 그 취소에 관한 사항을 심사한다(「형집행법 시행규칙」 제236조).

정답 │ ✕

34

성인에 대한 가석방 및 보호관찰은 모두 가석방심사위원회에서 심사한다.

해설 │ 성인에 대한 가석방은 가석방심사위원회에서 심사하고(「형집행법」 제119조), 보호관찰은 보호관찰심사위원회에서 심사·결정한다(「보호관찰법」 제5조 제1항).

정답 │ ✕

35

성인수형자의 가석방의 결정과 그 취소에 관한 사항은 보호관찰심사위원회의 의결을 거쳐 법무부장관이 결정한다.

해설 | 가석방심사위원회의 심사를 거쳐 법무부장관이 결정한다.

정답 | ×

36

가석방심사위원회 위원 중 고등법원 부장판사급 판사인 위원의 임기는 2년으로 하며, 연임에 제한은 없다.

해설 | 한 차례만 연임할 수 있다(「형집행법 시행규칙」 제240조).

정답 | ×

37

가석방심사위원회 위원은 판사, 검사, 변호사, 법무부 소속 공무원, 교정에 관한 학식과 경험이 풍부한 사람 중에서 법무부장관이 임명 또는 위촉한다.

정답 | ○

38

수형자의 가석방 적격심사신청을 위하여 사전조사하는 경우, 신원에 관한 사항에 대한 조사는 수형자를 수용한 날부터 1개월 이내에 하고, 그 후 변경할 필요가 있는 사항이 발견되거나 가석방 적격심사신청을 위하여 필요한 경우에 한다.

정답 | ○

39

소장이 가석방적격심사를 신청한 때에는 수형자가 동의하지 아니하더라도 신청사실을 보호자 등에게 알려야 한다.

해설 | 소장은 위원회에 적격심사신청한 사실을 수형자의 동의를 받아 보호자 등에게 알릴 수 있다(「형집행법 시행규칙」 제250조 제3항).

정답 | ×

40

소장은 가석방 적격심사신청을 위한 사전조사에서 신원에 관한 사항의 조사는 수형자를 수용한 날부터 2개월 이내에 하고, 그 후 변경된 사항이 있는 경우에는 지체 없이 그 내용을 변경하여야 한다.

해설 | 신원에 관한 사항에 대한 조사는 수형자를 수용한 날부터 1개월 이내에 하고, 그 후 변경할 필요가 있는 사항이 발견되거나 가석방 적격심사신청을 위하여 필요한 경우에 한다(「형집행법 시행규칙」 제249조 제1항).

정답 | ×

41

소장은 가석방이 허가되지 않은 수형자에 대하여는 다시 가석방심사신청을 할 수 있다.

정답 | ○

42

가석방심사위원회는 가석방 적격결정을 하였으면 즉시 법무부장관에게 가석방 허가를 신청하여야 한다.

해설 | 5일 이내에 법무부장관에게 가석방 허가를 신청하여야 한다(「형집행법」 제122조 제1항).

정답 | ×

43

소장은 가석방 적격심사신청을 위하여 사전조사한 사항을 매월 분류처우위원회의 회의 개최일 전날까지 분류처우심사표에 기록하여야 하며, 이 분류처우심사표는 법무부장관이 정한다.

정답 | ○

44

가석방된 자는 가석방기간 중 반드시 보호관찰을 받아야 하는 것은 아니다.

정답 | ○

45

가석방의 경우, 보호관찰은 필요적 절차이다.

정답 | ○

46

가석방된 자는 가석방을 허가한 행정관청이 필요 없다고 인정한 때가 아닌 한 가석방기간 중 보호관찰을 받는다.

정답 | ○

47

소년범이 단기 3년, 장기 5년의 징역형을 선고받아 1년 3월을 복역하고 가석방된 경우, 가석방 취소 없이 1년 3월이 경과하면 형의 집행을 종료한 것으로 한다.

정답 | ○

48

소년이 15년의 유기징역형을 선고받아 10년을 복역하고 가석방된 경우, 가석방 취소 없이 5년이 경과하면 형의 집행을 종료한 것으로 한다.

정답 | ○

49

소년이 가석방된 후 그 처분이 취소되지 아니하고 가석방심사위원회가 정한 가석방기간을 경과한 때에는 형의 집행을 종료한 것으로 한다.

해설 | 징역 또는 금고를 선고받은 소년이 가석방된 후 그 처분이 취소되지 아니하고 가석방 전에 집행을 받은 기간과 같은 기간이 지난 경우에는 형의 집행을 종료한 것으로 한다(「소년법」 제66조 본문).

정답 | ✕

50

소년이 가석방된 후 그 처분이 취소되지 아니하고 남은 형기를 경과한 때에는 형의 집행을 종료한 것으로 본다.

해설 | 가석방 전에 집행을 받은 기간과 같은 기간이 지난 경우에는 형의 집행을 종료한 것으로 한다.

정답 | ✕

51

가석방처분 후 처분이 실효 또는 취소되지 않고 가석방기간을 경과한 때에는 가석방심사위원회를 통해 최종적으로 형집행종료를 결정한다.

해설 | (심사 없이) 형의 집행을 종료한 것으로 본다(「형법」 제76조 제1항).

정답 | ×

52

가석방 중 고의 또는 과실로 금고 이상의 형을 선고받아 그 판결이 확정된 경우에 가석방처분은 효력을 잃는다.

해설 | 과실은 규정되어 있지 않다(「형법」 제74조).

정답 | ×

53

가석방기간 중 과실로 인해 금고 이상의 형의 선고를 받더라도 가석방이 실효되지 않는다.

정답 | ○

54

가석방처분을 받은 자가 감시에 관한 규칙을 위배하거나, 보호관찰의 준수사항을 위반하였다고 하여 반드시 가석방처분을 취소하여야 하는 것은 아니다.

정답 | ○

55

가석방된 자가 보호관찰의 준수사항을 위반한 때에는 가석방처분을 취소하여야 한다.

해설 | 가석방된 자가 보호관찰의 준수사항을 위반하고 그 정도가 무거운 때에는 가석방처분을 취소할 수 있다(「형법」 제75조).

정답 | ×

56

가석방자는 가석방기간 중 「가석방자관리규정」에서 정한 지켜야 할 사항을 준수하고, 관할 파출소장의 명령 또는 조치를 따라야 하며, 이를 위반하는 경우에는 가석방을 취소할 수 있다.

해설 | 관할 경찰서장의 명령 또는 조치를 따라야 한다(「형집행법 시행규칙」 제260조).

정답 | ×

57

가석방취소자의 남은 형기기간은 가석방을 실시한 다음 날부터 원래 형기의 종료일까지로 하고, 남은 형기집행 기산일은 가석방을 실시한 다음 날로 한다.

해설 | 남은 형기집행 기산일은 가석방의 취소로 인하여 교정시설에 수용된 날부터 한다(「형집행법 시행규칙」 제263조 제5항).

정답 | ×

58

가석방취소자 및 가석방실효자의 남은 형기기간은 가석방을 실시한 날부터 원래 형기의 종료일까지로 하고, 남은 형기집행 기산일은 가석방의 취소 또는 실효로 인하여 교정시설에 수용된 날부터 한다.

해설 | 가석방취소자 및 가석방실효자의 남은 형기기간은 가석방을 실시한 다음 날부터 원래 형기의 종료일까지로 하고, 남은 형기집행 기산일은 가석방의 취소 또는 실효로 인하여 교정시설에 수용된 날부터 한다(「형집행법 시행규칙」 제263조 제5항).

정답 | ×

59

가석방처분을 받은 후 처분이 실효 또는 취소되지 않고 가석방기간이 경과하면 형의 집행이 면제된다.

해설 | 형의 집행을 종료한 것으로 본다(「형법」 제76조 제1항).

정답 | ×

60

가석방처분이 취소된 경우, 가석방 중의 일수는 형기에 산입하지 아니한다.

정답 | ○

14 시설 내 처우의 종료

01

수용자의 석방은 사면·형기종료 또는 권한이 있는 사람의 명령에 따라 소장이 행한다.

정답 | ○

02

사면, 가석방, 형의 집행면제, 권한이 있는 사람의 명령에 따른 석방은 그 서류가 도달한 후 12시간 이내에 하여야 한다.

해설 | 권한이 있는 사람의 명령에 따른 석방은 서류가 도달한 후 5시간 이내에 하여야 한다(「형집행법」 제124조 제3항).

정답 | ×

03

소장은 수형자의 보호를 위하여 필요하다고 인정되면 석방 전 3일 이내의 범위에서 석방예정자를 별도의 거실에 수용하여 장래에 관한 상담과 지도를 할 수 있다.

정답 | ○

04

수용자가 암과 같은 불치병에 걸린 경우, 소장은 수용을 거부할 수 있다.

해설 | 소장은 다른 사람의 건강에 위해를 끼칠 우려가 있는 감염병에 걸린 사람의 수용을 거절할 수 있다(「형집행법」 제18조 제1항). 암은 감염병이 아니므로 수용을 거부할 수 없다.

정답 | ×

05

소장은 피석방자가 질병이나 그 밖에 피할 수 없는 사정으로 귀가하기 곤란한 경우에 본인 또는 가족의 신청이 있으면 일시적으로 교정시설에 수용할 수 있다.

해설 | 가족의 신청은 규정되어 있지 않다(「형집행법」 제125조).

정답 | ×

06

소장은 수용자가 사망하면 법무부장관이 정하는 범위에서 화장·시신인도 등에 필요한 비용을 인수자에게 지급하여야 한다.

해설 | 지급할 수 있다(「형집행법」 제128조 제5항).

정답 | ×

07

소장은 수용인원이 정원을 초과하여 정상적인 운영이 곤란한 때에는 수용을 거절하여야 한다.

해설 | 정원초과는 수용 거절사유가 아니다(「형집행법」 제18조 제1항).

정답 | ×

08

사형확정자는 혼거수용하는 것이 원칙이다.

해설 | 독거수용하는 것이 원칙이다(「형집행법」 제89조 제1항 본문).

정답 | ×

09

소장은 교육이나 교화프로그램 또는 작업을 위해 사형확정자와 수형자를 혼거수용할 수 있고, 도주나 자살을 방지하기 위해 사형확정자와 미결수용자를 혼거수용할 수 있다.

정답 | ○

10

사형확정자도 필요에 따라서는 혼거수용할 수 있지만, 사형확정자가 수용된 거실은 참관할 수 없다.

정답 | ○

11

사형확정자의 접견횟수는 매월 4회로 하되, 소장은 사형확정자의 교화나 심리적 안정을 도모하기 위하여 특히 필요하다고 인정하면 접견횟수를 늘릴 수 있다.

정답 | ○

12

사형확정자는 사형집행시설이 설치되어 있는 교정시설에 수용하되, 교도소 수용 중 사형이 확정된 사람은 교도소에 수용한다.

정답 | ○

13

분류처우위원회는 사형확정자의 자살·도주 등의 사고를 방지하기 위하여 필요한 경우에는 사형확정자와 미결수용자를 혼거수용할 수 있다.

해설 | 분류처우위원회가 아닌 소장의 권한이다(「형집행법 시행규칙」 제150조 제4항).

정답 | ×

14

사형확정자를 수용하는 시설은 완화경비시설 또는 일반경비시설에 준한다.

해설 | 일반경비시설 또는 중경비시설에 준한다(「형집행법 시행령」 제108조).

정답 | ×

15

사형확정자를 수용하는 시설의 설비 및 계호의 정도는 일반경비시설에 준한다.

해설 | 일반경비시설 또는 중경비시설에 준한다(「형집행법 시행령」 제108조).

정답 | ×

16

사형확정자의 접견횟수는 매월 4회로 하고, 전화통화는 3회로 한다.

정답 | ○

17

사형확정자의 교화나 심리적 안정을 위해 필요한 경우에 접견횟수를 늘릴 수 있으나, 접견시간을 연장할 수는 없다.

해설 | 연장할 수 있다(「형집행법 시행령」 제110조).

정답 | ×

18

소장은 사형확정자의 심리적 안정 및 원만한 수용생활을 위하여 신청에 따라 교육 또는 교화프로그램을 실시할 수 있다.

해설 | 교육 또는 교화프로그램은 신청을 요하지 않는다(「형집행법」 제90조 제1항).

정답 | ×

19

사형확정자는 신청이 있는 경우에 한하여 교육 및 작업을 부과할 수 있다.

해설 | 소장은 사형확정자의 심리적 안정 및 원만한 수용생활을 위하여 교육 또는 교화프로그램을 실시하거나 신청에 따라 작업을 부과할 수 있다(「형집행법」 제90조 제1항). 즉, 작업은 신청을 요하나, 교육은 신청을 요하지 않는다.

정답 | ×

20

소장은 사형확정자가 작업을 신청하면 분류처우위원회의 회의를 거쳐 교정시설 안에서 실시하는 작업을 부과할 수 있다.

해설 | 분류처우위원회의 회의가 아닌 교도관회의의 심의를 거쳐 교정시설 안에서 실시하는 작업을 부과할 수 있다(「형집행법 시행규칙」 제153조 전단).

정답 | ×

21

공휴일과 토요일에는 사형을 집행하지 아니한다.

정답 | ○

22

사형의 선고를 받은 자가 심신의 장애로 의사능력이 없는 상태에 있거나 임신 중에 있는 여자인 때에는 대통령의 명령으로 집행을 정지한다.

해설 | 대통령이 아닌 법무부장관의 명령으로 집행을 정지한다(「형사소송법」 제469조 제1항).

정답 | ×

23

소장은 사형을 집행하였을 경우에는 교수한 후 5분이 지나지 아니하면 교수형에 사용한 줄을 풀지 못한다.

해설 | '교수한 후'가 아니라 '시신을 검사한 후'라고 해야 옳다(「형집행법 시행령」 제111조).

정답 | ×

24

현행법상 사형집행의 명령은 검찰총장이 아닌 법무부장관의 권한이며, 그 명령은 판결이 확정된 날로부터 6개월 이내에 하여야 한다.

정답 | ○

15 교정의 민영화와 민영교도소

01

교정시설의 민영화는 국가의 재정압박 및 교도소의 과밀수용의 문제와 밀접한 관련을 가지고 있다.

정답 | ○

02

민영교도소는 비용절감과 처우프로그램의 융통성과 다양성을 제공할 수 있다.

정답 | ○

03

민영교도소에서 형벌부과의 본질적 기능은 국가에 귀속되어 있다.

정답 | ○

04

민영교도소의 본질은 법률이 위임하는 범위 안에서 그 운영을 위탁하는 것이므로, 국가의 형벌권 독점에 대한 예외를 인정하고 있다.

해설 | 민영교도소의 본질은 법률이 위임하는 범위 안에서 그 운영을 위탁하는 것이므로, 국가의 형벌권 독점에 대한 예외는 인정되지 않는다.

정답 | ×

05

교정민영화 반대론자들은 범죄자의 처벌과 구금은 국가의 독점적 권한이라는 점을 강조한다.

정답 | ○

06

법무부장관은 필요하다고 인정하면 이 법에서 정하는 바에 따라 교정업무를 공공단체를 포함하여 법인 · 단체 또는 그 기관이나 개인에게 위탁할 수 있다.

해설 | 공공단체 외의 법인 · 단체 또는 그 기관이나 개인에게 위탁할 수 있다[「민영교도소 등의 설치 · 운영에 관한 법률」(이하 「민영교도소법」) 제3조 제1항 본문].

정답 | ×

07

법무부장관은 필요하다고 인정하면 교정업무의 일부를 개인에게 위탁할 수 있다.

정답 | ○

08

법무부장관은 교정업무를 포괄적으로 위탁하여 한 개 또는 여러 개의 교도소등을 설치 · 운영하도록 하는 경우에는 법인 · 단체 또는 그 기관에게 위탁할 수 있고, 개인에게도 위탁할 수 있다.

해설 | 법인에만 위탁할 수 있다(「민영교도소법」 제3조 제1항 단서).

정답 | ×

09

검찰총장은 민영교도소의 업무 및 그와 관련된 교정법인의 업무를 지도 · 감독하며, 필요한 경우 지시나 명령을 할 수 있지만, 수용자에 대한 교육과 교화프로그램에 관하여는 그 교정법인의 의견을 최대한 존중하여야 한다.

해설 | 검찰총장이 아닌 법무부장관이다(「민영교도소법」 제33조 제1항).

정답 | ✕

10

법무부장관은 「민영교도소 등의 설치 · 운영에 관한 법률」에 따른 권한의 일부를 교정본부장에게 위임할 수 있다.

해설 | 법무부장관은 이 법에 따른 권한의 일부를 관할 지방교정청장에게 위임할 수 있다(「민영교도소법」 제39조).

정답 | ✕

11

위탁계약기간은 수탁자가 교도소등의 설치비용을 부담하는 경우에는 10년 이상 20년 이하이며, 그 기간을 1차에 한하여 갱신할 수 있다.

해설 | 위탁계약의 기간은 수탁자가 교도소등의 설치비용을 부담하는 경우에는 10년 이상 20년 이하, 그 밖의 경우에는 1년 이상 5년 이하로 하되, 그 기간은 갱신할 수 있다(「민영교도소법」 제4조 제4항). 이때 갱신횟수에 제한은 없다.

정답 | ✕

12

법무부장관은 위탁계약을 체결하기 전에 계약내용을 기획재정부장관과 미리 협의하여야 한다.

정답 | ○

13

교정법인 이사는 대한민국 국민이어야 하며, 이사의 5분의 1 이상은 교정업무에 종사한 경력이 3년 이상이어야 한다.

해설 | 교정법인 이사의 과반수는 대한민국 국민이어야 하며, 이사의 5분의 1 이상은 교정업무에 종사한 경력이 5년 이상이어야 한다(「민영교도소법」 제11조 제3항).

정답 | ✕

14

교정법인의 이사는 해당 교정법인이 운영하는 민영교도소등의 장을 겸할 수 없다.

해설 | 이사는 감사나 해당 교정법인이 운영하는 민영교도소등의 직원(민영교도소등의 장은 제외한다)을 겸할 수 없다 (「민영교도소법」 제13조 제2항). 따라서 겸할 수 있다.

정답 | ×

15

「민영교도소 등의 설치·운영에 관한 법률」상 교정법인은 이사 중에서 위탁업무를 전담하는 자를 선임(選任)하여야 하며, 위탁업무를 전담하는 이사는 법무부장관의 승인을 받아 취임한다.

정답 | ○

16

현행법상 대한민국의 국민이 아닌 자는 민영교도소의 직원으로 임용될 수 없다.

정답 | ○

17

교정법인의 대표자는 민영교도소의 장 외의 직원을 임면할 권한을 민영교도소의 장에게 위임할 수 있다.

정답 | ○

18

교정법인의 대표자는 그 교정법인이 운영하는 민영교도소등의 장을 겸할 수 없고, 이사는 감사나 해당 교정법인이 운영하는 민영교도소등의 장이나 직원을 겸할 수 없다.

해설 | 민영교도소등의 장은 제외한다(「민영교도소법」 제13조 제2항).

정답 | ×

19

교정법인은 민영교도소등에 수용되는 자에게 특별한 사유가 있으면 수용을 거절할 수 있다.

해설 | 특별한 사유가 있다는 이유로 수용을 거절할 수 없다(「민영교도소법」 제25조 제2항 본문).

정답 | ×

20

민영교도소에 수용된 수용자가 작업하여 생긴 수입은 법인 또는 개인의 수입으로 한다.

해설 | 국고수입으로 한다(「민영교도소법」 제26조).

정답 | ✕

21

교정법인은 민영교도소등의 장 및 대통령령으로 정하는 직원을 임면할 때에는 지방교정청장의 승인을 받아야 한다.

해설 | 미리 법무부장관의 승인을 받아야 한다(「민영교도소법」 제29조 제1항 단서).

정답 | ✕

22

교정법인의 대표자는 민영교도소등의 장 및 대통령령이 정하는 직원을 임면할 때에는 미리 교정본부장의 승인을 받아야 한다.

해설 | 미리 법무부장관의 승인을 받아야 한다.

정답 | ✕

23

민영교도소등의 운영에 필요한 무기는 국가의 부담으로 법무부장관이 구입하여 배정한다.

해설 | 해당 교정법인의 부담으로 법무부장관이 구입하여 배정한다(「민영교도소법」 제31조 제2항).

정답 | ✕

24

법무부장관은 수탁자가 「민영교도소 등의 설치·운영에 관한 법률」에 따른 처분을 위반한 경우 1년 동안 위탁업무 전부의 정지를 명할 수 있다.

해설 | 법무부장관은 수탁자가 이 법 또는 이 법에 따른 명령이나 처분을 위반하면 6개월 이내의 기간을 정하여 위탁업무의 전부 또는 일부의 정지를 명할 수 있다(「민영교도소법」 제6조 제1항).

정답 | ✕

25

법무부장관은 사전에 기획재정부장관과 협의하여 민영교도소를 운영하는 교정법인에 대하여 매년 그 교도소의 운영에 필요한 경비를 지급한다.

정답 | ○

16 주요 판례

01

다른 수용자와 싸움의 우려가 있고, 성격·습관 등이 공동생활에 적합하지 못하다고 인정되어 독거수용되었다고 하더라도 TV시청을 제한받게 되어 혼거실 수용자 등 다른 수용자들과 차별적 처우가 이루어지는 결과가 되었다면, 헌법상의 평등원칙에 위배된다.

해설 | 헌법상의 평등원칙에 위배된다고 볼 수 없다.

정답 | ✕

02

독거수용 중 TV시청을 제한받게 된 것은 합리적인 이유가 없는 자의적인 차별로 헌법상의 평등원칙에 위배된다고 볼 수 없다.

정답 | ○

03

교정시설의 1인당 수용면적이 수형자의 인간으로서의 기본욕구에 따른 생활조차 어렵게 할 만큼 지나치게 협소하더라도, 이는 그 자체로 국가형벌권 행사의 한계를 넘어 수형자의 인간의 존엄과 가치를 침해한다고 보기는 어렵다.

해설 | 수형자의 인간의 존엄과 가치를 침해하는 것이다.

정답 | ✕

04

보통선거 원칙, 평등의 원칙 위반을 근거로 「공직선거법」(2005.8.4. 법률 제7681호) 제18조 제1항 제2호와 「형법」(1953.9.18. 법률 제293호) 제43조 제2항 중 집행유예기간 중인 자에 대한 선거권 제한에 대하여는 헌법불합치결정을, 수형자의 선거권 제한에 대하여는 위헌결정을 하였다.

해설 | 선거권 제한에 대하여는 위헌결정을, 수형자의 선거권 제한에 대하여는 헌법불합치결정을 하였다.

정답 | ✕

05

수형자의 선거권을 전면적 · 획일적으로 제한하는 「공직선거법」 관련 조항은 범행의 불법성이 커 교정시설에 구금되어 있는 자들의 선거권을 일률적으로 제한해야 할 필요성에 근거한 것으로 수형자의 선거권을 침해하는 것은 아니다.

해설 | 수형자의 선거권을 침해하는 것이다.

정답 | ×

06

수형자에 대하여 전면적 · 획일적으로 선거권을 제한하는 것은 헌법상 선거권을 침해하는 것이며, 보통선거원칙에 위반하여 평등원칙에도 어긋난다.

정답 | ○

07

사법적 권리구제로서 헌법소원을 제기하기 위해서 법률에 정해진 기본권 구제절차를 거쳐야 하지만, 「형의 집행 및 수용자의 처우에 관한 법률」상의 청원을 거쳐야 할 필요는 없다.

정답 | ○

08

교도소에 수용된 때에는 국민건강급여를 정지하도록 한 국민건강보험법상의 규정은 수용자의 건강권, 인간의 존엄성, 행복추구권, 인간다운 생활을 할 권리를 침해하는 것으로 위헌이다.

해설 | 침해하는 것이라 할 수 없다.

정답 | ×

09

수용자가 변호사와 접근하는 경우에도 일률적으로 접촉차단시설이 설치된 장소에서 하도록 하는 규정은 과잉금지원칙에 위배되지 않고, 재판청구권을 침해하는 것도 아니다.

해설 | 과잉금지원칙에 위배하여 청구인의 재판청구권을 지나치게 제한하고 있으므로, 헌법에 위반된다.

정답 | ×

10

구치소장이 접견녹음파일을 지방검찰청 검사에게 제공한 행위는 청구인의 기본권을 침해한다.

해설 | 청구인의 기본권을 침해하였다고 볼 수 없다.

정답 | ×

11

수용자에게는 특정 수용거실에 대한 신청권 내지 수용거실 변경에 대한 신청권이 있다.

해설 | 신청권이 있다고 볼 수 없다.

정답 | ×

12

수형자의 다른 종교집회 참석을 효율적 수용관리와 계호상의 어려움 등을 이유로 제한하는 것은 기본권의 본질을 침해하는 것이다.

해설 | 침해하는 것이 아니다.

정답 | ×

13

수용거실의 지정은 교도소장이 죄명·형기·죄질·성격·범죄전력·나이·경력 및 수용생활태도, 그 밖에 수용자의 개인적 특성을 고려하여 결정하는 것으로, 소장의 재량적 판단사항이다.

정답 | ○

14

교화상 또는 구금목적에 특히 부적당하다고 인정되는 기사, 조직범죄 등 수용자 관련 범죄기사에 대한 신문기사를 삭제한 후 수용자에게 구독케 한 행위는 알권리의 과잉침해에 해당한다.

해설 | 알권리의 과잉침해에 해당하는 것은 아니다.

정답 | ×

15

교정시설에서 라디에이터 등 간접 난방시설이 설치되어 운용되고 있는 경우라면, 헌법의 규정상 또는 헌법의 해석상 특별히 교도소장에게 직접 난방시설 등을 설치해야 할 의무가 부여되어 있다고 볼 수 없다.

정답 | ○

16

수용자의 취침시간은 형집행법 제105조 제2항의 위임에 따라 소장이 교도소의 원활한 운영과 수용자의 안전 및 질서유지를 위하여 정하고 있는 것으로, 수용자의 일반적 행동자유권을 침해하지 아니한다.

정답 | ○

17

마약류사범에게 마약류반응검사를 위하여 소변을 받아 제출하게 하는 것은 영장주의의 원칙이 적용된다.

해설 | 영장주의의 원칙이 적용되지 않는다.

정답 | ×

18

신체검사 당시 다른 방법으로는 은닉한 물품을 찾아내기 어렵다고 볼 만한 합리적인 이유가 없음에도 유치장에 수용된 여자수용자들의 옷을 전부 벗긴 상태에서 앉았다 일어서기를 반복하게 한 신체검사는 위법하다.

정답 | ○

19

수용자를 교정시설에 수용할 때마다 전자영상검사기를 이용하여 수용자의 항문부위에 대한 신체검사를 하는 행위는 수용시설의 목적달성을 넘어 지나친 것일 뿐 아니라 수용자의 명예나 수치심을 포함하여 신체의 자유 등 기본권을 침해한다.

해설 | 침해한다고 볼 수 없다.

정답 | ×

20

교도소장이 수용자가 없는 상태에서 실시한 거실 검사행위는 교도소의 안전과 질서를 유지하고, 수형자의 교화·개선에 지장을 초래할 수 있는 물품을 차단하기 위한 것으로서 과잉금지원칙에 위배하여 사생활의 비밀과 자유를 침해하였다고 할 수 없다.

정답 | ○

21

교도소 독거실 내 화장실 창문과 철격자 사이에 안전철망을 설치한 행위는 더 이상 바깥 풍경을 조망할 수 없게 하고 원활한 통풍과 최소한의 채광 확보를 어렵게 하였으므로 이는 헌법상 보장된 수용자의 인간의 존엄과 가치 및 행복추구권 그리고 환경권을 침해한 것이다.

해설 | 침해하지 아니한다.

정답 | ×

22

같은 교도소의 다른 수용거실에서는 이 사진과 같은 종류의 부착물에 대해서 묵인되어 왔다면, 이 사건에서 사진의 제거를 지시한 행위를 적법한 직무집행으로 볼 수 없다.

해설 | 적법한 직무집행으로 볼 수 있다.

정답 | ×

23

징벌혐의의 조사를 받고 있는 수용자가 변호인 아닌 자와 접견할 당시 교도관이 참여하여 대화내용을 기록하게 한 행위는 수용자의 사생활의 비밀과 자유를 침해하지 않는다.

정답 | ○

24

교도관의 근무보고서는 「공공기관의 정보공개에 관한 법률」 제9조 제1항 제4호에 정한 비공개대상 정보에 해당하지 않지만, 징벌위원회 회의록 중 재소자의 진술, 위원장 및 위원들과 재소자의 문답 등은 같은 법 제9조 제1항 제5호의 비공개사유에 해당한다.

해설 | 비공개사유에 해당하지 않는다.

정답 | ×

25

미결수용자가 변호인과의 접견교통권을 침해받았을 때 변호인은 이에 대하여 헌법소원을 청구할 수 있다.

해설 | 헌법소원을 청구할 수 없다.

정답 | ×

26

미결수용자의 변호인과의 접견교통권은 질서유지 또는 공공복리를 위한 이유가 있는 때에도 법률로써 제한할 수 없다.

해설 | 법률로써 제한할 수 있다.

정답 | ✕

27

구치소장이 금지물품의 수수나 교정사고를 방지하거나 이에 적절하게 대처하기 위해 변호인 접견실에 CCTV를 설치하여 미결수용자와 변호인 간의 접견을 관찰하는 행위는 변호인의 조력을 받을 권리를 침해한다고 할 수 없다.

정답 | ○

28

법정 옆 피고인 대기실에서 재판 대기 중인 피고인이 공판을 앞두고 호송교도관에게 변호인 접견을 신청하였으나 교도관이 이를 허용하지 아니한 것은 피고인의 변호인의 조력을 받을 권리를 침해한 것이라 볼 수 없다.

정답 | ○

29

금치처분을 받은 자는 수용시설의 안전과 질서유지에 위반되는 행위, 그중에서도 가장 중하다고 평가된 행위를 한 자이므로 이에 대하여 금치기간 중 일률적으로 전화통화를 금지한다 하더라도 그 자의 통신의 자유를 침해하지 아니한다.

정답 | ○

30

금치처분을 받은 미결수용자에게 금치기간 중 신문 및 자비구매도서 열람제한을 함께 부과하는 것은 수용자의 알권리를 침해한다.

해설 | 알권리를 과도하게 제한한다고 보기 어렵다.

정답 | ✕

31

수용자에게는 형기종료일의 특정한 시간에 석방을 요구할 권리가 있으므로 형기종료일의 24시간 중 가장 빠른 시간에 석방해 줄 것을 요구할 권리가 있다.

해설 | 수용자에게 형기종료일의 특정한 시간에 석방을 요구할 권리가 있다고 볼 수 없다.

정답 | ×

32

성폭력범죄를 범한 피고인에게 형의 집행을 유예하면서 보호관찰을 받을 것을 명하지 않은 채 위치추적 전자장치 부착을 명한 것은 적법하다.

해설 | 법령위반이다(보호관찰을 받을 것을 명하여야 한다).

정답 | ×

33

형집행의 종료 후에 부착명령을 집행하도록 한다면 일사부재리의 원칙에 반한다.

해설 | 일사부재리의 원칙에 반한다고 볼 수 없다.

정답 | ×

34

자유형 형기의 '연월'을 역수에 따라 계산하도록 한 형법 제83조에 대하여, 수형자에 따라 실제 복역하는 자유형의 일수에 차이가 나는 것은 형기는 연월 단위로, 미결구금일수 등은 일수 단위로 산정되는 점 등에서 비롯되는 문제로서 형법 제83조가 수형자에게 일반적으로 유리하거나 불리하다고 볼 수 없으므로 형법 제83조가 윤달이 있는 해에 형기를 감하여 주는 보완규정을 두지 않았다고 하더라도 수형자의 신체의 자유를 침해하지 않는다.

정답 | ○

35

범죄피해자 보호법 제17조 제2항의 유족구조금은 사람의 생명 또는 신체를 해치는 죄에 해당하는 행위로 인하여 사망한 피해자 또는 유족에 대한 손실보상을 목적으로 하는 것으로서, 범죄행위로 인한 손실 또는 손해를 전보하기 위하여 지급된다는 점에서 불법행위로 인한 소극적 손해의 배상과 같은 종류의 금원이다.

정답 | ○

36

청소년성보호법 제11조 제5항은 "아동 · 청소년성착취물을 구입하거나 아동 · 청소년성착취물임을 알면서 이를 소지 · 시청한 자는 1년 이상의 징역에 처한다."라고 규정하고 있다. 여기서 '소지'란 아동 · 청소년성착취물을 자기가 지배할 수 있는 상태에 두고 지배관계를 지속시키는 행위를 말한다. 아동 · 청소년성착취물 파일을 구입하여 시청할 수 있는 상태 또는 접근할 수 있는 상태만으로 곧바로 이를 소지로 보는 것은 소지에 대한 문언해석의 한계를 넘어서는 것이어서 허용될 수 없으므로, 피고인이 자신이 지배하지 않는 서버 등에 저장된 아동 · 청소년성착취물에 접근하였지만 위 성착취물을 다운로드 하는 등 실제로 지배할 수 있는 상태로 나아가지는 않았다면 특별한 사정이 없는 한 아동 · 청소년성착취물을 '소지'한 것으로 평가하기는 어렵다.

정답 | ○

박상민 *Justice* 교정학

핵심지문 총정리

3

부록

01 수형자

◀ 교도소화 설명모형 ▶

구분	내용
박탈모형	• 사이크스(Sykes): 자유 · 자율성 · 이성관계 · 안정성 · 재화와 용역의 박탈 • 박탈+제도적 지위 강등 → 교도소화(수형기간 내 수형자강령 증대) → 석방 후 실패
유입모형	• 어윈(Irwin) & 크레세이(Cressey): 교도소의 하위문화는 수형자가 사회로부터 들여온 것 • 범죄적 부분화에 노출(입소 전 경험) → 교도소화 → (허구) → 석방 후 실패
통합모형	• 교도소의 하위문화는 유입되거나 토착적인 것이라기보다는 상호작용으로 형성된 것 • 대체로 자유주의자는 박탈모형, 보수주의자는 유입모형을 지지
기타	[수형기간과 교도소화의 관계연구] • 클레머(Clemmer): 수형자의 수용기간이 길수록 반교정적이고, 반사회적이며, 친범죄적 부분화의 가능성이 커진다. • 휠러(Wheeler): 수용단계를 초기단계, 중기단계, 말기단계로 나누고, 각 수용단계별로 친교도관적 태도가 달라진다는 점을 U형 곡선으로 나타냈다.

◀ 서덜랜드와 크레세이의 수형자 부문화 유형 ▶

구분	내용
수형지향적 부문화	교도소 내의 모든 생활방식을 수용하고 이에 적응하려는 수형자들의 부문화로, 가장 쉽게 교도소화되고 출소 후 재입소율이 가장 높다.
범죄지향적 부문화	자신이 지닌 반사회적 범죄문화를 고집하고 범죄생활이 일상화된 수형자들의 부문화로, 출소 후 재입소율이 수형지향적 부문화 다음으로 높다.
합법지향적 부문화	범죄문화에 가담하지 않고, 교정시설의 규율에 따르며, 교도관과도 긍정적인 관계를 유지하는 수형자들의 부문화로, 재입소율이 가장 낮다.

◀ 슈락의 수형자 역할유형 ▶

구분	내용
친사회적 고지식자	준법적인 수형자로, 범죄세계에 가담하지 않고, 규율을 준수하며, 교도관들과 가까이 지내고, 사회복귀를 지향한다. 화이트칼라범죄자들이 다수이다.
반사회적 정의한	사회를 부정적으로 인식하는 수형자로, 범죄세계에 적극 가담하고, 이를 주도하며, 교도관과는 관계하지 않고, 하류계층이 대부분이다. 폭력성 강력범죄자들이 다수이다.
가사회적 정치인	교활한 수형자로, 교도소 내 이점을 확보하기 위해 교도관의 지시에 적극 참여하고, 다른 수형자들과 긴밀히 관계하며, 교도관과 수형자 모두를 이용한다. 사기나 횡령범죄자 등 경제사범이 다수이다.
비사회적 무법사	사회성이 결여된 수형자로, 난폭하고, 교정시설 내 규율이나 수형자 내 규율 모두를 지키지 않아 교도관과 수형자 모두에게 배척받는다.
비사회적 정신장애자	정신적 장애로 인해 사회성이 결여된 수형자로, 교도관과 수형자 모두에게 배척받아 어느 세계에도 속하기 어렵다.

◀ 사이크스의 수형자 역할유형 ▶

구분	내용
생쥐 (rats)	수형자 편인 듯 행동하지만 뒤에서 교도관과 내통함으로써 다른 수형자들을 배신하는 수형자
중심인 (centerman)	교도관의 신념·태도·의견을 취하여 그들의 편에 서는 수형자
고릴라 (gorillas)	자신이 원하는 바를 다른 수형자로부터 무력으로써 취하는 수형자
상인 (merchants)	재화를 박탈당한 이유로 수형자들은 재화를 주는 것과 파는 것을 분명하게 구분하고 있는데, 재화를 주어야 될 상황에서 파는 수형자(집단이나 구성원 간의 유대를 강화하기 위함)
늑대 (wolves)	동성애자 중 공격적·능동적 역할을 수행하는 수형자
어리석은 파괴자 (ball busters)	공개적으로 교도관들에게 항거하는 수형자
진짜 남자 (real man)	수형생활을 인간의 존엄성을 유지하며 참아내고, 교도관의 권한을 거부함으로써 자신의 자율성을 되찾고자 하며, 수형자 사회에서 핵심적인 기능을 하는 중요한 수형자
악당 (tough)	다른 수형자들과 자주 언쟁을 벌이고, 갈취를 위해서가 아니라 자신이 모욕당했다는 생각으로 다른 수형자에게 폭력을 행사하며, 두려움과 존경을 동시에 받는 수형자
떠벌이 (hipsters)	수형자들은 진실한 폭력과 허풍의 일부인 폭력을 분명히 구분하고 있는데, 실제보다 더 강한 척을 하고, 말로만 싸우며, 공격의 피해자를 조심스럽게 선택하는 수형자

◀ 슈멀레거의 수형자 역할유형 ▶

구분	내용
깔끔이 신사 (mean dude)	싸울 때는 격렬하나 매너만은 깨끗한 수형자로, 냉정하고 조용하게 수형생활을 하고, 수형자들 사이에서 거래하지 않는다.
쾌락주의자 (hedonist)	쾌락을 추구하는 수형자로, 재화의 암거래, 도박, 동성애, 마약 등 현실적 쾌락만을 즐기고, 미래는 생각하지 않는다.
기회주의자 (opportunist)	교도소에서 제공하는 여러 공식프로그램들을 긍정적으로 활용하는 수형자로, 교도관들로부터 좋은 대우를 받는 모범수(do-dooders)가 대부분이다.
은둔자 (retreatist)	처한 환경에 적응하지 못하여 정신적인 이상증세를 가지게 된 수형자
변호인 (legalist)	교도소 내의 변호사로 통하는 비열한 수형자
과격주의자 (radical)	자신을 정치범이라고 표현하면서 일반사회의 현실이나 법을 따르는 상류층, 그들이 주도하는 사회체제 자체를 부정하는 수형자
식민자 (colonist)	교도소를 자기 집처럼 생각하는 수형자
종교인 (religious)	강한 신앙심을 가진 수형자
현실주의자 (realist)	구금 그 자체를 범죄행위로 인한 당연한 결과라고 생각하는 수형자

02 주요 위원회

명칭	구성	사무	범위	위임법령
징벌 위원회	• 위원장: 소장의 바로 다음 순위자 • 위원장 포함 5명 이상 7명 이하(외부위원은 3명 이상) • 재적위원 과반수의 출석으로 개의 (외부위원 1명 이상 출석하여야 개의 가능) • 출석위원 과반수의 찬성으로 의결	• 징벌대상행위의 사실 여부 • 징벌의 종류와 내용 • 징벌기간 산입 • 징벌위원에 대한 기피신청의 심의·의결 • 징벌집행의 유예 여부와 그 기간 • 그 밖에 징벌내용과 관련된 중요사항	심의 의결	「형집행법」
분류처우 위원회	• 위원장: 소장 • 위원장 포함 5명 이상 7명 이하 • 매월 10일 개최(휴무일일 때에는 그 다음 날 개최) • 재적위원 2/3 이상의 출석으로 개의 • 출석위원 과반수의 찬성으로 의결	• 처우등급 판단 등 분류심사 • 소득점수 등의 평가 및 평정 • 수형자 처우와 관련하여 소장의 심의 요구 • 가석방 적격심사 신청 대상자 선정 • 그 밖에 수형자의 수용 및 처우	심의 의결	「형집행법」 (세부사항 법무부령)
귀휴심사 위원회	• 위원장: 소장(소장 부재 시 부소장, 부소장 부재 시 위원장이 미리 지정한 위원이 직무대행) • 위원장 포함 6명 이상 8명 이하(외부위원은 2명 이상) • 재적위원 과반수의 출석으로 개의 • 출석위원 과반수의 찬성으로 의결	• 수용관계: 건강상태, 징벌 유무 등 수용 생활태도, 작업·교육의 근면·성실 정도 등 • 범죄관계: 범행 시의 나이, 범죄의 성질 및 동기, 공범관계 등 • 환경관계: 가족 또는 보호자, 가족과의 결속 정도, 보호자의 생활상태 등	허가 심사	법무부령

03 기타 위원회

명칭	구성	사무	기능	위임법령
가석방 심사 위원회	• 위원장: 법무부차관(부재 시 위원장이 미리 지정한 위원이 직무대행) • 위원장 포함 5명 이상 9명 이하	가석방 적격심사	심사 결정	「형집행법」 (세부사항 법무부령)

교정자문 위원회	• 위원장: 위원 중 호선 • 10명 이상 15명 이하(2년, 연임 ○) • 위원은 지방교정청장 추천, 법무부장관 위촉 • 위원 과반수의 요청, 지방교정청장이 필요하다고 인정하는 경우에 회의	• 교정시설의 운영 자문에 대한 조언 • 수용자의 처우 자문에 대한 조언 • 노인 · 장애인수용자 등의 보호, 성차별 및 성폭력 예방정책 자문에 대한 조언	조언	「형집행법」 (세부사항 법무부령)
취업지원 협의회	• 회장: 소장, 부회장: 2명 • 회장 포함 3명 이상 5명 이하 내부위원 +10명 이상 외부위원(3년, 연임 ○) • 반기마다 정기회의, 필요 시 임시회의	• 수형자의 사회복귀 지원 업무 자문에 대한 조원 • 수형자 취업알선 및 창업지원 등을 위하여 필요한 활동	조언 지원	「형집행법」 (세부사항 법무부령)
교도관 회의	• 의장: 소장 • 소장 · 부소장 · 6급 이상의 교도관(지소는 7급 이상의 교도관) • 매주 1회 이상 회의 • 총무과 소속 서기 1명 임명	• 교정행정 중요 시책의 집행방법 • 교도작업 및 교도작업특별회계의 운영에 관한 주요사항 • 각 과 및 여러 과의 주요업무 • 주요 행사의 시행	심의	「교도관 직무규칙」
보안관찰 처분심의 위원회	• 위원장: 법무부차관 • 위원장 1인과 6인의 위원 • 위원은 법무부장관 제청, 대통령 임명 · 위촉	• 보안관찰처분 또는 그 기각결정 • 면제 또는 그 취소결정 • 보안관찰처분의 취소 또는 기간의 갱신 결정	심의 의결	「보안 관찰법」
치료감호 심의 위원회	• 위원장: 법무부차관 • 일반직 공무원 또는 변호사 자격 6명 이내, 전문의 자격 3명 이내	• 치료감호시설 간 이송 • 치료의 위탁 · 가종료 및 그 취소와 침료감호 종료 여부 • 준수사항의 부과 등 • 치료감호기간 만료 시 보호관찰 개시	심사 결정	「치료 감호법」
중앙급식 관리 위원회	• 위원장: 교정본부장 • 위원장 포함 7인 이상 9인 이하 • 위원은 교정정책단장 등 추천, 법무부장관 위촉	• 수용기관에 수용된 수용자의 급식 및 식품위생 • 급식에 관한 기준영양량의 결정 • 수용자의 급식제도 개선	심의	「수용자 급식관리 위원회 운영지침」

04 위임규정

1 대통령령

① 운동시간 · 목욕횟수 등에 관하여 필요한 사항
② 건강검진의 횟수 등에 관하여 필요한 사항
③ 접견의 횟수 · 시간 · 장소 · 방법 및 접견내용의 청취 · 기록 · 녹음 · 녹화 등에 관하여 필요한 사항

④ 편지발송의 횟수, 편지내용물의 확인방법 및 편지내용의 검열절차 등에 관하여 필요한 사항
⑤ 시설의 설비 및 계호의 정도에 관하여 필요한 사항
⑥ 보호장비의 사용절차 등에 관하여 필요한 사항
⑦ 정보공개청구의 예상비용의 산정방법, 납부방법, 납부기간, 그 밖에 비용납부에 관하여 필요한 사항
⑧ 소년원과 소년분류심사원의 명칭, 위치, 직제, 그 밖에 필요한 사항
⑨ 사회봉사명령 및 수강명령 대상자의 관할 보호관찰소장에 대한 신고
⑩ 보호관찰 또는 사회봉사명령 등의 특별준수사항

2 법무부령

① 의류 · 침구, 그 밖의 생활용품의 지급기준 등에 관하여 필요한 사항
② 음식물의 지급기준 등에 관하여 필요한 사항
③ 물품의 자비구매 허가범위 등에 관하여 필요한 사항
④ 전화통화의 허가범위, 통화내용의 청취 · 녹음 등에 관하여 필요한 사항
⑤ 구독을 신청할 수 있는 신문 등의 범위 및 수량
⑥ 방송설비 · 방송프로그램 · 방송시간 등에 관하여 필요한 사항
⑦ 노인수용자 · 장애인수용자 및 외국인수용자에 대한 적정한 배려 또는 처우에 관하여 필요한 사항
⑧ 분류심사에 관하여 필요한 사항
⑨ 교육과정 · 외부통학 · 위탁교육 등에 관하여 필요한 사항
⑩ 교화프로그램의 종류 · 내용 등에 관하여 필요한 사항
⑪ 외부통근작업 대상자의 선정기준 등에 관하여 필요한 사항
⑫ 직업훈련 대상자의 선정기준 등에 관하여 필요한 사항
⑬ 귀휴제도와 관련된 사항
⑭ 보안장비의 종류, 종류별 사용요건 및 사용절차 등에 관하여 필요한 사항
⑮ 엄중관리대상자의 처우에 관한 사항
⑯ 보호관찰소에서 보호장구의 사용절차에 관하여 필요한 사항
⑰ 소년원에서 보호장비의 사용방법 및 관리에 관하여 필요한 사항
⑱ 갱생보호 사업

3 법무부장관

① 수용자 의류 · 침구의 품목별 색채 및 규격
② 자비구매물품의 공급업무 위탁에 관하여 필요한 세부사항
③ 비치도서의 열람방법 · 열람기간 등에 관하여 필요한 사항
④ 작업장려금, 위로금, 조위금

⑤ 화장 · 시신인도 등에 필요한 비용의 범위
⑥ 자비구매물품의 공급업무 담당자 지정
⑦ 전화통화의 허가범위, 통화내용의 청취 · 녹음 등에 관하여 필요한 세부사항(개정)
⑧ 봉사원 선정, 기간연장 및 선정취소 등에 필요한 사항(개정)

4 법무부장관 승인 후 소장

① 수용자의 이송
② 치료감호시설로의 이송
③ 징벌의 실효
④ 교도작업의 종류
⑤ 직업훈련 직종 선정 및 훈련과정별 인원

05 주요 숫자

01

아동 · 청소년 대상 성범죄자의 집행유예 시 수강명령: (   )시간 범위

02

소년부 송치 시의 신병처리: 법원 소년부가 있는 시 · 군에서는 (   )시간 이내에, 그 밖의 시 · 군에서는 48시간 이내에 소년을 소년부에 인도

03

치료감호 등에 관한 법률상의 보호관찰 대상자 유치기간: (   )일이고, 필요하면 20일의 범위에서 한 차례만 연장 가능

04

소년원 퇴원: (   )세에 달한 때

05

소년에 대한 가석방요건: 무기형은 ( )년, 15년의 유기징역은 3년, 단기의 3분의 1 경과

06

소년원에서의 근신: ( )세 이상인 자에 대하여 20일 이내의 근신

07

심신장애인에 대한 치료감호의 시효: 10년, 마약 및 알코올 중독자는 ( )년

08

「보호관찰 등에 관한 법률」상 유치기간 연장: 가석방 및 임시퇴원의 심사를 위한 유치기간은 원칙적으로 ( )일이고, 필요하면 10일의 범위에서 한 차례만 연장 가능

09

벌금미납자의 사회봉사 1일 집행시간: ( ) 초과 불가(필요시 13시간 초과 불가)

10

치료명령 집행면제 신청: 형집행종료되기 12개월부터 ( )개월까지의 기간

11

부착명령 대상자와 치료명령 대상자의 여행허가 등: 주거이전 또는 ( )일 이상의 국내여행을 하거나 출국할 때 보호관찰관의 허가 필요

12

소년부 판사의 임시조치: 보호시설·보호자·요양소 위탁은 ( )+3개월, 소년분류심사원 위탁은 1개월+1개월

13

치료감호소 가종료자와 치료위탁된 자의 보호관찰기간: (   )(6개월 단위로 종료결정 가능)

14

기본수용급: (   )세 미만은 청년수형자

15

징벌의 실효기간: 21일 이상 30일 이하의 금치에 해당하는 징벌은 (   )

16

민영교도소 위탁계약기간: 수탁자가 교도소 등의 설치비용을 부담하는 경우에는 (   ) 이상 20년 이내로 하고, 그 밖의 경우에는 1년 이상 5년 이내로 하되, 그 기간은 갱신 가능

17

외부통근자 연령: (   ) 이상 65세 미만인 자

18

형기종료 석방예정자의 사전조사: 석방 (   ) 전까지

19

보호침대 · 보호의자 · 보호복 계속 사용: 8시간 초과 불가, 해제 후 (   ) 미경과 시 다시 사용 불가

20

독학에 의한 학위취득과정 대상: 교육개시일을 기준으로 형기의 (   )분의 1(21년 이상의 유기형 또는 무기형의 경우에는 7년)이 지났을 것

21

일반귀휴요건: 소장은 (　　) 이상 형을 집행받은 수형자로서 그 형기의 3분의 1(21년 이상의 유기형 또는 무기형의 경우에는 7년)이 지나고 교정성적이 우수한 사람이 일정한 요건에 해당하면 1년 중 20일 이내의 귀휴 허가

22

민영교도소의 위탁업무 정지기간(갱생보호사업 정지명령기간): (　　) 이내의 기간

23

이송대상 수용자 계속 수용: (　　)을 초과하지 아니하는 기간 동안

24

교부금품 국고귀속: 공고한 후 (　　)이 지나도 금품을 돌려달라고 청구하는 사람이 없으면 그 금품은 국고에 귀속

25

방송편성시간: 1일 (　　) 이내

26

정기재심사: 형집행지휘서가 접수된 날부터 (　　)이 지나지 아니한 경우에는 미실시(형기의 3분의 1에 도달한 때, 형기의 2분의 1에 도달한 때, 형기의 3분의 2에 도달한 때, 형기의 6분의 5에 도달한 때)

27

사형집행기간: 법무부장관 명령 후 (　　) 이내 집행

28

가석방 회의록 공개시기: 가석방결정 등을 행한 후 (　　) 경과

29

무인비행장치, 전자·통신기기 반입: (　　) 이하의 징역 또는 3천만원 이하의 벌금(지닌 경우 2년 이하의 징역 또는 2천만원 이하의 벌금)

30

중간처우 대상자: 교정시설에 설치된 개방시설에 개방처우급 혹은 완화경비처우급, 형기가 (　　) 이상, 범죄횟수가 3회 이하, 중간처우를 받는 날부터 가석방 또는 형기종료 예정일까지의 기간이 3개월 이상 2년 6개월 미만인 사람

31

중간처우 대상자: 지역사회에 설치된 개방시설에 개방처우급 혹은 완화경비처우급, 형기가 2년 이상, 범죄횟수가 (　　) 이하, 중간처우를 받는 날부터 가석방 또는 형기종료 예정일까지의 기간이 1년 6개월 미만인 사람

🔒 **정답**

01 500	02 24	03 30	04 22	05 5	06 14	07 7	08 20
09 9시간	10 9	11 7	12 3개월	13 3년	14 23	15 2년 6월	16 10년
17 18세	18 10일	19 4시간	20 3	21 6개월	22 6월	23 6개월	24 6개월
25 6시간	26 6개월	27 5일	28 5년	29 3년	30 2년	31 1회	

MEMO

MEMO